개정판

국민참여재판의 허와 실

Truth and Falsity of Jury Trial System

공영호

박영사

개정판 머리말

우리나라에서 사법의 민주적 정당성과 투명성의 증진이라는 목표를 가지고 국민참여재판제도가 형사재판에 도입되고 시행된 지 벌써 13년이 지났다. 시범실시 전에는 일반시민들이 사법에 직접적으로 참여하는 것이 우리나라에서는 생소한 개념이었고, 사법참여라는 새로운 임무를 법적 지식과 전문성이 없는 일반인들이 잘 감당해낼 수 있을까라는 의구심이 앞섰었고, 너무 감성적인 판단이나 지역감정에 치우진 판단을 하지 않을까라는 우려와 걱정도 많았다. 하지만 짧지 않은 시간 동안에 있었던 비교적 성공적인 시행을 통해서 국민참여재판제도에 대한 의구심과 우려는 많이 해소되었다고 보인다. 처음에는 여러 가지 형태의 시행착오도 있었고, 사법부와 국민들의 오해도 있었지만, 이 제도에 대한 긍정적인 평가가 앞서고 있고, 이제는 국민참여재판의 확대와 활성화에 대한 공감대가 마련되었으며, 더 나아가 이 제도를 형사재판에만 국한하지 않고 민사재판에까지 도입하는 것에 대한 논의도 이루어지고 있다. 현실적으로 전관예우와 사법부 비리문제로 사법 시스템의 개혁에 대한 논의가 계속되고 있는 상황에서 국민참여재판이 긍정적인 역할을 담당할 수 있다고 본다. 이 저서의 초판이 나온 후 5년여가 지난 지금 국민참여재판의 사법적 비경제성, 비효율성에 관한 비판과 국민참여재판으로 인해 늘어난 업무부담, 공판절차와 시간에 대한 불만이 많이 제기되고 있다. 하지만 국민참여재판의 목적과 취지는 시민의 사법참여로 인해 얻을 수 있는 사법의 민주화, 투명성과 공정성의 증진을 위한 것임을 기억할 필요가 있다. 국민참여재판제도를 처음 시작했을 때부터 어느 정도의 불편함과 시간적 비용과 노력은 예상했었던 일이고, 이

제도의 성공적이고 계속적인 발전을 위해서는 감당해야 할 문제라고 생
각한다.

필자는 미국에서 오랫동안 변호사생활을 하면서 여러 민, 형사 배심재
판을 다루었던 경험이 있고, 우리나라 로스쿨에 온 이후로 배심재판에 대
하여 집중적으로 연구해왔다. 또한 대법원이 주관한 '민사사법에 국민의 참
여에 대한 연구'에 공동 연구원으로 참여하였다. 그리고 필자는 대전지방법
원의 법정참관인으로서 여러 민, 형사재판들을 모니터하였고, 많은 국민참
여재판들을 실제로 방청, 참관하면서 우리나라에서 국민참여재판의 실행과
정을 접하게 되었다. 위의 경험들을 바탕으로 하여, 지금까지 써온 여러 연
구논문들을 수정, 보완하고, 새로운 주제들을 더 하여 본서를 준비하게 되
었다.

국민참여재판이 시행되면서 긍정적인 부분도 많았지만, 지금까지 드러
났던 운영상의 문제점들도 많았다. 이 저서에서는 현재의 문제점들을 논의
하고 개선하는 방안들을 제시하여서 이 제도가 더 발전하는데 기여하고자
한다. 또한 지금까지는 크게 드러나지 않았지만 앞으로 당면할 문제들에
대해서 논의하였고, 이에 대비하기 위한 방안을 제시하였다. 우리나라의 국
민참여재판은 미국의 배심재판제도에서 많은 부분을 도입하였기 때문에
우리나라에서 겪고 있는 문제점은 미국에서도 경험했거나 경험하고 있는
문제들이어서 그 시사점이 많다고 본다. 물론 미국의 배심제가 우리나라와
많은 점에서 유사점이 있지만 차이점도 존재하기 때문에 미국의 문제가 우
리의 문제와 모든 면에서 일치할 수 없으며, 미국의 문제점에 대한 해결책
이 우리나라에서의 해결책이 되지 않을 수 있다. 하지만 미국의 경험이 우
리나라에 많은 시사점을 줄 수 있는 것은 사실이며, 그 경험에서 배울 것은
배우고 더 나아가 우리나라에 맞는 맞춤형 배심제도로 발전시켜 나가면 될
것이다. 이 저서는 학문적인 논의에 그치는 것이 아니라 실무적으로 법원
과 검사나 변호인으로서 실제 배심재판에서 참고해야 할 점들을 논의하였
고, 배심재판 전에 준비해야 할 점들을 제시하였다. 그리고 앞으로 변호사
로서 재판실무에 임할 법학도는 물론 국민참여재판에 관심이 있는 일반인

들을 위한 참고서로서의 역할을 할 수 있으면 한다.

본 저서에서는 다음과 같은 주제들을 놓고 논의하였다: 국민참여재판절차, 배심원 선정절차, 배심원 선정 시 고려사항, 배심원단 규모와 만장일치제, 민사재판에 배심재판제도의 도입, 전관예우와 국민참여재판, 복잡한 재판을 처리할 수 있는 배심원의 능력, 재판 전 퍼블리시티가 배심재판에 미치는 영향, 배심원 후보자의 위장침입문제, 배심원의 온라인 조사와 교류, 배심원무효판결, 직관적 사고와 배심원무효판결, 배심원의 결정에 있어서 휴리스틱 사고의 배제방안, 미국 배심원 심리와 국민참여재판에 시사점, 국민참여재판의 중계, 국민참여재판의 현황과 감소 추세에 대한 논의 등으로 나누어 구성되어 있다. 처음부터 끝까지 읽어도 좋겠지만, 자신이 관심 있는 분야가 있다면, 그 장만 읽어도 좋다고 본다.

먼저 '민사사법에 국민의 참여에 대한 연구'에서 함께 연구하고 논의하면서 우리나라의 국민참여재판제도를 발전시키기 위해서 서로 많이 좋은 의견들을 개진하고 나누었던 아홉 분의 공동연구원님들에게 감사를 전하고 싶다. 그리고 충남대 로스쿨에서 수업이나 수업이외에서 국민참여재판에 대해 좋은 의견들을 기탄없이 열정적으로 나누었던 여러 학생들에게도 감사를 나누고 싶으며, 본서의 출판이 가능하도록 기회를 주신 박영사 안종만 회장님을 비롯한 박영사 관계자분들과, 여러모로 조언을 아끼지 않으신 여러분들께도 감사의 말씀을 전해드린다. 마지막으로 항상 옳은 길로 인도해 주시는 하나님께 감사드리고 싶다.

2022. 10.

저　자

머리말

　우리나라에서 사법의 민주적 정당성과 투명성의 증진이라는 목표를 가지고 국민참여재판제도가 형사재판에 도입되고 시행된 지 벌써 8년이 지났다. 시범실시 전에는 일반시민들이 사법에 직접적으로 참여하는 것이 우리나라에서는 생소한 개념이었고, 사법참여라는 새로운 임무를 법적 지식과 전문성이 없는 일반인들이 잘 감당해낼 수 있을까라는 의구심이 앞섰었고, 너무 감성적인 판단이나 지역감정에 치우진 판단을 하지 않을까라는 우려와 걱정도 많았다. 하지만 짧지 않은 시간 동안에 있었던 비교적 성공적인 시행을 통해서 국민참여재판제도에 대한 의구심과 우려는 많이 해소되었다고 보인다. 처음에는 여러 가지 형태의 시행착오도 있었고, 사법부와 국민들의 오해도 있었지만, 이 제도에 대한 긍정적인 평가가 앞서고 있고, 이제는 국민참여재판의 확대화와 활성화에 대한 공감대가 마련되었으며, 더나아가 이 제도를 형사재판에만 국한하지 않고 민사재판에까지 도입하는 것에 대한 논의도 이루어지고 있다. 현실적으로 전관예우와 사법부 비리문제로 사법 시스템의 개혁에 대한 논의가 계속되고 있는 상황에서 국민참여재판이 긍정적인 역할을 담당할 수 있다고 본다. 또한 최근에는 대법원에서 살인 등 일부 중대 범죄에 대하여 국민참여재판을 의무적으로 실시하는 것을 비롯해서 여러 가지로 국민참여재판을 활성화하는 것에 대해 검토하고 있어서 고무적이다.

　필자는 미국에서 오랫동안 변호사 생활을 하면서 여러 민, 형사 배심재판을 다루었던 경험이 있고, 우리나라 로스쿨에 온 이후로 배심재판에 대하여 집중적으로 연구해왔다. 또한 대법원이 주관한 '민사사법에 국민의 참여에 대한 연구'에 공동연구원으로 참여하였다. 그리고 필자는 대전지방법원의 법정참관인으로서 여러 민, 형사재판들을 모니터하였고, 많은 국민참여재판들을 실제로 방청, 참관하면서 우리나라에서 국민참여재판의 실행과정을 접하게 되었다. 위의 경험들을 바탕으로 하여, 지금까지 써온 여러 연구논문들을 수정, 보완하고, 새로운 주제들을 더하여 본서를 준비하게 되었다.

국민참여재판이 시행되면서 긍정적인 부분도 많았지만, 지금까지 드러났던 운영상의 문제점들도 많았다. 이 저서에서는 현재의 문제점들을 논의하고 개선하는 방안들을 제시하여서 이 제도가 더 발전하는 데 기여하고자 한다. 또한 지금까지는 크게 드러나지 않았지만 앞으로 당면할 문제들에 대해서 논의하였고, 이에 대비하기 위한 방안을 제시하였다. 우리나라의 국민참여재판은 미국의 배심재판제도에서 많은 부분을 도입하였기 때문에 우리나라에서 겪고 있는 문제점은 미국에서도 경험했거나 경험하고 있는 문제들이어서 그 시사점이 많다고 본다. 물론 미국의 배심제가 우리나라와 많은 점에서 유사점이 있지만 차이점도 존재하기 때문에 미국의 문제가 우리의 문제와 모든 면에서 일치할 수 없으며, 미국의 문제점에 대한 해결책이 우리나라에서의 해결책이 되지 않을 수 있다. 하지만 미국의 경험이 우리나라에 많은 시사점을 줄 수 있는 것은 사실이며, 그 경험에서 배울 것은 배우고 더 나아가 우리나라에 맞는 맞춤형 배심제도로 발전시켜 나가면 될 것이다. 이 저서는 학문적인 논의에 그치는 것이 아니라 실무적으로 법원과 검사나 변호인으로서 실제 배심재판에서 참고해야 할 점들을 논의하였고, 배심재판 전에 준비해야 할 점들을 제시하였다. 그리고 앞으로 변호사로서 재판실무에 임할 법학도는 물론 국민참여재판에 관심이 있는 일반인들을 위한 참고서로서의 역할을 할 수 있었으면 한다.

본 저서에서는 다음과 같은 주제들을 놓고 논의하였다. 국민참여재판 절차, 배심원 선정절차, 배심원 선정 시 고려사항, 배심원단 규모와 만장일치제, 민사재판에 배심재판제도의 도입, 전관예우와 국민참여재판, 복잡한 재판을 처리할 수 있는 배심원의 능력, 재판 전 퍼블리시티가 배심재판에 미치는 영향, 배심원 후보자의 위장침입문제, 배심원의 온라인 조사와 교류, 배심원무효판결, 직관적 사고와 배심원무효판결, 배심원의 결정에 있어서 휴리스틱 사고의 배제방안 등으로 나누어 구성되어 있다. 처음부터 끝까지 읽어도 좋겠지만, 자신이 관심 있는 분야가 있다면, 그 장만 읽어도 좋다고 본다.

먼저 '민사사법에 국민의 참여에 대한 연구'에서 함께 연구하고 논의하면서 우리나라의 국민참여재판제도를 발전시키기 위해서 서로 많이 좋은 의견들을 개진하고 나누었던 손용근 연구대표님을 비롯한 나머지 8분의 공동연구원님들에게 감사를 전하고 싶다. 그리고 충남대 로스쿨에서 수업이나 수업 이외에서 국민참여재판에 대해 좋은 의견들을 기탄없이 열정적으로 나누었던 여러 학생들에게도 감사를 나누고 싶다. 마지막으로 본서의 출판이 가능하도록 기회를 주신 박영사 안종만 회장님과 임재무 이사님을 비롯한 박영사 관계자분들과, 여러 모로 조언을 아끼지 않으신 여러분들께도 감사의 말씀을 전해드린다.

2017. 1.

저 자

차　례

제 1 장　국민참여재판 절차　1

제 2 장　배심원 선정절차　15

제 9 장 배심원후보자의 위장 침입의 문제점과 배심원 선정 방법 137

제10장 배심원의 온라인 조사와 교류 ₁₆₁

제15장 국민참여재판의 재판중계에 대한 논의 273

제16장　국민참여재판의 현황과 감소 추세에 대한 논의　297

국민참여재판 절차[*]

제1장에서는 국민참여재판이 시작되고 종료될 때까지의 전반적인 절차를 설명하였다. 국민의 형사재판 참여에 관한 법률(약칭 '국민참여재판법')에 의거하여 국민참여재판의 절차 및 구성요소를 소개하였으며, 모든 절차가 원활하게 시작되고 진행되기 위한 개선방안을 제시하였다.

Ⅰ. 공판준비절차

국민참여재판이 시작되기 전에 공판준비절차가 이루어져야 한다. 배심원단이 선정되고 본격적인 배심재판이 시작되기 전에 담당판사와 검사와 변호인은 재판을 준비하기 위한 공판준비기일이 필요하다.[1] 공판준비기일

---

[*] 이 장은 대법원 주관 「민사재판에 있어서 국민의 사법참여방안에 관한 연구」(손용근·공영호·김상수·김세진·김용진·김희균·이규호·정영수·조관행·박지원, 법원행정처, 한양대학교 산학협력단, 2013) 용역을 위하여 제출한 내용을 수정, 보완한 것임.
[1] 국민의 형사재판 참여에 관한 법률 제37조(공판준비기일) ① 법원은 주장과 증거를 정리

에는 재판의 쟁점이 되는 점들과 쟁점이 되지 않는 점들을 구별하여, 쟁점이 되지 않는 부분은 합의하고 쟁점이 되는 부분에 대해서 양측의 주장을 정리하며 입증방법을 협의한다. 그리고 양측의 주장을 입증하기 위해 재판에서 제시될 증거물과 증인 목록을 정리하고, 법원의 주도하에 심리계획을 수립한다. 종전의 형사재판과 크게 구별되는 점은 국민참여재판은 공판중심주의와 집중심리, 집중증거조사제도가 중요시되는 것이다. 배심재판이 아닌 일반재판에서는 집중적으로 심리, 증거조사를 할 필요가 없었지만, 배심재판에서는 정해진 기일 안에 모든 심리와 증거조사가 진행되고 종료되어야만 하기 때문에 재판 전에 충분한 준비가 없으면 배심재판이 어려워진다. 또한 집중적 심리, 집중적 증거조사가 재판 기일 안에 이루어질 수 없으면 진행이 거의 불가능해진다. 국민참여재판은 정해진 기일 안에 재판이 종료되어야 하기 때문에 한 재판에 대해서 연일 개정이 이루어져야만 하게 되었다.[2] 공판중심주의와 집중증거조사제도의 활성화로 우리나라의 형사재판이 미국의 재판제도와 많이 유사해졌다.

공판준비기일에 재판장과 양측은 배심원과 예비배심원의 수를 정하고, 소환할 배심원후보자의 수를 정하게 된다. 그리고 배심원 구성을 위해서 이유부 기피와 무이유부 기피를 어떻게 행사할 것인지, 최후진술의 방식과, 양형에 관한 자료의 조사 방식, 배심원 설시의 시기와 방법에 대한 합의를 공판준비기일에 하게 된다.[3]

하고 심리계획을 수립하기 위하여 공판준비기일을 지정하여야 한다. ② 법원은 합의부원으로 하여금 공판준비기일을 진행하게 할 수 있다. 이 경우 수명법관은 공판준비기일에 관하여 법원 또는 재판장과 동일한 권한이 있다. ③ 공판준비기일은 공개한다. 다만, 법원은 공개함으로써 절차의 진행이 방해될 우려가 있는 때에는 공판준비기일을 공개하지 아니할 수 있다. ④ 공판준비기일에는 배심원이 참여하지 아니한다.

2) 우리나라에서는 형사 배심재판이 형사합의부에 의해 이루어지지만 미국의 배심재판은 담당판사 단독 재판으로 진행되며, 특정 배심재판이 배당된 담당판사는 그 재판이 진행되고 종료되기까지 충분한 재판 기일이 며칠이나 몇 주로 지정되어서 다른 재판을 담당할 필요 없이 한 배심재판에만 집중해서 담당하게 된다.

3) 위와 같은 집중증거조사를 위해서 미국과 유사한 증거개시제도도 필요하게 되었다. 한인섭·한상훈(대표편집), 「국민의 사법참여」(이동희, "배심제·공판중심주의에 따른 경찰활동의 변화방향"), 국민의 사법참여연구회 편, 경인문화사, 2010, 237면.

Ⅱ. 국민참여재판 대상사건

국민의 형사재판 참여에 관한 법률에는 대상사건에 대해 명시하고 있으며,[4] 피고인이 국민참여재판을 신청할 수 있는 권리를 부여하였다.[5] 문제는 피고인이 국민참여재판을 신청하였고, 이를 철회하지 않았음에도 불구하고, 법원이 배제결정을 내려서 통상재판으로 회부하는 경우이다. 법원의 배제율이 2008년에 26.2%에서, 2011년에는 12.8%로 낮아졌다가 2017년에는 24.6%로 상승하였다.[6] 하지만 법원이 배제결정을 임의적으로나 부당하게 하게 되면, 피고인의 의사에 반하여 국민참여재판을 받을 수 없게 된다. 현재 법원의 배제결정 사유의 대부분이 국민참여재판법 제9조 제1항 제4호에 근거하고 있는데, 그 기준이 모호하다.[7] 제4호에 보면 '국민참여재

---

4) 국민의 형사재판 참여에 관한 법률 제5조(대상사건) ① 다음 각 호에 정하는 사건을 국민참여재판의 대상사건(이하 "대상사건"이라 한다)으로 한다. 1. 「법원조직법」 제32조 제1항(제2호 및 제5호는 제외한다)에 따른 합의부 관할 사건 2. 제1호에 해당하는 사건의 미수죄·교사죄·방조죄·예비죄·음모죄에 해당하는 사건 3. 제1호 또는 제2호에 해당하는 사건과 「형사소송법」 제11조에 따른 관련 사건으로서 병합하여 심리하는 사건 ② 피고인이 국민참여재판을 원하지 아니하거나 제9조 제1항에 따른 배제결정이 있는 경우는 국민참여재판을 하지 아니한다.

5) 미국에서 배심재판은 형사재판뿐만 아니라 민사재판에서도 이루어지고 있으며, 이것은 미국연방수정헌법 제7조(민사재판)에 의해서 재판 당사자에게 보장된 권리이다. 미국연방수정헌법 제7조: 보통법상의 소송에서 소송가액이 20달러를 초과하는 경우에는 배심에 의한 심리를 받을 권리가 보유된다. The Seventh Amendment to the U.S. Constitution : In suits at common law, where the value in controversy shall exceed twenty dollars, the right of trial by jury shall be preserved, and no fact tried by a jury, shall be otherwise reexamined in any court of the United States, than according to the rules of the common law.

6) 이재엽, Current Legal Challenges in Korea and the United States, The 3rd SNU－Berkeley Joint Workshop 124 (May 30, 2019).

7) 국민의 형사재판 참여에 관한 법률 제9조(배제결정) ① 법원은 공소제기 후부터 공판준비기일이 종결된 다음날까지 다음 각 호의 어느 하나에 해당하는 경우 국민참여재판을 하지 아니하기로 하는 결정을 할 수 있다. 1. 배심원·예비배심원·배심원후보자 또는 그 친족의 생명·신체·재산에 대한 침해 또는 침해의 우려가 있어서 출석의 어려움이 있거나 이 법에 따른 직무를 공정하게 수행하지 못할 염려가 있다고 인정되는 경우. 2. 공범 관계에 있는 피고인들 중 일부가 국민참여재판을 원하지 아니하여 국민참여재판의 진행에 어려움이 있다고 인정되는 경우. 3. 「성폭력범죄의 처벌 등에 관한 특례법」 제2조의 범죄로 인한 피해자(이하 "성폭력범죄 피해자"라 한다) 또는 법정대리인이 국민참여재판을 원하

판의 진행이 적절하지 아니하다고 인정되는 경우'에 법원이 국민참여재판을 배제할 수 있다고 되어 있는데, 여기서 '적절하지' 아니한 경우가 어떤 것인지에 대한 부연설명도 없이 매우 애매해서 법원이 임의적으로 참여재판을 배제시킬 수 있는 것이 아닌가라는 우려도 생긴다.[8] 이와 같이 법원의 자의적인 판단으로 피고인의 국민참여재판을 받을 권리를 박탈하는 것은 바람직하지 않으며, 법원이 배제결정을 하기 위해서는 공공의 이익뿐만 아니라 피해자나 피고인의 이해관계도 고려해야 한다.[9] 국민사법참여위원회는 국민참여재판을 피고인이 신청한 경우뿐만 아니라 법원이 사법의 민주적 정당성과 투명성을 증진하기 위하여 필요하다고 인정되는 경우에는 직권적으로나 또는 검사의 신청에 따라 국민참여재판에 회부할 수 있도록 제안하였었다.[10] 이제는 사법비리와 전관예우 등의 문제로 인해서 사법의 민주적 투명성이 그 어떤 때보다도 중요한 시기이니만큼 법원의 직권이나 검사의 신청에 의해 국민참여재판에 회부할 수 있는 것에 대해 신중하게 다시 검토해 볼 필요가 있다고 본다.

Ⅲ. 배심원 자격요건 및 후보자 소환

1. 배심원 자격요건

국민참여재판법에서 만 20세 이상의 대한민국 국민은 배심원으로서의 자격이 있다고 규정하고 있다. 단 제18조에서는 특정 직업에 종사하는 사람들은 배심원 선정에서 제외하였다. 배심원은 사법적인 판단을 해야 할 의무가 있기 때문에 권력분립의 원칙상 행정부나 입법부의 정무직 공무원

지 아니하는 경우. 4. 그 밖에 국민참여재판으로 진행하는 것이 적절하지 아니하다고 인정되는 경우.
8) 이와 같이 구체적이지 못하고 포괄적이고 불명확한 조항을 근거로 법원이 직권주의적 입장으로 개입하면, 국민참여재판의 도입 취지에 어긋난다. 한성훈, "국민참여재판제도의 구조적 문제에 관한 연구," 법학논총 제29집 제2호, 53~54면.
9) 손용근 외 9인, 전게연구, 550면.
10) 참여재판 최종형태 의결 보도자료(available at http://www.scourts.go.kr/portal/news?NewsViewAction.work?currentPage=&searchWord=&searchOption=&seqnum=821&gubun=6).

은 배심원후보자에서 제외되었다.[11] 또한 군인이나 소방관같이 국가안보나 질서유지에 필수적인 직업군도 제외되었는데, 군인, 군무원은 군사법원의 관할이므로 군인참여재판의 배심원이 될 수 있음을 고려하였다.[12] 그리고 변호사나 법무사 같은 법률전문가는 전문적 지식을 사용하여 다른 배심원들에게 과도한 영향력을 행사할 우려가 있어서 제외대상이 되었다.[13][14] 또한 동법 제17조에서는 배심원후보자로서의 결격사유들을 나열하고 있다.[15]

---

11) 국민의 형사재판 참여에 관한 법률 제18조(직업 등에 따른 제외사유) 다음 각 호의 어느 하나에 해당하는 사람을 배심원으로 선정하여서는 아니 된다: 1. 대통령, 2. 국회의원·지방자치단체의 장 및 지방의회의원, 3. 입법부·사법부·행정부·헌법재판소·중앙선거관리위원회·감사원의 정무직 공무원, 4. 법관·검사, 5. 변호사·법무사, 6. 법원·검찰 공무원, 7. 경찰·교정·보호관찰 공무원, 8. 군인·군무원·소방공무원 또는 「예비군법」에 따라 동원되거나 교육훈련의무를 이행 중인 예비군.

12) 한인섭·한상훈, 전게서(한상훈, "사개추위의 「국민의 형사재판 참여에 관한 법률」 성안 시 쟁점과 결론"), 57면.

13) 미국에서는 일반적으로 직업이 단지 변호사라는 이유로 배심원후보자에서 제외되지 않는다. 그래서 재판 기일에 예외 없이 출석하여야 하며, 배심원 선정절차를 거쳐야만 한다. 물론 대부분의 경우에 변호사들은 무이유부 기피신청의 대상이 되어서 최종배심원으로 선정되는 경우는 많지 않지만, 변호사도 일반인들과 똑같이 배심원후보자로 소환되며, 최종배심원으로 선정될 수 있다는 점에서 우리나라와 다른 관점을 가지고 있어 보인다.

14) 미국의 많은 주에서는 법원에서 배심원후보자명부를 스크린해서 배심원으로서의 자격이 되지 않는 사람들을 소환대상에서 면제시킨다. 배심원 면제 사유로 가장 많이 인정되는 경우는 지난 1-2년 이내에 배심원 복무 경력이 있는 경우이나 고령이었다. 고령의 연령 기준은 16개 주에서 70세, 4개 주에서 65세, 3개 주에서는 75세로 보고 있다. 또한 통상적으로 배심원후보자의 직업이 사회적으로 중요하다고 간주되어 배심원후보자로 소환하는 것이 적절하지 못하다고 생각되는 경우에 소환 대상에서 제외시키곤 했었다. 하지만 많은 주에서는 이러한 자동적 제외를 점점 축소하거나 완전히 없앴다. 그 결과로 1994년에 뉴욕 주는 직업에 따른 면제제도를 폐지하면서 1백만 명이 넘는 배심원후보자명단을 확보할 수 있었는데, 그 이후에 주지사, 시장, 항소법원판사등도 배심원으로 선정되는 일이 있었다고 한다. 손용근 외 9인, 전게연구, 295면.

15) 국민의 형사재판 참여에 관한 법률 제17조(결격사유) 다음 각 호의 어느 하나에 해당하는 사람은 배심원으로 선정될 수 없다: 1. 피성년후견인 또는 피한정후견인, 2. 파산선고를 받고 복권되지 아니한 사람, 3. 금고 이상의 실형을 선고받고 그 집행이 종료(종료된 것으로 보는 경우를 포함한다)되거나 집행이 면제된 후 5년을 경과하지 아니한 사람, 4. 금고 이상의 형의 집행유예를 선고받고 그 기간이 완료된 날부터 2년을 경과하지 아니한 사람, 5. 금고 이상의 형의 선고유예를 받고 그 선고유예기간 중에 있는 사람, 6. 법원의 판결에 의하여 자격이 상실 또는 정지된 사람.

2. 배심원후보자 소환

배심원후보자들을 소환하기 위해서 배심원후보예정자 명부가 필요하다. 미국의 경우에는 각 주의 법원에서 배심원후보예정자 명부(Venire)를 준비, 운영하고 있어서, 주별로 차이가 있다. 현재 많은 주에서는 선거인 명부(Voter Registration List)나 운전면허증 명부(Driver License List)를 사용해서 배심원후보예정자 명부를 만들고 있다.16) 그리고 어떤 관할에는 연방법원과 주법원이 동일한 명부를 사용하기도 한다. 우리나라에서는 미국과 달리 선거가 매년 열리는 것이 아니기 때문에 선거인 명부에서 최신의 정보를 확보하기 어려운 반면, 주민등록자료는 시민들의 최신 정보가 유지되기 때문에 이를 기초로 명부를 작성한다. 그리고 행정적 효율성을 위해서 전국적인 명부 운영보다는 지방법원별로 운영, 관리하는 것이 용이하므로, 배심원후보예정자 명부를 작성하기 위해 지방법원장은 행정자치부장관에게 매년 그 관할구역 내에 거주하는 만 20세 이상 국민의 주민등록정보에서 일정한 수의 배심원 후보예정자의 성명, 생년월일, 주소 및 성별에 관한 주민등록정보를 추출하여 전자파일의 형태로 송부해 줄 것을 요청할 수 있다(제22조). 그리고 법원은 배심원후보예정자 명부에서 당해 사건마다 필요한 수의 배심원후보자를 무작위로 추출하여 배심원 선정기일에의 출석을 통지해야 한다(제23조). 법원은 필요한 배심원과 예비배심원 수의 3-4배 정도의 배심원후보자를 소환하고 있다. 배심원의 수는 현재 5인에서 9인까지로 정해져 있다.17)

---

16) 38개의 주들이 선거인 명부를 활용하고 있으며, 35개의 주들이 자동차운전면허증 명부를 활용하고 있다. 19개 주들은 선거인 명부와 자동차운전면허증 명부를 연결해서 활용하고 있다. 11개의 주들은 두 명부 외에 소득세납부명부(재산세납부자 명부) 등 3개 이상의 목록을 활용하고 있다. Gregory E. Mize, Paula Hannaford—Agor, Nicole L. Waters, The State—of—the States Survey of Jury Improvement Efforts: A Compendium Report 10 tbl. 5, 13 (2007).

17) 국민의 형사재판 참여에 관한 법률 제13조(배심원의 수): (1) 법정형이 사형·무기징역 또는 무기금고에 해당하는 대상사건에 대한 국민참여재판에는 9인의 배심원이 참여하고, 그 외의 대상사건에 대한 국민참여재판에는 7인의 배심원이 참여한다. 다만, 법원은 피고인 또는 변호인이 공판준비절차에서 공소사실의 주요내용을 인정한 때에는 5인의

　　법원은 배심원후보자 명부를 검사와 변호인에게 선정기일 2일 전까지 제공하도록 하고 있다. 후보자 명부는 성명, 성별, 출생연도만 기재되도록 규정하고 있으며, 출생월일, 주소, 전화번호, 직업 등은 제공하지 않고 있다. 이렇게 후보자 정보를 재판기일에 임박해서 제공하는 점이나, 제공된 정보가 상세하지 않은 이유는 배심원후보자의 사생활을 보호하기 위한 것이며, 신상정보가 과도하게 노출되어 불이익을 입거나, 더 나아가 협박이나 매수 등의 위험을 방지하기 위한 것으로 보인다. 하지만 검사와 변호인 측 입장에서는 심각한 편견이나 편향성이 있는 배심원후보자를 배제하여 공정한 재판을 받을 권리가 있다. 재판 당사자의 운명을 결정할 수도 있는 형사재판에서 공정한 마음가짐과 자세로 재판에 임할 수 없는 배심원후보자를 배제시키는 권리를 행사하기 위해서 재판 전에 배심원후보자에 대한 충분한 정보가 제공되어야 한다고 본다. 또한 배심원후보자에 대한 시간적 여유를 가지고 조사를 할 수 있도록 후보자 명부와 후보자가 답변한 질문표가 재판기일 시작 전에 충분한 여유를 두고 전달되어야 한다고 본다. 현재와 같이 재판기일 단 2일 전에 후보자 명부가 전달되면 시간이 너무 촉박하여 충분한 시간을 가지고 배심원 선정절차를 준비할 수 없어 보인다. 그리고 매우 한정된 정보만 제공하는 것은 공정한 배심원 선정을 위해 적절하지 않아 보인다. 또한 법원에서 제공된 정보를 이용해서 배심원후보자에 대한 협박이나 매수의 가능성에 대한 우려는 정부를 대변하는 검사 측은 물론 공공적인 이익도 대변하는 변호인 측에 대해서도 과도한 우려라고 생각된다.

IV. 공판절차

1. 배심원 선서

　　재판기일에 소환된 배심원후보자들을 대상으로 오전에 배심원 선정절

배심원이 참여하게 할 수 있다. (2) 법원은 사건의 내용에 비추어 특별한 사정이 있다고 인정되고 검사·피고인 또는 변호인의 동의가 있는 경우에 한하여 결정으로 배심원의 수를 7인과 9인 중에서 제1항과 달리 정할 수 있다.

차가 이루어진다. 자세한 배심원 선정절차와 선정 방법은 제2, 3장에서 논의하였다. 배심원 선정절차를 거쳐 최종 선정된 배심원과 예비배심원은 법률에 따라 공정한 직무 수행을 다짐하는 선서를 한다. 배심원 전원이 기립하고 배심원대표가 선서문을 낭독한다.[18]

2. 모두진술

본격적인 공판절차는 검사와 변호인 측의 모두진술로 시작된다. 모두진술을 통해서 배심원단은 재판의 쟁점과 양측의 주장에 대해서 처음으로 자세하게 알게 되는 과정인 만큼 검사와 변호인에게 매우 중요한 절차이다. 모두진술을 통해 배심원은 재판 사안에 대한 심증을 형성할 수 있기 때문이다. 물론 증인신문과 증거조사를 통해서 처음에 형성된 심증이 얼마든지 변할 수 있지만, 재판 초기에 만들어진 '선입관'은 심리적으로 큰 역할을 할 수 있으며, 어떤 배심원은 자신의 선입관을 변경하는 것에 보수적일 수도 있다. 모두진술은 정해진 시간 내에 검사와 변호인이 재판 과정을 통해 어떻게 자신의 주장을 입증할 계획인지를 보여주는 로드맵과도 같기 때문에 정확하고 간결하게 사안의 쟁점과 핵심 및 자기주장을 잘 설명하여야 한다.[19] 배심원은 전문 법률가가 아니기 때문에 변호인들이 종전에 재판장 앞에서 하던 식으로 전문적인 법률용어에 의존해서 설명하면, 이해도도 떨어질 뿐만 아니라, 비호감을 살 수도 있다. 어떤 검사나 변호인은 배심원단을 쳐다보지도 않고 준비해온 원고를 기계적이고 딱딱하게 읽는 경우도 있는데, 이는 배심원들이 무성의하다고 생각할 수도 있으며, 공감을 일으키기도 어렵다. 배심재판을 처음 접해보거나 경험이 적은 검사나 변호인에게 어색한 부분일 수도 있지만, 배심재판 중에 특히 모두진술에서 배심원단과

---

18) 배심원대표는 평의를 주재하고 재판부 의견 진술 요청, 평결결과 집계, 평결서 작성 및 전달의 역할을 하기 때문에 매우 중요한 역할을 담당하고 있다. 우리나라에서는 통상적으로 재판 초기에 연장자가 형식적이고 의례적인 방식으로 뽑히고 있는데, 배심원대표를 선출하는 방식에 좀 더 신중을 기할 필요가 있다고 본다. 모든 공판절차가 끝난 후 배심원들이 선출을 통해 가장 적절한 배심원대표를 임명하는 것이 좋다고 생각한다.

19) 한인섭, 한상훈, 전게서(정진경, "「국민의 형사재판 참여에 관한 법률」에 따른 배심원재판의 유의점"), 189면.

공감대를 마련하도록 노력하는 것이 중요하다. 앞으로 종전과 다르게 배심원을 대상으로 하는 변론 기술의 개발과 준비, 연습이 필요한 부분이다.

3. 증거조사

모두진술 후에는 증거물조사와 피해자, 목격자 등 증인들에 대한 신문과 증언을 통해서 증거조사절차가 진행된다. 예전의 일반재판에서는 증거물의 증거능력에 대한 문제가 거의 쟁점이 안 되었지만 배심재판에서는 큰 쟁점이 될 수 있다. 증거능력이 없는 증거물에 대한 이의신청이 적재적소에 이루어져야지만, 배심원이 증거능력이 있는 증거에 의해서 올바른 평의와 평결을 할 수 있다. 검사와 변호인은 형사소송법에 의거해서 증거능력에 관한 규정에 더 상세한 주의가 필요하다. 국민참여재판에서 특히 피고측 변호인은 증거물과 증언의 증거능력에 대해서 소극적인 자세로 임하는 경우가 많다. 피고인의 유무죄에 대한 다툼보다 유리한 양형을 이끌어내기 위한 경우에 변호인이 더 소극적인 경우가 많아서, 증거능력에 대하여서나 다른 근거로 이의신청을 하는 데 소극적으로 재판에 임하는 경향이 있다.[20] 우리나라에서는 지나치게 적극적인 이의신청이 법정 관례나 예의에 어긋난다고 생각할 수 있는데, 앞으로 공판중심주의로 진행되는 국민참여재판에서는 좀 더 적극적인 자세로 변론에 임해야 한다고 본다.

특히 국민참여재판이 가져온 큰 변화 중에 하나는 이제까지는 서류에 의존하던 공판절차에서 집중심리와 집중증거조사가 중요시됨에 따라서 목격자와 피해자의 직접적인 증언을 법정에서 듣고 진실에 대한 입증이 법정에서 이루어지고 있다는 점이다.[21] 또한 지금까지는 피의자의 자백 획득이 증거확보의 중심을 이루었지만 앞으로는 체계적이고 과학적인 수사방법을 통하여 물증을 확보하는 것이 중요하게 되었다.[22] 그래서 검사나 변호인

---

20) 배심원단의 입장에서는 변호인의 소극적이고 때로는 저자세적인 변론과 자세를 피고인의 항변사유가 충분하지 않은 것으로 잘못 해석할 수도 있다. 피고인이 유죄를 인정하지 않고 무죄를 주장할 때는, 변호인의 적극적인 변론과 자신감 있는 자세가 피고인의 항변에 더 도움이 된다고 본다.

21) 한인섭·한상훈, 전게서(김현석, "국민참여재판제도의 시행을 준비하며"), 10면.

22) 한인섭·한상훈, 전게서(황운하, "국민의 사법참여와 경찰수사환경의 변화"), 27면.

측은 이와 같은 공판중심주의로 변화되어 가고 있는 국민참여재판제도에 대한 준비와 변론기술의 개발이 필요해졌다.

(1) 배심원 필기

배심원은 재판장의 허가를 얻어 사건의 쟁점과 증거조사결과를 필기할 수 있다. 필기한 내용은 다른 배심원이 알지 못하도록 주의하여야 하고, 평의 시 참고할 수 있다. 우리나라의 국민참여재판의 대다수는 당일에 종료되고 길어도 3일을 넘지 않는 경우가 대부분이다. 하지만 당일에 종료되는 재판도 몇 시간 동안 계속해서 주의를 집중해야만 사안과 쟁점을 이해하고 올바른 결정을 내릴 수 있는데, 오랜 시간 동안 주의 집중은 누구에게나 쉽지 않은 일이다. 그래서 필기 없이 사안과 쟁점을 잘 이해하고 파악하는 것은 어렵다. 재판 중에 필기를 통해 이해를 돕는 판사와 마찬가지로 배심원들도 필기를 하여 평의에 참고할 수 있어야 한다. 미국의 어떤 주에서는 필기하는 것을 금지하는 곳도 있다. 그 이유는 필기에 너무 집중하기 때문에 변론 중에 중요한 내용이나 중요한 증언을 간과하고 지나칠 수도 있으며, 평의 시 필기 내용이 마치 증거능력이 있는 증거물과 같이 취급될 수도 있는 위험이 있기 때문이다. 또한 잘못된 내용을 포함한 필기가 더 정확한, 하지만 필기되지 않은 내용보다 더 중시될 가능성도 있기 때문이다. 하지만 짧은 기억에만 의존하여 평의를 하는 것은 더 위험할 수 있으며, 잘못된 필기 내용은 다른 배심원의 필기 내용과 비교해서 정정될 수 있고 또한 모든 배심원들의 적극적이고 자세한 평의를 통해서 상쇄될 수 있다고 본다.

(2) 배심원 질문

배심원은 증인이나 피고인의 신문 후에 궁금한 점에 대한 질문을 요청할 수 있다. 신문 종료 직후에 서면으로 재판장에게 제출하면 재판장은 질문의 정당성을 고려한 후 그 질문에 대한 답변을 증인에게 요구할 수 있다. 배심원의 적절하고 정당한 질문 요청은 올바른 평의와 평결을 위해 매우 중요하다. 아직도 미국의 몇 개 주에서는 배심원의 질문을 허용하지 않는 법원도 있는데, 그 이유는 평의 전에 재판 사안에 대한 선입관을 형성하는 것을 우려한 것으로 보인다. 하지만 배심원이 질문을 직접적으로 구두로 하는 것이 아니라, 서면을 통해 재판장에게 제시하고, 질문의 적절성을 재판장이 판단하여 진행할 수 있기 때문에 우려할 점은 아니라고 본다. 어떤 사안에 대한 궁금증을 남긴 채 평의과정에 들어가면, 올바른 평결을 내리는 데 지장을 초래할 수 있기 때문에, 배심원에게 서면 질문을 허용하는 것은 중요하다고 생각한다.

4. 최종변론

증거조사가 종료되면 검사와 변호인은 사건의 쟁점과 증거관계에 관한 최종 변론을 통하여 배심원을 설득하게 된다. 하루 종일이나 길게는 며칠 동안 진행된 공판절차를 마친 후 배심원단은 평의에 들어가기 전에 당해 재판에 대한 정리를 받을 필요가 있다. 검사와 변호인은 정해진 시간 내에 재판의 쟁점과 자신의 주장을 일목요연하게 잘 정리하고 설명해 주어야 한다. 모두진술과 마찬가지로 최종변론은 배심원을 상대로 하는 것이기 때문에 어렵고 전문적인 법률용어를 그대로 사용하지 않고 일반인들도 쉽게 이해하고 적용할 수 있는 용어로 잘 풀어서 설명하여야 한다. 검사와 변호인은 공판절차에서 증거능력이 입증된 증거에 근거하여 변론을 해야 하며, 증거능력이 없는 것에 근거한 변론을 하지 않도록 주의하여야 하며, 재판장도 이 점을 유의하여야 한다.

5. 배심원 설시

최종변론이 종결되면 재판장은 배심원에게 사건의 쟁점과 증거, 적용할 법률, 판단 원칙 등에 관하여 설명하고 설시하여야 한다. 재판장은 공소사실의 요지와 적용법조, 피고인과 변호인 주장의 요지, 증거능력, 그 밖에 유의할 사항에 관하여 설명하여야 한다. 이 경우 필요한 때에는 증거의 요지에 관하여 설명할 수 있다. 모두진술과 최종변론과 마찬가지로 배심원 설시는 일반인들도 쉽게 이해하고 적용할 수 있는 용어를 사용하여야 한다. 종전 재판에서 사용되었던 전문적이고 기계적인 법률용어의 사용은 지양하여야 한다. 특히 어떤 법적 개념과 정의는 일반적으로 생각하는 개념이나 정의와 차이가 있을 수 있다. 이 점을 유념하여 배심원설시가 마련되어야 한다. 모든 형사재판에 적용되는 법적 개념은 공통적으로 사용된다. 예를 들어 검사는 피고인의 유죄를 합리적 의심이 없을 정도로 입증해야 한다는 것은 모든 형사재판에 공통적인 항목이다. 하지만 각 재판마다 사안과 쟁점의 특이 사항이 있으므로 배심원설시도 맞춤형으로 준비되어야 한다. 미국에서는 배심원설시를 각 주에서 공통적으로 사용하는 모델배심원설시(Pattern Jury Instruction)에 근거해서 준비하지만, 검사와 변호인 측에서 제시한 설시를 참고하고 재판장이 판단하여 최종배심원설시를 준비한다. 우리나라도 재판 전 공판준비기일 전에 양측에서 제시한 배심원설시를 기준으로 맞춤형 배심원설시를 준비하는 것이 좋다고 본다.

6. 평 의

공판절차를 통해 증거를 보고, 듣고 재판부의 배심원설시를 들은 후에 배심원은 평의에 들어간다. 평의는 피고인의 유무죄에 관한 논의와 토론을 진행하는 절차이며, 재판부의 참여 없이 배심원단만 참여하는 유일한 과정이다. 재판의 최종 판단인 평결에 이르는 과정이기 때문에 배심원으로서는 매우 중요한 시간이다. 배심원 각자는 자신의 주장을 충분히 진술하여야 하며, 자신의 주장만을 고집하지 말고 상대방의 의견을 경청하여, 법정에서 보고 들은 증거에 따라 감정이나 편견에 치우치지 않고 공정하게 평의에 임해야 한다. 배심원대표는 평의를 주관하고, 평결결과를 집계하며, 평결서의 작성 및 이를 전달하는 역할을 한다. 배심원대표는 재판부와 배심원단의 가교 역할을 하기 때문에 중요하다. 또한 배심원 과반수가 요청하면 재판부의 의견을 청취할 수 있다. 하지만 배심원단은 재판부의 의견에 과도하게 영향을 받을 가능성이 있기 때문에 이 점은 배심원단이나 재판부에서 신중해야만 하는 부분이다. 그래서 이 시점에서는 재판부의 의견을 요청하지 않고, 증거물이나 증거능력 또는 법적 용어의 정의 등의 질문사항이나 평의, 평결과정에 대한 기술적인 질문으로 한정하는 것이 옳다고 본다.

평의과정에서 중요한 점은 원칙적으로 유무죄에 관하여 법관의 참여

없이 진행하며, 배심원 전원 만장일치의 평결을 내도록 한다는 점이다. 만일 전원일치에 이르지 못하면, 배심원단은 유무죄에 관하여 법관의 의견을 들은 후 배심원만으로 평결한다. 만장일치에 이르지 못하여 법관의 의견을 듣기 전에 배심원단에서는 충분한 의견 교환과 토론이 이루어져야만 한다. 만장일치를 이루지 못해도 재판장의 의견을 듣고 참고할 수 있기 때문에, 만장일치를 달성하기 위한 노력을 하지 않을 수 있다. 그냥 성의 없이 평의에 참여한 후 전원일치가 없으면, 그 때 재판장의 의견에 의지해서 평결을 내리면 된다는 사고방식은 국민참여재판의 원래 취지를 벗어난 것이다. 그래서 재판부는 배심원단이 만장일치를 이루기 위한 최선의 노력을 해야만 한다는 점을 꼭 강조하여야 한다. 영국에서는 2시간을 최소평의시간으로 규정하고, 2시간을 초과해도 만장일치에 이르지 못하면 12명 중 10명에 의한 유죄평결을 허용한다.[23] 하지만 각 재판마다의 특이성과 차이점을 고려할 때 2시간이라는 최소평의시간을 규정하는 것은 적절하지 않다고 본다. 각 국민참여재판 시 재판장이 설시를 통해서 최소한 2시간은 평의하도록 독려할 수도 있겠지만, 특정한 시간을 부여하면 시간만 때우고 재판부의 의견에 의지하려고 할 수 있어서, 재판장은 배심원단은 만장일치에 이르기 위해 최선을 다해야 할 의무가 있다는 점을 상기시키는 것이 더 효과적이라고 생각한다.

　재판장이 판단할 때 만장일치를 이끌어내기 위한 충분한 시간과 노력이 투여되었다고 생각되는 시점에 이르렀으나 아직도 만장일치에 도달하지 못하였을 때는 재판부의 의견을 배심원단에게 전달하도록 하여야 한다. 여기서도 재판부는 재판부의 의견에 배심원단이 과다한 영향을 받지 않도록 주의하여야 한다. 재판부의 의견은 배심원단이 참고할 수 있는 의견일 뿐이지, 배심원단이 강제적으로 받아들여야만 하는 것은 아니기 때문이다. 재판부의 의견을 참고한 후 배심원단은 다시 평의에 임한다.

---

23) 한인섭·한상훈, 전게서(한상훈, "사개추위의 「국민의 형사재판 참여에 관한 법률」 성안 시 쟁점과 결론"), 64면.

7. 평 결

만장일치를 달성하기 위한 충분한 노력과 시간 부여에도 불구하고 이를 달성하지 못한 경우에는 배심원단은 단순다수결에 의하여 유무죄를 평결할 수 있다.[24] 전원일치 또는 다수결로 유죄의 평결이 나오면, 배심원대표가 평결서를 작성한 후 재판부에 알린다. 이어서 재판부는 배심원단과 함께 양형에 관하여 토의를 하여 피고인에게 부과할 적정한 형을 결정한다. 이때 배심원 각자는 양형에 관한 자신의 의견을 개별적으로 개진한다. 배심원은 양형에 관하여 평결하지는 않으며, 법관은 배심원의 의견을 참고하여 양형에 관하여 판단하게 된다.[25] 최종적으로 재판장은 판결 선고 시 피고인에게 배심원의 평결결과를 고지하여야 하며, 배심원의 평결결과와 다른 판결을 선고하는 때에는 피고인에게 그 이유를 설명하여야 하며, 그 이유를 판결서에 기재하여야 한다. 이것은 배심원의 평결이 재판부에 단순히 참고적으로 사용할 수 있는 것이 아니라 강한 권고적 효력을 가지고 있다는 것을 보여준다.[26]

---

24) 국민사법참여위원회는 지금까지 국민참여재판시행에서 나타난 문제를 해결할 목적으로 개선책을 내놓았는데, 그 중에 하나는 다수결 평결제도에 관한 것이었다. 국민사법참여위원회는 단순다수결 평결제도를 폐지하고 배심원 3/4 이상의 찬성을 요구하는 가중다수결제를 제안하였었는데, 평결의 권위를 위하여 단순다수결제도보다는 가중다수결제로 변경하는 것이 맞다고 본다.

25) 미국에서는 배심원단이 피고인의 유무죄를 결정하지만, 일반적으로 양형을 결정하지는 않는다. 예외적으로 사형에 관한 형사재판에서만 배심원단이 사형선고를 결정한다.

26) 국민사법참여위원회의 또 다른 개선책 중에 하나는 배심원 평결의 효력에 관한 것이었다. 현재의 권고적 효력에서 한 걸음 더 나아가 '사실상의 기속력(배심원 평결 존중의 원칙)'을 제시하였다. 당초 미국과 같이 법적 기속력을 부여하는 방안도 검토되었으나 헌법적합성의 문제 및 아직 우리사회에서는 미국식 배심제의 도입에 대한 공감대가 형성되지 아니한 점을 고려하여 '사실상의 기속력'을 부여하는 것을 제시하였지만, 아직까지는 권고적 효력에 머물고 있다. 이제는 시간적으로나 국민적 공감대 형성면에서 '사실상의 기속력'을 부여하는 데 무리가 없다고 본다. 특히 배심원 평결이 만장일치일 때는 사실적 기속력을 부여하는 것이 옳다고 본다.

· 제 2 장 ·

배심원 선정절차[*]

　　배심원 선정은 국민참여재판 과정 중에서 가장 중요한 절차일 수 있다. 배심원 선정과정을 통해서 최종 선정된 배심원단이 재판 과정, 평의와 평결 절차 후에 재판의 최종 결정을 내리기 때문이다. 물론 현재 배심원의 평결은 법원에 법적 기속력은 없다. 하지만 이제는 국민참여재판이 우리나라 소송구조에서 중요한 자리를 잡아가고 있고 그 위상이 높아지고 있는 시점에서 재판장은 배심원단의 최종 결정인 평결을 쉽게 무시할 수 없으며, 특히 평결이 만장일치일 경우에는 재판장이 임의로 배심원의 결정을 극복하기는 매우 어려울 것이다. 그럼에도 불구하고 우리나라에서는 아직도 배심원 선정절차를 재판에서 그냥 거쳐야 하는 과정 중에 하나일 뿐이라는 생

---

　* 제2장은 대법원 주관 「민사재판에 있어서 국민의 사법참여방안에 관한 연구」(손용근·공영호·김상수·김세진·김용진·김희균·이규호·정영수·조관행·박지원, 법원행정처, 한양대학교 산학협력단, 2013) 용역을 위하여 제출된 내용과 "미국 배심재판에서 배심원후보자의 위장 침입의 문제점과 배심원 선정방법의 개선방안에 대한 연구"라는 제목으로 민사소송 제17권 1호, 한국민사소송법학회, 2013. 5, 389면에 게재된 논문을 수정, 보완한 것임.

각을 가지고 있는 듯하다. 특히 변호인단으로서는 의뢰인의 운명을 결정할 수도 있는 배심원 선정에 충분히 신중하지 못한 듯하다. 그 중요성에도 불구하고 현재 많은 국민참여재판에서 배심원 심문 절차와 최종 선정에 소요되는 시간은 채 2시간이 넘지 않고 있다. 우리나라에서 국민참여재판은 대개 당일에 완료되고, 길게는 2~3일에 완료된다.[1] 신속하게 재판을 진행하고 완료해야 된다는 부담감 때문에 배심원 선정절차에 너무 많은 시간을 할애하는 것이 재판부로서는 어려운 일일 수 있다. 하지만 배심원 선정 작업은 재판 절차 중에 매우 중요한 절차이다. 배심원 구성원의 성향에 따라서 상반된 재판 결과가 도출될 수 있기 때문이다. 이 장에서는 먼저 미국과 우리나라의 배심원 선정절차에 대해서 논의하였고, 양국의 선정절차를 비교, 분석하고 부족한 부분에 대한 개선 방안을 제시하였다.

Ⅰ. 미국의 배심원 선정

1. 배심원후보자 Pool(Venire)

배심원 선정절차는 크게 3단계로 나뉜다. 배심원선정의 첫 번째 단계는 Venire라고 불리는 잠정적 후보 배심원단의 소환 절차이다. 두 번째 단계는 잠정적 후보 배심원단에 질문 단계를 통해 소송 당사자들이 잠정적 후보 배심원들의 배경과 편견이나 편향성의 가능성을 발견하는 것이고, 세 번째 단계는 편견이나 편향성 때문에 공정할 수 없거나 공정할 수 없을 것으로 보이는 배심원들을 배제하거나 배심단에 소속시키기에 바람직해 보이지 않는 배심원들을 배제하는 단계(이유부 기피신청이나 무이유부 기피신청)이다. 소 배심원(Petit Jury)으로 임명된 배심원은 모든 증거들을 편견 없이 고려하고 공정하게 결정하기를 선서한다.[2] 이 단계에서 최종적인 배심원단

---

[1] 미국에서는 배심재판이 보통 짧게는 며칠, 길게는 몇 주, 몇 달이 소요되고, 중대한 사안을 가진 재판에서는 배심 선정과정이 며칠도 걸린다.

[2] 소배심(Petit Jury)은 대배심(Grand Jury)과 구별되는데, 소배심은 통상적으로 재판에 참여하고 평의를 거쳐 평결까지 이르는 배심재판을 말하며, 대배심은 기소배심이라고도 하며 일반인들이 배심원으로 참여하여 기소 여부를 결정하는 배심이다. U.S. Courts, Types of Juries (http://www.uscourts.gov/services-forms/jury-service/types-juries).

이 구성(Jury Empaneling)되고 재판이 시작된다.[3]

Venire가 어떻게 구성되어야 하는가는 미국대법원과 국회에서는 "Fair section of the community"(시민 전체가 골고루 그리고 공정하게 반영되게 구성되어야 함)라고 했지만 사법부에게 어떻게 Venire를 구성해야 하는 것은 쉽지 않은 과제이다. 1968년에 미 국회는 "배심원 선정과 임무에 관한 법령(Jury Selection and Service Act)"이라는 법안을 통과시켰는데, 이 법안에 의하여 모든 소송 당사자는 그 지역의 시민들을 대표하는 사람들로 구성된 배심원들로부터 재판받을 수 있는 권리가 있다는 원칙이 생겼다. 그리고 인종, 종교, 성별이나 경제적 지위로 인해서 배심원에서 제외될 수 없다고 하였다. 이 법안은 배심원후보자의 Pool(Venire)은 선거권을 가진 모든 시민들로 골고루 차별 없이 구성되어야 하며 배심원은 철저히 무작위 방식으로 구성되어야 한다고 하였다.[4]

전통적으로는 후보 배심원단은 선거인 등록부에서 호출되어 왔다. 선거인 등록부를 이용하는 이유로는 배심원 임무는 선거와 같이 시민으로서의 위상을 나타내기 때문이다. 선거인 등록부는 선거를 할 수 있는 사람의 이름을 포함한다. 선거인 등록부는 선거를 하기 위해 등록까지 하는 적극적인 절차를 받은 사람들의 명부이다. 그러므로 선거인 등록부는 선거인으로 등록한 사람들은 배심원 소환에 더 적극적으로 응답하고 참여할 것으로 추측할 수 있다.

하지만 1970년대부터 선거인 등록부에 추가해서 세금 납세자 명부, 운전 면허자 명부, 사회 복지 혜택자 명부나 전화나 전기, 수도료(Utility) 납부자 명부가 첨가되었다. 그 이유는 선거인 명부만으로는 인종적 소수 민족인이나, 40세 미만 젊은층이나 저소득자, 교육정도가 낮은 자나 노동자, 무직자들이 충분히 포함되지 않을 수 있기 때문이다. 또한 많은 유동 인구를 잘 반영하지 못하는 문제점이 있다.[5]

---

3) Nancy S. Marder, The Jury Process (Foundation Press, 2005), p. 50.
4) Saul M. Kassin and Lawrence S. Wrightman, The American Jury on Trial, Psychological Perspectives (Taylor & Francis, 1988), p. 23.
5) David Kairys, et al., "Jury Representativeness: A Mandate for Multiple Source Lists," 65

미국의 각 법원에서는 배심원후보자의 Pool이 시민사회를 더 잘 대표하기 위한 방법으로 배심원후보자 소환에 대한 응답을 더 활성화 할 수 있는 방법을 모색하고 있다. 여러 주에서는 상과 벌(Carrot and Stick)의 정책을 써 왔다. Stick 방법으로는 소환을 무시하는 사람에게는 벌금형이나 감옥형으로 위협하는 것이다. California 주에서는 배심원 소환에 응답하지 않는 자에게는 최대 $1,000 벌금형이나 최대 5일까지 감옥형에 처할 수 있게 되어 있다. Carrot 방법으로는 배심원임무에 대한 교육을 제공하거나 배심원 경험을 향상시킬 수 있는 방법을 모색한다. 배심원 대기 장소를 더 쾌적한 환경으로 만들거나, 배심원 복무에 대한 보수를 인상하였다. 또한 예를 들어 어린 학생들에게 배심원서비스에 대한 교육을 시킴으로써 학생들이 성년이 되었을 때 배심원 임무에 대해 더 긍정적으로 반응하는 데 도움을 주려고 노력하고 있다.[6]

배심원후보자 소환에 대해 일반 시민들이 좀 더 긍정적으로 반응하도록 하기 위해서 많은 주에서는 "one day/one trial" 방법을 시행하고 있다. 이 경우에는 후보 배심원이 첫째 날에 배심원으로 선택되지 않으면 다음번에 배심원 소환을 받기 전까지는 의무를 완수한 것으로 간주한다. 만일 첫째 날에 배심원으로 선택되면 그 재판에만 배심원 복무를 마치면 임무를 완수한 것으로 된다. 이 방법의 장점은 통상적으로 10일 정도의 배심원 소환기간에는 무조건 법원에 나와야 하는 부담감을 없앴다는 점이다. 소환기간 동안 계속해서 법원에 나와서 자신이 배심원으로 선택되었는지를 확인해야 하는 대기 시간을 없앴다.

어떤 경우에는 타협이나 소송의 기각으로 인해 재판이 취소되는 경우가 있는데, 이런 상황에서 후보 배심원이 법원에 직접 나올 필요가 없어지므로, 후보 배심원이 소환일 전에 전화로 확인할 수 있게 하면 편리해진다. 혹은 배심원들에게 대기 시간 중에 일을 할 수 있는 공간을 제공하기도 한다. 또한 후보 배심원들이 소환일을 더 편리한 날과 시간으로 조정하거나 연기할

Cal. L. Rev. 776 (1977).
6) G. Thomas Munsterman, et al., Jury Trial Innovations (1997), p. 36.

수 있게 해주면 배심원임무에 대한 부담을 줄일 수 있다.

후보 배심원들이 소환에 응답하지 않는 여러 이유로는 소환에 응답하지 않아도 처벌이 없을 것이라는 오해나, 배심원의무로 인해 직장에서 보수를 받을 수 없다거나, 오랜 대기 시간 후에도 배심원으로 채택되지 않아서 시간을 낭비했다고 생각하는 이유 등이다. 먼저 배심원 소환에 불응함에도 처벌이 없을 것이라는 생각을 고치기 위해 소환 명령을 엄격히 실행할 필요가 있다.[7] 그래서 통상적으로 이유 없이 소환명령을 무시하고 소환일에 법원에 나오지 않으면 각 법원이 규정한 범위 내에서 처벌받을 수 있다.

2. 배심원 자격

배심원이 될 수 있는 자격 요건으로 먼저 후보 배심원은 미국 시민권자로 제한된다. 배심원의 최소 연령에 관하여 대부분의 주가 18세를 그 연령의 하한으로 정하고 있다. 그리고 후보 배심원으로서 한번 소환되었으면 실제로 케이스에 배심원으로 선택되었는지의 유무에 상관없이 배심원 소환을 일정한 기간 유예하는데, 보통 유예기간은 1년이나 2년 정도이다.[8][9]

그 외 요건으로서 중범죄로 처벌을 받은 적이 있는 전과자의 경우나 일정한 거주 요건이 존재하는데, 새로운 주로 거주지를 옮긴 사람은 일정한 기간이 경과해야 자격 요건이 충족된다. 그리고 대부분의 주가 영어 구사능력을 배심원 자격 요건으로 요구하고 있다. 이민자가 많은 미국에서 영어가 모국어가 아닌 자들이 상당수인데, 전문적인 용어나 고급 언어가 사용되는 재판에서 초급 이상의 영어 듣기 능력은 필수적이기 때문이다. 또한 재판 후에 배심원 평의와 평결 중에 자신의 의사를 구두로 표현할 수 있는 능력도 필수적이다. 마찬가지 맥락으로 심신 장애자로서 배심원 임무 수행에 어려움이 있을 수 있는 경우도 결격 사유로 정하고 있는 주도 많다.

---

7) Robert G. Boatright, Improving Citizen Response to Jury Summonses: A Report with Recommendations ix–x (American Judicature Society, 1998), xii–xiii.

8) 김상준, 「미국 배심재판 제도의 연구」, 이화여자대학교출판부, 2003, 36면.

9) 우리나라에서는 아직도 국민참여재판 시행이 초기 단계이어서 일반인이 배심원으로 소환되는 확률은 매우 낮다. 국민참여재판이 형사재판뿐만 아니라 민사재판에서 전면적으로 시행된다고 하더라도, 당분간은 큰 변화가 없을 것으로 보인다.

65세나 70세를 넘는 고령자에 대해서도 임의적으로 면제를 해주는 주도 있다. 법원 공무원, 일반 행정 공무원, 선거직 의회 의원, 의사, 변호사에 대해서 자동적으로 면제 규정을 두고 있는 주도 일부 있다.[10]

3. 배심원 보수

배심원으로 소환되는 자에게 일정한 금전적 보수를 지급하고 있지만, 일반적으로 법원의 예산 관리상 배심원 보수는 기본적으로 저액이다. 그 액수에 차이가 있는데 New York 주나 New Mexico 주같이 하루 보수가 40달러인 주가 있는 반면, 10달러도 안 되는 주도 있다. 연방법원의 배심원 보수는 하루 40달러이다. 위스콘신 주와 같은 일부 주에서는 기본적인 보수에 주차비, 교통비, 식대까지 보상해 주는 곳도 있다. 어떤 경우에 재판이 길어지면 배심원 보수를 인상해 주는 일부 주도 있다. 그리고 배심원으로 소환되어서 업무에 종사하지 못하더라도 고용주가 임금 등을 임의로 삭감하는 것은 대부분의 주에서 금지하고 있다.[11]

4. 배심원의 대표성 문제

배심원은 대표성 있는 사회 전 부문(Representative Crosssection of the Community)에서 선발되어야 한다. 이러한 목표의 기초적인 배경에는 적어도 미국과 같은 다원주의적 사회에 있어서 다양한 출신 배경을 가진 사회 구성원 집단에서 추출된 배심원 후보 Pool에서 그 대표성이 보장될 수 있다고 하는 통계학적 전제, 다양성은 집단 의사 결정의 질적 수준을 높일 수 있다고 하는 심리학적 전제 및 배심재판의 공정성에 관한 국민의 믿음을 얻어내기 위하여 사회의 모든 부문에서 골고루 선발된 배심원단이 필요하다고 하는 정치학적 전제가 깔려 있다고 할 수 있다.[12]

대표성이 있는 배심원 구성에 있어서 또 하나의 문제점은 배심원 질문

---

10) David B. Rottman, et al., State Court Organization 1998, Bureau of Justice Statistics (U.S. Department of Justice June 2000), pp. 261~285.

11) *Id.*

12) Kassin, *supra* note 4, p. 22.

서를 받아 본 시민들의 회신율 문제이다. 배심원 질문서를 받은 시민들 중
에서 많은 사람들이 이를 회신하지 않는 경우가 있다. 유동인구이거나 해
외여행 같은 여러 가지 이유로 인해서 배심원 질문서를 받지 못하는 사람
들이 있다. 또한 사회 구성원 중에 특정한 부류가 배심원 구성 과정에서 제
외되는 문제가 있다. 영어 구사 능력이 없거나 떨어지는 자, 경찰관, 중범
죄를 저지른 전과자뿐만 아니라 가사 노동이나 부양가족이 있는 사람, 소
규모 영세상인, 의사나 간호사와 같이 업무상 특별한 곤란함이 있다고 간
주되는 사람들은 배심원 자격에 상관없이 배심원 복무의 의무에서 전면적
으로 면제되는 곳도 있다. 이와 같이 선거인 명부의 대표성 결여문제, 질문
서의 회신율 저조문제, 결격과 면제 제도 등의 절차상의 문제 때문에 배심
원의 대표성은 그만큼 떨어질 수밖에 없었다. 한편 차별적 의도가 없는 경
우조차도, 때때로 선발 절차상의 예기치 못한 문제 때문에 배심원 구성의
대표성이 훼손되는 경우도 실제 사례로 보고된 바 있다.[13]

　　우리나라는 비교적 동질적인 집단이고 아직까지 인종문제가 많지 않다
는 이유로 배심원 구성에 있어서 사회적 대표성의 중요성이 크지 않다고
생각할 수도 있다. 하지만 우리나라도 다문화사회의 성장과 더불어 귀화
외국인의 숫자가 급증하고 있어서, 다양한 배경의 구성원이 배심원으로 복
무하여 시민의 의무를 완수하도록 하는 것이 중요하다고 본다.

Ⅱ. 배심원 선정을 위한 심문 절차(Voir Dire)

1. 배심원 선정 심문 절차의 의미

　　배심원후보자에 대한 심문과정을 걸쳐서 최종배심원과 예비배심원을
선정하는 과정을 Voir Dire라고 하는데, 프랑스어로 '사실을 말하다'라는 뜻
이다. 법원과 검사, 변호인이 하는 질문에 대하여 배심원후보자는 사실을
말하여야 하며, 그 사실에 근거하여 편견이나 선입관 없이 공정한 자세로
재판에 임할 수 있는 배심원을 선정한다는 뜻이다. 배심원 선정 심문 절차

---

13) 김상준, 전게서, 68면.

는 배심원후보자의 편견을 파악할 수 있는 거의 유일한 기회이기에 배심원 재판에서 매우 중요한 과정이다. 변호인은 심문 절차 중에 그들이 질문에 어떻게 대답하고 반응하는가에 따라 배심원 구성을 하려고 한다. 그런데 많은 변호사들이 이 시간을 자신의 의뢰인을 위한 변론의 기회로 이용하려 한다.14) 그래서 어떤 법원에서는 Voir Dire를 판사가 단독으로 진행하고, 어떤 법원은 판사와 변호사가 함께 진행하는 곳도 있지만 판사가 Voir Dire의 전체적인 흐름을 조정하고 통제하려고 한다.

변호사들은 심문 절차 과정을 통해서 의뢰인에게 유리한 점을 최대화 하고, 불리한 점을 최소화시키려 노력한다. 만일 자신의 의뢰인이 전과사실 이 있다면 배심원후보자에게 피고인의 전과사실에 좌우되지 않고 법대로 결정할 수 있는지 물어본다. 그래서 변호인으로서는 Voir Dire 과정이 피고 인에 불리한 사실에 대해 배심원후보자에게 미리 알려주고 경고할 수 있는 가장 적절한 시간이다.15) 이런 질문에 배심원후보자가 직접적으로 부정적 으로 응답하지 않았어도 제스처나 얼굴 표정의 변화 같은 간접적인 반응을 통해서 변호인은 의뢰인에게 바람직하지 않을 수 있는 배심원후보자를 예 상하고, 무이유부 기피신청에 사용하기도 한다.

배심원단 구성이 매우 중요하기 때문에 선정과정에서 배심원후보자에 대한 심층적 조사는 필수적이다. 미국 소송변호사 핸드북에서도 배심원단 이 재판에 제시된 당사자의 주장이나 증거물보다도 재판결과에 더 큰 영향 을 미칠 수 있다고 하였다.16) 이런 점 때문에 미국에서는 배심원 선정절차 가 많은 재판에서, 특히 미디어보도가 많았거나 유명인이 피고인인 재판에 서 몇 주 혹은 몇 달까지 걸리는 경우도 있었다. 공정한 배심원단의 구성이 배심재판의 성패를 좌우할 수 있는 현실에서는 배심원 선정절차에 최선을 다하지 않는다면, 검사와 변호인으로서의 기본적 임무를 경시하는 것이나 다름없어 보인다.

---

14) Valerie P. Hans & Neil Vidmar, Judging the Jury (1986), p. 68.
15) *Id.*
16) D. Kairys and S. Harring, The Jury System: New Methods for Reducing Prejudice. Cambridge, Mass: National Jury Project and National Lawyers Guild (1975).

Voir Dire에 따르는 여러 가지 절차적 요소들이 있다. 후보 배심원들에게 개별적으로 아니면 집단으로 질문을 할 것인가, 후보 배심원들에게 서면을 통한 질문이 언제, 어떻게 허용될 것인가, 그리고 후보 배심원들의 프라이버시를 침해하지 않는 상황에서 후보 배심원들로부터 어떻게 필요하고 유용한 정보를 얻을 수 있는가 하는 점이다.[17] 또한 배심원 선정 심문 절차에 관한 두 가지 중요한 정책적인 이슈가 있다. 첫 번째는 심문 절차를 판사가 진행할 것인가 변호인이 진행할 것인가이고, 두 번째는 후보 배심원들에게 개별적으로 아니면 집단적으로 질문을 할 것인가이다.

2. 심문 절차의 주체

심문 절차를 진행하는 주체에 따라 질문의 방식도 달라진다. 먼저 담당판사만 질문하는 방식(judge-conducted Voir dire)이 있고, 검사나 변호인만 질문하는 방식(attorney-conducted Voir dire)도 있다. 그리고 담당판사가 먼저 질문하고, 그 후 검사와 변호인이 질문하는 절충형 방식(judge/attorney-conducted Voir dire)을 취하기도 한다.[18] 담당판사만 질문하는 경우에는 편견이나 편향성을 가진 배심원후보자를 선별하는 데 최적의 조건을 가지지 않았다고도 볼 수 있다. 재판 초기에는 담당판사는 검사나 피고인의 변호인만큼 재판의 사안과 쟁점에 대해서 많이 숙지하지 못할 수 있기 때문이다. 반면에 검

---

17) Marder, *supra* note 3, p. 74.
18) 우리나라에서는 절충형 방식을 사용하고 있다.
　　국민의 형사재판 참여에 관한 법률 제28조(배심원후보자에 대한 질문과 기피신청) ① 법원은 배심원후보자가 제17조부터 제20조까지의 사유에 해당하는지 여부 또는 불공평한 판단을 할 우려가 있는지 여부 등을 판단하기 위하여 배심원후보자에게 질문을 할 수 있다. 검사·피고인 또는 변호인은 법원으로 하여금 필요한 질문을 하도록 요청할 수 있고, 법원은 검사 또는 변호인으로 하여금 직접 질문하게 할 수 있다. ② 배심원후보자는 제1항의 질문에 대하여 정당한 사유 없이 진술을 거부하거나 거짓 진술을 하여서는 아니 된다. ③ 법원은 배심원후보자가 제17조부터 제20조까지의 사유에 해당하거나 불공평한 판단을 할 우려가 있다고 인정되는 때에는 직권 또는 검사·피고인·변호인의 기피신청에 따라 당해 배심원후보자에 대하여 불선정결정을 하여야 한다. 검사·피고인 또는 변호인의 기피신청을 기각하는 경우에는 이유를 고지하여야 한다. 배심원후보자 심문 절차의 주체와 질문방식(개별식 v. 집단식)에 대해서는 공영호, "미국 배심재판에서 배심원후보자의 위장 침입의 문제점과 배심원 선정 방법의 개선방안에 대한 연구," 민사소송 제17권 1호, 한국민사소송법학회, 2013. 5, 389면의 내용을 참조하였음.

사와 변호인만 질문하는 방식을 택하면 자신에게 유리한 배심원들을 찾아내기 위해서 노력하기 때문에 한 쪽에 편향성을 가진 사람들로 배심원단이 구성될 수도 있다는 문제점이 있다. 그래서 재판장과 검사, 변호인이 함께 참여하는 절충형 방식이 위 두 가지 방식의 장단점을 잘 반영하여 가장 바람직하다고 본다.[19]

배심원 선정을 적절히 잘 실행하는 여부는 변호인의 경험과 기술, 해당 법원의 관행과 규칙, 그리고 판사가 직접 하는 질문이나, 변호사에게 허용되는 질문의 범위 등에 달려 있다. 미국에서는 이러한 요인들과 배심원 선정절차와 최종배심원단이 구성되는 방식 등이 법원마다 차이가 있다.[20] 판사들도 배심원 선정절차에 개입하거나 통제하는 정도에 차이가 있다. 또 변호인들마다 배심원 선정절차를 진행하는 기술 수준이 달라서 배심재판에 경험이 많을수록 배심원 선정절차에 더욱 능숙할 수 있다.[21]

미국 법원에서 배심원후보자들을 심사하는 방법은 몇 가지가 있는데 질문을 판사 혼자 하거나, 변호인이 하거나, 아니면 판사와 변호인이 함께 할 수 있다. 미국의 연방법원에서는 형사재판과 민사재판의 대다수에서 변호인의 구두 참여 없이 판사가 단독으로 배심원 선정절차를 실행한다.[22] 또는 판사가 당사자나 당사자의 변호인이 심문 절차를 하도록 허용할 수 있다. 만일 판사가 심문 절차를 진행하면 당사자나 변호인이 판사의 질문을 보충하는 질문을 하도록 허용할 수 있다. 반면에 주 법원에서는 배심원

---

19) 한인섭·한상훈(대표편집),「국민의 사법참여」(한상훈, "사개추위의「국민의 형사재판 참여에 관한 법률」성안 시 쟁점과 결론"), 국민의 사법참여연구회 편, 경인문화사, 2010, 59면.
20) 제프리 T. 프레드릭 지음/ 이은로 옮김, 배심원 선정, 배심단 구성의 이론과 실제, 한울아카데미, 2008, 27면.
21) 우리나라에서는 아직 많은 판사들이 국민참여재판에 참여하지 못하고 있어서 배심재판에 대한 경험과 지식이 아직 부족하다고 본다. 모든 판사들에게 배심재판에 대한 심층적인 교육이 계속적으로 이루어져야 한다. 또한 일부 국선변호인들을 제외한 대부분의 변호사들은 국민참여재판에 대한 경험과 지식이 매우 부족하다. 이들에 대한 맞춤형 변호사교육이 필요하다.
22) 미국 연방법원은 연방규칙에 의해 판사가 Voir dire를 단독으로 집행하거나 당사자나 당사자의 변호사가 Voir Dire를 하도록 허용할 수 있다. 만일 판사가 Voir dire를 진행하면 당사자나 변호사가 판사의 질문을 보충하는 질문을 허용할 수 있다. Federal Rules of Civil Procedure, 47(a); Federal Rules of Criminal Procedure, 24(a).

선정 심사 질문을 변호인과 검사만 하거나, 또는 판사와 검사/변호인이 함께 심사 질문을 하는 경우가 더 많다. 소수의 주 법원에서는 판사나 변호인이 단독으로 심사 질문을 하고 있다.[23]

판사가 단독으로 Voir Dire를 진행하는 이유는 시간이 적게 들고 후보 배심원의 개인적인 프라이버시를 되도록 침해하지 않고 중립적인 방법으로 할 수 있기 때문이다. 공정할 수 없는 배심원을 골라내는 것이 Voir Dire 의 취지라 할 수 있는데, 판사는 그 취지를 잘 살릴 수 있는 반면에 변호사들은 자신의 케이스에 더 공감할 수 있는 배심원을 골라내는 또 다른 목적이 있다. 또한 변호인은 배심원들과의 Rapport(긍정적이고 친밀한 관계)를 형성하거나, 자신의 케이스를 대변하거나 자신에게 더 유리한 배심원을 발견하려고 한다. 판사와 변호인의 목적에 차이점이 있기 때문에 누가 Voir Dire를 진행하는가가 중요하다. 변호사들은 자신의 의뢰인을 더 열성적으로 변호하기 위해 Voir Dire를 진행할 수 있기를 원하는 것은 당연하다.[24]

일반적으로 재판 초기에는 판사보다 변호인과 검사는 해당 사건에서의 사실 관계와 쟁점을 더 잘 알고 있기 때문에 배심원들로부터 더 필요한 정보들을 얻을 수 있는 초기 질문과 추가 질문을 더 잘 구성할 수 있다. 검사/변호인이 질문하면 판사가 질문하는 경우보다 배심원들의 실제의 견해나 감정을 반영하는 얼굴 표정이나 몸자세 등 비언어적 행동들이 더 많이 나타날 수 있다. 예를 들어 배심원이 소송 당사자나 변호사 또는 검사에 대해 적대감이나 불쾌감을 느끼는 경우에 변호인이나 검사가 질문하면 판사가 질문하는 경우보다 이런 감정들을 비언어적으로 많이 드러내게 된다. 하지만 판사가 같은 질문을 하면 이런 감정을 비언어적 행동이나 간접적인 방법으로 나타내지는 않는 경향이 있다. 배심원후보자들은 자신의 프라이버

---

23) Bermant, Conduct of the Voir Dire Examination: Practices and Opinions of Federal Judges (1977)(available at Federal Judicial Center, Washington, DC); Van Dyke, "Voir Dire: How Should It Be Conducted to Ensure that Our Juries are Representative and Impartial?" 3 *Hastings Const. L. Q.* 65 (1976). 델라웨어 주를 비롯한 6개 주에서는 판사가 단독으로 심문 절차를 진행하고 있으며, 5개 주에서는 변호인이 단독으로 진행한다. Neil Vidmar & Valerie P. Hans, American Juries, the Verdict (Prometheus Books, 2007), p. 84.

24) Marder, *supra* note 3, p. 75.

시에 관한 사항, 개인적 정보, 또는 자신에게 민감하게 생각되거나 사회적으로 수용되기 어렵다고 추측되는 정보를 판사에게 얘기하는 것을 더 꺼리는 경향이 있다. 높은 법대 위에 앉아서 유일하게 검은 법복을 입은 채로, 최종적인 결정권이 있는 판사에 대해서 보통 일반인들로서는 거리감을 느끼기 쉽다. 반면에 자신들과 사회적 지위가 더 가깝게 느껴지는 검사/변호인들과 비교적 더 쉽게 공감하고 소통할 수 있는 경향이 있다.[25] 이는 배심원후보자가 판사와 변호인에 대해 느끼는 인식의 차이 때문이다.[26]

변호인들은 케이스에 대해 누구보다도 더 잘 알고 있고 그래서 어떤 질문을 언제 어떻게 해야 하는지 잘 알고 있다. 또한 판사들이 매우 기본적이고 형식적인 질문만 하는 경향이 있기 때문에 무이유부 기피를 신청하기 위한 기초적 정보를 얻기 힘들다고 변호인들은 주장한다. 보통 판사들은 어떤 후보 배심원들이 특정 사건에 대해 공정성을 가지고 임할 수 있는가를 물어보고 그 질문에 대한 응답에 따라 후보 배심원들의 공정성을 판단하는 경향이 있다. 하지만 당사자의 변호인들은 그것에 만족하지 않고 판사가 더 심층적인 질문을 하기 원한다. 예를 들어 어떤 변호인은 후보 배심원의 종교나 성적 성향을 물어보길 원하지만 판사들은 통상적으로 그런 질문은 후보 배심원의 프라이버시를 너무 침해한다고 믿고 허용하지 않는다.[27]

결과적으로 무이유부 기피를 신청하고 최종적인 배심원을 선정하는 데 있어서 어떤 변호인들은 자신의 육감(hunches)이나 후보 배심원에 대한 고정관념(stereotype)에 의존할 수밖에 없다고 주장한다. 재정적으로 여유가 많은 당사자는 공식적인 심문 절차 외에 배심원 자문가를 고용하여 필요하고 유용한 정보를 얻을 수 있지만, 재정적인 여유가 없는 대부분의 당사자에게는 법정에서의 Voir Dire만이 필요한 정보를 얻을 수 있는 유일한 방법이다. 하지만 많은 연방법원이나 주 법원은 처리해야 하는 재판들이 많이 밀

---

25) Jones, "Judge—Versus Attorney—Conducted Voir Dire: An Empirical Investigation of Juror Candor," 11 *Law & Human Behavior* 2 (1987); Johnson & Haney, "Felony Voir Dire: An Exploratory Study of its Content and Effect," 18 *Law & Human Behavior* 309 (1994).
26) 프레드릭, 전게서, 28면.
27) United States v. Greer, 939 F. 2d 1076 (5th Cir. 1991); People v. Garcia, 77 Cal. App. 4th 1269, 1281 (Ct. App. 2000).

려있고, 변호사가 주도하는 Voir Dire는 더 많은 시간이 필요하기 때문에 변호사가 아닌 판사가 주도하는 Voir Dire를 선호하고 있다.[28] 편향성이 겉으로 드러나는 배심원후보자를 발견하는 것이 배심원후보자 심문 절차의 가장 중요한 목표 중의 하나이다. 그런데 판사가 주도하는 심문 절차보다 변호인이 주도하는 심문 절차에서 편향성 있는 배심원후보자를 더 많이 발견하게 된다. 그러한 배심원후보자를 발견하는 데 있어서 변호인 주도의 심문 절차가 훨씬 더 효과적으로 드러났다. 그 이유로 첫 번째는 변호인이 판사보다 일반적으로 재판의 사안에 대해 더 잘 알고 있기 때문에 더 적절한 질문을 할 수 있기 때문이다. 두 번째로 배심원후보자는 대체로 판사에 대한 경외심이나 두려움으로 인해서 자신은 공정한 마음을 가지고 있다는 것을 보여 주려고 노력한다. 이 점이 변호인에 대한 태도와의 차이점이다. 심문 절차 과정이 재판의 상당한 시간을 차지하기 때문에 판사는 시간을 절약하기 위해서 어떤 때에는 배심원후보자가 자신은 공정할 수 있다는 대답을 끌어내기 위한 질문을 하고 그러한 대답 자체로 공정성을 확인하기에 충분하다는 '성급한' 결론을 내릴 수 있다. 마치 편향성이 없는 것이 올바른 대답인 것 같은 인상을 주는 질문을 하기도 한다.[29]

반면에 어떤 변호인은 배심원후보자들과 긍정적인 관계를 형성하기 원하기 때문에 배심원후보자가 불편하게 생각할 수 있는 주제에 대해 집요하게 추궁하는 것을 꺼리는 경향이 있다. 프라이버시를 침해하는 질문을 공개적으로 하면 배심원후보자를 불쾌하게 만들 수 있으며, 만일 그 배심원후보자가 최종적으로 배심원으로 선정되게 되면, 변호인 측으로서는 그 배심원과 불편한 관계에서 재판을 시작하게 된다. 그래서 심문 절차에 소극적으로 임하게 되어 편향성이 있는 배심원후보자조차 발견하지 못하는 결과가 나타난다.[30] 이런 경우에는 판사 주도의 심문 절차가 더 실효성이 있

---

28) Barbara Allen Babcock, Voir Dire: Preserving "Its Wonderful Power," 27 *Stan. L. Rev.* 545, 558~559 (1975).

29) John Guinther, "The Jury in America," in America Civil Jury (Washington, D.C.: Roscoe Pound-American Trial Lawyers Association, 1996), p. 49.

30) Douglas D. Koski, "Sex Crime Jury Selection: A Social Scientific Analysis," 35 *Criminal Law Bulletin* 51 (1999); Dale W. Droeder, "Voir Dire Examinations: An Empirical Study,"

을 수 있다.

3. 질문방법 (개별식 v. 집단식)

배심원후보자들에 질문이 제시되는 방법은 세 가지인데 개인적 방법, 집단적 방법, 결합식 방법이 있다. 개인적 방법에서는 한 번에 한 배심원후보자에게 질문하며 판사와 양측 변호인들이 배심원후보자 중 한 명에게만 질문하기 때문에 일반적으로 다른 배심원후보자들이 없는 별도의 장소에서 진행된다. 주로 판사의 사무실(Chamber)이나 배심원 평의실(Deliberation Room)같이 개별적 심문 절차를 용이하게 할 수 있는 장소에서 진행된다. 집단적 방법은 전체 집합으로 배심원후보자들에게 질문하는 것인데, 집단의 크기는 배심원후보자 두세 명에서부터 재판 배심원단과 동일한 인원수의 배심원 후보단이 되기도 하고, 드물게는 소환된 배심원후보자들 전체를 대상으로 이루어지기도 한다. 전체 집단에게 질문을 한 후 배심원후보자들의 대답에 비추어 판사는 양측 변호인들에게 개인적 추가 질문을 허용할 수도 있고 허용하지 않을 수도 있다. 결합식 방법은 배심원후보자들 집단으로 질문을 하는데, 개인적 질문을 하고 집단적 질문도 한다.[31]

위 세 가지 질문 방법은 배심원 선정절차의 효율성에 영향을 미친다. 세 가지 질문 방법에 각각 장단점이 있겠지만 개인적 방법이 집단적 방법이나 결합식 방법에 비해 더 우월한 것으로 보여진다. 개인적 방법으로 질문을 하면, 집단적 방법과 달리 각각의 배심원후보자들의 답변에 맞추어 추가 질문을 할 수 있고, 또한 다른 배심원후보자들이 같은 장소에 없기 때문에 사회적 압력이 더 적게 느껴지므로 더 솔직하고 정직하게 대답할 수 있어서 배심원 선정절차에서 더 많은 정보를 얻을 수 있다. 또한 개인적 방법에서는 어떤 후보자의 대답 때문에 다른 배심원후보자의 대답이 '오염'될 가능성이 최소화된다. 특히 재판 전에 당사자의 얼굴이 많이 노출된 high-profile케이스나 특정한 소송 당사자에게 불리한 사회적 편견이 있는

---

38 *Southern California Law Review* 503 (1965).
31) 프레드릭, 전게서, 29면.

사건일수록 더욱 그러하다. 어떤 판사는 자신의 사무실에 후보 배심원을 불러 개별 면담식으로 Voir Dire를 하기도 한다. 법정에서 후보 배심원의 답변은 재판 공식 기록에 올라가는 반면 판사의 사무실에서 하는 개인적인 면담은 개인의 프라이버시를 보호할 수 있다. 개별적 Voir Dire 상황에서는 어떤 후보 배심원이 침묵을 유지하기 어렵기 때문에 각각 후보 배심원에 대한 중요한 정보를 얻을 수 있고, 이것이 그 후보 배심원을 이유부 기피할 수 있는 단서가 되기도 한다.[32)]

개별적으로 하는 배심원 선정 질문 방법과 집단적 질문 방법에 각각 장단점이 있지만, 통상적으로 법원은 효율성이 높은 집단 Voir Dire를 선호하고 있다. 또 다른 장점은 집단 Voir Dire를 통해서 후보 배심원들끼리 서로에 대해서 알 수 있다는 점이다. 집단적으로 질의, 응답이 이루어지기 때문에 다른 후보 배심원들의 배경이나 경험에 대해 알 수 있다. 이것을 통해 배심원후보자들 간의 동질감도 발견할 수 있고 그래서 심리적으로 안정감도 얻을 수 있으며, 새로운 환경에 더 빨리 적응할 수 있다. 집단적 Voir Dire의 단점은 어떤 질문이 설사 자신에 해당된다고 해도 답변을 꺼려서 말하지 않고 침묵을 지킬 수도 있다는 점이다. 배심원후보자들은 집단적으로 질문을 받을 때 자신의 편향성을 드러내려 하지 않는 경향이 있다.[33)] 어떤 후보 배심원은 다른 사람 앞에서 말하는 것이 창피하거나, 내성적인 성격 때문에 말을 하지 않을 수 있다. 자신의 응답이 공식적인 자리에서 너무 개인적인 것이어서 자신의 프라이버시를 침해한다고 생각할 수도 있거나, 자신의 응답이 사회적으로 받아들이기에 부적절하다고 생각할 수도 있다.

---

32) Kimba M. Wood, "The 1995 Justice Lester W. Roth Lecture: Reexamining the Access Doctrine," 69 *S. Cal. L. Rev.* 1105, 1118~1120 (1996).

33) 자기 딸을 성폭행한 아버지에 대한 재판 전 배심원 선정절차 중에 자신이 배심원으로 선정되면 공정하게 평결을 내릴 수 있는가에 대한 질문이 주어졌다. 이 질문이 배심원후보자 전체에게 집단적으로 주어졌는데 배심원후보자들 모두 동일하게 자신은 재판에 공정하게 임할 수 있다고 응답했다. 그러나 몇몇 후보자들이 머뭇거리며 내키지 않는 태도로 응답하는 것을 본 변호인은 판사에게 심문을 개별적으로 할 것을 요청했다. 개별적 심문 절차에서 3명의 후보자는 공정하게 재판에 임할 수 없다고 인정했다. Neil Vidmar, "Generic Prejudice and the Presumption of Guilt in Sex Abuse Trials," 21 *Law and Human Behavior* 18 (1997).

또는 어떤 질문을 잘 이해하지 못했지만 그 질문에 대한 설명을 법원에 요구하면 많은 타인들이 있는 공식적 자리에서 어리석게 보일까봐 추가적인 질문을 하지 않을 수 있다. 그래서 어떤 경우에는 이 침묵 때문에 변호인은 그 배심원후보자에 대한 잘못된 정보와 인상을 가질 수 있다.[34]

이와 같은 집단 Voir Dire의 단점을 보완하기 위하여 집단 Voir Dire와 개별적 Voir Dire를 혼합한 결합식 방법을 사용하기도 한다. 결합식 방법에서는 판사가 배심원후보자 전체에게 집단적으로 여러 가지 구체적인 질문들을 던진다. 모든 질문들을 들은 뒤 특정한 한 가지 질문이나 그 이상의 질문에 대해 자신이 해당된다고 생각하는 후보자는 자신의 자리에서 일어나고, 그 중에 한 사람씩 개별적으로 불러 추가 질문을 한다.[35] 결합식 방법은 시간을 절약하는 집단적 방식과 프라이버시를 덜 침해해서 솔직한 답변을 유도해 내는 개별식 방법의 장점을 유지하고 있다. 하지만 여러 가지 질문을 한꺼번에 던지기 때문에 후보자가 질문을 잘 이해하지 못하고 넘어가거나, 공개적인 석상에서 일어나기를 꺼릴 수 있다. 질문을 한 개씩 할 수도 있겠지만 시간이 너무 지체될 수 있어서 효율성이 떨어진다.

4. 서면 질문서(Juror Questionnaire)를 이용한 Voir Dire

서면 질문서를 후보 배심원들이 대기실에서 작성하게 하거나, 소환일 전에 미리 작성하여 재판 당일 가져오게 할 수 있다. 그래서 그들에 대한 배경과 정보를 미리 파악할 수 있고 재판 중 심문 절차 동안에는 이 정보를 바탕으로 그들의 성향과 배경에 대해서 추가로 집중해서 물어볼 수 있다. 서면 질문지를 적절히 사용하면 재판 당일 많은 시간을 절약할 수 있고, 서면 질문지에 대답을 기초로 하여 판사나 변호인은 추가 질문을 심문 절차에서 할 수 있다는 장점이 있다. 그것을 위해서는 서면 질문지에서 배심원후보자에 대한 충분한 질문이 가능하도록 하여야 한다. 미국에서는 서면

---

34) Marder, *supra* note 3, p. 77.
35) Vidmar, *supra* note 23, p. 84. 판사석에 배심원후보자를 개별적으로 불러서 질문할 수도 있다. 이때 법정의 소음 시스템을 켜서 대화 내용을 다른 배심원후보자들이 듣지 못하게 한다.

질문서(Juror Questionnaire)를 통해서 배심원후보자에 대한 다양하고 상세한 질문이 가능하게 한다.[36] 서면 조사를 하기 위해서 양측 변호인들이 합의해야 하고 답변을 읽는 데 시간이 들기 때문에 모든 케이스에서 서면 질문을 이용하고 있지는 않다. 변호사들이 이 방법을 선호하지 않는 이유 중에 하나는 후보 배심원들이 이 질문지에 답변할 때의 반응을 직접 볼 수 없기 때문이다. 하지만 상세한 서면 질문지에 대한 답변으로부터 판사와 양측 변호인은 배심원 선정에 요긴한 많은 정보를 얻을 수 있다.

비용적인 문제를 해결하기 위한 방법으로 질문을 인터넷을 통해서 응답하도록 할 수 있다. 인터넷을 통해서 응답을 작성하면 시간적이나 비용적인 절감을 할 수 있고 응답이 온라인상으로 이루어지기 때문에 후보 배심원들의 프라이버시를 덜 침해한다는 장점이 있다.[37]

5. 배심원후보자 기피

(1) 이유부 기피(Challenge for Cause)

이유부 기피는 배심원단 복무를 위한 법적 자격을 충족하지 못하거나 혹은 편향성이나 편견이 확인될 경우 배심원후보자를 재판장의 재량으로 배제하는 것이다. 이런 편향성이나 편견은 추론된 것일 수도 있고 실제적일 수도 있다. 예를 들어서 배심원후보자가 한 쪽 당사자와 비즈니스 관계에 있는 경우나 혈연관계이거나, 혹은 재판 결과에 따라서 경제적 실익이 있다는 것을 밝힐 경우, 판사는 이 후보자가 공평할 수 없다고 추론할 수 있다. 하지만 이것은 추론된 것이지 실제적이지 않을 수 있다. 만일 그 배심원후보자가 어떤 이해관계가 있음에도 불구하고 공정하게 배심원 임무를 수행할 수 있다고 진술하면 판사는 변호인의 이유부 기피신청을 승인하지 않을 수 있는 재량권이 있다.

반대로 실제적 편향성은 배심원후보자가 선정절차 동안에 대답한 진술

---

36) 각 재판의 특성과 사안을 고려하여 맞춤형 서면 질문서를 준비할 수 있는데, 복잡한 사안을 가진 배심재판에서 서면 질문서는 100개가 넘는 매우 상세한 질문들로 구성될 수 있다.

37) Marder, *supra* note 3, p. 81.

에서 확인될 수 있는데, 재판 당사자에 대해 편향성을 확실하게 나타내거나, 배심원 의무를 공정하게 수행할 능력이 없는 경우이다. 예를 들어 형사 피고인의 유무죄를 확신하고 있거나, 혹은 민사재판 피고인의 책임에 대한 확신을 가지고 있거나 이미 믿고 있고, 법정에 현출된 사실과 법에 따라 결정하지 않겠다고 진술하는 배심원후보자들은 이유부 기피신청으로 배제될 것이다.[38]

일반적으로 법원은 후보자의 공정성에 대한 답변을 존중하는 경향이 있다. 편견을 추론할 수 있는 정황이 있음에도 불구하고, 자신은 공정한 자세로 재판과 평의에 임하고, 평결을 내릴 수 있다고 주장한다면, 법원은 그 후보자를 배제하는 데 신중하게 된다. 후보자의 주장이 신빙성이 거의 없다고 보기 전에는 배제를 꺼리게 될 것이다. 미국 대법원은 이런 경우에서 판사가 배심원후보자의 불공정성을 추측하는 것을 매우 견제해야 한다고 하였고, 배심원들이 자신의 공정성에 대해 긍정적인 확인을 했다면 그것만으로 이유부 기피가 불필요하다고 판단하기에 충분하다는 판시를 하였다.[39]

이유부 기피의 숫자가 제한되어 있지는 않지만, 법원은 무한정적으로 허용하지 않는 경향이 있다. 이유부 기피신청의 남용 가능성과 재판의 시간적 제약성 때문이며, 또한 무이유부 기피신청이 가능하기 때문이다.

(2) 무이유부 기피(Peremptory Challenge)

가. 무이유부 기피신청

판사에게 재량권이 있는 이유부 기피신청과 달리 무이유부 기피신청은 변호사의 특권 사항이다. 판사가 이유부 기피를 허용하거나 하지 않을 권한이 있는 반면에, 무이유부 기피는 변호인이 특별한 이유 없이도 배심원후보자를 배제할 수 있는 방법이다. 판사가 어떤 배심원후보자가 편향성이나 다른 이해관계가 없다고 판단해도, 변호인은 무이유부 기피신청을 통해서 그 배심원후보자를 배제시킬 수 있다. 무이유부 기피를 신청하기 위하여 변호사는 어떤 특정한 이유를 제시하지 않아도 되기 때문에 공정성의

---

38) 프레드릭, 전게서, 342면.
39) Mu'Min v. Virginia, 111 S. Ct. 1899 (1991).

결여가 추론되는 후보자를 배제시킬 수 있다. 실제적으로 재판의 공정성보다는 자신의 의뢰인에 불리할 수 있어 보이는 배심원후보자를 배제시키는데 변호사의 내재적인 목적이 있다.[40] 편향성을 발견하고 입증하는 것이 불가능하거나 어려움이 있을 때에, 무이유부 기피는 편향성이 있어 보이거나 자신에게 불리해 보이는 후보자를 제외하는 보충적인 역할을 한다.[41]

하지만 무이유부 기피신청을 효과적이고 적절하게 수행하는 것은 어려운 과제이다. Highly publicized 재판 외의 일반재판에서 변호인들이 선정 심문을 광범위하게 할 수 있는 시간과 여력이 없다. 이런 경우에는 보통 배심원후보자의 성명, 외적이고 신체적인 특성, 성별, 인종, 직업에 대한 정보에 한정되는데 기피신청을 위해서는 자료 면에서 부족한 면이 많다.[42] 우리나라에서는 재판기일 전에 배심원 선정을 위해 제공되는 정보가 배심원후보자의 성명, 성별, 출생년도에 제한되고 있어서 검사나 변호인이 적절하고 충분한 심문 절차를 준비하기 위해 불충분하다.

어떤 경우에 변호인은 특정한 배심원후보자의 편향성이 의심되어서 그것을 입증하기 위해 노력했음에도 불구하고 편향성을 밝히지 못하는 경우가 있다. 그런 경우에는 이유부 기피를 사용할 수 없으므로 무이유부 기피에 의존해야만 한다. 만일 무이유부 기피신청권이 없다면 그 후보자가 실제 배심원으로 선정될 수 있는 매우 불리한 여건에 처할 수도 있다.

이유부 기피의 숫자가 제한되어 있지는 않지만 판사들은 이유부 기피를 무한정으로 허용하지 않는 경향이 있다. 그 이유는 무이유부 기피가 사용될 수 있기 때문이다.

무이유부 기피의 숫자는 연방법원과 주법원에 차이가 있다. 연방 민사 재판에서 양측은 3개까지 사용할 수 있고, 연방 형사재판에서는 형량에 따

---

40) Hans, *supra* note 14, p. 72.

41) 변호인으로서 배심원후보자의 편향성을 발견하는 것이 쉽지 않은 작업이다. 변호인들은 배심원후보자에 대한 제한적인 정보에 근거해서 기피신청을 하곤 하는데, 그에 대한 피드백도 받을 수 없다. 왜냐하면 기피신청이 승인된 자들은 재판에서 이미 제외되었기 때문이다. 변호인은 자신의 육감만을 의존해서 배심원후보자를 개인별로 기피신청을 하는 것에 대한 불확실한 결과의 위험 부담이 따른다고 볼 수 있다. *Id.*, p. 76.

42) *Id.* p. 73.

라 다르다. 사형 집행이 가능한 재판에서 검사와 피고인은 20개까지 사용할 수 있다. 그 외 중범죄의 경우에는 검사는 6개, 피고인은 10개까지 사용할 수 있다. 경범죄일 때는 3개까지 사용이 가능하다.[43]

    일단 숫자적으로 제한이 있기 때문에 변호인은 무이유부 기피권 사용에 신중을 기해야만 한다. 신중하지 못하게 무이유부 기피권을 사용해서 나중에 정작 필요할 때 사용하지 못하는 경우가 생길 수 있기 때문이다. 무이유부 기피는 아무런 이유 없이 신청할 수 있는 것이지만, 연방대법원의 판례를 통해서 그 사용에 제한이 가해졌다. 1986년에 연방대법원은 Batson 케이스에서 무이유부 기피를 특정한 그룹에 대한 차별적 목적으로 사용하는 것을 금지하였다. 이 재판에서 대법원은 인종 차별적 이유로 후보자를 무이유부 기피하는 것은 연방 수정헌법 제14조에 근거한 평등권을 침해하는 조치라고 하였다.[44] 만일 한쪽에서 무이유부 기피를 인종, 성별에 의한 차별 목적으로 사용하면, 상대편에서는 배심원단이 최종적으로 구성되기 전에 이의를 제기할 수 있다. 이의를 제기하는 측은 특정 후보 배심원이 인종이나 성별에 의한 차별에 근거한 무이유부 기피의 대상이 되었다는 사실을 입증해야 한다.[45]

    나. 무이유부 기피율 비교

    변호사들이 기피신청을 행사하는 근거에 상관없이 기피신청은 배심원 구성에 큰 영향을 미치는 것은 확실하다. 미국 형사재판에서 피고인 변호사가 검사 측보다 약 2-3배로 무이유부 기피를 더 많이 사용한다.[46] 피고인 변호사는 평균 22.7%의 배심원후보자를 무이유부 기피한다. 검사의

---

43) Federal Rules of Civil Procedure 47(b); 28 U.S.C. Sec. 1870; Federal Rules of Criminal Procedure 24(b). 뉴욕 주에서는 형량에 따라 최소 3개부터 최대 20개까지 허용된다. Randolph N. Jonakait, The American Jury System (Yale University Press, 2003), p. 139. 한국의 무이유부 기피신청 숫자는 다음과 같다. 국민참여재판법 제30조 제1항: 1. 배심원이 9인인 경우는 5인, 2. 배심원이 7인인 경우는 4인, 3. 배심원이 5인인 경우는 3인, 제2항: 무이유부기피신청이 있는 때에는 법원은 당해 배심원후보자를 배심원으로 선정할 수 없다.

44) Batson v. Kentucky, 476 U.S. 79, 92 (1986).

45) Marder, *supra* note 3, p. 101.

46) Hans, *supra* note 14, P. 74

7.4% 기피 신청률에 비해 훨씬 높다.[47] 그 이유는 피고인 변호사는 보통 대부분의 사람들이 검사를 신임하고 피고인에 대해 편견이 있다고 믿기 때문이다. 그보다 좀 더 냉소적인 이유는 피고인 변호인은 자신을 선임한 의뢰인에게 자신이 더 적극적이고 열성적으로 일하고 있다는 것을 보여주기 위해서 무이유부 기피를 더 신청한다는 주장도 있다.[48]

다. 무이유부 기피신청 진행 방법

무이유부 기피신청 진행 방법으로 순차적 방법과 결산식 방법이 있다.[49] 순차적 방법은 배심원후보자들을 모두 심사하기에 앞서 특정한 시점에서 무이유부 기피신청을 하는 것이다. 순차적 방법에서는 소송 당사자 중 어느 한편에게 배심원후보자를 먼저 심사할 기회를 준다. 먼저 질문한 측에서 무이유부 기피신청을 하고자 하는 경우 다른 쪽에서 그 배심원후보자를 심사하기 전에 무이유부 기피신청을 행사해야 한다. 개인적 질문 방법이 채택되면 배심원후보자는 소송 당사자 중 한편으로부터 질문을 받는다. 질문을 마칠 때 질문한 측에서는 그 배심원후보자에 대해 필요하다고 생각되면 이유부 기피신청을 할 수 있고 이유부 기피신청이 허용되지 않는다면 무이유부 기피신청을 행사하든가 그 배심원후보자가 배심원이 될 수 있다고 승인하여야 한다. 무이유부 기피신청이 행사되면 다른 배심원후보자가 그 배제된 후보자를 대신해서 들어오고 먼저 질문한 소송 당사자 측의 질문 절차가 다시 시작된다. 한편 먼저 질문한 측에서 배심원후보자를

---

47) Van Dyke, J., Jury Selection Procedure (Ballinger, Cambridge, MA, 1977); Hans, *supra* note 14, p. 74. 우리나라에서는 무이유부 기피율이 미국에 비해 낮은 편이다. 무이유부 기피신청을 적절히 하기 위한 사전정보가 부족하기 때문이며, 또한 무이유부 기피를 적극적이고 효과적으로 사용하기 위한 준비가 부족한 이유이다.

48) Hans, *supra* note 14, p. 74.

49) 우리나라에서는 배심원후보자의 사생활 보호를 위해서 순차적 기피방식을 취하고 있다. 국민참여재판법 제31조(선정결정 및 불선정결정) ① 법원은 출석한 배심원후보자 중에서 당해 재판에서 필요한 배심원과 예비배심원의 수에 해당하는 배심원후보자를 무작위로 뽑고 이들을 대상으로 직권, 기피신청 또는 무이유부 기피신청에 따른 불선정결정을 한다. ② 제1항의 불선정결정이 있는 경우에는 그 수만큼 제1항의 절차를 반복한다. ③ 제1항 및 제2항의 절차를 거쳐 필요한 수의 배심원과 예비배심원후보자가 확정되면 법원은 무작위의 방법으로 배심원과 예비배심원을 선정한다. 예비배심원이 2인 이상인 경우에는 그 순번을 정하여야 한다. ④ 법원은 배심원과 예비배심원에게 누가 배심원으로 선정되었는지 여부를 알리지 아니할 수 있다.

승인한 경우에는 다른 소송 당사자 측도 연이어 질문을 시작한다. 두 번째 소송 당사자 측도 질문을 마칠 때 이 배심원을 무이유부로 기피하여 배제할 것인지 아니면 승인할 것인지를 결정해야 한다. 두 번째 소송 당사자 측의 심사에서도 배제되지 않은 배심원은 재판의 배심원이 된다. 만약 두 번째 소송 당사자 측에 의해 배심원후보자가 배제되면 다음 배심원후보자에 대한 질문이 다시 시작된다. 이런 후진-전진 절차는 양측 모두 배심원단에 만족하거나 또는 두 당사자 모두 혹은 어느 한쪽이 무이유부 기피신청이나 이유부 기피신청으로 배심원후보자들을 더 제거할 기회가 소진될 때까지 계속된다. 집단적 질문 방법에서도 절차는 비슷하다.[50]

결산식 기피신청 방법은 순차적 방법과 근본적인 면에서 다르다. 소송 당사자 양측은 무이유부 기피신청을 행사하기 전에 모든 배심원후보자들에게 질문한다. 그 후에 이유부 기피신청을 하고 판사가 받아들이면 그 배심원후보자는 배제된다. 질문을 받고 이유부로 배제되지 않은 배심원의 수가, 재판에 필요한 배심원들과 예비 배심원 수에다 양측에서 행사할 수 있는 무이유부 기피신청의 총수를 더한 것과 같아지거나, 때로는 좀 더 많게 될 때까지 질문 절차가 계속된다. 예비 배심원은 통상적으로 필요한 배심원보다 3명 정도 더 많이 뽑힌다. 예비 배심원들은 최종 심의에 참여하지는 않는다. 다만 본 배심원단 중에 위급한 상황으로 재판에서 제외돼야만 하는 배심원을 대체해야 할 경우에 재판에 참여하게 된다.

여과된 배심원들의 숫자가 적정 인원이 될 때까지 양측은 무이유부 기피신청을 행사한다. 양측에서 이 무이유부 기피신청을 행사하는 방식은 다양하다. 어떤 법원에서는 소송 당사자 양측이 자신들의 기피를 한 번에 한 개씩 행사할 것인지 아니면 그 이상으로 행사할 것인지를 선택할 수 있다. 또 어떤 법원에서는 양측이 무이유부 기피신청을 모두 행사한 뒤에 남은 배심원후보자들이 재판의 배심원단이 되는데 보통 예비 배심원들이 포함된다.[51]

---

50) 프레드릭, 전게서, 31면.
51) 프레드릭, 전게서, 31면.

그 다음 고려해야 할 사항으로는 순차적 방법과 결산식 방법 중 어떤 방법이 더 우월한가이다. 배심원 선정절차의 주된 목표는 정보를 수집해서 소송 당사자들이 각각의 무이유부 기피신청을 잘 행사할 수 있도록 하고, 만일 배심원후보자의 편견과 편향성을 나타내는 요인이 있으면 이유부 기피신청을 하는 것이다. 순차적 방법의 문제점은 소송 당사자들은 질문 절차의 각 단계에서 배심원후보자들에 대해 동등한 정보에 접근할 수 없다는 점이다. 또한 배제된 배심원 대신 어떤 배심원후보자가 충원될지를 거의 모르거나 전혀 모르게 된다. 이런 점에서 결산식 방법이 더 우월하다고 볼 수도 있다. 소송 당사자들이 모든 후보 배심원들에 대한 정보를 알 수 있어서, 무이유부 기피신청을 행사하기 전에 양측 당사자들이 차별 없이 같은 정보를 가지고 있기 때문이다.[52]

특히 재판 전에 신문이나 TV 보도로 인해 재판 지역에서 사람들의 견해가 양극화되는 경우에 두 방법의 차이가 매우 중요해질 수 있다. 배심원후보자들은 결국 언론에 영향을 받은 사람들 중에 있을 것이다. 순차적 방법이 적용되는 경우 의견이 양극화되어 있으면 충원되는 배심원후보자가 한쪽 소송 당사자에게 적대적일 가능성이 있다. 다시 말해서 충원되는 배심원후보자가 유죄나 무죄 견해 또는 피고인의 신뢰성에 대해서 이미 고정된 의견을 가지고 있을 수 있는데, 소송 당사자는 이를 알 수 없게 되는 것이다.

둘째로, 배심원후보자들을 심사하는 첫 번째 변호인이 무이유부 기피신청을 행사할 때 그 배심원후보자가 반대 측의 질문에 어떤 대답을 할지 알 수 있는 이점을 누릴 수 없다. 예를 들어 배심원후보자들이 첫 번째 변호인의 질문에는 노출하지 않았던 중요한 정보를 두 번째 변호인에게 노출하기도 하는 일이 생긴다. 같은 내용의 질문이라도 질문을 반복적으로 받았을 때 어떤 기억을 촉발시키거나 질문 절차에 대해 마음이 편해져서 그 전과 다른 답변을 하기도 한다. 반면에 결산식 방법을 사용하면 정보의 질과 내용에 있어서 양측 변호인들 사이에 차별이 생기지 않는다.

---

52) 프레드릭, 전게서, 35면.

순차적 방법에서는 마지막 무이유부 기피를 행사해서 배제된 배심원후보자 대신 한쪽에 수용하기 어려운 배심원후보자가 충원될 수 있다. 이렇게 되면 소송 당사자들의 입장이 매우 어려워진다. 바람직하지 않은 배심원후보자가 나타나면 소송 당사자는 이 배심원후보자를 받아들이든가 아니면 아직 무이유부 기피를 할 수 있다면, 훨씬 덜 바람직할 수도 있는 배심원후보자를 배심원석에 앉히는 모험을 해야 한다. 반면 결산식 방법에서는 어떤 배심원후보자가 충원될지 알 수 있다.[53]

순차적 방법에서 나타나는 불확실성을 줄이고 정보 결손을 해결한다는 점에서 결산식 방법이 더 우월한 방법이다. 또한 결산식 방법에서는 질문 과정에서 어느 한쪽 당사자가 다른 당사자에 비해서 일시적으로 정보의 이점을 누리게 되는 절차의 불평등함도 막을 수 있다.

배심원 선정 과정에서 검사와 변호인들은 각각 배심원후보자에 대한 신중한 판단을 한 후 이유부 기피와 무이유부 기피신청을 해야 하며, 최종판단은 담당판사에게 달려 있다. 해당 법원마다 배심원을 선정하는 방법에 차이가 있을 수 있기 때문에 변호인은 이를 숙지하도록 하여서 실수를 범하거나 시간적 낭비가 없도록 하여야 한다.[54] 미국에서는 같은 법원 내의 판사들마다 선호하는 선정절차와 방식에 차이가 있을 수 있어서, 이를 파악하고 있으면 배심원 선정절차에 도움이 된다.[55] 미국에서는 재판 전 준비기일(Pre－trial Conference)에서 담당판사와 변호인들이 함께 재판에 관한 전반적인 준비를 하게 되는데, 이때 변호인은 선정절차에 대해 궁금한 점을 질문하고 논의할 수 있다. 우리나라에서는 공판준비기일에 선정절차에 대해 미리 논의하면 변호인으로서 재판 준비를 효과적으로 할 수 있고, 재판 당일에 불필요한 시간 낭비를 줄일 수 있다.

라. 우리나라의 무이유부 기피신청권

무이유부 기피신청은 일반적으로 판사의 특권 사항이 아니라 변호사의

---

53) 프레드릭, 전게서, 36면.
54) 프레드릭, 전게서, 338면.
55) 공영호, "미국 배심재판에서 배심원후보자의 위장침입의 문제점과 배심원 선정방법의 개선방안에 대한 연구," 민사소송 제17권 1호, 2013. 5, 389면.

특권 사항이다. 무이유부 기피신청을 위하여 변호사는 어떤 특정한 이유를 제시하지 않아도 되기 때문에 재판에 공정할 수 없을 것으로 보이는 배심원후보자를 배제시킬 수 있다. 만일 무이유부 기피신청을 할 수 있는 권리가 없어진다면 변호사는 자신의 의뢰인에게 불리할 수밖에 없는 배심원이 포함된 배심재판을 해야 할 가능성이 있다. 이유부 기피신청을 할 수 있는 권리가 있지만 그에 대한 판단은 판사의 직권사항이기 때문에 만일 판사가 정당하지 않은 이유나 잘못된 이유로 이유부 기피신청을 받아들이지 않는다면 재판 당사자와 변호사는 재판상 큰 불이익을 받게 된다. 물론 재심을 청구하거나 항소할 수 있는 권리는 남아 있지만, 이유부 기피신청의 부당한 기각을 이유로 재심이나 항소에 성공하기에는 현실적으로 어려우며, 재심 및 항소 여부를 떠나서 당사자와 변호인으로서는 부당한 위험을 감수해야 하는 경우이다. 그래서 무이유부 기피신청권은 우리나라 국민참여재판에서도 계속 유지되어야 한다.

또한 무이유부 기피신청권이 필요한 이유는 어떤 배심원후보자의 편향성을 발견하거나 입증하는 것이 불가능하거나 매우 어려움이 있을 수 있기 때문이다. 바로 삼성전자와 애플 간의 특허침해 소송의 배심원대표로 복무했던 사람의 경우처럼 배심원후보자의 편견이나 부정적인 감정을 발견하거나 입증하는 것이 거의 불가능할 수도 있다.[56] 무이유부 기피는 편향성이 있어 보이는 배심원후보자를 제외시키는 보충적이자 필수적인 역할을 한다. 그래서 무이유부 기피신청권은 유지되어야 한다고 본다.

---

56) 삼성전자와 애플 특허소송에서 논란이 되었던 배심원대표에 대한 논의는 제9장(배심원후보자의 위장침입 문제) Ⅱ. 참조.

· 제3장 ·

배심원 선정 시 고려사항*

I. 배심원 선정목표

어떻게 보면 배심원 선정은 배심재판에서 가장 중요한 과정 중에 하나라고 볼 수 있다. 배심재판에서 최종 사실판단과 평결은 판사가 아닌 배심원에게 달려있기 때문이다. 우리나라와 달리 미국 형사 배심재판에서는 배심원의 평결이 판사가 판결을 내리는 데 참고로 사용하는 권고적 효력이나 사실적 기속력으로 제한되는 게 아니라 그 평결에 법적 기속력이 부여되어서 재판의 최종 판결이 된다. 민사재판에서는 예외적으로 판사가 배심단의 평결을 번복하거나 재심을 명령할 수 있지만, 그런 경우는 드물다.[1] 그래서

---

* 이 장은 대법원 주관 「민사재판에 있어서 국민의 사법참여방안에 관한 연구」(손용근·공영호·김상수·김세진·김용진·김희균·이규호·정영수·조관행·박지원, 법원행정처, 한양대학교 산학협력단, 2013) 용역을 위하여 제출된 내용과 "미국 배심재판에서 배심원후보자의 위장 침입의 문제점과 배심원 선정방법의 개선방안에 대한 연구"라는 제목으로 민사소송 제17권 1호, 한국민사소송법학회, 2013. 5, 389면에 게재된 논문을 수정, 보완한 것임.
1) 배심원단의 평결이 재판 중에 인정된 증거와 증언에 일치하지 않고, 합리적인 배심원

- 41 -

배심원 선정 시 검사와 변호인들은 선입관과 편견을 지닌 배심원후보자들을 골라내고 상대방보다 자신의 의뢰인에게 불공정하거나 더 불리할 수 있는 배심원후보자들을 배제해서 자신의 의뢰인에게 유리한 배심원단을 구성하기 위해 노력해야 한다.[2]

이론적으로 배심원단 선정의 최종 목표는 양측에 공정할 수 있는 배심원단을 구성하는 것이다. 배심원 선정절차는 판사의 주도에 의한 후견적 방법(Supervisory Role)이 아니라 당사자주의적인(Adversarial) 방법으로 이루어진다.[3] 즉 배심원 선정절차를 판사가 주도할 수도 있지만 미국의 대부분의 주에서는 검사와 변호인이 선정절차를 주도하고 자신의 주장을 적극적으로 펴면서 진행해 나간다. 만일 자신에게 필요한 주장이나 이의제기를 하지 않으면, 그러한 주장이나 이의제기를 포기한 것으로 간주하고 법원은 재판을 진행해 나가기 때문에 자신에게 불리한 입장이 된다. 자신의 실수를 법원에서 보완할 수 있는 기회를 주지 않기 때문에 변호인으로서는 의뢰인을 위해 주도적인 입장에서 변론해야만 하는 것이다. 이러한 상황에서 재판 당사자들은 자신에 대해 부정적인 선입관이나 편견을 가질 것이 확실시되거나 의심되는 배심원후보자들을 최종배심원단에서 제외하기 위해 최선을 다한다. 당사자주의적인 점에서 현실적으로 배심원 선정은 선발 과정이라기보다는 자신이 원하지 않는 후보자를 제외하는 여과 과정이고, 검사와 변호인들과 판사가 배제하지 않는 사람들로 최종배심원단이 구성된다. 검사와 변호인들이 이유부 기피신청이나 무이유부 기피신청을 하고, 판사가 이를 받아들이면 그 후보자는 최종배심원단에서 제외된다.[4]

(Reasonable Jury)으로서 내릴 수 없는 평결을 내렸다고 판사가 판단했을 때 판사는 배심원 평결을 번복하는 판결을 내릴 수 있다(Order on Renewed Motion for Judgment as a Matter of Law).

2) 제프리 T. 프레드릭 지음/이은로 옮김, 「배심원 선정, 배심단 구성의 이론과 실제」, 한울아카데미, 2008, 8면.

3) 우리나라는 기본적으로 변론이 당사자주의에 근거하고 있지는 않지만, 배심원 선정절차는 당사자주의적인 방식으로 진행되고 있다.

4) 프레드릭, 전게서, 21면.

1. 배심원 선정의 네 가지 주요 목표

배심원 선정절차에는 네 가지의 주요 목표가 있는데 (1) 정보수집, (2) 긍정적인 관계형성(Rapport), (3) 설득 그리고 (4) 교육이다. 먼저 배심원 선정절차의 중요한 목표 중에 하나는 배심원후보자들로부터 되도록 많은 정보를 얻는 것이다. 이 정보들을 이용하여서 변호인들은 상황에 따라 이유부 기피를 시도하거나 무이유부 기피를 신청하게 된다. 이 목표를 달성하려면 우선 먼저 어떤 정보가 자신에게 필요한지 잘 알아야만 한다. 그리고 그런 정보를 얻기 위해 어떤 질문을 어떻게 해야 하는지도 알아야 한다. 그래서 질문을 하는 방법도 중요하다. 질문을 잘하느냐 못하느냐에 따라 자신에게 필요한 정보를 얻어 낼 수 있는지 없는지가 좌우될 수 있다. 또한 배심원후보자가 솔직하게 대답하도록 해야 하는데, 질문의 기술과 방법이 중요한 이유이다.[5]

또한 변호인에게 배심원 선정절차가 특히 중요한 이유는 변호인과 배심원사이에 Rapport(긍정적인 관계)를 형성하기 때문이다. 모든 인간관계와 마찬가지로 변호인과 배심원사이의 관계도 첫인상이 중요하다. 배심원 선정절차는 변호인과 배심원후보자들이 처음으로 대면하는 시간이어서 이때 양측 간의 관계의 성패에 큰 영향을 준다. 배심원후보자들과 변호인들의 사이에 긍정적 관계를 형성하려면 우선 변호인이 배심원후보자를 존중해야 하고, 배심원후보자들 각각에게 개인적 관심을 보여줘야 하고, 그들의 긴장감을 풀어줘서 되도록 편안한 느낌을 갖게 하고 변호인 자신이 딱딱하지 않게 인간적이고 친밀한 측면을 보여주는 것이 좋다. 하지만 지나치게 배심원후보자에게 직간접적으로 접근하는 것은 배심원 선정절차에 영향을 줄 수 있으므로 허용되지 않을 수 있다. 배심원후보자들과 좋은 라포를 갖게 되면 다음과 같은 긍정적 결과들을 기대할 수 있다. (1) 배심원후보자들이 더 솔직하고 개방적으로 대응한다, (2) 변호인에 대한 친밀감이 생기며, 친밀감을 느끼면 변호인의 설득력이 더 커진다, (3) 배심원후보자들이 변호

---

5) 프레드릭, 전게서, 23면.

인의 객관성을 지각하게 되고, 변호인이 객관적이라고 지각하게 되면 신뢰가 높아지며, 신뢰가 높아지면 변호인의 변론과 주장이 더 잘 받아들여질 수 있다. 그래서 변호인이 배심원후보자와 Rapport를 형성하는 것은 변호인의 배심원에 대한 설득에 직간접적인 영향을 미친다.

배심원 선정절차의 또 다른 목표는 교육이다. 배심원 임무를 위해 출석한 배심원후보자들 중에 많은 사람들에게 이것이 평생 첫 번째 배심원 임무일 수 있다. 그리고 배심원후보자들은 대부분이 법에 관련된 교육이나 지식이 많지 않다. 그래서 그들은 일반적으로 배심원 임무에 대한 주어진 역할과 의무에 익숙하지 않고, 재판 절차나 진행 과정에 대해 잘 모른다. 또한 법률 용어나 정의에 대해서도 대부분 잘 모른다. 재판 중에 어떤 증거물이나 증인의 증언이 증거능력이 부족해서 판사는 이 증거를 무시하라는 지침을 내리는 경우가 종종 있다. 하지만 어떤 배심원들은 이런 지침을 무시하기도 하는데 이것은 재판 결과에 큰 영향을 미치지 않을 수도 있지만, 반면에 재판 결과에 중요한 영향을 미칠 수도 있다.[6] 이런 것에 대한 충분한 교육이 배심원 선정절차 중에 이루어지면 위와 같은 실수를 막을 수 있다. 하지만 이런 교육이 없을 경우에는 재판 중에나, 재판 후에 배심원 평의가 시작되기 전에 판사의 최종적 지침에 따르지 못하게 될 수도 있다. 그래서 배심원 교육은 재판 전이나 재판 후뿐만 아니라, 초기의 배심원 선정절차에서도 이루어져야 한다.

예를 들어서 증거를 듣기 전에 관련된 법에 대해 교육을 해 준 경우와 증거를 듣고 난 후에 관련법을 교육해 준 경우에 배심원은 다른 각도에서 사건을 이해하게 될 수도 있다. 그래서 배심원들에게 재판 절차부터 시작하여, 관련법과 법 개념과 정의, 판단 기준, 그리고 편견에 치우치지 않는 공정한 배심원으로서의 역할에 대한 교육을 시킬 수 있는 적절한 시점은 배심원 선정절차라고 볼 수 있다.[7] 이때 판사와 변호인들이 주의할 점은 교육 시에 전문적이고 복잡할 수 있는 법적 용어와 정의를 사용하는 것을

---

6) Frederick, The Psychology of the American Jury (1987) p. 139.
7) Kassin & Wrightsman, "On the Requirements of Proof: The Timing of Judicial Instruction and Mock Jury Verdicts," 37 *Journal of Personality and Social Psychology* 1877 (1979).

되도록 피하고, 일반인들도 쉽게 이해할 수 있는 용어를 사용해서 설명해야 한다는 점이다. 적절한 배심원 교육을 이루기 위해서 이러한 교육의 임무는 판사뿐만 아니라 변호사도 공유해야 한다고 본다. 물론 자신의 의뢰인에게만 유리한 쪽으로 배심원들의 마음을 이끌려는 의도는 지양돼야 하지만 배심원단이 올바른 평결을 내리기 위한 도움을 주기 위한 교육은 판사와 함께 변호인 측도 노력해야 할 부분이다.

2. 편견/고정관념(Bias/Prejudice/Stereotype)있는 배심원 배제

어떤 사람들은 사회적 지위, 직업으로 인해서나, 직간접적인 경험으로 인해서 공정하고 중립적인 마음과 자세를 가지고 재판에 임하기 어려울 수도 있다. 예를 들어 어떤 범죄의 피해자였던 배심원후보자는 형사피고인에 대해 일반적으로 부정적인 편견과 감정을 가지고 바라볼 수 있다. 민사재판에서도 부정적인 마음가짐을 가지고 있는 배심원후보자들이 있을 수 있는데 예를 들어 사기로 피해를 입었던 경험이 있는 후보자는 사기로 소송을 당한 피고인에 대해 긍정적인 생각을 가지기 어려울 수 있다. 재판에서 자신에게 유리한 증인과 증거물이 있다고 해도, 어떤 특정 배심원이 자신에 대해 악의나 부정적인 편견이 있다면 재판에서 불리한 입장에 처하게 되며, 아무리 유능하고 경험이 많은 변호인이라도 이것은 극복하기 어려울 것이다. 그래서 지역 사회를 골고루 대표하는 시민들로 구성된 배심원단도 중요하지만 개인적인 선입관과 감정 때문에 공정하게 재판에 임할 수 없는 배심원은 배제되어야 한다.[8] 하지만 사람들의 편향성과 고정관념에 대한 변호사의 판단에 오류의 가능성도 있어서 배심원 선정 시 변호사는 신중할 필요가 있다.[9]

---

[8] Valerie P. Hans & Neil Vidmar, Judging the Jury (1986), p. 66.

[9] 사람들은 일반적인 선입관과 고정관념을 가지고 있다. 하지만 우리가 일반적으로 사람들이 가지고 있는 고정관념에 대해서 잘못 판단할 수 있다. 예를 들면 여자가 남자보다 형사피고인에게 더 우호적이고 온정적인 태도를 가질 수 있다는 믿음이거나, 젊은 사람이 나이든 사람보다 더 진보적인 사고를 한다는 생각이다. 그래서 형사피고인으로서는 남자보다 여자 배심원후보자를, 나이든 사람보다 젊은 배심원후보자를 선호하게 되고, 그 결과로 남자나 나이든 배심원후보자를 배제하려는 경향이 있다. 이러한 믿음이 올바른 판단

Charles Evans Hughes 연방대법관은 공정함이란 어떤 사람의 성격의 문제가 아니라 마음가짐과 상태에 달려 있다고 주장했다.[10] 하지만 한 사람의 마음의 상태조차도 각 재판관할(Jurisdiction)이나 판사, 변호사에 따라 각기 다른 여러 가지 방식으로 정의될 수 있다. 일반적으로 배심원후보자의 배경과 케이스에 대해 알고 있는 정보와 지식을 파악하기 위해 간단히 물어보지만 어떤 판사나 변호인은 배심원후보자에게 아주 상세한 질문을 한다. 재판 사안에 대한 어떤 특정한 선입견을 가지고 있는지 물어 보거나, 원고, 피고와 증거물을 중립적으로 대하는 데 방해가 될 수 있는 견해와 성향을 가지고 있는지에 대해서 여러 가지 형태의 질문을 하기도 한다.[11] 아래에서는 여러 가지 형태로 나타나는 고정관념과 편향성에 대해 살펴본다.

(1) John F. Kennedy 대통령 암살사건

1963년 11월 22일 미국에서는 John F. Kennedy 대통령 살해사건으로 전 미국인들이 큰 충격에 빠졌고, 그 이틀 후에는 Jack Ruby라는 자가 Dallas 경찰서에서 암살자인 Lee Harvey Oswald를 총으로 살해하는 장면을 TV로 목격하게 되었다. Melvin Belli 변호사는 Jack Ruby의 변호를 맡게 되었는데, Belli 변호사가 처음 취한 조치는 재판을 Dallas에서 다른 도시로 옮겨 달라는 법원 변경 신청(Motion to Transfer Venue)이었다. 그 신청에 대한 특별 청문회에서 Melvin Belli 변호사는 신청이유를 다음과 같이 말하였다:

"Dallas 시민들은 이 사건에 대한 편견으로 가득 차 있다. Dallas 시민들 중에서 편향성이 없는 배심원을 찾기는 어려울 것이다. 왜냐하면 암살 사건이 Dallas에서 벌어졌을 뿐만 아니라 암살자를 살해한 일도 Dallas에서

일 수도 있지만 잘못된 판단이어서 오히려 역효과를 가져올 수도 있다. 왜냐하면 사람들에 대한 고정관념이 정확할 수도 있지만, 반면에 고정관념이 특정한 배심원후보자에 대한 잘못된 판단일 수 있고 결과적으로 배심원 선정과정에서 잘못된 선택을 할 수도 있다. 다시 말해서 어떤 배심원후보자는 일반적인 통념과 고정관념과 반대의 성향을 가질 수 있다. 남자인 배심원후보자인데 형사피고인에 대해서 온정적인 태도를 보이는 사람도 있고, 나이든 배심원후보자인데 매우 진보적인 사고를 하는 사람도 쉽게 찾아 볼 수 있다. 그래서 어떤 특정 부류의 사람들에 대한 고정관념에 의해서 배심원후보자를 판단하지 말고 엄밀한 배심원 심문 절차를 통해서 각 후보자에 대한 개별적인 판단을 하여야 한다.

10) United States v. Wade, 299 U.S. 123 (1936).
11) Hans, *supra* note 8, p. 63.

벌어졌기 때문이다. Dallas의 배심원들은 Dallas를 불명예로부터 구하기 위해서 Jack Ruby를 유죄로 평결할 것이 확실하다."[12] 그 재판의 판사는 법원 변경 신청을 기각하였고, 이 재판의 배심원단은 Jack Ruby가 정신이상자라는 항변사유를 받아들이지 않고, 유죄 평결을 내렸다. 재판 후에 Melvin Belli 변호사는 배심원단의 평결이 공정하지 못한 편견에 의한 것이었다고 비난하였다.

이 사건은 재판 전에 배심원들이 가지고 있는 선입관이 얼마나 재판 결과에 큰 영향을 줄 수 있는지를 보여주는 명확한 사건이었다. 하지만 아래에서 논의된 변호인들이 배심원후보자에 대해서 가질 수 있는 고정관념들은 배심원 선정과정에서 오류를 범하게 할 수도 있음을 보여준다.

(2) 인종적 고정관념

미국에서는 배심원단은 다양한 경험과 배경과 지식을 가진 사람들로 구성되어야지만 다양한 각도에서 사실 관계를 보고 판단할 수 있고, 더 열정적이고 상세하게 토론에 임할 수 있다고 보는 경향이 있다. 예를 들어서 흑인 피고인이 백인들로만 구성된 배심원단 앞에서 재판을 받게 되는 것을 꺼리게 된다. 자기와 같은 흑인을 포함한 배심원단은 주어진 증거에 대해 더 넓고 다양한 각도에서 바라볼 수도 있다고 생각할 수 있다. 백인 배심원들은 흑인들에 대한 편견에 사로잡힌 상태에서 흑인 피고인이나 증인의 증언을 심사하고 평가할 것이라고 간주하는 것이다. 반면에 흑인 배심원은 흑인 피고인이나 증인의 삶의 경험과 비슷한 경험이 있기 때문에 이에 대한 이해도도 넓어서 이 증인의 증언에 대해 공감하고 평가할 수 있는 포용력이 있을 것으로 생각한다. 백인 배심원은 어떤 흑인 피고인의 증언을 믿기 어렵다고 생각할지라도, 흑인들의 생활경험과 환경에 대해 더 잘 알고 있는 흑인 배심원은 이를 이해하고 믿을 수 있다.[13] 똑같은 증거물이라도 백인과 흑인 간의 다른 해석에 따라 최종 평결에 영향을 줄 수 있다.

배심원단의 구성이 다양할수록 편견의 영향을 줄일 수 있다. 어떤 특정

---

12) M. M. Belli, My Life on Trial (Toronto: Popular Library 1976) p. 300.
13) Hans, *supra* note 8, p. 50.

한 피고인에 대한 편향성이 있는 배심원들이 있다고 하더라도 편향성이 없는 배심원들이 그 영향을 축소시킬 수 있는 역할을 할 수 있다. 더군다나 지역 시민들을 골고루 포함한 대표성을 보유한 배심원단은 소수 민족을 포함할 가능성이 높다. 소수 민족이 포함된 배심원단에서 다수의 배심원들은 인종이나 민족에 근거한 차별이나 편견을 겉으로 표현하기 어려우며, 이것이 상쇄될 수도 있기 때문에 전체적으로 긍정적인 결과를 도출시킬 수 있다.[14] 하지만 이러한 인종에 근거한 고정관념은 배심원후보자를 개별적으로 판단하는 것이 아니기 때문에 오류의 가능성을 항상 포함하고 있다.

(3) 성별 고정관념

배심원 선정절차에서 변호사는 기피신청을 효과적으로 잘 사용하기 위해 창의력을 발휘해야 한다. 성별과 직업은 기피신청을 위해 자주 사용되는 기준이다. 하지만 그 기준이 모호한 면도 있다. 예를 들어 Clarence Darrow라는 변호사는 모든 피고인 변호 재판에서 여성을 기피하라는 충고를 하였다.[15] 반면에 자신의 의뢰인에 반대하는 중요한 증인이 여성이라면, 여성 배심원을 선택하라는 주장도 있다. 보통 여성은 다른 여성을 신뢰하지 못한다는 가정에 근거한 주장이다.[16] 사실 관계의 근거가 약한 변호사는 여성 배심원을 선택해야 한다는 주장도 하는데, 여성이 자신의 감정이나 직관에 의존하는 경향이 많다고 생각하기 때문이다.[17] Darrow 변호사의 주장에 반하는 주장도 있다. 여성이 남성보다 형사피고인에게 더 연민을 느끼기 때문에 배심원으로서 유리하다는 생각을 가진 사람도 있다.[18] 이렇듯 성별에 대한 고정관념도 다양하며, 서로 상반되는 주장을 한다.

(4) 직업별 고정관념

미국의 대부분의 법원에서 배심원후보자는 자신의 직업을 밝혀야 하는데 이는 기피신청을 위해서 중요한 근거 자료가 된다. 예를 들면 가구 제작

---

14) *Id.*

15) C. Darrow, Attorney for the defense, Esquire (1936), pp. 36~37, 211~213.

16) F. L. Bailey and H. B. Rothblatt, Successful Techniques for Criminal Trials, (New York: Lawyers Cooperative, 1971), p. 83.

17) Jury Selection in a criminal case, The Texas Observer (1973), p. 9.

18) Van Dyke, Jury Selection Procedures (Ballinger, Cambridge, MA, 1977), pp. 41~42, 153.

자는 입증 의무가 있는 검사나 원고 측에서 볼 때는 배심원으로 불리하다고 믿는 사람도 있다. 왜냐하면 그들은 모든 증거들이 다 완벽하게 들어맞아야 한다고 생각하기 때문이다.[19] 은행원, 경영자나 회사 사무원도 배심원으로 적합하지 않다는 주장도 있는데, 그들은 명령을 주거나 받는 데 익숙하기 때문에 다른 사람들도 명령 구조에 잘 따라야 한다고 믿기 때문이다. 그래서 그들은 피고인 측에게는 불리하다고 간주될 수 있는 배심원후보자 부류이다. 반면에 영업사원, 배우, 예술가나 작가는 직업상 다양한 종류의 삶과 방식에 대해 익숙한 면이 있기 때문에 형사 사건에 대해 크게 놀라지 않고 다른 사람의 죄에 대해 관대한 경향이 있다고 한다.[20] 여러 배심원 선정에 대한 매뉴얼에서 공통적으로 주장하는 사항은 마음이 쉽게 '조종'될 수 있는 사람, 자신의 주장에 반대하지 않는 사람이나 재판의 사안에 대해 전문가가 아닌 사람을 배심원으로 선택하라는 점이다.[21] 하지만 위의 통상적인 조언들은 진부하고 고정관념에 근거한 것일 뿐만 아니라 서로 상반되는 점도 있어서 신뢰도는 높지 않다고 본다.

(5) 전문인에 대한 고정관념

변호인으로서 배심원단을 구성할 때 '순진한' 배심원을 원하는 것은 보편적인 바람일 것이다. 한 가상 배심원 선정 작업에서 학생들에게 검사 측과 피고인 변호사 역할이 주어졌다. 나이, 인종과 직업이 나열된 배심원후보자 리스트가 주어졌는데 양 팀에서는 6명까지 배제할 수 있도록 하였다. 예외 없이 형법과 형사 제도에 대한 지식이 있는 사람들이 제외되었다. 그런 사람들이 한 쪽에 찬성이나 반대하는 의견이 있을 경우에 대비하는 태도이다. 그들의 전문성 때문에 그 사람들은 다른 배심원들로부터 높은 신뢰를 얻고 의지의 대상이 되기 쉽다. 만일 그 사람들이 자신의 케이스에 반대하는 의견을 가지고 있다면 매우 불리한 평결을 이끌 수도 있다. 변호인 측으로는 위험부담이 매우 크다고 할 수 있다.[22]

---

19) K. Mossman, "Jury Selection: An Expert's View," Psychology Today (1973), p. 6.
20) Bailey, *supra* note 16.
21) Hans, *supra* note 8, p. 73.
22) *Id.* p. 74.

(6) 변호인의 직감

변호사들은 배심원후보자들의 인종, 나이, 성별, 직업이나 그 외의 모호한 규칙에 근거해서 기피신청을 하는데 그것이 자신에 유리한 배심원단을 구성하는 데 얼마나 효과적인가에 대해 의문점이 있다. 각 배심원후보자에 대한 개별적인 분석도 없이 단지 겉으로 보이는 자료에만 의존해서 직감적으로 그 후보자에 대해 판단하는 것은 바람직하지 않다고 본다. 변호인의 직관이나 육감(hunch), 예감에 대해서 Harvard 로스쿨의 Alan Dershowitz 교수는 배심원을 선정하는 데 있어서 가장 신뢰할 수 없는 요소라고 말하면서 부정적인 반응을 보였다. 배심원을 선정하는 데 많은 원칙이 있다고 하지만 그 원칙이 얼마나 효과가 있는지에 대해 적절한 피드백도 없었다. 아무리 변호사가 오랜 경험이 있다고 해도 잘못된 믿음에 기초를 둔 경험은 잘못된 결과에 이르게 할 수도 있다.[23]

(7) 인구통계학적 고정관념

이와 같이 변호사들의 육감이 만들어지는 근거는 주로 배심원후보자의 나이, 인종, 성별이나 직업 같은 것인데 이런 근거들은 평결을 예측하는 데 큰 도움이 되지 않는다고 볼 수 있다. 그래서 변호사들의 육감이 신뢰하기 힘들다고도 볼 수 있다. 심리학자들이 가상 실험을 통해서 개인의 성격이나 인구통계학적인 특성이 사건을 결정하는 데 어떤 영향을 미치는가를 조사하였는데, 개인별 나이, 인종, 성별, 교육, 배심원 재판 경험, 권위주의, 윤리성, 도덕성이나 사형제도에 대한 성향에 따라 사안과 평결에 영향을 줄 수 있다고 하였다. 하지만 이런 성향들이(사형제도에 대한 성향을 제외하고) 최종 평결에 영향을 주는 것은 사안에 따라 각각 달라진다.[24] 다시 말해서 이런 성격이나 특성이 평결에 일률적으로 그리고 예측 가능한 영향을 주는 것은 아니다. 예를 들면 남성과 여성이 재판에 임하고 반응하는 데 큰 차이가 있는 것은 아니다. 어떤 연구에서는 여성이 피고에 유리하다고 했고, 다

---

23) M. Hunt, Putting Jurors on the Couch, The New York Times Magazine, (1982, November 28) pp. 70~72.

24) J. H. Davis, R. Bray & R.W. Holt, The Empirical study of decision processes in juries: A Critical Review. In J. L. Tapp and F. J. Levine (1977).

른 연구에서는 여성이 검사 측에 더 유리하다고 보았다.[25]

사회심리학자 Steven Renrod는 어떤 사람의 개별적 특성과 성격을 근 거로 그 사람이 어떻게 평결을 내릴 것인가를 미리 예측하는 것이 가능한 가에 대한 연구를 하였다. Boston에 거주하는 367명의 인구통계학적인 특 성에 대한 정보를 수집한 후에 4개의 가상재판에 참여하고 평결을 요청하 였다. 그 결과는 배심원의 나이, 인종이나 성별이 그 사람이 어떻게 평결에 도달할 것인가를 예측하는 데 아무 소용이 없었다. 다른 연구 조사에서도 인구통계학적인 특성과 평결과는 별다른 관련성이 없다고 하였다.[26]

(8) 재판 전 미디어 보도로 인한 편향성

Voir Dire에 관한 중요한 헌법적 쟁점은 수정헌법 제6조와 14조상에 의 거해서 소송 당사자가 후보 배심원에게 어떤 질문을 할 권리가 있는가이 다. 수정헌법 제6조에 의해서 편견이 없는 배심원에 의해 판결을 받을 권리 가 있고, 그래서 특히 형사재판의 피고인은 후보 배심원의 편향성을 발견 할 수 있는 질문을 할 수 있는 권리가 있다고 주장한다. 또한 수정헌법 제 14조의 Due Process Clause(적법절차조항: 어떤 주도 법의 적정 절차 없이 개인의 생명, 자유 또는 재산을 빼앗아서는 안 되며…)에 의해서 보장되는 공정한 재판을 받기 위해 배심원에게 질문을 할 수 있다고 주장한다.

Mu'Min v. Virginia라는 케이스에서 쟁점은 후보 배심원들이 재판 전에 많은 미디어 보도에 노출된 점이었다.[27] 이 케이스의 피고인은 강도살인 사건으로 기소되었는데, 이 피고인의 고백과 범죄에 대한 자세한 내용에 관한 많은 보도가 신문매체에 있었다. 피고인은 후보 배심원들이 이 사건 에 대해 읽었거나 들었던 보도의 내용에 대해 자세히 질문할 수 있도록 요 구했지만, 판사는 이를 승인하지 않았다. 단지 판사는 이 사건에 대해서 후 보 배심원이 미디어 보도에 접한 적이 있는지 물었고, 만일 접했다면 그럼 에도 불구하고 공정한 자세로 판결을 내릴 수 있는지에 대해서만 물어 보

---

25) V. P. Hans, Gentlewomen of the Jury. Paper presented at the meeting of the Law and Society Association, Toronto (1982).
26) Hans, *supra* note 8, p. 76.
27) 500 U.S. 415 (1991).

앉다.[28]

이 쟁점을 놓고 미 연방대법원까지 항소되었고, 연방대법원은 이 피고인이 수정헌법 제14조에 의거해서 후보 배심원들이 접한 보도의 내용에 대해 판사가 자세하게 질문해야만 한다는 주장을 받아들이지 않았다. 그런 질문이 어떤 후보 배심원이 재판에 공정할 수 있는지를 결정하는 데 도움을 줄 수는 있겠지만 그런 질문이 헌법적으로 꼭 보장되는 것은 아니라고 Rehnquist 대법관은 판시하였다.[29] 후보 배심원이 공정하게 재판에 임할 수만 있다면 그리고 재판 판사가 그 배심원이 자신은 공정할 수 있다고 말한 것을 믿을 수만 있다면 피고인의 권리에 위배되지 않는다고 했다. 대법원은 재판의 담당판사가 누구보다도 더 잘 후보 배심원이 공정할 수 있는지 없는지를 판단할 수 있다고 했다.[30]

반면에 이 케이스에서 Marshall 대법관을 포함한 몇몇 대법관들은 반대의견을 표명했다. 그들은 재판 판사가 후보 배심원이 어떤 보도 자료를 읽거나, 듣거나 보았는지를 구체적으로 물어보아야 한다는 이유에서였다. 재판 판사는 후보 배심원이 단지 재판에서 공정할 수 있다는 말을 전적으로 받아들여서는 안 된다고 했다. 반대의견을 낸 대법관들은 후보 배심원이 접한 보도의 내용에 대해 더 자세히 물어봄으로써만 담당판사는 후보 배심원의 공정성에 대한 올바른 판단을 할 수 있다고 했다.[31][32]

(9) 배심원 유경험자에 대한 고정관념

일반적으로 재판에 대한 경험이 없는 배심원보다 판사는 형사피고인에 대해 관대하지 않은 것으로 여겨진다. 반면에 배심재판 경험이 있는 배심원들도 판사들과 비슷하게 피고인에게 덜 관대한 성향이 있다는 연구 결과가 있었다.[33]

---

28) Nancy S. Marder, The Jury Process (Foundation Press, 2005), p. 71.
29) 500 U.S. pp. 425, 431~432.
30) Marder, *supra* note 28, p. 72
31) 500 U.S. pp. 450~452.
32) 재판 전 미디어 보도(퍼블리시티)로 인해 배심원후보자들이 가질 수 있는 편견이나 선입관에 대한 자세한 논의는 제8장(재판 전 퍼블리시티가 국민참여재판에 미치는 영향)을 참조하기 바람.

미국에서 보통 일반 시민은 평생 한 번 이상 배심원 임무에 소환된다. 어떤 관할구역에서는 한 번의 배심 소환 기간 중에 어떤 사람은 배심재판에 한 번 이상 참여하는 일도 있다. 배심재판 경험이 전무한 사람들과 달리 이런 배심원들은 그 전의 배심재판 경험에 '오염'(tainted)되어서 암암리에 영향을 받는다. 형사사건의 피고인 변호사들은 그런 경험 많은 배심원들은 검사 측에 유리하고 피고인에게 불리하다고 믿는다. 하지만 판사는 그렇게 단정적으로 생각하지는 않는다.

심리학적으로 보면 초보자와 경험자 사이에 재판에 대한 결정을 내리는 것에 차이점이 있을 수 있다는 것을 이해할 수 있다. 타인의 유무죄를 결정하는 것은 어렵고 힘든 경험일 수 있고 초보자는 유죄를 결정하는 것에 대해 매우 조심스러워진다. 반면에 판사와 마찬가지로 경험이 있거나 많은 배심원은 피고인에 불리한 증거물이 항상 완벽할 수만은 없다는 것을 이해하는 동시에 유무죄는 결정되어야만 한다는 것을 잘 알고 있다. 배심원은 과거 배심원으로서의 경험에 영향을 받는다는 연구 결과가 있다. 몇 년 전에 Louisiana 주 Baton Rough에서 수백 명의 배심원들을 설문 조사하였는데, 배심원 경험이 있는 사람이 유죄 판결을 내릴 가능성이 배심원 재판 무경험자들보다 더 높았다.[34] Kentucky 주의 Fayette County에서 175개의 형사재판에서는(보통 배심원은 30일 동안 배심원임무에 소환되는데) 평균적으로 6.8명의 배심원 유경험자들이 포함되었는데, 재판 후에 유죄 평결이 58%이었고, 무죄 평결은 26%, 그리고 평결 불성립(hung jury)은 16%이었다.[35] 주목할 점은 배심재판 유경험자가 더 많을수록 유죄 평결이 더 많았다는 점이다. 다른 가상 재판 연구 결과에 의하면 실제로 배심재판 경험을 가지고 있는 사람들은 연령대가 높은 편이고, 더 보수적이고, 더 권위적이며 사형 제도를 찬성하는 경향이 있다. 이런 연구 결과는 변호사들의 일반

---

33) Saul M. Kassin and Lawrence S. Wrightman, The American Jury on Trial, Psychological Perspectives (Taylor & Francis, 1988), p. 30.

34) J. P. Reed, "Jury Deliberations, voting and verdict trends," 45 *Southwestern Social Science Quarterly* 361 (1965).

35) R. C. Dillehay and M. T. Nietzel, "Juror experience and jury verdicts," 9 *Law and Human Behavior* 179 (1985).

적인 생각과 일치한다. 하지만 위와 같은 연구 결과가 배심재판 경험이 있는 사람이 유죄 판결을 더 잘 내린다는 연관성을 완전히 입증하는 것은 아니다. 이것은 배심재판의 경험을 떠나서 배심원 선정절차에서 검사 측에서 선호하는 profile을 가진 사람들이 더 많이 선정되었기 때문일 수도 있다.[36]

한 연구 조사에서 조사 대상자에게 두 가지 폭행 사건과 두 가지 살인 사건에 대해 말해준 후 각 사건의 경, 중에 대해 판단하게 하였다. 적응력 수준 이론(Adaptation level theory)에 의하면 먼저 살인 사건에 대해 들은 조사 대상자들은 두 번째로 들은 폭행 사건에 대해 덜 중요하게 받아들였다. 반면 먼저 폭행 사건에 대해 들은 대상자들은 그 다음으로 접한 살인 사건에 대해 더 중요하게 받아들였다.[37] 다시 말해서 대상자들은 먼저 접했던 사건과 두 번째 접한 사건을 비교해서 분석하는 성향이 나타났다. 마찬가지로 배심재판에 경험이 있는 배심원은 그 전에 접했던 사건의 경, 중에 영향을 받아서 새로운 재판 결정을 내릴 수도 있다.[38] 하지만 이러한 성향의 발견만을 가지고 배심원 유경험자와 무경험자의 차이점을 단정하는 것은 성급한 결론에 이를 수 있다고 본다.

II. 과학적인 배심원 선정 방법

위의 예에서도 보았듯이 배심원 선정 방법으로 고정관념이나 직관에 의존하는 것은 예상 외로 신뢰할만한 방법이 아니라고 본다. 고정관념이나 직관이 올바른 결정을 내리는 데 도움을 줄 수도 있지만 잘못된 결정에 도달하게 할 수 있는 위험성도 내제하기 때문이다. 아래에서는 미국에서 사용되고 있는 과학적이고 전략적인 배심원 선정 방법에 대해서 살펴보고 우리나라에서의 시사점을 찾아보고자 한다.

---

36) Kassin, *supra* note 33, p. 30.
37) A. Pettibone & M. Deauville, "Contrast effects and judgments of crime severity and the punishment of criminal violators," 33 *Journal of Personality and Social Psychology* 448 (1976).
38) D. H. Nagao & J. H. Davis, "The effects of prior experience on mock juror case judgments," 43 *Social Psychology Quarterly* 190 (1980).

1. MCI v. AT&T 재판

MCI가 AT&T를 상대로 한 독점금지법 위반에 대한 소송에서 배심원은 15주 동안의 재판 후 1980년 6월 AT&T에게 $600 million의 손해배상을 내라고 결정하였다. 그 결정이 MCI 변호사 측으로서는 물론 반가운 소식이었지만 한편으로는 그리 놀라운 결과는 아니었다. 왜냐하면 MCI는 재판 전에 배심원 자문가(Jury Consultant)를 고용하여 과학적 기술을 이용하여 MCI에게 유리할 수 있는 배심원을 어떻게 발견하고 또한 그들이 재판 중 제출된 증거에 대해 어떻게 반응할 것인가를 예측했었기 때문이다.

MCI 측이 고용한 Chicago의 한 배심원 전문 연구 기관은 지역 주민에게 전화 설문 조사 와 개인적 면담을 하였다. 이 조사에서 응답자들이 만일 배심원으로 선정되면 MCI 측과 AT&T 측에 유리할 것인가를 물어보았다. 그리고 그들의 인구통계학적인 특성에 대해 조사했다. 이 조사를 바탕으로 MCI에 유리하거나 불리할 수 있는 사람들의 인구통계학적인 특성을 만들었고 이 자료는 실제 재판에서 배심원을 선정하는 데 큰 역할을 하였다.[39]

그 다음 단계로 MCI에 유리할 수 있는 성향을 가진 사람들을 모아서 3일 동안에 걸쳐 가상 배심재판(mock jury trial)을 진행하였다. 8명으로 구성된 가상 배심원들을 MCI와 AT&T 측 변호를 듣게 하였고, 자문가들과 변호사들은 가상 배심원들의 심의 과정을 반투명 유리(one-way mirror)를 통해 관찰하였다. 물론 이 관찰 결과가 나중 실제 재판에서 변호사들의 재판 준비에 큰 영향을 준 것은 말할 필요가 없을 것이다.[40]

MCI가 AT&T를 고소한 이유는 AT&T의 독점금지법에 위반된 행위에 대한 손해배상청구였는데, AT&T는 다른 전화 회사와 long line을 공유해야 하는 법령을 위반한 것인가에 대한 쟁점이 가상 배심원들에게 주어졌다. 변호사들은 이 법의 공정성에 대해서 가상 배심원들이 열띤 토론을 벌이는 것을 관찰하였고, 이것을 배심원 선정 시 사용하였다. 이런 지역 설문 조사

---

39) Hans, *supra* note 8, p. 79
40) *Id*.

와 가상 재판을 통해 MCI 변호사는 어떤 종류의 배심원을 추구하고 배제할 것을 알게 되었고 또한 MCI 측의 케이스를 서로 다른 성향의 사람들에게 다른 방법(맞춤형)으로 제시하는 방법을 알게 되었다.[41]

2. 배심원 자문가(Jury Consultant)

위의 MCI 재판에서도 보여졌듯이 배심원 자문가는 변호인을 대신해서 의뢰인에게 유리한 배심원단을 구성하는 데 매우 중요한 역할을 할 수 있다. 배심원 자문가는 변호사가 Voir Dire 질문을 만드는 것을 도와주고 변호사가 자신 측에 유리한 배심원단을 구성하는 것을 도와주고 조언해 주는 역할을 한다. 또한 배심원 자문가는 모의배심재판과 그림자 배심을 준비하고 진행을 관리 담당할 수 있다. 변론준비에 집중해야 하는 변호인단으로서 가상 배심재판이나 그림자 배심과 Voir Dire를 준비하는 것은 시간적으로나 현실적인 면에서 매우 힘들다. 특히 많은 증거물과 증인을 준비해야 하는 대규모 소송에서 그러하다. 배심원 자문가는 변호사와 다르게 법원의 officer이거나 변호사 협회에 소속되어 있지 않고 법원의 규칙에도 구속되지 않아서 비교적 자유롭게 행동할 수 있다는 장점도 있다. 하지만 제2장에서 소개되었던 Batson case에[42] 의해서 차별적 이유로 무이유부 기피신청하는 것을 막기 위해 배심원 자문가도 차별적인 이유로 무이유부 기피신청을 위해 변호사에게 조언하는 것은 허용되지 않을 것으로 보여진다.[43]

3. 설문 조사

과학적이고 체계적인 배심원 선정의 초기 기본적 절차는 재판이 벌어질 해당 지역의 시민들에 대한 설문 조사이다. 먼저 무작위 방식으로 선정된 주민에게 전화를 걸어서 설문 조사를 하며, 이를 보충하기 위해서 지역 주민들 중에 선택된 사람들과 직접 대면하여 인터뷰를 심층적으로 하는 것이다.[44] 먼저 설문 조사는 일반적인 질문보다는 심층적이고 구체적인 질문

---

41) *Id.*
42) 제2장 (2) 무이유부 기피, 가. 무이유부 기피신청 참조.
43) Marder, *supra* note 28, p. 104.

으로 구성되는데 심리적으로 볼 때 질문이 더 구체적일수록 응답자의 대답
도 더 상세할 수 있으며 응답자가 나중에 실제 상황에서 어떻게 반응할 것
인가를 더 자세히 예측할 수 있기 때문이다. 각 재판에 다른 종류의 질문이
주어지지만 이 조사에서는 먼저 어떤 응답자들이 만일 배심원으로 선정되
면 재판 당사자에게 유리할 것인가를 발견하는 목적이 있다. 먼저 각 응답
자의 나이, 성별, 인종, 교육, 직업, 종교나 소속 정당 같은 인구통계학적인
정보를 물어 보고 그들의 인구통계학적인 특성에 대해 조사한다.[45] 이 조
사를 바탕으로 자신에게 유리하거나 불리할 수 있는 사람들의 인구통계학
적인 특성을 알아내고 이 자료는 실제 재판에서 배심원을 선정하는 데 어
느 정도 역할을 할 수 있다.[46] 그리고 지역사회 시민들의 설문 조사의 응답
을 바탕으로 실제 재판에서 배심원후보자들이 어떠한 사고방식을 가지고
있을지를 예측하는 데 사용할 수 있다. 하지만 지역시민들의 응답은 하나
의 샘플이어서 실제 재판에서 후보자들의 반응과 일치하지 않을 가능성이
있다. 인구통계학적인 특성은 최종 배심원 평결과 큰 연관성이 없거나 일
치하지 않을 수도 있다. 대신 사건의 쟁점에 대한 배심원후보자의 개별적
인 태도, 견해나 의견을 알아내는 것이 배심원 선정에 더 도움이 된다고 볼
수도 있다.[47]

4. 가상 배심재판(Mock Jury Trial) / 그림자 배심(Shadow Jury)[48]

5. 우리나라에 시사점

미국에서는 위와 같은 '과학적인' 배심원 선정 기술은 많은 비용이 들
어가지만 앞으로 high-profile케이스와 소송청구액이 큰 재판에서 더 자주
사용될 것으로 보인다(물론 소송당사자가 높은 비용을 감당할 수 있다는 가정하에

---

44) Valerie P. Hans & Neil Vidmar, Judging the Jury (Perseus Publishing, 1986), p. 82.
45) *Id.*
46) *Id.* p. 79.
47) Neil Vidmar & Valerie P. Hans, American Juries, the Verdict (Prometheus Books, 2007), p. 89.
48) 제9장 Ⅲ. 3. 가상 배심재판 및 그림자 배심 참조.

서). 아직까지 우리나라에서는 소송에서 승소하기 위한 목적으로 소송당사
자에게 유리한 배심원단을 구성하기 위해서 엄청난 액수를 들이는 것은 국
민 정서상 받아들이기 어려워 보인다. 하지만 사안이 매우 중요하고 소송
가액이 높은 재판에서는 과학적이고 전략적인 배심원 선정이 중요한 역할
을 한다. 우리나라의 기업이 미국이나 외국에서 배심재판에 당사자가 되었
을 때 배심원의 구성에 따라 재판의 결과에 큰 영향을 미칠 수 있다. 예를
들어 몇 년 전 미국 캘리포니아 소재 연방법원에서 삼성과 애플사간의 특
허소송에서도 배심원의 구성이 매우 중요한 역할을 하였듯이 우리나라의
기업들도 앞으로 외국에서 소송이 벌어졌을 때를 대비하여 배심원 선정에
대한 과학적인 준비와 투자가 필요하다.

배심원단 규모/만장일치제/ 배심원대표[*]

Ⅰ. 배심원단 규모

1. 배심원단 규모의 변천

원래 배심원단의 필수적인 규모는 12명이었지만 최소 6명까지 감축해도 된다는 미국 대법원 판례가 있었다.[1] 또한 원래 배심원의 평결은 만장일치제가 필수적이었지만, 이것도 대법원 판례에 의하여 제한적으로 다수결제에 의하여 평결할 수 있게 되었다.[2] 그 후 연방법원과 주법원에서 배심단의 규모와 평결 방법에 변화가 있었다. 이러한 제도 변경의 배경으로는 법원의 비용 절감을 위한 목적이 있었다.

---

 * 이 장은 대법원 주관 「민사재판에 있어서 국민의 사법참여방안에 관한 연구」(손용근·공영호·김상수·김세진·김용진·김희균·이규호·정영수·조관행·박지원, 법원행정처, 한양대학교 산학협력단, 2013) 용역을 위하여 제출한 내용을 수정, 보완한 것임.

 1) Williams v. Florida, 399 U.S. 78 (1970)에서 미국 연방대법원은 6명으로 구성된 배심원단이 합헌이라고 판시하였다.

 2) Apodaca v. Oregon, 406 U.S. 404 (1972)에서 배심원 평결의 비만장일치제 역시 합헌이라고 판시하였다.

　　연방대법원은 Williams v. Florida 재판 판결에서 "배심원이 의사 결정 과정에서의 자신의 역할을 잘 수행할 수 있는지 여부가 배심원 구성 인원 수의 다과에 따라 좌우될 것은 아니라고 할 것이다. 그리고 사실 인정의 주체로서 배심원의 결정에 대한 신뢰성 역시 그 구성 인원수의 다과에 따라 달라질 것으로는 보이지 아니한다"라고 판시한 바 있다.[3] 하지만 그와 같은 판시를 한 배경에는 배심재판 비용을 억제하고자 하는 자본주의적이고 실리주의적 입장이 있다고 주장하는 논자도 있다. 이러한 연방대법원 판결에 영향을 받아 대부분의 연방법원과 대다수의 주 법원은 민사배심의 규모를 사건 유형별로 6명에서 10명 선까지 줄이는 조치를 취하였다.

　　현재 38개 주 법원은 민사 배심원단의 구성원을 6명, 7명, 8명 또는 10명으로 감축하였고, 7개 주 법원은 중죄 형사 사건에 관한 형사 배심원단의 인원수를, 33개 주 법원에서는 경죄 사건에 관한 형사 배심원단의 인원수를 각각 감축시킬 수 있는 규정을 마련했다. 이러한 개혁의 취지는 배심원 평결의 타당성과 유효성에 큰 영향을 미치지 않는 범위 내에서 배심제도에 관한 비용을 줄이자는 취지도 있었다고 볼 수 있겠다. 그러나 민사재판의 경우 6명으로 구성된 배심원단은 그로 인하여 배심 평의 과정에서의 역관계의 변화에 따라 예측 가능성이 떨어지고 평결 액수의 가변성이 높아지는 문제가 있다는 주장도 있었다.

2. 배심원단 규모의 차이점

(1) 평의시간과 평의 수준

　　배심단의 규모에 관한 한 연구에 의하면 6명의 배심원단이 12명 배심원단과 평결이나 평의 과정의 수준에서 큰 차이가 없다고 결론지었다. 그러나 이 연구에 대한 비판론자들은 이 연구의 결론이 연구 조사 방법적인 문제로 인해서 신빙성이 떨어진다고 주장한다. 예를 들면 6명의 배심원단과 12명의 배심원단의 배심원 임무 수행에 있어서 차이가 없다는 과거의 연구 결과들이 있었지만 이 연구 결과에 대해 다른 각도에서 해석을 하면

---

3) Williams v. Florida 399 U.S. 78, 100~101 (1970).

배심원단의 규모가 배심원 임무 수행에 영향이 없다는 결론에 반하는 결과
에 도달한다고 주장한다.[4]

그러나 New Jersey 주에서 있었던 한 연구에 의하면 6명의 배심원단이
재판의 결과에 영향을 미치지 않으면서 재판 시간을 더 잘 활용한 것으로
나타났다. 비록 6명의 배심원단과 12명의 배심원단 사이에 몇 가지 차이점
이 있었지만 그것은 재판 사안 자체의 차이점 때문이지 배심원단 규모 때
문은 아닌 것으로 보인다고 했다. 변호사들은 더 많은 액수가 걸리고 더 복
잡한 사안을 가진 케이스일수록 더 큰 규모의 배심원단을 원하는 경향이
있다. 예를 들어 사안이 복잡하지 않은 교통사고 재판에서 6명의 배심원단
이 사용된 경우는 77%인 반면 전문인의 과실 사고에 대한 재판에서는
15.4%만 사용되었다.[5] 6명의 배심원단과 12명 배심원단의 두 가지 구체적
인 차이점이 있다고 보고했는데, 첫 번째로 12명 배심원단에서는 비만장일
치가 45%인 반면 6명의 배심원단에서는 20.2%에 그쳤다. 두 번째로는 12명
배심단의 재판시간이 두 배가량 더 걸렸다. 이 모든 요소가 배심원단의 규
모보다는 케이스 사안의 복잡성에 기인한다고 볼 수도 있다. 6명 배심단의
평의 과정이 12명 배심단보다 33% 더 짧게 걸렸지만, 손해배상액이
$10,000을 초과한 사건에서는 차이가 없었다는 연구결과가 있었다.[6]

반면 Maine, New Hampshire, Massachusetts, 와 Rhode Island 4개주에
서 180개의 민사소송에서 배심원 임무 수행에 대한 조사를 했는데 12명 배
심원단에 비해 6명의 배심원단이 더 신속하게 평결에 도달했다. 배심원의
수가 더 많을수록 그들의 의견을 수렴하는 데 시간이 더 오래 걸릴 수밖에
없다. 예를 들어서 평의 과정 후 최종 평결을 내리기 전에 배심원대표가 각
각 배심원들의 의견을 일일이 물어 보는 경우 배심단의 규모가 클수록 시
간이 더 오래 걸릴 수밖에 없다. 만일 최종 평결을 위하여 배심원대표가 배
심원들에게 거수를 요구한 후에 만장일치의 의견이 있다면 각 배심원의 의

---

4) Reid Hastie, et al., Inside the Jury (Harvard University Press, 1983), p. 32.
5) Institute for Judicial Administration. A Comparison of six- and twelve-member juries in
   New Jersey superior and county courts. New York: IJA, 1972.
6) *Id.*

견을 수렴하지 않아도 될 것이다. 하지만 첫 번째 거수결정에서 만장일치가 나오지 않았을 때 배심원대표는 배심원 각각의 의견을 물어보고 수렴하는 데 시간이 소요되고, 배심단의 규모에 따라 평의 시간에 차이가 난다.[7]

1972년부터 1990년 사이에 학술지에서 6명의 배심단과 12명의 배심단 사이의 평결 결과의 차이를 조사한 17건의 실증적 연구를 통합하여 분석한 최근의 한 연구에 의하면, 더 큰 규모의 배심원단이 작은 규모의 배심원단에 비하여 평의 시간이 더 길고, 의견 일치에 도달할 가능성이 낮아진다고 보았다. 하지만 사회적 소수자가 배심원단에 참여할 가능성이 높고, 보다 논의가 더 심층적으로 이루어져 평의 과정에서 배심원들이 증거를 더 상세하게 검토할 가능성이 더 높다고 보았다. 즉 배심단의 규모가 클수록 배심원 평의의 수준이 더 높아질 수 있다는 주장을 하는 논자도 있다.[8]

(2) 참여도

배심원 규모와 심의 과정에 관련한 한 연구에 의하면, 배심원단을 12명에서 6명으로 규모를 줄이는 데서 오는 영향이 명확하지 않다고 한다. 하지만 배심원단 규모가 작아지면 그에 따르는 혜택이 있을 수 있다. 예를 들면 모든 단체 결정에 이르는 과정과 마찬가지로 어떤 사람은 능동적으로 의견을 이끄는 경향이 있는 반면에 어떤 사람들은 소극적인 태도를 취하게 된다. 이런 현상은 큰 배심원단 속에 작은 배심원단이 존재하는 것같이 심의 과정 중에 계급 구조가 생기는 현상이다. 이와 같이 더 많이 말하는 사람이 더 높은 지위를 차지하는 계급 구조는 배심단의 규모가 줄어들수록 더 약해지는 경향이 있다.

12명 배심원단으로 구성된 가상 배심원단에서 약 20%에서 25%의 사람들은 뒷전에 처지는 소극적인 부류가 된다. 그러나 6명 배심원단에서는 약 5%의 사람들만이 소극적인 부류가 된다. 그래서 소규모 배심원단은 더 많은 사람들이 더 참여하는 구조가 된다. 또한 여러 가지 연구에 의하면 배심

---

7) E. Beiser & R. Varrin, "Six—member juries in the federal courts," 58 *Judicature* 425 (1975).

8) M. J. Saks & M. W. Marti, "A meta—analysis of the effects of jury size," 21 *Law and Human Behavior* 451 (1997).

원단 규모가 더 커질수록 사람들은 전체 배심원단에게 자신의 의견을 발표하지 않고 몇몇 사람들로 구성된 비공식적인 소규모 그룹에게 말하거나 속삭이는 경향이 있다. 이것이 통상적인 배심원단에서 실제로 벌어진다면 12명 배심원단에서 모든 배심원들이 각자가 소신 있게 자신의 의견을 밝힐 수 있는 구조인가에 대한 의문점이 생긴다.9)

특히 우리나라와 같이 많은 타인들 앞에서 발표하는 것이 익숙하지 않고 토론 문화가 아직 익숙하지 않은 곳에서는 배심원들의 참여도가 더 떨어질 수 있다고 본다. 그래서 12명 수준의 규모가 큰 배심원단보다는 소규모의 배심원단이 모든 배심원의 참여도를 높일 수 있다고 본다.

(3) 증거 기억

6명의 배심원단이 12명의 배심원단보다 평결에 더 신속하게 도달하기 용이하지만 12명의 배심원단은 6명의 배심원단보다 심의 과정 중에 재판 증거를 더 잘 기억해 내고, 의견의 폭이 더 넓고 다양할 수 있다. 배심원단의 규모가 클수록 재판 중에 제출된 증거에 대해 더 잘 기억할 가능성이 높고 더 다양한 의견을 가진 배심원이 있을 가능성도 높다. 그러나 위와 같은 연구 조사 결과가 배심단의 규모와 배심재판의 상관관계를 확정적으로 보여주는 것은 아니라고 본다.

결과적으로 배심원단의 평의 과정의 질과 배심원 규모의 상관관계는 그리 확실치 않아 보인다. 12명 배심원단이 평결을 내리는데 6명 배심원단보다 더 오래 걸리고 더 많은 증거를 기억해 낸다. 하지만 그 점이 더 큰 규모의 배심원단이 증거에 대해 더 신중하고 상세하게 고려한 후에 평결에 도달한다는 것을 뜻하는 것은 아니라고 본다. 2명에서 20명에 달하는 배심원들의 토론을 연구한 바로는 규모가 클수록 토론의 양은 많아졌지만 새로운 정보는 배심원이 6명일 때 가장 많이 기억하고 토론하였고 그 이상의 숫자에서는 차이가 없었다. 참여자의 숫자가 더 많을수록 그 결과는 더 생산적이지만 그에 한계가 있고, 그 한계점은 12명보다는 6명에 더 가깝다고 한다.10)

---

9) E. J. Thomas & C. F. Fink, "Effects of group size," 60 *Psychological Bulletin* 371 (1963).

10) R. F. Bales, et al., "Channels of communication in small groups," 16 *American Sociological Review* 461 (1951).

(4) 평결 불성립(Hung Jury) 가능성

배심원의 전체 평의 시간이 배심원단 규모에 따라 차이가 있지만, 배심원 개개인이 심의에 개입하는 참여도에는 큰 차이가 없는 것으로 보인다. 하지만 주목할 만한 점은 12명 배심원단이 6명 배심원단보다 평결 도달에 실패하는 평결 불성립(Hung Jury)이 될 가능성이 더 크다는 점이다. 아무래도 배심원 규모가 클수록 다수 의견에 반대할 수 있는 소수자가 나타날 가능성이 높다. 다수 의견에 반대하는 소수 의견이 많아질수록 심의 시간이 더 길어지기 쉽다. 다수 의견과 소수 의견이 대립하게 되면, 다수 의견자들은 소수 의견자를 설득하기 위해 노력하게 되고 그래서 평의 시간이 연장되게 된다.

(5) 대표성

배심원의 규모를 줄이는 경우, 때로는 소수의 의견이 배심 집단 전체에 영향을 미칠 가능성이 낮아졌다는 점에서 배심 심의 과정의 역관계에도 영향이 있을 수 있다. 또한 배심단의 규모가 줄어들 경우 소수 민족, 소수 인종이 배심원으로 참여할 수 있는 기회가 줄어들 수 있어서, 배심 대표성을 높이는 데 부정적인 영향을 미칠 수 있다는 우려도 있다.[11]

우리나라에서도 다문화 가정과 대한민국 국적을 취득한 외국인이 점차 늘어가고 있지만, 아직은 소수 인종과 관련된 배심 대표성 문제는 쟁점의 대상이 아니라고 본다. 하지만 앞으로는 다문화 가정과 외국인 인구의 증가를 예상할 때 배심원단의 사회적 대표성 문제도 더 고려해야 할 것으로 사료된다.

(6) 비용 절감 문제

우리나라나 미국 법원은 배심재판 제도의 운영과 관련하여 경비 지출의 문제를 피할 수 없다. 관련 경비는 지금까지 계속 늘어 왔고 앞으로도 늘어갈 것이기 때문이다. 특히 미국에서 이러한 배심재판에 관련된 비용에는 배심재판에 관련된 인건비나 시설유지비, 배심 소환 우편 비용, 배심원 보수, 주차비, 교통비 등과 같은 부대 경비도 포함된다.

---

11) 김상준, 「미국 배심재판 제도의 연구」, 이화여자대학교출판부, 2003, 52면.

미국에서는 이러한 배심재판 비용 중의 일부를 법원 외부에 전가시켜 법원 예산 부담을 줄이려는 노력을 하기도 하였다. 예를 들어 어떤 주에서는 고용주가 배심원 임무에 종사하는 근로자에 대한 배심원 보수를 대신 지급하도록 하는 입법적 조치를 취한 것이다. 하지만 고용주에게 배심원 보수 부담의무를 부과하는 것만으로는 완전한 해결책이 되지 못할 것이다. 예를 들어 자영업자나 실업자에 대한 보수지급의 문제는 여전히 법원에 남아 있는 것이다.[12)]

미국에서는 형사재판뿐만 아니라 민사재판에서도 배심재판을 받을 권리가 미국 헌법(수정헌법 제7조)에 의해서 보장되기 때문에 사회적으로 배심원 임무를 일반 시민의 중요한 의무 중의 하나로 받아들이고 있고, 그래서 고용주에게도 배심원 보수에 대한 입법적 조치가 가능하겠지만, 우리나라에서는 헌법적으로나 사회적으로 배심원 임무를 시민의 의무로 받아들이는 의식이 아직 부족하므로 고용주에게까지 배심원 보수에 대한 부담의무를 부과하는 것은 아직 시기상조라 보여진다.

배심재판의 배심원단 규모를 줄이는 개선책은 배심재판의 적정성과 신뢰성에 영향을 미치지 않는 범위 내에서 배심제 운영으로 인한 부대비용을 삭감하고자 하는 취지가 있다고 볼 수 있다. 배심제 운영에 관한 비용 절감의 차원에서 볼 때에는 이러한 개혁이 실효적이었다는 것은 명확하다.

3. 우리나라에 시사점

미국의 사례에서도 보여졌듯이 배심원단의 규모가 평의와 평결에 결정적인 역할을 하는 것은 아니라고 생각된다. 배심원단의 규모가 작으면 평의시간이 짧아지는데 이것은 의견을 개진하는 배심원의 숫자가 작기 때문이지 평의의 질과 수준이 낮기 때문은 아니다. 여러 연구결과에서도 나타났듯이 배심원단의 규모가 6명에서 12명까지는 평의의 수준이 크게 좌우되는 것은 아니어서, 현재 우리나라의 배심원단 규모는 적절하다고 본다.[13)]

---

12) 김상준, 전게서, 37면.
13) 국민참여재판법 제13조(배심원의 수) ① 법정형이 사형·무기징역 또는 무기금고에 해당하는 대상사건에 대한 국민참여재판에는 9인의 배심원이 참여하고, 그 외의 대상사건에

그리고 배심원단의 규모가 작을수록 각 배심원의 평의 참여도가 높다는 점과 평결 불성립의 가능성이 낮아진다는 점에서 현재의 배심원 규모가 적절하여 보인다.

Ⅱ. 만장일치제 v. 다수결제

　　미국에서는 배심원의 규모를 줄이고자 하는 개혁 노력과 더불어 평결 조건을 만장일치제에서 다수결제로 완화하려는 노력도 있어왔다. 하지만 만장일치제를 폐지하거나 완화하는 것에 대한 비판도 많았다. 왜냐하면 약 5% 정도에 불과한 평결 불성립(hung jury) 비율에 비추어 볼 때 이런 과도한 개혁 조치까지는 필요하지 않다는 인식에 근거한 주장이다. 연방대법원은 비만장일치 평결(다수결 제도)도 합헌이라고 선언하였으나, 중죄 사건에 관한 형사사건의 경우에는 Oregon과 Louisiana 주를 제외한 나머지 주들은 여전히 만장일치제를 고수하고 있다. 민사사건에 있어서 연방법원, 21개 주 법원과 Washington, D.C.는 만장일치제를 사용하고 있다.[14] 그러나 최근 한 자료에 따르면 평결 불성립 사건 비율이 15%를 넘게 되었다고 하므로, 앞으로 만장일치 평결 제도에 대한 비판도 높아질 가능성이 있다. 한 연구에 의하면 만장일치제 대신 10대 2(12명 배심원의 경우) 이상의 절대 다수결 제도를 취하는 경우 평결 불성립 사건을 40%까지 줄일 수 있다고 한다.[15]

　　만장일치제를 폐지하자는 주장에 대하여 비판적인 의견도 적지 않다. 배심원이 만장일치에 이르지 못하는 이유가 한두 명의 고집 센 배심원 (Hold-out Jury) 때문만은 아니고, 재판제도와 그 운영상의 문제 때문이라는 지적도 많다. Plea bargaining(사전형량조정), 재판 준비 절차상의 관행 등도 평결 불성립에 큰 영향이 있다. 중요한 점은 평결 불성립 사건의 71%가 증

대한 국민참여재판에는 7인의 배심원이 참여한다. 다만, 법원은 피고인 또는 변호인이 공판준비절차에서 공소사실의 주요내용을 인정한 때에는 5인의 배심원이 참여하게 할 수 있다.

14) 김상준, 전게서, 37면.
15) Harry Kalven, Jr. & Hans Zeisel, The American Jury (1966), p. 56.

거 가치 판단에 관한 견해 차이였다는 점이다.[16] 그래서 만장일치제를 폐지해야 한다는 의견에 반대하는 학자들은 복잡한 현대 재판에서 이러한 평결 불성립 사건 비율이 높아지는 이유는 배심원들의 난해한 증거들 사이의 가치 평가의 어려움, 절차법상의 복잡성 등에서 연유하고 있는 것이므로 만장일치제를 폐지한다고 해도 이러한 평결 불성립 사태를 근원적으로 해결할 수 없을 것이라는 점을 말하고 있다.[17]

　우리나라에서는 만장일치제를 원칙으로 하고 있으며 만일 만장일치로 의견의 모아지지 않으면 판사의 의견을 듣고 다수결로 평결을 할 수 있다.[18] 미국에서도 보여졌듯이 평결 불성립의 주요 이유는 만장일치제 때문이 아니라 다른 요소들의 영향이 크다. 또한 충분한 논의와 토론을 거쳐 모든 배심원들이 동의할 수 있는 만장일치의 의견을 모았을 때 평결의 정당성을 높이고 재판 당사자도 공감할 수 있는 결정에 도달할 수 있는 것이다. 그래서 만장일치제는 계속 유지되어야만 하며, 법원도 모든 재판에서 만장일치가 이루어지도록 노력하여야 한다. 다시 말해서 재판부는 배심원단이 만장일치에 도달할 수 있도록 독려해야 하며 충분한 시간을 부여해서 배심원단이 정신적 부담 없이 만장일치에 이를 수 있도록 노력하게 해야 한다. 충분한 시간 부여와 재판부의 독려에도 불구하고 전원일치에 이를 가능성이 전혀 없다고 재판부가 판단했을 때만 다수결 평결 방법에 의존해야 한다. 재판부가 다수결 평결 전에 의견을 진술할 때는 배심원단의 평의를 돕는 기술적인 수준의 의견에 머물러야 한다. 만일 재판부가 생각하고 있는 판단내용을 진술하면 배심원단은 평결을 내릴 때 과도한 영향을 받을 수 있기 때문이다.

---

16) *Id.*

17) 김상준, 전게서, 55면.

18) 국민참여재판법 제46조 제3항: 배심원은 유·무죄에 관하여 전원의 의견이 일치하지 아니하는 때에는 평결을 하기 전에 심리에 관여한 판사의 의견을 들어야 한다. 이 경우 유·무죄의 평결은 다수결의 방법으로 한다. 심리에 관여한 판사는 평의에 참석하여 의견을 진술한 경우에도 평결에는 참여할 수 없다.

Ⅲ. 배심원대표(Jury Foreman)[19]

1. 배심원대표의 역할과 영향력

한 연구 조사에 의하면 배심원대표는 사회적 지위가 높고, 남성일 가능성이 높다. 그들은 배심원 간의 토의에서 보통 25% 정도 참여하는데, 다른 배심원들보다 배심원대표의 토론 참여율은 더 높다.[20] 가상 배심재판에서도 배심원대표는 다른 배심원들보다 거의 3배나 더 많이 토론에 참여하였고, 그들의 언어 구사와 태도에도 다른 배심원들과 차이가 있었다. 배심원대표는 배심단의 대표자로서 판사의 지침과 법원의 규정에 따라 배심원들의 심의 과정을 이끌어 가야 할 명시적이고 묵시적인 책임감이 있다. 그래서 재판에 임하는 자세와 참여도가 다른 일반 배심원들과 구별되기 쉽다. 배심원대표는 많은 부분에서 법적인 쟁점에 대해 많은 시간을 할애하였고, 다른 배심원 보다 약 5배의 시간을 전체 토론을 이끌고 진행하는 데 사용하였다. 반면에 일반적으로 최종 평결에 다른 배심원에 비해 더 많은 의견을 개진하지는 않았는데, 그 이유는 평결에 관한 배심원대표로서의 중립적인 입장을 유지하기 위한 노력으로 보인다.[21]

배심원대표는 심의과정에서 말을 하는 빈도가 높으며 따라서 다양하고 중요한 사실 관계, 법적 쟁점, 사실과 쟁점의 상관관계 등에 대한 주제를 다루는 경향이 있다. 또한 배심원대표는 다른 배심원의 의견이나 주장을 그 외 배심원들의 이해를 돕기 위해 반복해서 설명하기도 한다. 보통 배심원대표는 다른 배심원보다 약 3배의 말을 하고, 약 2배로 새로운 사실 관계와 법적 쟁점을 끄집어낸다. 다시 말해 배심원대표는 배심 심의 과정에서

---

19) 배심원대표는 평의를 주재하고 재판부 의견 진술 요청, 평결결과 집계, 평결서 작성 및 전달의 역할을 하기 때문에 매우 중요한 역할을 담당하고 있다. 그래서 형식적이고 요식적인 방식으로 재판장이 배심원대표를 지정하지 말고, 배심원들이 서로 투표하여 가장 적절한 배심원대표가 선출되도록 재판장은 독려하여야 한다. 국민참여재판 규칙 제40조.

20) F. L. Strodtbeck, et al., "Social Status in jury deliberations," 22 *American Sociological Review* 713 (1957).

21) Reid Hastie, et al., Inside the Jury (Harvard University Press, 1983), pp. 32, 145.

매우 큰 역할을 하는 것이 확실하다. 그러나 재판 전체에 대한 인식의 정도
에서 배심원대표와 다른 배심원들과의 차이가 있는 것은 아니다. 한 연구
에 의하면 법적 정의에 대해 상반된 이해를 하는 것은 아니지만 배심원대
표가 다른 배심원보다 이해도 면에서 앞서는 경향이 있다고 한다. 아무래
도 배심원대표로서의 책임감 때문에 전체적 재판 과정에서 더 집중하는 경
향이 있을 것으로 보인다. 하지만 그 차이가 큰 것은 아니다.

　배심재판에서 배심원대표가 중립적인 입장을 유지하는 것이 바람직하
다. 배심원대표는 배심단의 리더이기 때문에 권위가 주어졌고, 다른 배심원
들보다 영향력이 크다고 볼 수 있다. 그래서 중립적인 의견을 가진 배심원
들이나 소수 의견을 가졌던 배심원조차도 배심원대표의 의견에 크게 영향
을 받을 소지가 있다.[22] 배심원대표는 다른 배심원들에게 더 많은 영향력
을 행사할 가능성이 매우 높으므로 배심원대표는 중립성을 유지하는 것이
중요하다고 본다.

2. 삼성 대 애플 소송의 배심원대표

　배심원대표가 가지고 있는 영향력의 범위를 잘 나타낸 재판은 삼성 대
애플 간의 특허분쟁 소송이었다. 이 재판에서 배심원대표는 밸빈 호건이라
는 사람인데 백인남성이고 연장자이어서 일반적인 배심원대표의 profile과
일치한다.[23] 더군다나 그는 특허에 대한 지식과 경험이 있었고 자신이 특
허도 보유하고 있어서 다른 배심원들에게 큰 영향을 미칠 수 있는 위치에
있었다. 재판 후 한 배심원이 인터뷰에서도 밝혔듯이 그의 영향력은 평결
에 매우 큰 영향을 끼친 가능성이 있어 보였다.[24]

　배심재판의 배심원은 평의 과정(deliberation)과 평결을 내릴 때 주어진

---

22) 특히 우리나라에서 배심원대표는 배심원들 중에서 가장 연장자를 의례적이고 통상적으로
　　선발하는 경향이 있어 보이는데, 배심원대표를 선발하는 데 좀 더 선별하는 과정이 필요
　　해 보인다.
23) 삼성전자와 애플 특허소송에서 논란이 되었던 배심원대표에 대한 논의는 제9장 Ⅱ. 참조.
24) 만일 배심원대표가 한 쪽 당사자에게 부정적인 편견이나 앙심을 가지고 심의 과정을 이
　　끌어 나가고 평결에 도달했고, 그것이 입증된다면 반대 측 당사자의 새로운 재판 신청
　　(Motion for New Trial)까지 받아들여질 수도 있다.

법의 틀, 그리고 판사의 배심원 설시를 따라야만 한다. 자신의 경험이나 주관적인 해석을 기준으로 심의에 임하거나 평결을 내려서는 안 된다. 하지만 배심원대표 호건 씨는 특허에 관한 경험과 지식이 있었고 다른 배심원들에게 자신의 특허 관련 경험을 논의한 것으로 알려졌다.[25] 평결 이후 다음날 배심원 중 한 명이었던 마누엘 일라간이라는 사람은 호건 씨가 특허에 관한 자신의 경험을 통해 알게 된 법률 절차에 대한 지식을 이용해 다른 배심원들을 흔들었다고 말했다. 그 배심원은 그는 "호건이 배심원장이었다"며 "그는 경험도 있고 특허도 보유하고 있어 우리를 이끌었다. 그 이후 모든 것이 쉽게 풀렸다"라고 말했다.[26] 이 재판 중에는 방대한 양의 증거물과 기록이 제출되어서 배심원들이 고려해야 할 것들이 매우 많았다. 더불어서 배심원 평결을 위해서 배심원들이 응답해야 할 문항도 매우 많았음에도 불구하고 그에 비해 배심원 평의 시간이 너무 짧았고 평결에 너무 빨리 도달했다는 주장도 있었다. 특허에 관한 경험과 지식이 많았던 배심원대표 호건 씨의 영향과 역할이 상대적으로 컸을 수 있다고 추측해 볼 수도 있는 대목이다.

반면에 호건 씨는 블룸버그TV와 인터뷰에서 "일부 배심원은 선행 기술이 특허로 받아들여지는지를 잘 몰랐다"며 "우리가 한 것은 하나하나 이야기하고 그들이 판단하도록 한 것"이라고 주장했다.[27] 하지만 이 재판의 담당판사였던 루시 고 연방판사가 배심원들에게 내린 지침은 배심원들은 재판에서 제출된 증거물과 증인 진술에만 의존해서 결정해야만 한다는 것이었다. 그래서 배심원 평의 과정 중의 호건 씨의 행위는 부적절하다고 보여진다. 이 재판 과정에서 보여졌듯이 배심원대표로서의 임무와 역할은 생각보다 더 클 수도 있어서 배심원대표의 선출에 있어서 신중을 필요로 한다.

---

25) "삼성전자, 배심원 불법행위 문제 제기…새 재판 요청," 동아일보, DongA.com, 2012.09. 25, http://news.donga.com/3/all/20120925/49662239/1(최종방문 2016.10.03).
26) 상계뉴스.
27) 상계뉴스.

제5장

민사재판에 국민참여재판제도의 도입에 관한 논의*

I. 필요성

　우리나라에서 형사재판에서 국민참여재판제도의 도입 실시 후 벌써 13년여가 지난 시점에 이르렀고, 비교적 성공적인 성과가 있었다. 그래서 이제는 민사재판에서도 국민참여재판제도를 도입하는 것이 필요한 것이 아닌가라는 논의가 계속적으로 있어왔다. 단지 형사재판에서 국민참여재판제도가 이제까지 성공적이었고, 시기적으로 국민참여재판을 민사재판에 도입할 때가 되어서라기보다는, 근본적으로 우리나라에서도 국민참여재판을 민사재판에 도입할 당위성이 있어서라고 본다. 먼저 민주주의사회에서 국민이 주권자로서 직간접적으로 재판에 참여하는 것이 헌법적 이념을 실현한다는 점에서 중요하다.[1) 국민이 입법부와 행정부의 수반은 직접 선거를 통

---

　* 이 장은 대법원 주관 「민사재판에 있어서 국민의 사법참여방안에 관한 연구」(손용근·공영호·김상수·김세진·김용진·김희균·이규호·정영수·조관행·박지원, 법원행정처, 한양대학교 산학협력단, 2013) 용역 내용을 참조하였음.
　1) 손용근 외 9인, 「민사재판에 있어서 국민의 사법참여방안에 관한 연구」, 법원행정처, 한양대학교 산학협력단, 2013, 568면.

해 선출하고, 임기 후에 재신임을 물을 수 있지만, 사법부는 국민이 선출하는 것이 아니기 때문에 헌법적 이념을 실현하는 점에서 제한이 있다. 하지만 국민이 재판에 직접 참여함으로써 이것을 보완할 수 있다. 형사재판에서는 국민이 직접 재판에 참여함으로써 이 점이 보완되었지만, 민사재판에서는 아직 해결되지 않은 점이다. 국민이 민사재판에 직접 참여하게 되면 헌법적 이념을 실현할 수 있다는 장점이 있다.

일각에서는 형사재판의 경우에는 국가의 형벌권에 관한 것으로 범법자에 대한 처벌을 통해서 사회 전체의 정의를 구현하는 것인 반면에 민사재판에 대해서는 사건의 당사자들 간의 개인적인 문제에 불과하다는 입장이다.[2) 그래서 굳이 국민참여재판이 민사사건에까지 확장되는 것이 타당한 것인가라는 의문을 제기한다. 하지만 민사사건에 국민참여재판제도를 도입하게 되면 얻을 수 있는 효과와 장점은 매우 많다.

구체적으로 보면 국민참여재판을 통하여 사법제도 전체의 투명성과 공정성을 높이고 민주적 정당성을 확보하며, 동시에 민사재판에 대한 불신감을 해소해서 사법부와 법조계의 비리로 떨어진 신뢰를 회복할 수 있다. 또한 시민이 민사재판에 직접적으로 참여함으로써 법과 절차에 대한 이해도를 높이고, 사법절차에 대한 일반 시민의 건전한 법 상식을 향상시키고, 더 나아가 시민이 재판 절차에 참여함으로써 사법부의 어려움을 공감할 수 있어서 결과적으로 사법부에 대한 좋은 의견을 형성할 수 있다. 또한 시민의 정의 관념을 사법에 반영하고, 시민이 사법 권력의 남용을 직접적으로 통제하고 감시할 수 있기 때문에 민사재판에 대한 불신감을 줄일 수 있다.[3)

국민참여재판의 가장 큰 장점 중에 하나는 일반인이 자신의 문제를 평생 법교육과 법적 지식을 쌓아온 전문법관이 아닌 자신과 비슷한 삶을 살아오고 비슷한 경험을 가진 이웃이자 동료인 시민들에 의해 재판받을 수 있다는 것이다. 절차적인 번거로움이 있겠지만, 자신의 동료나 이웃 같은 시민들의 판단에 더 공감이 가고 더 신뢰할 수도 있는 것이다. 더불어서 일

---

2) 손용근 외 9인, 상게연구, 7면.
3) 손용근 외 9인, 상게연구, 556면.

반인들이 사법참여에 대한 관심과 욕구도 증가하고 있어서, 국민참여재판
제도의 활성화에 대한 공감대가 마련되었다고 본다.

　이 제도의 시범실시 이후에 계속적으로 증가하던 국민참여재판 신청
건수가 2014년과 2015년 들어 하락세를 보였는데 그 이유로는 먼저 국민참
여재판의 활성화에 대한 법원의 소극적인 자세와 국민에 대한 교육과 홍보
의 부족에 있다. 그래서 아직도 많은 피고인들과 국민들이 이 제도에 대한
인식이 부족하고 일부 피고인들의 부정적 인식이 아직도 존재한다. 또한
최근에 법원의 배제비율이 높아져서이기도 하다.[4] 하지만 국민참여재판에
서 배심원단의 무죄율이 일반재판의 판사의 무죄율보다 거의 2배 가까이
높다는 점을 감안할 때,[5] 앞으로 국민참여재판 신청율이 다시 반등할 것이
라고 생각한다. 또한 많은 변호사들은 국민참여재판에 대한 지식과 경험의
부족으로 인해서 국민참여재판에 대해서 소극적인 자세이고 국민참여재판
신청을 꺼리는 경향이 있어 보인다. 국민참여재판으로 재판을 진행하게 되
면 집중심리, 집중증거조사와 구두 변론 준비가 필요한데 국민참여재판 경
험이 없는 변호사로서 이를 꺼릴 수 있으며, 자신의 의뢰인에게 권유하지
않을 수도 있다. 하지만 모든 변호인의 가장 중요한 고려사항은 의뢰인의
실익이지 자신의 편리함이 아니라는 것을 명심해야 한다. 또한 법원으로서
는 임의적인 판단으로 국민참여재판을 배제하는 것을 피해야 한다.

　우리나라에서는 최근에 징벌적 손해배상제도의 도입에 대하여 긍정적

---

4) 2015년에 법원의 국민참여재판 배제비율이 20.2%까지 올라갔다. 이장호 기자, "국민참여
　재판, 피고인들 부정적 인식에 신청 급감," 법률신문, 2016.07.18, http://www.lawtimes.
　co.kr/Legal−News/Legal−News−View?serial=101893(최종방문 2016.10.03). 국민참여재
　판 신청 건수: 2012년(756건), 2013년(764건), 2014년(608건), 2015년(505건), 2016년 상반
　기(349건). 국민참여재판 진행 건수: 2013년(345건), 2014년(271건), 2015년(203건), 2016년
　상반기(85건). 상계기사. 국민참여재판 신청 건수가 2016년 들어서 다시 반등했지만 실제
　진행 건수가 아직도 적은 것은 법원의 배제비율이 높아진 이유가 커 보인다. 2016년부터
　2018년까지 국민참여재판 신청률은 상승세를 보이고 있지만(2016년(4.1%), 2017년(3.6%),
　2018년(3.4%)), 법원의 배제비율도 상승하는 추세이다(2016년(17.6%), 2017년(24.6%),
　2018년(27.5%)). 법원행정처 사법지원실, 『2008−2018 국민참여재판 성과분석』, 2019; 박
　미숙, 서주연, 최이문, 「형사정책과 사법제도에 관한 평가연구(XⅢ) ― 국민참여재판 시행
　10년차 평가와 정책방안 연구」, 2019, 91~92면.
5) 2008년부터 2018년까지 국민참여재판의 무죄율은 평균 10.9%이고, 형사합의사건 1심 무
　죄율인 4.3%보다 두 배 이상 높았다. 박미숙, 서주연, 최이문, 상계연구, 138면.

인 자세를 보이고 있는 것을 감안하면, 민사재판제도에서 징벌적 손해배상 제도의 도입과 더불어서 배심제의 도입을 함께 추구하는 것이 바람직하다 고 본다. 징벌적 손해배상제도는 국민이 정부와 재벌기업이나 대기업에 대 한 견제 기능을 가능하게 해준다. 사회경제적 우위에 있는 대기업에 의해 서, 사회적, 경제적 약자인 소비자와 소수자에 대한 차별이 발생하는데, 이 것에 대한 견제와 감시의 기능을 법원이 혼자서 감당하는 것은 무겁고 부 담스러운 과제이다.[6] 징벌적 손해배상제도와 민사재판에 배심제의 도입을 통하여 국가와 대기업에 대한 견제와 감시 기능을 시민과 법원이 함께 할 수 있다.

Ⅱ. 시민능력

형사재판에서 국민참여재판의 도입 전에는 배심원으로서의 일반 시민 의 능력과 역량에 대한 의문이 많았다. 하지만 그런 의문이 이제는 많이 해 소되었다고 본다. 우리나라 국민의 전반적인 교육수준과 의식수준은 높은 편이다. 일반적으로 우리나라의 교육 수준은 미국보다도 높다. 대학 진학률 이나 교육 수준도 미국과 비교해서 매우 높다. 우리나라 국민이 미국 국민 보다 배심원으로서의 자질이나 능력이 부족하다는 생각은 전근대적인 사 고방식이다. 물론 토론 문화가 미국보다 정착되지 않은 것은 사실이지만, 앞으로 국민참여재판의 활성화와 전 국민적인 의식의 개선을 통해서 이 점 은 개선될 수 있다고 본다.

우리나라에서 국민참여재판을 시범시행하기 전에 일각에서는 일반 시 민들로 구성된 배심원단이 법에 대한 지식의 부족과 감정에 치우친 평결을 내리지 않을까라는 우려가 많았다. 하지만 배심재판 시행 후 결과를 보

---

6) 손용근 외 9인, 전게연구, 578면; 형사재판에서 국민참여재판을 도입함으로써 국가 권력 의 남용 가능성에 대한 통제 기능을 기대할 수 있듯이, 민사재판에서 국민참여재판을 도 입하면 국가, 대기업이나 변호사 등 사회적, 경제적 강자에 대한 견제 기능을 기대할 수도 있다. 정영수, "미국 민사배심의 정당성과 민사배심의 활성화에 대한 분석," 법조 제62권 제8호 통권 제683호(2013), 97~100면.

면, 전체사건 가운데 배심원 평결과 판사 판결의 일치율이 90% 이상을 보였다. 이것은 배심제 시행 전의 우려가 기우였다는 것을 보여준다.

형사재판에서 배심제의 도입 전에 우려했던 점들 중에 하나는 일반인들이 복잡하고 전문적인 법률을 잘 해석하고 적용할 수 있을까라는 것이었다. 하지만 배심원은 법률 해석과 그 적용을 하는 의무보다는 사실판단의 의무가 주어진다. 보편적 정서와 일반적인 상식이 있는 배심원은 올바른 사실판단을 하는 데 아무 지장이 없다.[7] 오히려 평생 동안 법률 전문가로 살아온 판사보다, 원고와 피고와 같은 입장에서 일상을 살아온 배심원들이 재판 당사자들의 상황과 입장에 더 공감할 수 있고, 그래서 더 정확하고 납득할 만한 판단을 내릴 수도 있다고 본다. 약 13년 동안의 국민참여재판의 시행을 통해서 입증되었듯이 시민들이 사실판단을 올바르게 하고 관련법을 사실 관계에 적용하는 데 아무런 문제가 없다. 우리나라의 형사재판에서 국민참여재판제도의 도입 전에 있었던 우려는 종식되었다고 본다.

Ⅲ. 미국과의 비교

미국에서는 헌법에 의하여 민사재판의 당사자에게도 배심재판을 요청할 수 있는 권리가 주어진다.[8] 민사사건에서 배심재판이 가장 활발하게 활용되고 있는 나라도 미국이다. 미국에서 배심재판의 효율성에 대한 비판과 함께 전체 민사사건 대비 배심재판의 비율이 높지 않다는 점을 들어, 배심재판이 쇠퇴의 길을 걷고 있다는 의견도 있다. 많은 민사배심재판이 최종재판 전에 합의에 의해 해결되거나 법원에 의해서 기각되거나 원고 당사자가 자진해서 철회하는 경우가 많기 때문에 통계적으로 보면 실제로 배심재

---

7) 복잡한 사건을 처리할 수 있는 배심원의 능력에 대해서는 제7장(복잡한 재판을 처리할 수 있는 배심원 능력)을 참조 바람. 배심원이 법정에서 가끔 발생하는 증인의 위증을 가려낼 수 있는 능력에 대한 의구심도 있었다. 하지만 그런 능력도 법관에 비해 모자라지 않다고 본다. 오히려 배심원단은 여러 명으로 구성되어있기 때문에, 한 명의 법관이 오류로 지나치고 간과한 점도 파악할 수 있다는 장점이 있다.

8) 미국연방수정헌법 제7조: 보통법상의 소송에서 소송가액이 20달러를 초과하는 경우에는 배심에 의한 심리를 받을 권리가 보유된다.

판으로 결론 나는 것은 상대적으로 많지 않아 보인다. 하지만 아직도 많은 민사재판에서는 원고나 피고 당사자에 의해서 배심재판 신청이 있고 재판 초기에 배심재판으로 시작된다. 그래서 단지 배심재판에서 배심원의 평결로 최종 재판 결론이 내려지지 않았다는 이유만으로 배심재판에 대한 인지도가 떨어졌다고 해석하는 것은 무리라고 생각한다.[9]

Ⅳ. 절차적 개선

1. 민사소송법

우리나라에서는 모든 민사소송법과 절차가 전문법관에 의해 재판을 진행하고 결론에 도달하도록 설계된 것이기 때문에, 국민이 직접 재판에 참여하는 국민참여재판제도가 민사재판에 도입되면, 민사소송법과 절차의 전면적인 개정이 필요하다고 보인다.[10] 민사재판에 배심제도를 도입하는 과정에서 단순히 기존 민사소송절차에 한 부분으로 추가하면, 헌법, 민사소송법 또는 법원조직법 등 다른 관련 법률들과의 부조화와 충돌의 문제가 발생할 수 있다. 그러한 문제를 예방할 수 있도록 유기적으로 연결되어 있는 다른 민사소송절차의 변화가 필요하다. 형사재판의 국민참여재판과 마찬가지로 변론중심의 집중심리가 이루어질 수 있도록 변론준비절차와 변론절차가 확실히 구분되어야 하며, 변론준비절차를 필수적 절차로 만들고 이때 국민참여재판이 중단 없이 순조롭게 진행되고 마쳐질 수 있도록 완전한 준비가 이루어져야만 한다. 그리고 증거수집절차와 증거조사절차도 확실히 분리되어서 재판에서는 증거조사가 집중적으로 이루어질 수 있도록 하여야 한다. 국민참여재판에서 증거조사의 집중이 필수적인 이유는 각자 생업에 종사하고 있는 시민들이 오랫동안 증거자료를 조사하는 것도 부담스러

---

9) 미국연방법무성 사법통계국의 통계를 보면 2005년에 전국적으로 주법원에서 처리된 약 27,000건의 민사재판 중에서 18,404건(68%)이 배심재판으로 처리된 반면, 8,543건(32%)만 판사재판으로 처리되었다. http://www.bjs.gov/index.cfm?ty=tp&tid=451(최종방문 2016. 10. 03).
10) 손용근 외 9인, 전게연구, 11면.

우며, 여러 번 나누어서 법정에 나오게 할 수도 없기 때문이다. 그래서 법원은 배심원이 정해진 재판기일 동안에 모든 구술변론이 마무리되고 증거물이 압축적으로 조사되도록 하여야 한다.[11]

2. 위헌론

우리나라 헌법은 재판을 법률전문가인 법관에게 맡기는 체계(헌법 제27조 제1항)를 가지고 있다. 그래서 배심재판은 법관에 의한 재판이 아니며, 법관의 신분보장(헌법 제101조) 등 헌법 규정에 위배된다는 위헌론이 제기되었다. 하지만 재판 과정에서 배심원은 법률판단을 하는 것이 아니라 사실판단에만 참여한다는 점에서 법관에 의한 재판받을 권리를 침해하는 것이 아니라는 견해가 있다. 또한 배심재판의 평결은 법적 기속력이 인정되지 않아서 법원을 기속하지 않으며(헌법 제46조 제5항)[12], 상급심에서 직업법관에 의한 재심사가 보장된다는 점에서 위헌성을 피해가고 있다.[13]

3. 기속력

형사재판에서 국민참여재판의 시범실시 단계에서는 배심원의 평결에 단순히 권고적 효력을 부여하였지만, 시범기간을 통하여 배심원 평결의 신뢰도가 입증되었다. 지금까지 배심원 평결에 사실상 기속력을 부여하는 것에 대한 논의가 이어졌었는데, 이제는 평결에 사실상 기속력을 부여하기 위한 기반과 공감대가 마련되었다고 본다. 형사재판에서 배심원 평결에 사실상 기속력을 부여할 당위성과 더불어서 민사재판에서도 배심원 평결에 사실상 기속력을 부여하는 것이 바람직하다고 본다. 아직까지는 우리나라에서 배심원 평결에 법적 기속력을 부과하기에는 시기적으로 적절하지 않은 상황으로 보이지만, 앞으로 이에 대한 논의도 이어져야 한다.

---

11) 한상훈, "국민참여재판제도 시행과 인권옹호," 저스티스 통권 제102호(2008), 23면.
12) 평결에 기속력을 인정하는 경우, 법관으로부터 재판받을 권리를 침해하는 것이며, 형사법 집행의 불평등과 법적 불안정성을 초래할 수도 있다는 비판을 고려한 것이다. 법원행정처, 「국민의 형사재판 참여에 관한 법률 해설」, 2007, 90~91면.
13) 최창호, "배심제와 재판을 받을 권리에 관한 소고," 「형사법과 헌법이념」 1권, 박영사, 2006, 60면.

4. 비용문제

민사재판에서 국민참여재판을 도입하게 되면 그 비용을 어떻게 감당할 것인가라는 문제가 발생한다. 미국에서는 민사재판에서도 배심재판을 받을 권리가 헌법에 보장되어 있듯이, 민사배심재판에 관한 비용도 형사배심재판과 마찬가지로 정부의 예산에 의해 처리된다.[14] 일각에서는 형사소송과 달리 민사소송은 개인 간의 이익에 관한 분쟁이므로 패소당사자나 배심재판을 신청한 측에서 배심재판에 들어가는 비용을 부담해야 한다고 주장한다. 만일 원고나 피고 측 중에서 한 쪽만 국민참여재판을 신청하면, 신청하는 당사자에게 비용을 부가하면 되고, 양측 모두 다 국민참여재판을 신청하면 양측이 반반씩 나누어 부담할 수 있을 것이다. 하지만 형사재판에서와 마찬가지로 민사재판에서의 국민참여재판도 국가가 운영하는 제도인데, 국가제도의 신청을 하였다는 이유만으로 그 비용을 패소자나 신청자에게 모두 부가하는 것은 적절하지 않아 보인다.[15]

V. 배심원 자격 요건과 소환문제

1. 배심원 자격 요건

형사재판에서도 배심원후보자의 소환 문제가 아직도 존재한다. 아직도 국민참여재판제도에 대한 국민의 의식과 인지도가 부족하다. 민사재판에 배심제가 도입되고 이 문제를 해결하고, 배심원후보자들의 소환을 더 용이하게 하기 위해서는 다음과 같은 장치들이 마련되어야 한다. 먼저 민사재판에서 국민참여재판의 필요성과 당위성에 대한 전 국민적 교육과 홍보를 확대하여 시민들의 인식을 제고시키는 것이 중요하다. 형사사건과 달리 민사사건은 누구나 당사자가 될 수도 있다는 가능성을 보여주고, 그래서 누구나 잠재적으로 당사자라는 인식을 심어줌으로써, 공감의식을 가지고 더

---

14) 미국에서는 민사소송 비용은 양측 당사자들이 각자 부담한다. 반면 우리나라에서는 민사소송에서 소송비용은 패소당사자가 부담한다.

15) 손용근 외 9인, 전게연구, 631면.

적극적인 자세로 참여할 수 있도록 할 필요가 있다.[16)

배심원은 일반 시민 전체가 골고루 그리고 공정하게 참여할 수 있도록 구성되어야 한다. 그래야 우리나라에서 국민참여재판을 민사재판에 도입하는 목적과 취지에 맞는다고 본다. 만일 배심원 임무를 수행하기 위한 특별한 자격 요건이나 심사기준을 두면 일반 시민들을 차별 없이 국민참여재판에 참여시키기 위한 취지에 어긋난다. 형사재판에 이어서 민사재판에 국민참여재판을 도입하는 가장 큰 목적 중에 하나는 일반 국민들이 민사재판에 직접적으로 참여함으로써 사법제도에 대한 교육효과와 이해를 높이는 데 있다. 동시에 국민들의 일반적인 법 상식과 정의 관념을 높여주는 효과도 크다. 또한 이 제도를 통해서 사법 권력의 남용 가능성에 대한 국민적인 통제의 기능도 있다. 그래서 지금까지 있었던 민사재판에 대한 불신감도 해소시킬 수 있는 기회가 마련될 수 있다고 본다. 이런 목적을 달성하기 위해서는 모든 국민이 구별 없이 동일한 기준에서 국민참여재판에 참여할 수 있는 기회가 주어져야만 한다고 본다.

현재 형사재판 제도에서 실행하고 있듯이 각 법원이 위치하고 있는 지역의 거주민을 대상으로 법원은 배심원후보예정자 명부를 민사부에서 준비하고, 민사 국민참여재판 일정이 만들어진 후에 그 명부에서 필요한 수만큼의 배심원후보자를 무작위 추출 방식으로 정한 후 배심원후보자에게 배심원 선정기일을 미리 통지할 수 있다. 배심 복무를 할 사람을 소집하는 통지는 그 통지를 받은 사람이 쉽게 이해하고 신속하고 정확하게 자격요건을 검토할 수 있도록 하는 것이어야 한다. 외국국적을 소지한 자를 제외한 만 20세 이상의 대한민국 국민이면 누구나 배심원 자격이 있는 것으로 간주하여야 한다.

또한 현재 미국에서도 배심원 복무 면제 사유로 가장 많이 인정되고 있는 배심 복무 경력자나 고령자에게 대한 면제도 허용되어야 한다고 본다. 배심원후보자가 무작위로 선택되고 있기 때문에 최근에 배심원으로 소환되어 복무한 경험이 있는 사람이 또 다시 소환되는 경우도 생길 수 있다.

---

16) 손용근 외 9인, 전게연구, 590면.

이런 부담을 줄여 주기 위해서 지난 5년 이내에 배심원 복무 경력이 있는 자는 소환 통지서에 대한 응답서에 이를 기재하여 면제를 신청할 수 있어야 한다고 본다. 그리고 65세 이상의 고령자에게도 면제를 신청할 수 있는 권한이 주어질 수 있다고 본다. 물론 배심 복무 경험자나 고령자를 자동적으로 배심 복무에서 면제시킬 필요는 없다고 보며, 다만 이들이 면제 신청을 할 수 있는 권한이 주어져야 한다고 생각한다.

또한 소규모 자영업자로서 배심 복무가 경제적으로 과중한 부담이 되는 경우에는 구비 서류 등을 통해 이에 대한 입증을 하면 배심 복무에서 면제될 수도 있게 한다. 그리고 정보를 이해하고 평가하는 능력이 결여되어 배심원으로서의 의무를 다하지 못할 수 있는 자에 대하여 법원이 이러한 사유를 인정하는 경우에는 배심 복무에서 면제될 수 있도록 하는 것이 바람직하다고 본다. 그 외의 배심원후보자는 선정 기일에 출석해야만 하고, 부득이한 이유나 사정이 있는 사람은 기일 전에 미리 법원에 통보하여 배심원 직무 면제나 연기를 신청할 수 있도록 한다. 예를 들어 자신의 병원 입원, 치료 등과 같이 재판 기일에 참여할 수 없는 부득이한 사정이 있어야 한다. 그런 경우에는 배심원 소환을 그 후 다른 재판의 배심원 소환일로 연기해 줄 것을 신청할 수 있도록 하며, 법원에서는 그 신청에 대한 결정을 내릴 수 있다. 만일 배심원후보자가 가정에서 노약자 간호와 같은 이유로 인해서 장기적으로 배심재판에 참여할 수 없는 것을 소명할 수 있는 경우에는 배심원 복무를 면제해 줄 수도 있다고 본다. 반면에 정당한 이유 없이 배심원 임무를 회피하기 위한 의도적 행위를 막기 위해서 정당한 이유를 입증할 수 있는 사유서나 서류를 제출하도록 해야 한다. 개인적인 사유가 배심원 임무로부터 면제받기 위해 합당하지 않을 경우에는 법원은 그 사람의 출석을 면제하여서는 안 된다.

그리고 배심원 소환을 이유로 직장에서 부당한 대우나 불이익을 당하는 것을 없애기 위한 대책이 필요하다. 예를 들어 고용주는 배심원 소환 및 복무를 이유로 결근한 피고용인에게 해고, 정직, 승진 제한 등의 불이익한 처우를 해서는 안 되며, 고용주는 피고용인에게 배심 복무를 위해서 휴직 또는 휴가를 사용하도록 요구하거나 보충근무를 하도록 요구해서는 안 된다. 위의 사항을 위반한 고용주에 대해서는 적절한 처벌 규정이 마련될 필요가 있다.

배심원후보예정자 명부의 업데이트 및 관리를 포함하여 법원은 배심제도의 원활한 운영을 위하여 다음과 같은 정보들을 정기적으로 수집하고 분석할 필요가 있다: 배심원의 자격 확인 및 소집절차의 효율성; 배심 소집에 대한 시민의 책임감 향상을 위한 교육과 홍보; 배심원들의 효과적 활용; 그리고 장애인 배심원들에게 제공하는 시설의 적절성. 그리고 배심원 소환에 대한 면제나 연기 신청 및 그 처분은 서면으로 하고 기록에 남겨야 한다. 법원은 그러한 신청을 판단하는 구체적이고 통일적인 가이드라인을 채택하여야 한다.

2. 배심원 소환문제

현재 형사재판의 배심원 소환 출석률이 30% 미만으로 매우 낮은 수준으로 나타난다. 법원행정처의 성과분석에 의하면 2008년부터 2018년까지 배심원 소환인원 대비 출석률은 27.5%에 그치고 있다.[17] 배심원 수별로 배심원후보자를 소환하는 숫자에 차이가 있지만 출석률에는 큰 차이가 없었다. 앞으로 민사재판에서 배심원 소환 출석률을 높이기 위한 방법이 강구되어야 한다.

우선적으로 배심원 출석률에 영향을 끼칠 수 있는 요인 중에 하나는 소환된 배심원후보자가 이사를 가거나 거주지 이전으로 인해서 소집 통지를 받지 못하는 경우일 것이다. 이와 같이 소집 통지서의 배달 불능으로 생기는 문제를 해결하기 위해서 법원은 배심원 후보 예정자 명부의 주소를 계속적으로 업데이트하고 관리하는 시스템을 마련하는 것이 필요하다.

그리고 법원은 소집 통지서를 재판 기일이 있기 훨씬 전에 배심원후보자들에게 보내야 한다. 그래서 배심원후보자도 충분한 시간적 여유를 가지

---

17) 법원행정처 사법지원실, 『2008-2018 국민참여재판 성과분석』, 2019, 125면; 박미숙, 서주연, 최이문, 형사정책과 사법제도에 관한 평가연구(ⅩⅢ) ─ 국민참여재판 시행 10년차 평가와 정책방안 연구, 2019, 125면.

고 소환 기일에 맞추어 일정을 짜고 다른 일정과의 중복을 피하거나 면제나 연기 신청을 할 수 있도록 하여야 한다. 기일에 출석이 불가능할 경우에는 무단으로 불출석하지 못하도록 사전에 사유서 제출을 의무화하여야 한다.

또한 법원은 배심 복무를 위한 소집을 실효성 있게 하고 그 소집에 불응한 경우의 대책을 위한 구체적이고 통일적인 가이드라인을 채택하여야 한다. 예를 들어서 법원은 배심원 임무에 대한 면제를 받지 않고 배심 소집 통지에 불응하여 무단으로 출석하지 않은 사람에게는 그에 따르는 상당한 제재와 처벌을 해야 한다. 현재 형사재판에 소환 후 불출석하면 200만원의 과태료가 주어질 수 있지만, 실제로 거의 부과하지 않고 있는 것으로 보인다. 그래서 실효성이 있기 위해서 과태료의 강제성이 필요하다고 본다. 과태료로 200만원은 과다한 것으로 보이기 때문에, 좀 더 적정하고 일정한 수준의 과태료를 앞으로 계속 부과하면 이에 대한 경고적 홍보가 이루어져서 배심원 소환에 대한 면제나 연기 신청 없이 무단으로 불출석하는 것을 줄일 수 있을 것이다. 미국사회에서는 배심원의 임무를 시민의 중요한 의무 중에 하나로 보고 있고 이 임무를 수행하지 않으면 적절한 제재가 따르는 것을 당연시하고 있다.[18] 우리나라에서는 배심원의 임무를 시민의 의무로 생각하기 위해서는 많은 홍보와 노력과 배심제도의 올바른 정착이 필요하다.

앞으로 배심제도에 대한 국민의 긍정적인 인식이 전반적으로 형성되고 배심제도가 더 안착되면, 배심원 소환 출석률도 자연히 높아질 것으로 생각된다. 형사재판에서 국민참여재판 시행 초기에 이에 대한 호응도를 예측할 수 없어 다소 많은 수의 배심원후보자를 소환하는 경향이 있었다. 하지

---

18) 미국에서는 배심원후보자의 불출석 문제를 해결하기 위해 다양한 노력을 하고 있는데, 소집통지를 여러 번 실시하거나 불출석 사유를 소명할 수 있는 심문기일을 여는 방안을 활용하고 있다. 예를 들어 미 캘리포니아 주 Santa Barbara County Superior Court는 소집통지서를 1회 송부한 후 불응한 경우 두 번째로 송부하고, 재차 불응한 경우 최종적으로 3회 송부한다. 최종 소집통지에도 불응한 경우 배심원 복무가 불가능한 사유를 소명할 기일을 지정하여 출석을 요구하는데, 이때 불출석하면 벌금 또는 구금의 제재를 가한다. 손용근 외 9인, 전게연구, 302면. www.sbcourts.org. 우리나라도 이와 같이 배심원후보자의 불출석에 대해서 적극적으로 대응하면, 무단으로 불출석하는 경우를 많이 줄일 수 있을 것이다.

만 소환 출석률이 높아지면 배심원후보자를 소환하는 숫자도 줄일 수 있고 이에 따른 비용도 절감할 수 있다고 본다.

Ⅵ. 대상사건

민사사건 중에서 국민참여재판의 대상사건을 구체적으로 정하여, 일반 시민들이 일상에서 경험할 수 있고, 그들이 배심원으로 직접적으로 참여하여 가치관과 생각을 공유할 수 있는 영역에 한해 실시하는 것이 바람직하다.[19] 또한 그 외 고려해야 할 점들은 다음과 같다. 먼저 변론 시 구술변론의 기술과 증거능력이 있는 증거물의 적재적소의 제출 능력이 중요하므로, 양쪽 당사자 모두가 변호인에 의해 대리되는 경우로 한하는 것이 타당하다고 보인다.[20]

반면에 앞의 대상사건 이외에도 배심재판을 허용할 수 있는가라는 의문점이 남는다. 지정된 배심대상사건 이외의 사건에 대해서 배심재판신청권을 인정하게 되면, 처음의 취지에도 일치하지 않고, 만일 신청이 너무 많아지면 법원의 업무가 가중될 수 있다는 문제가 생긴다. 하지만 법률을 통해서 대상사건의 범위를 정확하고 완전하게 특정하는 것은 어려운 일이다. 즉 대상사건 이외에도 배심재판에 적합한 사건이 있을 수 있다. 그래서 최소한 시범실시 기간 동안에는 법원의 소송지휘권의 일환으로 법관이 직권으로 배심재판에 회부할 수 있도록 할 필요가 있다.[21]

그리고 재판 당사자가 대상사건에 대한 배심재판신청을 했는데도 불구하고,[22] 법원의 배제권한을 과도하게 행사하는 것은 자제해야 한다.[23] 국민

---

19) 구체적인 사건유형으로는 임대차사건, 자동차사고로 인한 손해배상청구 사건, 제조물책임소송(소비자소송), 명예훼손 관련소송, 상린관계(층간소음 등), 해고무효 사건 등이 적합한 사건이며, 부적합한 사건으로는 행정소송사건, 가사사건, 전문소송(지적재산권, 의료, 국제거래, 국방, 건축), 금융거래, 보험 등이 있다. 손용근 외 9인, 전게연구, 591면.

20) 손용근 외 9인, 전게연구, 590면.

21) 손용근 외 9인, 전게연구, 595면.

22) 민사사건에서는 피해자가 원고이며 가해자가 피고가 되기 때문에 양측 모두 다 국민참여재판을 받을 권리가 발생한다고 볼 수 있다. 그래서 원고나 피고가 개별적으로 국민참여재판을 신청할 수 있도록 하고, 양측 모두 다 신청할 필요는 없다고 보인다. 손용근 외 9

참여재판법 제9조 제1항 제4호에 근거하여 "국민참여재판으로 진행하는 것이 적절하지 아니하다고 인정되는 경우"에 법원은 국민참여재판을 배제할 수 있다고 명시되어 있다. 하지만 법원이 배제결정을 할 수 있는 기준이 매우 모호하다. 민사재판에서도 법원이 자의적인 판단으로 원고나 피고인의 국민참여재판을 받을 권리를 박탈하는 것은 바람직하지 않다. 그래서 민사재판에 대한 법률안을 마련할 때 이러한 조항을 포함하지 않고, 원고인이나 피고인의 이익에 명백히 반하거나, 공공의 이익에 해가 되는 경우에만 국민참여재판을 배제하는 것이 바람직하다.[24][25]

VII. 배심조정과 비교

배심조정(Jury Mediation)이란 미국 간이배심재판(Summary Jury Trial)의 기법을 활용한 것이다.[26] 조정장 1인과 6명 내지 12명의 조정위원이 조정배심 앞에서 사실 관계를 설명하고 조정안을 제시하면, 조정배심은 평의를 통해 2/3 이상의 찬성을 얻은 조정안을 당사자에게 제시하는 조정방법이다. 배심조정안이 제시되면 이 안을 놓고 당사자 사이에 새로운 협상을 시도하거나 조정에 갈음하는 결정을 한다. 배심 조정의 효력은 최종적이 아니라 권고적이어서 분쟁해결을 위한 새로운 기준 또는 협상안이 되어 당사자 사이에 새로운 협상을 촉진하는 제도이다.[27] 우리나라에서도 민사재판에서 국민참여재판 대신에 배심조정이나 간이배심재판을 운영하는 것을

인, 전게연구, 594면. 배심재판을 원하는 당사자는 일정한 기간 내에 배심재판신청서를 상대방 당사자에게 송달하고 동일한 신청서를 법원에 제출하도록 하면 된다.
23) 손용근 외 9인, 전게연구, 596면.
24) 손용근 외 9인, 전게연구, 596면.
25) 만일 원고와 피고 당사자 모두 배심재판을 실시하기로 합의한 경우에는 사건의 유형에 상관없이 배심재판을 하는 것이 처분권주의와 변론주의 입장에서 타당하다. 양천수·우세나, "민사배심제도의 도입가능성에 대한 비판적 고찰," 민사소송 제20권 제1호, 한국민사소송법학회, 2016. 5. 31, 163면, 189면.
26) 간이배심재판이란 1980년대 초에 미국 오하이오 주 연방지방법원 토마스 람브로스 판사가 고안한 것으로 현재 뉴욕 주 8지구 법원에서 시행 중이다. 일반 배심재판과 동일하게 진행하되 1~2일에 절차가 종료되는데, 배심 평결은 최종적이 아니라 권고적이다.
27) 손용근 외 9인, 전게연구, 68면.

추천하는 학자도 있지만, 배심조정이나 간이배심재판은 시민이 참여하는 형태의 ADR(대체적 분쟁해결)의 한 방안이 될 수 있을 뿐이지 진정한 의미에서의 국민의 사법참여와는 거리가 있다고 본다. 배심조정의 평결은 최종적이 아니고 단지 권고적 성격을 가진 조정안을 제시하는 것이기 때문에 당사자들에게는 앞으로의 새로운 협상을 위한 한 기초가 될 뿐이다. 현재의 국민참여재판에서 내려지는 최종적인 배심평결과 달리 권고적 배심조정안은 진정으로 국민들에 의한 사법적 결정을 바라는 당사자들에게는 만족할 수 있는 해답이 될 수 없다.[28] 배심 조정안에 만족하지 않는 당사자는 결국 소송절차를 시작하게 되며, 배심조정과 민사소송으로 두 번에 걸쳐 공식적 절차를 밟게 된다는 점에서 법원이나 당사자나 사법적 경제성 면에서 비효율적이며, 시간과 비용적 부담이 클 수 있다.

배심조정이나 민사조정제도는 이를 개선하고 확대 실시하더라도 참여하는 시민의 범위가 제한적일 뿐만 아니라 그 역할도 직업법관에 비해 매우 미미하다. 이것은 국민이 사법절차에 직접적으로 참여하여 사법의 일부분을 직접 담당하게 하는 것이 아니어서 진정한 의미에서의 국민의 사법참여로서는 부족하다고 본다.[29]

Ⅷ. 앞으로의 시사점

국민참여재판제도를 민사재판에 도입하게 되면, 어느 정도 문제점이 노출될 수도 있다. 하지만 형사재판과 마찬가지로 몇 년 동안의 시범실시를 통해 부작용을 최소화하고 보완할 수 있다. 형사재판에서도 배심제 도입 후 여러 가지 문제점이 노출되었었지만 시범실시기간을 통해서 개선책을 마련했고 해결해 나갔다. 형사재판에서 국민참여재판제도 도입 전부터

---

28) 또한 배심재판에서는 선정절차를 걸쳐서 당사자와 사적, 공적인 이해관계가 없고 편견 없이 결정할 수 있는 배심원단을 구성하여 공정성을 기할 수 있다. 반면에 배심조정에서는 이해관계나 편견이 없는 조정위원을 구성하는 여과절차가 없다. 그래서 당사자로서는 조정결과의 공정성과 투명성에 대한 의구심이 남을 수 있다.
29) 손용근 외 9인, 전게연구, 654~655면.

이에 대한 장기간에 걸친 연구와 준비가 있었고, 도입 후에도 계속적인 연구와 보완이 이루어졌기 때문에 배심제에 대해 이미 많은 노하우와 정보가 축적되어 있다. 이제는 민사재판에 초점을 맞추어 준비하고 대비하면, 오히려 형사재판에서의 도입 때보다도 순조롭게 진행되고 빨리 안착되어 나갈 수 있다고 본다.

제6장

전관예우와 국민참여재판

최근 전관예우와 관련된 사법부와 검찰의 비리 사건들로 미디어 보도가 넘쳐나고 있어서, 국민들의 반감이 절정에 이르렀다.[1] 사실 전관예우라는 현상은 어제, 오늘의 문제가 아니고 법원과 검찰에서 암묵적이고 어떤 면에서는 관행적으로 벌어지고 있었다. 하지만 일련의 사건들이 계속적으로 터지면서, 사회적, 법적 쟁점으로 점점 더 부각되고 있다. 그리고 전관예우와 법조 비리문제는 더 이상 방관되어서는 안 되고 해결책을 마련해야만 된다는 점에서 사회적 공감대가 형성된 것 같다. 그래서 대법원과 검찰을 필두로 법조계 전반에서는 이 문제를 해결하기 위한 다양한 토론이 다

---

1) 2015년 우리나라 국민이 사법제도와 법원에 대해 신뢰한다는 의견은 27%에 머물렀는데 이는 2007년의 29%에 비해 하락한 것일 뿐만 아니라 OECD 회원 34개국의 평균 신뢰도 54%의 절반 정도이다(OECD가 2015년 8월에 발표한 'Government at a glance 2015'의 설문조사 결과). 한상훈, 국민 참여재판의 발전방향 발표자료(제7회 형사사법포럼－신뢰의 프리즘으로 본 형사사법)(2016. 6. 15).

각도로 벌어지고 있고 여러 가지 해결 방안들이 제시되고 있다.

필자는 이 책의 주제인 국민참여재판제도가 전관예우와 사법 비리를 예방할 수 있는 하나의 방안이 될 수 있다고 본다. 법관에 의한 일반재판에서 전관예우의 문제가 발생하는 반면에, 일반 시민들이 재판의 결정자로서 직접적으로 참여하는 국민참여재판에서는 전관예우가 발생하기 어려운 구조이기 때문이다. 법관이 단독적으로 전체적인 재판 심리 과정을 진행하고 마무리하며, 타인의 아무런 개입 없이 단독적으로 판결을 내리는 재판 구조에서는 법관이 임의적이고 자의적으로 재판을 진행하고 그 후에 결정을 내릴 수 있다. 합의부재판에서는 3명의 법관들이 합의하에 판결을 내리기 때문에 1명의 법관(재판장)이 독단적으로 결정하기는 힘들며, 그래서 재판장에게 유리한 판결을 받기 위한 청탁이 들어오거나 로비의 대상이 되기는 어려울 것이다. 하지만 단독심 재판의 담당판사는 다른 법관의 개입 없이 비교적 자유롭게 재판을 진행하고 결정을 내릴 수 있다. 그래서 자신에게 청탁이나 로비를 한 대상에게 유리한 판결을 내릴 수 있는 상황이 마련된다. 하지만 국민참여재판에서는 여러 명으로 구성된 배심원단이 재판의 전 과정을 지켜보고 있고, 최종적인 판단도 배심원단이 먼저 평결을 통해 내리게 된다.[2] 배심원들이 변론 과정을 처음부터 끝까지 관찰하였기 때문에 증거능력이 인정된 증언과 증거물에 대한 공정한 판단을 할 수 있는 능력이 있다. 담당판사나 양측 변호인들과 학연, 지연이나 다른 사적인 관계가 없는 배심원들은 전관예우의 대상이 될 수 없다. 만일 어떤 배심원후보자가 담당판사나 양측 변호인들과 학연이나 지연 등 사적이나 공적인 관계가 있다면 배심원 선정 심문 절차 중에 발견되었을 가능성이 크며, 이유부 기피신청의 대상이 되어서 최종배심원단에서 배제되었을 것으로 볼 수 있다. 이렇게 심문 절차를 거쳐 선정된 배심원단은 특별한 사심 없이 변론 과정에 참여하고, 공정한 자세로 평의 과정에 임할 수 있으며, 결론적으로 변호

---

2) 예전에 서울 지하철에서 국민참여재판제도에 대한 홍보 광고에서는 판사가 야구 시합의 심판으로서 가운데 앉아있고 여러 명의 배심원들이 그를 둘러싸고 있어서 판사가 볼과 스트라이크에 대한 판정을 올바르게 하고 있는지 지켜보고 있는 사진을 올렸다. 배심원의 임무와 역할을 잘 나타낸 광고였다.

인의 사적인 영향을 벗어난 평결에 도달할 수 있다. 그들의 평결이 만장일치이거나 만장일치가 아니어도 가중 다수결에 도달할 경우에는 담당판사로서 이를 뒤집고 다른 판결을 쉽게 내리기는 어렵다. 국민참여재판이 정착되는 시범실시단계에서는 담당판사가 배심원의 평결과 다른 판결을 내리는 것에 대한 부담이 상대적으로 적었을 수 있었다. 우리나라에서 처음으로 시행된 국민참여재판에서 일반인들로만 구성된 배심원단이 복잡한 사실 관계를 제대로 파악하고, 어려운 관련법을 사실 관계에 제대로 적용할 수 있는지에 대한 의구심도 많았다. 하지만 그러한 의구심은 단지 노파심에 그치지 않는다는 것이 지난 13년여의 국민참여재판제도의 성공적 시행으로 증명되었다. 배심원의 평결과 판사의 판결의 일치율이 90%를 넘는 것에서 보여졌듯이 배심원단의 올바른 사실판단과 결정을 내릴 수 있는 능력이 입증되었다. 이제 국민참여재판제도가 완전히 정착되고 국민적 인지도가 매우 높아진 상태에서, 법관이 독단적으로 배심원단의 결정을 극복하는 것은 매우 어렵다. 더군다나 국민참여재판법에도 만일 법관이 배심원의 평결과 다른 판결을 내릴 때에는 그 사유를 명시해야 하기 때문에, 법관이 전관예우를 고려한 임의적인 판결을 내리는 것이 현실적으로 더 어렵게 되었다.[3]

그러면 국민참여재판이 어떠한 방법으로 전관예우를 예방할 수 있는가라는 방법론적인 면을 살펴보면, 우선 미국의 민사 배심재판을 참고할 수 있다. 미국에서는 민사재판에서 원고나 피고 측에서 한쪽에서만 배심재판을 요청하면 그 재판은 법관에 의한 일반재판이 아닌 배심재판으로 진행되게 된다. 다시 말해, 미국에서 민사재판에서는 양측 모두 다 배심재판을 신청해야지만 재판이 배심재판으로 회부되는 것이 아니라, 한쪽에서만 배심재판을 신청하기만 해도 되기 때문에 배심재판의 개시가 용이하다. 우리나라도 이와 마찬가지로 민사재판에서 원고인이나 피고인 중에 한쪽만 국민참여재판을 신청하면 국민참여재판이 개시될 수 있는 구조로 입법이 된다면, 전관예우 문제에 대한 대책의 첫걸음을 시작할 수 있다고 본다. 물론

---

3) 국민참여재판법 제49조(판결서의 기재사항) ① 판결서에는 배심원이 재판에 참여하였다는 취지를 기재하여야 하고, 배심원의 의견을 기재할 수 있다. ② 배심원의 평결결과와 다른 판결을 선고하는 때에는 판결서에 그 이유를 기재하여야 한다.

앞의 장에서 제안했듯이 우리나라의 민사재판에 국민참여재판제도의 도입을 전제로 한 것이다.

물론 원고나 피고 측에서 재판을 국민참여재판으로 진행했을 때에 생기는 장점과 재판에서 최종적으로 이길 수 있는 확률 등을 고려해서 국민참여재판을 신청하겠지만, 전관예우를 예방하기 위한 방안으로 국민참여재판을 신청할 수도 있다. 만일 상대방의 변호인이 담당판사와 학연, 지연, 사적인 관계나 법원의 선후배 사이였다면, 자신의 의뢰인에게 불리한 판결이 나올 것을 예상할 수 있다. 그러한 가능성을 예방하기 위하여 변호인은 민사재판에서 국민참여재판을 신청할 수 있다. 담당판사의 입장에서도 전관예우의 영향에서 벗어나기 위해서 한쪽 당사자가 국민참여재판을 신청하는 것을 선호할 가능성도 있다고 본다. 국민참여재판으로 재판이 진행되면 법관이 임의적으로 판결을 내리기 어렵다는 것을 변호인들도 잘 알고 있기 때문에 전관예우에 의존한 청탁이나 로비를 하지 않을 가능성이 높아진다. 그래서 담당판사는 전관예우의 부담에서 벗어나서 자유롭고 공정한 자세로 재판에 임할 수 있다. 더 나아가서 담당판사에게도 직권적으로 배심재판을 개시할 수 있는 법원직권주의를 병행하는 것도 좋은 방법이라고 생각한다.[4] 전관예우의 영향과 압력에서 벗어나기를 원하는 담당판사는 직권적으로 국민참여재판을 개시하는 것을 선호할 수 있으며,[5] 담당판사의 직권적 능력 때문에 변호인들도 앞으로 전관예우를 활용하는 것에 소극적이 될 수 있다.

그리고 국민참여재판은 앞으로 전관예우 문제를 민사재판에서 미연에 예방할 수 있는 도구로 활용될 수 있다. 국민참여재판에서는 재판 구조적으로 전관예우를 사용하기 어렵다는 상황을 변호인들이 잘 알고 있기 때문에, 의뢰인에게 전관예우를 활용할 수 있다고 '선전'할 수도 없으며, 그것을 빌미로 과다한 변호사 보수를 요구하기 힘들다. 국민참여재판이 민사재판

---

4) 손용근 외 9인, 「민사재판에 있어서 국민의 사법참여방안에 관한 연구」, 법원행정처, 한양대학교 산학협력단, 2013, 589면.
5) 물론 법원으로서 국민참여재판을 하는 것이 다른 면에서도 실익이 있는가를 고려하여야 할 것이다.

에 도입되고 어느 정도 정착이 되면, 의뢰인들도 자신의 변호인이 전관예우를 활용할 수 없다는 점을 인지하게 되어서, 전관예우를 활용한 청탁이나 로비를 부탁하지 않거나, 만일 부탁하여도 변호인으로서는 그러한 부탁을 적극적으로 받아들이기 어려울 것으로 보인다. 전관예우를 활용한 '이점'과 실익을 예상할 수 없는 의뢰인으로서는 앞으로 과다한 변호사 보수를 자신의 변호인에게 내는 것을 꺼려할 것이며, 전관예우에 의한 과다한 변호사 보수 문제도 어느 정도 해소될 것으로 보인다.

현실적으로 민사재판보다는 형사재판에서 전관예우와 사법부 비리 현상이 더 벌어지고 있다. 하지만 형사재판에서는 형사피고인이 국민참여재판을 신청해야지만 국민참여재판을 하기 때문에 전관예우를 방지하기 위한 방안으로는 현실적으로 실효성이 없다. 자신의 변호인에 대한 전관예우를 활용하여 유리한 판결을 기대하는 형사피고인으로서 국민참여재판을 신청할 이유가 없기 때문이다. 하지만 국민참여재판법 개정을 통하여 형사재판에서도 법원직권주의에 의해서 법관이 담당재판에 대해서 직권적으로나 검사의 신청에 따라 국민참여재판을 명령할 수 있다면,6) 전관예우를 예방할 수 있는 좋은 방안이 될 수 있다고 본다. 담당하고 있는 재판에서 변호인이 자신과 학연, 지연이나 사적인 관계나 법원의 선후배 사이인 상황에서 전관예우의 가능성이 있다고 우려된다면, 담당판사로서는 국민참여재판을 직권적으로 명령하는 것이 바람직하다고 생각할 수 있다. 마찬가지로 피고인 변호인이 전관예우를 이용하는 것을 방지하기를 원하는 검사 측에서도 국민참여재판을 신청할 수 있어야 한다. 전관예우의 문제가 국민참여재판제도를 통해서 완전히 해결될 수는 없겠지만, 이것을 통해서 이 문제를 어느 정도 축소시킬 수 있는 가능성이 있다는 점에서 고무적으로 고려해야 한다고 본다.7)

---

6) 손용근 외 9인, 전게연구, 589면.
7) 이전에 한 법률정보 웹사이트에서는 법관들과 변호인들의 출신학교, 사법연수원 기수, 지연, 법원에서의 관계 등을 고려해서 법관들과 변호인들의 '밀접도'를 수치로 나타내어 제공하였다. 이것이 변호사들이 전관예우 활용을 위해 사용되는 것을 꺼려서 나중에 금지되었다. 하지만 이러한 정보를 법원에서 이용하여 재판을 배당할 때 전관예우의 가능성이 적은 판사로 배당한다면 전관예우 문제를 예방할 수 있는 하나의 방안이 될 수 있다고 생각한다.

· 제7장 ·

복잡한 재판을 처리할 수 있는
배심원 능력[*]

Ⅰ. 서 론

　　2013년에 삼성전자와 애플사와의 특허소송[1] 재판 과정에서 드러난 여러 가지 이슈들 중에 한 가지는 이 재판의 배심원의 능력에 관한 문제였다. 수많은 재판 증거물과 자료들이 재판 중에 제시되었고 전문가 증인의 진술이 있었는데, 배심원들은 그것에 근거하여 삼성전자의 스마트폰이 애플사의 아이폰과 아이패드에 관한 특허 기술을 침해하였는가와 만일 특허 침해가 있었다면 손해 배상액은 얼마로 정하는가가 이 재판의 배심원들이 결정

---

* 이 장은 "복잡한 재판을 처리할 수 있는 배심원의 능력에 대한 연구"라는 제목으로 홍익법학, 제15권 제3호, 홍익대학교 법학연구소, 2014. 9, 49면에 게재되었던 논문을 수정, 보완하였음.
1) 삼성전자와 애플사는 서로가 타사의 여러 가지 특허들을 침해하였다는 이유로 세계 각국에서 소송을 벌였다. 그 중에 미국 캘리포니아 북부 연방지방법원에서 벌어진 배심재판에서 배심원단은 삼성이 애플사의 특허를 침해하였다고 판단하였고, 그에 대한 막대한 손해배상을 해야 한다는 평결을 내렸다. Josh Lowensohn, "Jury awards Apple more than $1B, finds Samsung infringed," CNET. CBS Interactive (August 24, 2012); Burnett, Ed, "The verdict is in: Samsung vs. Apple," zdnet.com (August 25, 2012).

해야 하는 일이었다. 이 재판에서 특허 전문가에게도 분석하기 어렵고 복잡할 수 있는 사안을 일반인들로 구성된 배심원들이 올바른 사실판단과 결정을 할 수 있을까에 대한 의구심을 가진 사람들도 많았고 그에 따른 논란도 적지 않았던 재판이었다.[2] 배심원 평결이 끝난 이후에도 논란들이 끊이지 않았는데 그 중에 하나는 사안의 복잡성에도 불구하고 배심원의 평의 시간이 너무 짧았다는 것이었다.[3] 재판 중에 제시된 복잡하고 전문적인 내용의 증언과 증거물을 제대로 이해하고 분석할 능력이 없어서 이를 간과하여 결과적으로 평의가 너무 일찍 끝나지 않았는가라는 의구심도 일으켰다.[4] 또한 손해배상액이 너무 과다하다는 이유를 들어서 이 재판의 배심원들이 정당한 손해배상액을 산정할 수 있는 능력이 없지 않았는가라는 의심도 일으키며 논란의 대상이 되었으며, 엄청난 배상금액이 미국인의 애국주의를 반영한 감성적인 평결이었다는 비난도 있었다.[5]

사실 삼성과 애플 특허소송보다 훨씬 더 복잡하고 어려운 배심재판들이 그 전에도 많았다.[6] 그래서 계속되는 논란의 대상은 복잡한 사안을 가

---

2) Jeff John Roberts, "3 reasons juries have no place in the patent system," 2012. 8. 27 (http://gigaom.com/2012/08/27/3-reasons-juries-have-no-place-in-the-patent-system/)(최종방문 2016. 02. 10).

3) 재판 후 평의 과정에서 배심원단은 12가지 종류의 특허와 24개의 전자기기들에 관해 고려해야 했고, 평결에 관한 판사의 설시는 109페이지이었으며, 평결서는 20페이지로 되어 있었다. 하지만 배심원단이 평결을 내리는 데 단 3일밖에 걸리지 않았고, 이것은 배심원단이 심의해야 할 증거와 자료들의 양을 고려할 때 너무 짧았다는 의견이 지배적이었다. Paul Elias, Associated Press, 2012. 8. 27.(http://tech.firstpost.com/news-analysis/apple-samsung-verdict-jurys-quick-decision-sparks-criticism-211308.html)(최종방문 2016. 02. 09).

4) 평결문에는 삼성이 침해하지 않은 부분에 대해서도 배심원단이 손해배상액을 산정하는 실수도 드러났다. Roberts, 전게기사.

5) 총 배상금액은 약 9억 3000만 달러(한화 9,860억 원)였다. 백강녕, "미 자국기업 편드는 '애국 재판' 지나친 배상액도 논란," 조선일보, (2013. 11. 23. A12).

6) 예를 들어 1979년 National Union Electric Corp.과 Zenith Corp.는 Sony, Mitsubishi, Toshiba를 포함한 24개의 피고회사를 상대로 소송을 개시하였다. 이 소송에서는 피고회사 외 30개의 배급업자와 100개의 공모자와 일본정부가 연루되었고, 9년 동안 수집된 재판 전 증거조사물로 백만 개가 넘는 서류와 십만 페이지 분량의 재판 전 녹취문서가 증거로 제출되었다. 그리고 이 재판의 쟁점들은 독점금지법과 국제거래법 등 매우 어려운 법 개념에 관한 것이었다. 제3순회 연방항소법원은 이 재판에서 배심원들이 모든 정보를 처리할 수 있는 능력이 없다는 이유로 배심재판을 배제하였다. Zenith Radio Corp. v.

진 배심재판을 전문 법관이 아닌 일반인들로 구성된 배심원들이 올바른 판단을 할 수 있는 능력이 있는가라는 의문점이다. 삼성과 애플 소송과 같이 복잡한 사안을 가진 재판들은 사회에 큰 영향을 줄 수 있는 경우가 많기 때문에 그만큼 배심원단의 역할이 매우 크고 중요하다.[7]

　　우리나라에서는 2007년 6월에 「국민의 형사재판 참여에 관한 법률」이 국회를 통과했고, 2008년부터 일반 시민들이 배심원의 자격으로 형사재판에 참여하기 시작하였다.[8] 이 법이 제정된 취지 중에 하나는 법원의 판결에 대한 국민의 불신과 불만을 해소하기 위한 것이었는데, 법원의 판결들이 국민의 정서와 동떨어지고 현실적이지 못하다는 비판이 있어왔기 때문이다. 1980년대 중반 이후의 정치적 민주화 과정과 한국사회의 비약적인 현대적 시민사회로의 전환과정에서 사법에 대한 국민의 시각도 많은 변화를 겪게 되었다.[9] 근래에는 사법에 대한 신뢰도에 급격한 변화를 겪어 왔

Matsushita Electric Industrial Corp. 478 F. Supp. 889 (1979); In re Japanese Electronic Products Litigation, 631 F.2d 1069 (1980). 그리고 1972년 증권거래위원회(SEC)는 U.S. Financial을 상대로 소송을 시작하였는데, U.S. Financial 및 그 자회사, 보증인, 변호사, 회계사를 포함한 총 100명의 피고인이 고소당하였다. 사기, 과실, 전문가 과오 및 연방 주식법, 주 주식법, 회계법을 위반했다는 근거로 부동산 거래, 금융 거래, 주식, 증권, 회계 등 다양한 분야에 관한 소송이었다. 3년 동안의 재판 전 증거조사가 이루어졌고, 15만 페이지의 녹취문서와 약 5만 개의 서류가 증거물로 제출되었다. 이 재판은 약 2년이 소요될 것으로 예상되었으며, 240명이 넘는 증인이 채택될 계획이었다. In re U.S. Financial Securities Litigation, 75 F.R.D. 702 (1977). 제9순회 연방 고등법원은 이 사건은 배심원의 능력을 초월하지 않는다고 하며, 배심재판을 허용하였다. In re U.S. Financial Securities Litigation, 609 F.2d 411 (1979). 이와 같이 법원간의 의견의 불일치를 어떻게 해석해야 하는가라는 쟁점이 생긴다. 독점금지법이 주식에 관한 법보다 더 복잡한 것인가? 아니면 제9순회법원의 배심원단이 제3순회 법원의 배심원단보다 더 똑똑하고 세련되었는가? 단순히 복잡한 사건과 배심원이 감당하기 어려울 정도로 매우 복잡한 사건을 어떻게 구별할 수 있는가라는 의문이 생긴다. Saul M. Kassin & Lawrence S. Wrightsman, The American Jury on Trial: Psychological Perspectives (Taylor & Francis, 1988), pp. 122~123.

7) Randolph N. Jonakait, The American Jury System (Yale University, 2003), p. 235.
8) 국민의 형사재판 참여에 관한 법률 제1조(2007)는 "이 법은 사법의 민주적 정당성과 신뢰를 높이기 위하여 국민이 형사재판에 참여하는 제도를 시행함에 있어서 참여에 따른 권한과 책임을 명확히 하고, 재판절차의 특례와 그 밖의 필요한 사항에 관하여 규정함을 목적으로 한다." 이어 제3조 제1항에서는 "누구든지 이 법으로 정하는 바에 따라 국민참여재판을 받을 권리를 가진다"고 선언하고 있다.
9) 손용근 외 9인, 「민사재판에 있어서 국민의 사법참여방안에 관한 연구」, 법원행정처, 한양대학교 산학협력단, 2013, 2면.

는데 재판의 결과에 대한 맹목적인 승복보다는 국민의 비판적 시각이 점진적으로 확대된 것이 그것이다. 이러한 사회적 문제에 대처하고 국민적 시각에서 사법신뢰를 회복하는 방도의 하나로써 국민이 재판에 직접 참여하는 제도를 마련하고 도입하여야 한다는 필요에 따라서, 미국 스타일의 배심재판 제도를 우리나라 형사재판에 도입하고 시범 시행하게 되었다.[10] 13년여간의 시행 이후 사법부와 국민들은 국민참여재판의 시행결과에 대해서 대체적으로 긍정적인 반응을 보이고 있으며, 이 제도가 어느 정도 성공적으로 정착된 것으로 생각된다.[11] 그래서 사법부는 현재 국민참여재판을 형사재판에 더 확대하여 운영할 계획을 가지고 있고, 또한 국민참여재판이 앞으로 민사재판에도 확대하여 운영하는 것에 대한 논의가 있으며, 그

---

10) 미국의 배심재판과 우리나라 국민참여재판의 가장 큰 차이점은 우리나라 국민참여재판 배심원의 평결의 효력으로서 구속력은 없으며 대신 법원에 권고적 효력을 가지고 있다는 점이다. 국민의 형사재판 참여에 관한 법률 제46조 제5항. 국민사법참여위원회는 배심원 평결의 효력에 대해서 현재의 권고적 효력에서 미국식 배심재판과 마찬가지의 법적 기속력을 부여하는 방안도 검토하였으나, 헌법에의 적합성 논란이 완전히 해소되지 않은 상태이고, 아직 우리나라에서는 미국식 배심제도의 도입에 관한 전반적인 공감대가 형성된 것으로 보기 어려운 점 등을 고려하여 현 단계에서 큰 무리 없이 일반 국민의 의사를 최대한 반영할 수 있는 방안으로서 권고적 효력을 부여하였다. 대법원 국민사법참여위원회, 국민참여재판 제도의 최종 형태 결정을 위한 공청회 자료집, 2013. 2. 18, 19면 (이하 "공청회 자료집"으로 표시). 하지만 이제는 시기적으로나 국민적 공감대면에서 아직 법적 기속력까지는 아니지만 '사실적 기속력(배심원 평결 존중의 원칙)'을 부여하는 것이 적절하다고 본다.

11) 2008년부터 2012년까지 접수된 국민참여재판 건수는 총 2,232건이었다. 2008년에는 233건에 불과한 접수 건수가 2012년에는 737건으로 세 배 이상 증가하였다(공청회 자료집 124면). 국민참여재판의 양적인 증가뿐만 아니라 그 내용면에서도 성공적인 결과를 볼 수 있다. 배심원 평결과 판결의 일치율이 전체 처리 건수 574건 중에 90.6%인 520건에 달하였다(공청회 자료집 21면). 하지만 2013년까지 꾸준한 증가세를 보이던 국민참여재판 신청, 진행 건수가 2014년과 2015년에 감소 추세를 보였다. 최근에 이런 추세가 있었던 것은, 먼저 국민참여재판을 준비하기 위한 시간과 노력이 필요한데 이를 꺼리는 변호인들의 자세라고 본다. 하지만 변호인으로서 가장 중요한 고려사항은 자신의 편리함이 아니라 의뢰인의 이익이라는 것을 명심해야 하며, 국민참여재판에 대한 변호사 맞춤형 교육과 홍보가 필요하다고 본다. 또한 법원의 국민참여재판의 활성화에 대한 소극적인 자세와 피고인에게만 국민참여재판 신청권을 부여한 현행제도도 문제점이 있다. 연합뉴스, "법원, 살인 등 일부 재판에 국민참여재판 의무 실시 검토,"(2016. 08. 24)(http://www.yonhapnews.co.kr/bulletin/2016/08/24/0200000000AKR20160824159900004.HTML?input=1195m)(최종방문 2016. 10. 01). 대법원에서 검토했던 중대 범죄에 대한 국민참여재판의 의무적 실시 방안은 실행되지 않았지만, 이제 다시 국민참여재판의 활성화를 위한 구체적인 실행방안을 마련하기 위해 노력할 필요가 있다.

가능성도 존재한다고 본다.12)

국민참여재판에서 형사피고인에 대한 유죄평결률이 재판부에 의한 재판에서 유죄판결률보다 현저히 낮은 경향이 있는데,13) 이에 대한 인식과 더불어서 법원의 국민참여재판 제도의 가시적 활성화가 이루어지면 더 많은 형사피고인이 국민참여재판을 신청할 것으로 예상된다. 우리나라에서 국민참여재판이 더 활성화되고 그 수요도 더 증가하게 되면, 사실 관계가 복잡한 형사 국민참여재판의 빈도가 높아질 것으로 생각된다. 그리고 앞으로 배심재판이 민사사건에 도입된다면 복잡한 사실 관계와 전문적인 분야에 관한 민사재판을 국민참여재판으로 진행하게 될 수도 있다.

이 장에서는 앞으로 우리나라에서 국민참여재판 제도의 활성화를 기대하는 상황에서, 또한 재판사건의 현대화, 전문화, 복잡화에 대비하여 국민참여재판 제도의 주체인 배심원의 자질과 능력에 대해 분석할 것이다. 그리고 배심원의 능력에 한계가 있다면 이 문제에 대한 대처 방안을 제시할 것이다. Part Ⅱ에서는 매우 복잡한 사실 관계와 고도의 지식을 요구하는 전문적 분야에 관한 배심재판에서 일반 시민들로 구성된 배심원들의 올바른 사실판단과 공정한 평결을 내릴 수 있는 능력에 대한 논의를 할 것이다. Part Ⅲ에서는 배심원의 능력의 한계점을 어느 정도 인정할 때 구체적으로 배심재판의 개선 방안을 제시할 것이다. 배심재판의 개선 방안을 활용하여 배심원이 복잡한 사안을 가진 재판에서 올바른 판단과 결정을 할 수 있도록 유도하며, 결과적으로 우리나라에서 국민참여재판 제도가 더 잘 정착되고, 운영되고, 발전해 나가는 것을 도모하고자 한다.

---

12) 우리나라 민사재판에서 국민참여재판제도의 도입을 통해 국민의 사법부에 대한 신뢰도를 높일 수 있다고 본다. 하지만 민사재판에서 국민참여재판의 도입은 우리나라 민사재판절차와 제도의 기본적인 틀에 대한 전면적인 재검토를 요구하는 것이다. 그래서 실제 도입을 결정하기 전에 제한적인 시범실시가 선행되어야 한다. 손용근 외 9인, 전게연구, 11~12면, 민사재판에 국민참여재판 도입에 관한 논의는 제5장 참조.

13) 2008년부터 2018년까지 국민참여재판의 무죄율은 평균 10.9%이고, 형사합의사건 1심 무죄율인 4.3%보다 2배 이상 높았다. 박미숙, 서주연, 최이문, 형사정책과 사법제도에 관한 평가연구(ⅩⅢ) — 국민참여재판 시행 10년차 평가와 정책방안 연구, 2019, 138면. 국민참여재판의 무죄율이 형사합의부 무죄율보다 2배 이상 높은 것을 감안할 때, 앞으로 국민참여재판 신청률이 상승할 것으로 기대한다.

Ⅱ. 복잡한 사안을 가진 재판을 처리할 수 있는 배심원의 능력 분석

배심재판 제도를 통해서 국민의 사법참여가 가장 활발하게 운영되고 있는 나라는 미국인데 배심재판에 대한 많은 사례들과 통계 자료가 축적되어 있다. 그런데 미국에서는 현재까지도 배심원의 자질과 능력에 관한 토론이 계속 이어지고 있다.[14] 이것은 이 문제가 매우 중요한 사안이라는 것을 보여주는 것이며, 아직까지도 논란의 대상이라는 점은 이에 대한 정확한 답을 찾기가 힘들다는 것을 입증한다.

아래에서는 복잡하고 어려운 사안을 가진 재판에서 배심원이 올바른 판단과 결정을 내릴 수 있는가에 대해 대립되는 주장들을 살펴보고 분석하였다.

1. 일반인들로 구성된 배심원의 능력

서론에서 예를 들었듯이 어떤 재판들은 엄청난 양의 정보와 매우 어려운 주제를 다루고 있는데 이것은 보통사람들의 일반적 능력을 초월한다고 생각할 수 있다.[15] 이런 재판에서 제출되는 증거물들은 대부분 배심원들이 일상적으로 알고 있는 주제의 범주를 벗어나는 것으로 보일 수 있다. 삼성과 애플 특허소송과 같이 디자인 특허 기술에 관한 문제는 특허 전문가에게도 다루기 어려운 문제인데 일반인들로 구성된 배심원단에게 매우 어려운 문제로 생각되는 것은 당연해 보인다. 삼성과 애플 소송과 마찬가지로 다른 배심재판들에서도 통상적으로 평범한 일반인들로 배심원단이 구성된다.[16]

1968년에 미 국회는 "배심원 선정과 임무에 관한 법령(Jury Selection and

---

14) 그래서 사안이 복잡하다거나 전문적인 분야가 개입된다는 이유로 배심재판의 대상에서 법원이 직권으로 배제시키는 것은 옳지 않다고 생각한다. 국민참여재판의 취지가 바로 국민의 사법 참여를 통해 사법부의 투명성과 공정성을 이루기 위함인데, 사안이 복잡하고 어렵다는 이유로 국민의 사법 참여를 제한하는 것은, 최근에 불투명하고 현실과의 괴리감을 보여주는 판결들로 논란을 야기한 사법부에 대한 불신을 가중시킬 수 있다.

15) In re Japanese Electronic Products Litigation, 631 F.2d 1069, 1088 (1980).

16) Jonakait, *supra* note 7, p. 235.

Service Act)"이라는 법안을 통과시켰는데, 이 법안에 의하면 모든 소송 당사자는 그 지역의 시민들을 대표하는 사람들로 구성된 배심원들로부터 재판받을 수 있는 권리가 있다는 원칙이 생겼다. 그리고 인종, 종교, 성별이나 경제적 지위로 인해서 배심원에서 제외될 수 없다고 하였다. 이 법안은 배심원후보자의 Pool은 선거권을 가진 모든 시민들로 골고루 차별 없이 구성되어야 하며 배심원은 철저히 무작위 방식으로 구성되어야 한다고 하였다.[17] 미국에서 배심원이 될 수 있는 자격 요건으로 후보 배심원은 단순히 미국 시민권자에 제한된다고 규정한다. 그리고 배심원의 최소 연령에 관하여 대부분의 주가 18세를 그 연령의 하한으로 정하고 있다. 즉 배심원의 자격요건은 매우 간단하다.[18]

미국에서 사안이 복잡한 재판은 통상적으로 보통 몇 주나 길게는 몇 달이 소요될 수 있다.[19] 이렇게 장시간이 소요되는 배심재판에서 고등교육을 받은 전문가들은 배심원 의무에서 배제되는 일이 많았다. 이런 사람들은 사회적으로 높은 지위와 임무를 가지고 있고, 그래서 오랫동안 배심원 의무를 수행하기에는 그 부담이 너무 크다는 그들의 주장이 받아들여져서 배심원 의무에서 자주 제외되곤 한다. 그 결과 최종배심원단은 가정주부, 은퇴자나 무직자로 구성되는 경우를 흔히 볼 수 있다.[20] 고등교육을 받은 전문가들과 사회적 지도층들이 배심원 임무에서 제외된 후 최종 선정된 배심원단은 대학 졸업자가 거의 없거나 전문적인 지식과 배경이 없는 사람들

---

17) Jury Selection and Service Act of 1968, 28 U.S. Code, pp. 1861~1869. Washington, D.C.: U.S. Government Printing Office.

18) 우리나라에서는 현재 형사재판 제도에서 실행하고 있듯이 각 법원이 위치하고 있는 지역의 거주민을 대상으로 법원은 배심원 후보 예정자 명부를 민사부에서 준비하고, 민사 국민참여재판 일정이 만들어진 후에 그 명부에서 필요한 수만큼의 배심원후보자를 무작위 추출 방식으로 정한 후 배심원후보자에게 배심원 선정기일을 미리 통지할 수 있다. 외국 국적을 소지한 자를 제외한 만 20세 이상의 대한민국 국민이면 누구나 배심원 자격이 있다. 다만 배심원은 공무를 수행하는 임무가 주어지므로 일정한 전과가 있는 사람은 제외된다. 그리고 판사, 검사, 변호사, 경찰관 등 법 집행과 관련된 직업을 가진 사람도 배심원 복무 의무에서 제외된다. 국민의 형사재판 참여에 관한 법률 제16조~제18조 (2007).

19) 우리나라에서 현재까지 대다수의 국민참여재판은 하루 만에 완료되었다(공청회 자료집 138면). 하지만 복잡한 형사소송과 앞으로 복잡한 사안을 가진 민사재판에 배심재판이 도입 되면 재판 소요기간이 길어질 것으로 예상된다.

20) Kassin, *supra* note 6, p. 125.

로 구성되어서 복잡하고 어려운 사안을 판단하는 데 어려움을 겪을 수 있다.21)22)

복잡한 사안을 가진 배심재판은 오랜 기간에 걸쳐서 진행될 수 있는데, 배심원이 접하는 증인의 숫자와 증거물의 양이 많기 때문이다. 문제는 오랜 기간 동안 축적된 방대한 양의 증거자료를 배심원들이 다 잘 기억할 수 있는가라는 문제이다. 배심원은 재판 중에 모든 증언과 대화를 경청해야 될 의무가 있다. 하지만 오랜 기간 지속되는 재판의 경우에 처음부터 끝까지 재판 과정에 몰두하여 경청하는 것은 매우 어려운 일이다.23) 또한 배심원 선정과정에서 제외되지 않은 배심원들은 끝까지 재판에 참여해야만 하는데 오랜 시간 직장에 나가지 못하거나 가정생활에서 멀어지는 어려움을 겪게 된다. 이런 현실적인 어려움이 재판 자체에 대한 부정적인 반감으로 나타날 수 있어 재판에 간접적으로 부정적인 영향을 미칠 수 있다.24)

또한 배심원들은 모든 증인과 증거물이 제출되고 재판의 모든 과정이 끝날 때까지 그들의 판단을 유보해야만 한다.25) 배심원 평의가 공식적으로 시작될 때까지 배심원들은 서로 의견을 교환하는 것이 금지되어 있다. 판사의 설시에서도 모든 증거가 제출될 때까지는 어떠한 의견도 밝히거나 가져서는 안 된다고 지시한다.26) 다시 말해서 평의가 시작될 때까지는 재판에 대한 열린 마음을 유지해야만 한다. 하지만 재판 과정에서 그렇게 초지일관하고 초연한 자세를 유지하는 것은 매우 어려운 일이다.

---

21) Jonakait, *supra* note 7, pp. 240~241. 때로는 고등교육을 받은 사람들이 배심원으로 선정되면 다른 배심원들의 의견을 좌우할 수 있다는 생각에 이들을 의도적으로 배제하는 변호사도 있다. Franklin Strier, "The Educated Jury: A Proposal for Complex Litigation," 47 *DePaul Law Review* 72 (1997).
22) 설사 배심원들 중에 전문적인 지식을 가지고 있어서 복잡한 사실 관계를 제대로 잘 파악한 사람이 있다고 하더라도, 만일 그 사람이 그것을 다른 배심원들과 공유하지 않는다면 그 배심원단은 오판을 할 수도 있다. 한 재판에서 한 배심원은 평결문에 배심원단의 대답이 정보를 잘못 해석한 결과임을 잘 알고 있었지만 이를 아무에게도 말하지 않았다. 그 이유는 배심원단의 평결에 만족하였기 때문이었다. Robert E. Litan, Verdict, Assessing the Civil Jury System (The Brookings Institution, 1993), p. 192.
23) *Id.*, p. 120.
24) *Id.*, p. 183.
25) Kassin, *supra* note 6, p. 119.
26) *Id.*

반면에 일반 시민들의 지적 능력은 재판의 사실판단을 하기에 부족하지 않다는 미 연방법원의 판단이 있었다. 판사의 배심원에 대한 적절한 설시가 주어지고 법원의 가이드라인을 받으면, 그들의 집단적인 지적 능력, 지혜와 열정을 모아서 올바른 판단을 할 수 있다는 것이다.[27] 배심원 각각의 기억력과 역량은 평범하다고 볼 수 있다. 하지만 그들의 합체된 기억력은 월등하다. 한 연구 결과에 의하면, 배심원단은 전체 증거물의 90%와 판사의 설시의 80%를 기억했다.[28] 배심원단은 배심원 개인 각각의 기억과 시각을 합치고 조율할 수 있는 능력이 있다. 12명의 배심원단의 총체적 능력은 12명 이상의 능력을 발휘할 수도 있다. 또한 몇몇 배심원이 간과한 증언 내용과 증거물에 대한 낮은 이해도를 다른 배심원들이 보충할 수 있다.

그리고 복잡한 증언 내용과 증거물이 있었다고 할지라도 평의시간을 통해서 배심원단은 그것을 해석할 수 있는 집단적인 능력이 있다. 특별히 복잡한 내용일지라도 이것을 이해한 배심원이 다른 배심원에게 설명해 줄 수 있다.[29]

배심원단은 외적인 요인보다 법적인 증거물을 더 중요하게 고려하고 판단하며 이성적인 판단을 하기에 모자람이 없다. 때로는 '잘못된' 평결을 내렸다는 비난을 받을 때도 있지만 그런 평결이 배심원의 무능력에 기인하는 것이 아니라 복잡한 재판 증거나 판사의 설시를 이해하는 데서 생기는 어려운 과업 때문이라는 의견이 있다.[30] 이 문제를 해결하기 위해서 판사의 설시의 내용을 배심원이 잘 이해할 수 있도록 개선하고 그 전달방법을 개선하는 것이 우선되어야 한다. 또한 재판의 증거물을 배심원이 더 잘 이해할 수 있도록 하는 것이 판사와 변호인의 공동 임무라고 생각한다.

---

27) In re U.S. Financial Securities Litigation, 609 F.2d 411, 429~430 (1979).
28) Valerie P. Hans & Neil Vidmar, Judging the Jury (Perseus Publishing, 1986), p. 120.
29) Richard Lempert, "Civil Juries and Complex Cases: Taking Stock after Twelve Years," in Robert E. Litan, et al., Verdict: Assessing the Civil Jury System (Brookings Institution, 1993), pp. 192, 204.
30) Brian H. Bornstein, et al., Civil Juries and Civil Justice, Psychological & Legal Perspectives (Springer, 2008), p. 179.

2. 배심원과 판사의 차이점에 대한 분석

배심원들은 전문적인 지식을 가진 전문가들로 구성된 집단이 아니라 무작위로 소환된 일반 시민들로 구성된 집단이다. 그래서 배심원들은 일반적으로 법에 대한 지식이 부족하며, 판사가 법의 취지와 내용을 설명해주어야 한다.[31]

반면에 법에 대한 공식적인 교육을 받았고 법에 대한 경험이 많고 증거물을 논리적으로 해석하는 것에 경험이 많은 판사가 복잡한 사안을 결정하는 것이 더 유리하다고 생각될 수 있다.[32] 전문법관인 판사는 전문 법조인으로서 비슷한 종류의 사건들을 자주 접하게 된다. 그래서 처음에는 지식이 부족했던 부분도 점차적으로 기술적인 지식을 쌓아가며, 필요한 경우에는 과학수사나 법의학 같은 전문 분야에 대한 필요한 지식을 교육을 통해 배울 수 있다.[33] 하지만 한 번의 재판으로 그 임무가 끝나는 배심원은 그럴 기회나 필요가 없다. 또한 한 번 배심원 복무를 마치면 미국에서는 약 1,2년 정도, 우리나라에서는 5년 동안 배심원 복무에서 면제될 수 있다.

또한 배심재판에서는 배심원들이 사실 관계를 올바르게 판단하였는지를 유추할 수 있는 근거가 없다. 배심원의 최종 평결은 형사재판의 피고인이 유죄인지 무죄인지만을 나타내면 되며, 민사재판에서는 원고가 승소하였는가 패소하였는가의 결정만 하면 된다.[34] 배심원들은 그들의 결정에 대한 근거를 제시할 필요가 없다. 하지만 판사는 자신의 판결에 대한 근거를 판결문에 자세히 명시한다는 점에서 배심원과 판사와의 큰 차이점이 있다.[35]

만일 배심원단이 증거물의 복잡성 때문에 그 증거에 대한 이해도의 부족이나 오해로 인해서, 판사의 결정과 배심원단의 평결이 일치하지 않는다

---

31) Hans, *supra* note 28, p. 115.
32) Skidmore v. Baltimore & Ohio Railroad, 167 F.2d 54 (2d Cir. 1948).
33) Mirjan Damaska, Evidence Law Adrift (Yale University Press, 1997), pp. 143~144.
34) 배심원단이 원고 승소를 결정한 후에 이에 따른 손해배상액을 결정하게 된다.
35) Skidmore v. Baltimore & Ohio Railroad, 167 F.2d 54 (2d Cir. 1948).

면 이는 배심원의 능력 부족으로 생각할 수 있다. 하지만 판사의 판결과 배심원 평결의 불일치가 다른 요인에 인한 것이라면 증거의 복잡성과는 관계가 없다고 볼 수 있다. Kalven과 Zeisel의 연구 결과에 의하면 증거의 복잡성과 판사/배심원의 결정은 연관성이 없다고 한다. 판사와 배심원의 결정의 일치성은 사안이 복잡하거나 간단한 재판에 상관없이 나타난다고 한다.36)

배심원이 실제로 능력이 부족해서 오판하는 경우는 드물다고 한다.37) 배심원단의 평결이 판사의 판결과 차이가 있다면, 그것은 능력 부족 때문이 아니라 다른 이유 때문일 것이라는 주장이 있다.38) 판사는 자신의 결정이 증거를 정확히 판단한 결과라고 생각한다. 하지만 판사 자신도 누가 옳고 그른지에 대한 '강박적인' 고정관념을 가지고 있을 수 있고, 자신의 결정을 기술적인 방법으로 옹호하려고 할 수 있다.39) 법적인 무게에만 치중하는 방법에 제한되어서 판사들은 배심원단보다 더 오류가 있는 판단을 내릴 수 있다고 본다.

오히려 판사 한 사람의 지혜보다 배심원 12명의 합쳐진 지혜가 더 나을 수 있다.40) 너무 엄격하게 법률적인 해석에만 치중하는 판사 한 사람의 판단보다는 다양한 삶의 경험과 지혜를 모아서 판단하는 12명의 배심원단이 고정관념에서 더 자유로울 수 있고, 그들의 결정이 사회적으로도 더 공감을 얻을 수 있다. 사법부에 대한 신뢰도의 저하가 문제시되고 있는 현 시점에서 동료 시민들로 구성된 배심원단의 평결에 대해서, 재판 당사자나 일반 여론도 이에 공감할 수 있는 가능성이 더 높다고 생각된다.

3. 주변적인 요인이 배심원에 미치는 영향

배심원들은 전문적인 증언을 하는 전문가의 설명이 이해하기 어려운

---

36) Kalven and Zeisel, The American Jury (1966); Hans, *supra* note 28, p. 118.
37) 실제로 배심원의 평결이 상급 법원에 의해 번복되는 경우는 많지 않다. Bornstein, *supra* note 30, p. 62.
38) Hans, *supra* note 28, p. 129.
39) Nizer, L. My Life in Court (Jove, 1978), p. 359.
40) Hans, *supra* note 28, p. 116.

경우에 전문적 의견의 질이나 타당성보다는 주변적인 정황에 좌우되는 경우가 있다. 예를 들면 전문가의 주장의 가치와 무게를 결정하는 데 있어서 주장의 질보다는 전문가 의견의 분량이나, 전달자의 외향적인 모습이나 그의 자격증과 경험에 의존하는 경우가 있다.[41]

특히 원고와 피고의 전문가 증인들 간에 이견이나 어떤 상황에 대한 상반된 해석이 있을 때에는, 배심원들은 다른 주변적인 상황에 주시하는 경향이 있다. 예를 들어서 어떤 전문가 증인이 재판 당사자인 원고나 피고가 재판을 유리하게 이끌려는 목적만으로 고용된 사람(Hired Gun)인가라는 의문을 품거나, 어떤 증거물이 당사자가 주장하는 전체적인 이야기의 맥락에 맞는가에 초점을 두는 경우이다.[42] 혹은 어떤 증거물이 배심원이 이해하고 있는 이야기의 구도와 맥락에 일치하는가에 따라서 증거물의 중요성에 대한 판단을 할 수 있다.

하지만 배심원은 어떤 전문가 증인이 월등한 자격과 경험이 있다는 이유만으로 그의 의견을 받아들이지는 않는다고 생각된다. 어떤 전문가의 의견을 받아들이거나 받아들이지 않는 결정은 그 전문가의 의견의 내용과 그 타당성에 좌우된다. 만일 배심원들이 그 의견을 잘 이해하기 어려웠다면 그의 주장에 맹목적으로 설득되지는 않을 것이다. 그래서 중요한 점은 전문가 의견의 명확성, 소통 능력과 의견의 확고함 등이다.[43] 배심원이 주변적인 정황에 이끌린다는 것은 배심원의 능력에 대한 고정관념과 선입관일 뿐이라고 생각할 수 있다.

4. 손해배상 결정에 대한 판단 능력

전문적인 지식이 부족한 배심원단이 복잡한 사안을 가지고 있는 민사 재판에서 유무죄를 결정한 다음에 손해배상을 결정하는 문제는 배심원에

---

41) Joseph Sanders, "Scientifically Complex Cases, Trial by Jury, and the Erosion of Adversarial Process," 48 *DePaul Law Review* 355, 364 (1998).

42) Litan, *supra* note 22, p. 193.

43) Daniel W. Shuman, Anthony Champagne and Elisabeth Whitaker, "Juror Assessments of the Believability of Expert Witnesses: A Literature Review," 36 *Jurimetrics* 379~380 (1996).

게 더 큰 어려움을 야기시킬 수 있다. 예를 들어 배심원들은 피해자의 과거의 병원비와 제반 비용을 계산해야 할 뿐만 아니라 미래에 들어갈 손해비용과 손해 임금까지 계산해야 한다. 때로는 추상적인 개념인 피해자의 '고통과 통증'(Pain and suffering)까지 정확하게 계산해야 하는 부담이 있다. 미래에 들어갈 손해비용과 임금을 계산하기 위해서 때로는 검증되지 않은 이론과 기술적 계산방법에 의존한 증언을 듣고 결정해야 한다. 경제 전문가조차도 쉽지 않을 수 있는 결정을 내려야 하는데, 판사와 변호사들은 배심원에게 이에 대한 충분한 가이드라인을 제시하지 못한다는 비판을 받고 있다.[44]

또한 손해배상 결정 시 배심원단은 감정에 너무 치우쳐서 공정한 평결을 내리지 못한다는 비난을 받는다. 피해자에 대한 연민에 빠져서 의학적 증언을 무시하거나, 반면에 재정적인 여유가 많은 피고인 기업에 대해서는 지나치게 높은 손해배상액을 부과하는 경향이 있다는 우려를 불렀다.[45] 'Deep Pocket Theory'에 의해서 돈이 많은 피고인이나 대기업에 대해서는 많은 손해배상액을 부과해도 큰 부담이 없을 것이라는 편견으로 인해 부당한 손해배상액을 결정할 수 있다는 우려를 낳는다. 삼성과 애플사 소송에서 배심원들이 삼성전자에게 엄청난 손해배상액을 부과한 것도, 삼성이 세계적으로 높은 시장점유율을 가진 국제적인 대기업이 아니었다면 가능하지 않았을 것으로 추정될 수 있다. 또한 이 재판의 배심원 평결이 지나치게 부당한 애국심의 발로라는 우려도 있었다.[46]

하지만 배심원의 손해배상액이 감성에 좌우된 결과로 너무 과도하다는 주장은 오해의 소지가 있다. 과도한 손해배상액은 소수의 몇몇 재판의 결과이지 배심재판의 일반적인 경향을 나타내는 것은 아니며, 이런 소수의 재판 결과가 전체의 평균 손해배상액을 상승시키는 결과로 나타났다.[47] 판

---

44) Bornstein, *supra* note 30, p. 11.
45) Valerie P. Hans, Business on Trial: The Civil Jury and Corporate Responsibility (Yale University Press, 2000).
46) 백강녕, 전게 기사.
47) Neil Vidmar, Medical Malpractice and the American Jury: Confronting the Myths about Jury Incompetence, Deep Pockets, and Outrageous Damage Awards (University of

사와 변호인단이 적절한 설시와 가이드라인을 제공하면, 부당하고 과도한 손해배상액을 산정하는 것을 예방할 수 있다.

5. 배심재판의 배제 가능성에 대한 논의

위에서 설명한 바와 같이 배심원이 복잡한 사안을 가진 재판에서 올바른 사실판단을 할 수 있는가에 대한 찬반론이 첨예하게 대립되고 있다. 결론적으로 어떤 특정한 재판에서는 사안의 복잡성, 전문성 때문에 배심원단이 올바른 판단과 결정을 내리기 어렵다고 본다. 판사들은 지속적으로 또는 필요에 따라 어떤 특정 전문 분야에 대한 교육과 학습을 통해 필요한 지식과 정보를 취득할 수 있다. 반면에 현실적으로 배심원은 필요성이 있어도 재판 과정 중에 교육을 받을 수 있는 상황이 되지 않을 뿐만 아니라 그것이 허용되지 않는다.[48]

하지만 이런 상황에서도 미국이나 우리나라에서도 배심재판을 일률적으로 배제하는 것은 바람직하지 않다고 생각한다. 왜냐하면 배제시켜야 할 재판을 결정하는 명확한 기준을 세우는 것이 매우 어려울 뿐만 아니라 그러한 기준이 세워진다고 하더라도 기준을 적용하는 주체의 주관적인 의견이 반영될 위험이 있기 때문이다.

애매모호할 수 있는 배제 기준에 따라 배심재판을 배제하는 것은 우리나라의 재판 당사자가 국민의 형사재판 참여에 관한 법률에 의거해서 배심재판을 받을 수 있는 권리를 침해할 수 있으며, 미국의 재판 당사자가 연방 수정헌법 제6조와 7조에 의해 배심재판을 받을 수 있는 권리를 침해할 수 있다. 그래서 더 바람직한 접근 방법은 복잡한 사안을 접하는 배심원들이 올바른 판단과 결정을 할 수 있도록 도와주는 방안을 다각도로 마련하는 것이다.

우선적으로 배심재판의 절차와 방식을 개선하는 방안이 강구되어야 한

Michigan Press, 1995); B. Black, C. Silver, D. A. Hyman & W. M. Sage, "Stability, not Crisis: Medical Malpractice Claim Outcomes in Texas, 1988~2001," 2 *Journal of Empirical Legal Studies* 207 (2005).

48) 그 재판은 어쩌면 그 배심원에게 일생에 단 한 번밖에 없는 경험이 될 수도 있다.

다. 배심재판 절차와 운영 방식을 개선함으로써 배심원이 복잡한 사안을 가진 재판을 감당할 수 있는 능력을 향상시킬 수 있기 때문이다.[49] 기본적인 개선 방안은 아래와 같다.

Ⅲ. 배심재판의 개선 방안

1. 판사와 변호사의 배심원에 대한 인식의 개선

재판의 사안이 복잡하다는 것이 꼭 배심원에게 혼동스러워야 한다는 것을 의미하지는 않는다. 어떤 증거가 아무리 이해하기 어렵게 보여도, 배심원은 많은 부분을 이해할 수 있고 최종적으로 합리적이고 정당한 평결을 내릴 수 있다고 본다. 다만 배심원들이 올바른 방향으로 나갈 수 있도록 방향의 제시와 도움이 필요하다. 만일 어떤 특정한 평결이 오심이라고 한다면, 그러한 실수가 증거의 복잡성이나 이해의 어려움에 기인한다고 볼 수만은 없다. 그러한 실수는 변호사와 판사의 배심원에 대한 잘못된 인식에 기인할 수 있다.[50]

예를 들어 배심원의 역량과 능력을 의심하는 변호인들은 손해배상에 관한 증거를 제시하지 않는 실수를 범하는데, 손해배상에 관한 증거를 제시하면 유죄를 인정하는 것 같은 인상을 심어줄 수 있다는 우려 때문이다.[51] 이것은 배심원의 능력을 과소평가함으로 생기는 실수이다. 사안의 복잡성과 배심원의 능력의 상관관계는 여러 가지 요인의 상호작용에 달려있다. 어떤 특정 배심원단, 특정한 사안을 가진 재판 그리고 배심재판이 운영

---

49) 미국에서는 연방수정헌법 제7조에 의해서 민사사건에서 배심재판을 받을 권리가 있다. 반면에 연방수정헌법 제5조에 의하면 재판 당사자는 공정한 재판을 받을 권리가 있다. (The Fifth and Seventh Amendment to the U.S. Constitution) 복잡한 사안을 가진 재판에서 만일 배심원이 사실 관계나 법적 쟁점을 잘 이해하지 못하였으면, 재판 당사자는 연방수정헌법 제5조에 의거한 공정한 재판을 받을 자신의 권리가 박탈당하였다고 주장할 수 있다. 하지만 배심재판 절차와 운영 방식을 개선함으로서 연방수정헌법 제5조에 의거한 공정한 재판을 받을 재판 당사자의 권리를 보호할 수 있다고 본다.

50) Litan, *supra* note 22, pp. 200~201.

51) Craig Haney, "The Biasing Effect of the Death-Qualification Process," 8 *Law and Human Behavior* 121 (1984).

되는 방식 등이 그 요인이다. 다시 말해서 어떤 재판의 사안이 복잡하다고 해도 배심원들의 이해력은 여러 가지 외적인 요인에 달려 있다.[52] 그 중에 가장 중요한 요인 중에 하나는 변호사이다. 변호사는 자신의 변론과 주장을 통해서 특정 사안을 필요 이상으로 복잡하게 만들 수도 있고, 아니면 비교적 단순하게 만들 수 있다.[53] 판사도 마찬가지로 배심원 능력에 큰 영향을 미칠 수 있다. 그래서 판사와 변호사가 배심원에 대한 선입관을 극복하고 새롭고 긍정적인 인식을 가지는 것이 중요하다. 그것을 바탕으로 판사와 변호사의 배심재판 운영 방법을 개선할 수 있는데, 그 중에 하나는 판사의 배심원에 대한 설시 개선이다.

2. 판사의 배심원 설시 개선

배심원의 평결은 일반적 상식에 근거하기 때문에 보통 법의 원칙에 부합하는 결론을 내린다. 실상적으로 복잡한 사안의 재판에 따르는 근본적인 문제 중에 하나는 판사의 설시에 관한 것이지, 배심원의 자질 자체에 문제가 있는 것은 아니라고 주장할 수 있다.[54]

배심원들이 주어진 법을 의도한 대로 잘 적용하지 않을 수 있으며 주어진 증거물에 정당한 무게를 주지 않고 지나갈 수도 있다. 하지만 이 문제의 원인은 배심원의 능력 자체에 있다기보다 판사의 설시가 혼동하기 쉬운 형태로 주어지기 때문일 수 있다. 그래서 판사의 설시를 개선하여 이해가 더 용이하게 하면 배심원들이 이를 정확하게 적용할 수 있을 것이다. 문제점의 부분적인 원인은 배심원이 설시를 제대로 이해하고 따를 수 있는 능력이 부족하다기보다는 설시를 통해 법을 전달하는 판사의 전달 능력에 있다고 볼 수 있다.[55]

판사의 설시를 개선하는 방법으로써 설시를 구두로만 하지 말고 서면

---

52) Kassin, *supra* note 6, p. 127.
53) 또한 변호사는 고등교육을 가진 후보 배심원을 무이유부 기피(Peremptory Challenge)를 사용함으로써 의도적으로 배제하는 것을 지양해야 한다.
54) Hans, *supra* note 28, p. 121.
55) *Id.* p. 126.

으로 하는 것이 더 효과가 있는 것으로 나타난다. 그리고 설시는 재판 시작 전과 재판 후, 즉 배심원 평의가 시작되기 전에 반복해서 주어지는 것이 더 효과적이라고 한다.[56]

3. 재판 절차의 개선

일반적으로 재판 과정은 원고가 자신의 증인 심문과 증거를 다 제출한 후에 피고 측에서 자신의 증인과 증거를 제출하는 방식으로 진행된다. 하지만 이와 같은 이원적인 재판 절차에서는 복잡하고 과학적이고 기술적인 증거들이 체계적이지 않고 뒤죽박죽으로 제출되어서 이해하기가 어려워진다.[57] 복잡한 사안을 가진 재판에서는 배심원들의 이해를 돕기 위해서 증거물의 제출이 일원적인 방법으로 이루어지는 등 재판 절차가 개선되면 큰 도움이 될 것이다. 이것은 판사의 지도 아래 양측 당사자와 변호인간의 합의하 진행될 수 있다고 본다.

또한 재판 과정을 인과관계에 대한 부분과 그 외 다른 부분에 대해서 나누어 진행하는 방법으로 재판 과정을 단순화하면, 배심원이 복잡한 재판을 처리하는 데 큰 도움을 받을 수 있다.[58] 인과관계에 대한 재판을 먼저 진행하고, 원고가 인과관계를 증명한 경우에만 그 다음 단계가 진행하는 방식이다.[59] 통상적으로 복잡한 사안을 가진 재판에서 가장 큰 쟁점은 인과관계를 입증하는 문제인데, 배심원들이 이 문제에만 우선적으로 집중할 수 있기 때문에 다른 지엽적인 문제에 집중력을 낭비하지 않아도 되며 올바른 판단과 결정을 할 수 있는 가능성이 증가될 수 있다. 연방 민사소송규칙 42(b)조에 의하면 재판의 편리성, 경제성, 신속성을 위해서나 편향성을 피하기 위해서 재판을 분할해서 진행하는 것을 허용하고 있다.[60] 그리고 대부분의 주 법원 소송규칙도 비슷한 내용의 규칙을 포함하고 있다. 이와

---

56) N. Brekke, E. Borgida and D. Mensing, Expert Scientific Testimony in Rape Trials, Paper Presented at Midwestern Psychological Association, Chicago (1983).
57) Mirjan Damaska, Evidence Law Adrift (Yale University Press, 1997), p. 146.
58) Sanders, *supra* note 41, p. 382.
59) *Id*.
60) *Id*., p. 383.

같이 재판의 이원화를 통하여 사법적 자본을 아낄 수 있으며, 당사자의 소송비용을 절감할 수 있을 뿐 아니라, 복잡한 배심재판에서 배심원이 올바른 판단과 결정을 하는 데 큰 도움을 줄 수 있다는 점에서 중요성이 있다.

4. 법원이 선임한 전문가 증인(Court-Appointed Experts)

현재 연방 증거 규칙 706조에 의하면 법원이 임의적으로나 당사자의 요청에 따라서 양측과 이해관계가 없는 독립적 입장에 있는 전문가 증인을 선임할 수 있다.[61] 보통 복잡한 사안을 가진 재판에서는 양측 전문가 증인들이 재판의 많은 쟁점에 대해서 서로 상반된 의견을 제출하는 경우가 많다. 그러면 배심원들은 큰 혼동에 빠지기 쉽다. 주어진 특정 분야에서 오랜 경험과 지식과 명망이 있는 전문가들이 서로 첨예하게 대립되는 주장을 펴면, 배심원들은 어느 쪽 증인의 증언에 더 무게를 두어야 하는지를 결정하는 것이 매우 어려울 수 있다. 이런 경우에 양 당사자 측과 이해관계가 없는, 그래서 독립적인 입장에 있는 법원이 선임한 전문 증인은 과학적이거나 전문적 분야 중에서 이견이 없는 부분에 대해서 배심원단에게 필요한 정보를 제공할 수 있다.[62] 그래서 분쟁의 범주를 좁혀서 배심원이 필요한 사안에 집중할 수 있도록 도와주는 역할을 담당한다.

하지만 법원이 선임한 전문가 증인을 사용하는 데에 대해서 지금까지 법원은 소극적인 태도를 보여 왔다.[63] 그 이유 중에 하나는 전문가 증인을 선임하고 관리하는 데 드는 시간과 노력과 비용 문제이다. 또한 법원이 선임한 전문가 증인이 재판에서 차지하는 비중이 너무 커져서 재판 결과에 과대한 영향을 미치지는 않을까라는 변호인단의 우려도 큰 작용을 하였다.

하지만 법원이 선임한 전문가 증인이 복잡한 사안을 다루는 배심원단에게 중요한 가이드라인을 마련함으로써 잘못된 판단과 결정을 하는 것을 예방하는 기능은 너무나 중요하다. 그래서 그에 수반된 시간, 노력, 비용은 법원이 감당해야 할 충분한 필요성이 있으며, 법원 선임 전문가가 필요한

---

61) Federal Rules of Evidence 706. p. 383.
62) Sanders, *supra* note 41, p. 378.
63) *Id.*

배심재판도 소수에 한정될 것이며, 또한 이것은 법원에서 선별할 수 있는 문제이다. 또한 비용문제는 양측 당사자들이 양분하여 부담하는 방안이 강구될 수 있다.

재판 과정에서 법원 선임 전문가의 역할과 비중에 대한 문제는 각각의 재판의 담당 판사가 재판 과정을 진행하면서 적절하게 조율할 수 있으며, 만일 전문가가 배심원단에 미치는 영향이 과다해질 우려가 있을 경우에는 판사의 설시를 통해서 이를 해소할 수 있다고 본다.

5. 배심원의 이해도를 높이기 위한 방안

(1) 노트 메모

미국과 캐나다의 대부분의 주에서는 배심원이 노트 메모하는 것을 금지하고 있다. 메모하는 동안 중요한 증언 내용을 놓칠 수 있다는 우려 때문이다. 당해 사건에 대한 아무런 사전 지식이나 정보가 없는 배심원으로서는 재판 과정의 상당부분을 노트 메모에 의존할 수도 있으며, 노트 메모를 하지 않은 배심원들이 노트 메모를 한 배심원의 의견에 의존하는 경향이 있을 수 있다. 재판 중에 광범위한 노트 메모에 의존하는 것의 단점 중에 하나는 자신의 정신 상태가 가장 능동적이어야 할 때(변호사와 증인 간의 수많은 질문과 답변에 집중하여 이를 잘 이해하고 숨겨진 뉘앙스도 발견해야 하는 때) 수동적인 자세가 된다는 것이다.[64] 노트 메모에 지나치게 의존하는 것은 배심원의 정신이 "수동적으로 외부적인 도움에 의존하도록 한다."[65] 그래서 배심원의 사고가 재판 과정에서 최적의 상태로 작동하는 데 방해가 될 수 있다.

하지만 배심원 자신들은 노트 메모가 주의를 산만하게 한다고 느끼지 않았고, 노트 메모한 사람의 의견이 평의 중에 더 중요하게 받아들여진다는 의견도 없었다는 조사 결과가 있다.[66] 특히 오랫동안 지속되는 복잡한

---

64) David Ball, 구본진 외 3인 역, 「Theater Tips & Strategies for Jury Trials, 배심재판을 위한 연극 기법과 전략」, 박영사, 2007, 343면.
65) *Id.*
66) Larry Heuer and Steven Penrod, A field experiment on improving jury communication.

사안을 가진 재판 과정에서는 배심원이 노트 메모하는 그 행위 자체를 통해서 주의를 환기시키고 집중할 수 있는 기회를 제공하는 것이며, 간과할 수도 있는 중요한 쟁점을 잊지 않게 할 수 있다. 그래서 노트 메모의 단점보다 장점이 더 많다고 본다. 우리나라에서는 통상적으로 배심원에게 노트와 필기도구를 제공하여 노트 메모를 권장하고 있다.

(2) 배심원의 질문

배심원들이 재판 과정에서 증인에게 질문하는 것이 허용되면 복잡하고 어려운 사안을 이해하는 데 큰 도움이 될 수 있다. 또한 매우 전문적이고 기술적인 부분에 대한 것을 설명하는 전문가 증인에게 질문을 할 수 있으면 복잡한 사안에 대한 배심원의 이해도를 높일 수 있다. 또한 재판 당사자와 변호인단은 배심원의 주어진 질문을 통해서 배심원이 이해하기 어려운 부분이 무엇인지를 깨닫게 되어서 재판을 더 잘 준비하고 계획할 수 있다.

반면에 배심원의 질문을 허용하는 것에 대한 단점도 있다. 먼저 배심원이 어떤 특정 증인이나 증거물에 대해 선입견을 가질 수 있거나, 평의가 시작되기도 전에 증거나 사실 관계에 대한 판단을 할 수 있다. 그리고 배심원의 질문을 허용하면 재판 과정이 지연된다.[67] 그래서 미국의 많은 법원에서는 배심원의 질문을 장려하거나 허용하지 않는다.[68]

하지만 복잡한 재판에서 배심원이 올바른 판단과 결정을 내리는 것을 돕기 위해서 배심원의 질문이 허용되어야 한다고 본다. 다만 증거법과 규칙에 어긋나는 방법을 배제하기 위해서 다음과 같이 절차가 진행되어야 한다. 판사와 변호사의 증인 심문이 끝나고 난 뒤 판사는 배심원에게 증인에 대한 질문 사항이 있는지 물어보고, 질문이 있는 배심원은 질문을 서면으로 법원 서기를 통해 판사에게 제출하고, 판사와 변호인단이 함께 질문을

Draft final report to the Wisconsin Judicial Council's Committee on Improving Jury Instructions (1985).

67) 공영호, "Jurors' Online Research and Communication in the U.S. Jury Trials and the Measures to Deter Such Jury Misconducts," 민사소송 제18권 1호, 한국민사소송법학회, 2014, 397면, 421면.

68) Nancy S. Marder, "Answering Jurors' Questions: Next Steps in Illinois," 41 *Loyola University Chi. L.J.* 727, 747 (2010).

보고 난 후에, 질문에 대해 이의가 있는 측은 판사석에서 배심원이 들을 수 없게 한 후 이의를 신청하고, 판사는 이의 신청에 대한 결정을 내린다. 변호인의 이의가 없거나, 판사가 이의 신청을 기각하면, 질문이 허용된다.[69]

(3) 배심원간의 평의 전 논의

일반적으로 배심원들이 평의가 시작되기 전에 서로 대화하는 것은 금지되어 있다.[70] 그러나 현재 미국의 4개 주에서는 평의 전에 배심원들 간의 논의를 허용하고 있고, 허용하는 것에 대해 고려하고 있는 몇 개의 주가 있다.[71]

이 방법의 장점은 재판 과정 중에 배심원들의 이해도를 향상시킬 수 있고, 평의가 시작되면 더욱 집중하여 논의하는 것을 도와 줄 수 있다는 것이다. 현실적으로 재판에 참여하는 그 자체가 배심원에게 주는 중압감이 매우 크고 그에 따른 스트레스의 정도가 매우 높다. 유무죄 결과에 따라 형사피고인의 생사가 좌우되는 형사재판이나 사회에 큰 영향을 미칠 수 있는 민사재판을 결정하는 배심원이 받는 중압감은 상상 이상이 될 수 있다. 배심원들이 평의 전에 서로 소통하는 것을 허용하면 이런 중압감을 다소 줄일 수 있고, 재판 과정에 더 집중하게 할 수 있다고 본다.

하지만 평의가 시작되기 전에 재판의 사안에 대해 배심원들 간에 토의를 하는 것은 평의 과정에 줄 수 있는 악영향과 더불어서 배심재판제도의 본질을 위협할 수 있어서 바람직하지 않다고 본다.[72] 그러나 모든 종류의 소통을 금지하는 것은 현실적으로 어려움이 있다. 그래서 재판 시작 전에 판사의 설시를 통해서 배심원들이 재판의 구체적 사안에 관한 것에 대하여 논의하는 것을 금지하여야 한다.

---

69) Barry A. Cappello & James G. Strenio, Juror Questioning: The Verdict Is In, Trial, June 2000, at 44, 48.

70) Thaddeus Hoffmeister, "Google, Gadgets, and Guilt: Juror Misconduct in the Digital Age," 83 *U. Colo. L. Rev.* 409, 411 (2012).

71) Jessica L. Bregant, Note, "Let's Give Them Something to Talk About: An Empirical Evaluation of Predeliberation Discussions," 2009 *U. Ill. L. Rev.* 1213, 1215 (2009).

72) 공영호, 전게논문, 411면.

Ⅳ. 결 론

복잡하고 전문적인 사안을 가지고 있는 재판에서 일반인으로 구성되어 있는, 그래서 전문적인 분야에 대한 지식과 정보가 없고 법적인 경험도 없는 배심원단이 올바르고 현명한 판단을 내릴 수 있는가에 대한 의문점은 매우 중요한 쟁점이다. 미국 연방수정헌법 제5조에도 명시되어 있듯이 공정한 재판 과정과 절차를 통해서 정의를 달성하는 것이 재판 당사자가 연방수정헌법 제6조와 제7조에 의해서 배심재판을 받을 권리만큼이나 중요하다고 볼 수 있기 때문이다. 일반인으로 구성된 배심원들은 전문 법관인 판사와 달리 재판 사안에 대한 지속적이고 특정한 교육을 받을 수도 없을 뿐만 아니라 이에 대한 도움이 부여되지 않는다.

하지만 이 문제를 배심재판의 배제라는 극단적인 방법으로 해결하려고 하는 것은 바람직하지 않다. 어떤 특정한 재판이 복잡하고 전문적인 사안을 가지고 있다는 이유로 배심재판을 배제하는 것은 그 기준이 담당 판사에 따라 차이가 날 수 있다는 위험 부담이 있고, 이로 인해서 재판 당사자는 배심재판을 받을 권리를 부당하게 박탈당하는 결과가 나올 수 있다. 배심재판의 취지는 사법 절차에서의 민주적 정당성 제고 및 일반 국민의 건전한 상식을 재판에 반영하여 사법 신뢰를 향상시키는 데 있다. 그래서 일률적으로 복잡하고 전문적인 재판을 배심재판 대상에서 배제시키는 것은 배심재판의 본래 취지에 어긋나며 배심재판을 위축시킬 수 있다.

우리나라나 미국에서 배심재판의 일방적인 배제가 아니라 배심재판의 과정과 절차를 다각도의 방향에서 향상시켜서 배심원이 복잡한 사안을 가진 재판을 올바르고 정당하게 판단하고 결정할 수 있도록 하는 것이 더 바람직하다고 생각한다. 이 장에서 언급하였듯이 배심재판 제도를 향상시키고 보완하는 방법은 다양하다. 이런 방법에 대해 앞으로 더 심도 있게 연구하고 새로운 개선 방안을 강구함으로써 복잡한 배심재판의 문제를 해결해 나가야 한다고 본다.

제 8 장

재판 전 퍼블리시티가
국민참여재판에 미치는 영향[*]

I. 서 론

1995년 4월 19일 미국 오클라호마 주의 한 연방건물이 폭파되어 168명
의 사망자와 680명의 부상자가 발생하였다.[1] 이 사건은 9/11사태 이전에
미국에서 발생한 가장 큰 규모의 테러사건으로 기록되어 있다. 이 사건의
주범으로 기소된 팀 맥베이에 대한 형사 사건의 배심재판이 오클라호마 주
에 소재한 연방 지방법원에서 열리기로 되어 있었는데, 이 재판의 쟁점은
사건이 벌어졌던 오클라호마 주에 소재하고 있는 연방 법원에서 피고인에
대한 공정한 재판이 열릴 수 있는가라는 것이었다. 이 사건이 발생하고 약
2년 후에 재판이 시작되었고, 그 사이에 이 지역의 신문과 미디어 매체는

---

* 이 장은 "재판 전 퍼블리시티가 국민참여재판에 미치는 영향"이라는 제목으로 홍익법학, 제
  16권 제3호, 홍익대학교 법학연구소, 2015. 9, 483면에 게재되었던 논문을 수정, 보완하였음.
1) "Victims of the Oklahoma City bombing," USA Today. Associated Press. June 20, 2001.
  Archived from the original on February 27, 2011.

이 사건에 대한 대대적이고 지속적인 보도를 하였다. 오클라호마 주의 일반 시민들은 미디어 보도에 오랫동안 접촉하게 되었고, 이 사건은 오클라호마 주 역사상 가장 많은 퍼블리시티를 받게 되었다. 이 지역의 시민들은 미디어에서 피고인을 이 사건의 주범으로 추정하는 매우 편파적이고 피고인에 불리한 정보에 오랫동안 접하게 되었다. 이런 배심원단이 선입견과 편향성을 배제하고 재판 중에 제시되는 증거물과 증인에만 의존해서 올바르고 공정한 판단과 결정을 내릴 수 있는가에 대한 것이 쟁점이 되었고 이것을 이유로 피고인 측 변호인단은 재판 장소 변경신청을 하였다.[2] 팀 맥베이의 재판이 시작되기 불과 한 달 전에 달라스 모닝뉴스는 인터넷판 뉴스에서 팀 맥베이가 폭파사건에 대한 자백을 했다는 보도를 하였다. 이 뉴스는 급속히 퍼져서 며칠 후 전국적인 뉴스가 되었다. 재판 2주 전에 맥베이는 편견적인 퍼블리시티를 근거로 기소 기각을 신청했지만 법원은 받아들이지 않았다. 결국 이 지역의 퍼블리시티와 전례 없는 대규모의 테러사건이 지역 주민들에 준 영향의 심각성이 인정되어 이 재판은 콜로라도 주로 재판 장소가 변경되었다.[3]

　하지만 이렇게 퍼블리시티의 영향과 지역적인 편견의 중대성을 인정하여 재판 장소 변경신청이 허용되는 것은 쉽지 않아서[4] 많은 재판들은 사건이 발생되었던 곳에서 재판이 진행되어왔다. 대형 테러사건과 마찬가지로 지역 환경에 큰 피해를 주거나, 지역 경제에 악영향을 끼친 사건은 해당 지역에 중대한 해를 야기할 수 있는 사건인데, 이런 사건에 대한 재판의 결과에 대해서 지역 주민들은 직간접적인 이해관계를 가지고 있다. 그래서 사건이 벌어진 후 재판 전에 심층적이고 집중적인 미디어 보도가 있고 난 후 개시되는 배심재판에서 배심원단이 퍼블리시티의 영향을 벗어나서 공정한

---

2) United States v. McVeigh, 918 F. Supp. 1467 (W.D. Okla. 1996); United States v. McVeigh, No. 96−CR−68−M, 1997 WL 117366 (D. Colo. Mar. 14, 1997).

3) "Bombing trial moves to Denver," Gainesville Sun. Associated Press. February 21, 1996 ; United States v. McVeigh, No. 96−CR−68−M, 1997 WL 117366 (D. Colo. Mar. 14, 1997).

4) Jordan Gross, "If Skilling Can't Get a Change of Venue, Who Can? Salvaging Common Law Implied Bias Principles from the Wreckage of the Constitutional Pretrial Publicity Standard," 85 *Temp. L. Rev.* 575, 604 (2013).

마음과 자세로 심의와 평결에 이를 수 있는가라는 쟁점이 남는다. 더군다나 팀 맥베이나 오제이 심슨 재판은 퍼블리시티의 영향이 전국적으로 퍼졌고, 퍼블리시티의 내용이 피고인에게 편파적으로 부정적이었다. 그런 경우에 피고인이 진정으로 공정한 배심재판을 받을 수 있는가라는 의문점이 생긴다.

　우리나라에서도 사회적이거나 정치적인 관심을 많이 불러일으킨 사건들은 많은 퍼블리시티를 받았고,[5] 이런 사건에서 형사 기소된 피고인이 국민참여재판을 신청했을 때 일반인들로 구성된 배심원단이 선입견 없이 공정한 판단과 결정을 내릴 수 있는가에 대한 의문점이 남는다.[6] 미디어의 보도가 사실에만 근거한 정확한 보도가 아니라 허위보도, 과장보도나 전체 사실 중 일부분만을 부각하여 나쁜 인상을 심어준 보도나 편파적인 보도가 이루어질 때 문제점이 생긴다. 서로 빨리 "뉴스 특종"을 내기 위해 사실 관계의 정확도보다 확인 절차를 제대로 거치지 않은 보도를 할 때 문제점이 발생하는 것이다. 배심원단이 공정한 판단을 할 수 있는가라는 의문점은 미국의 배심재판 제도와 우리나라의 국민참여재판 제도가 동일하게 가지고 있는 문제점이다. 특히 우리나라 같이 국토의 면적이 넓지 않고 인구 밀도가 높은 나라에서는 일반 시민들이 미디어에 직간접적으로 접촉하게 될 가능성이 높을 수밖에 없다. 또한 우리나라에서는 SNS의 이용도와 IT기술이 고도로 발달되어 있고 일반 시민의 인터넷 접근성이 매우 높기 때문에 인터넷 보도나 SNS로 사건관련 정보에 접촉할 기회가 높으며, 이에 영향을 받을 가능성도 높다. 현대에는 미디어의 역할이 높고, SNS 등 소셜미디어 사용이 보편화되어 있어서, 일반인들이 미디어 매체에서 정보를 구하는 의

---

5) 안준영 기자, "'국민재판' 진행…조희연 측 "작은 승리" 안도 속 촉각," News1Korea (2015. 02. 07)(http://news1.kr/articles/?2083194)(최종방문 2016. 05. 06). 김성근 기자, "'나꼼수' 주진우－김어준, '국민참여재판' 받는다," 한국정책신문, (2013. 07. 15) (http://www.kpinews.co.kr/news/articleView.html?idxno=3174)(최종방문 2016. 05. 06).

6) 미디어의 보도가 사실에만 근거한 정확한 보도가 아니라 허위보도, 과장보도나 전체 사실 중 일부분만을 부각하여 나쁜 인상을 심어준 보도나 편파적인 보도가 이루어질 때 문제점이 생긴다. 서로 빨리 "뉴스 특종"을 내기 위해 사실 관계의 정확도보다 확인 절차를 제대로 거치지 않은 보도를 하는 데 문제가 있다.

존도가 상당히 높다. 그래서 특히 유명인, 정치인이 관련된 재판이나 사회적 관심도가 높은 high-profile 재판에서[7] 심층적이고 광범위한 미디어 보도가 있게 마련이어서, 재판 전 퍼블리시티에 조금이라도 접한 경험이 전무한 배심원을 선정하는 것이 현실적으로 어렵다. 따라서 국민참여재판 전에 특정 형사사건에 대한 퍼블리시티에 일반 시민이 접촉할 가능성이 높고, 결국 이런 일반 시민들 중에서 최종배심원단이 구성될 것이다. 이렇게 구성된 배심원단이 재판 전 미디어 보도와 퍼블리시티에서 완전히 자유로운 상태에서 재판에 임할 수 있는가라는 의문점이 생긴다.

이 장에서는 미국과 우리나라에서 재판 전에 많은 퍼블리시티(Pretrial Publicity)와 미디어 보도가 있었던 배심재판에서 일반 시민들로 구성된 배심원들이 공정한 자세로 재판에 임할 수 있는가에 대한 점을 논의할 것이다.[8] 만일 공정한 국민참여재판이 가능하지 않거나 현실적으로 어렵다면이 문제에 대한 대처 방안을 제시할 것이다. 재판 전 퍼블리시티가 가지고 있는 문제점에 대처하기 위한 구체적인 방안을 제시하여, 배심재판이 퍼블리시티의 영향으로부터 자유로운 상태에서 공정하게 진행될 수 있도록 하고자 한다.

이번 장에서는 재판 전 퍼블리시티의 문제점에 대해서 다음과 같이 핵심적이고 세부적인 내용으로 나누어 논의하였다. Part Ⅱ에서 재판 전 미디어 보도와 퍼블리시티가 배심원에 주는 영향을 분석한다. Part Ⅲ에서는 재판 전 퍼블리시티가 배심원에 주는 영향의 다양한 형태를 분석한다. Part Ⅳ에서는 재판 전 퍼블리시티가 야기할 수 있는 문제에 실질적으로 대처하는 방안을 제시하고 분석하였다.

---

7) High-profile 재판이란 사회적 명사나 유명 연예인이 재판 당사자이거나 재판에 관련이 되어서 대중의 관심이 매우 높은 재판을 말한다. 예를 들어 오제이 심슨 재판이나 마이클 잭슨 사망사건에 관한 그의 주치의에 대한 재판이다. 로드니 킹을 폭행한 혐의로 기소된 L.A. 경찰관들에 대한 재판같이 사회적 관심도가 높은 재판을 말한다. 이 경찰관들에 대한 무죄판결은 L.A. 폭동의 주원인이 되었다.

8) 우리나라에서는 국민참여재판이 시행된 지 13년여가 지나서, 여론에서 사회적으로나 정치적으로 민감한 국민참여재판에 대한 재판 전 퍼블리시티가 증가하고 있고, 국민참여재판에 대한 시민들의 관심도도 늘어나고 있다.

Ⅱ. 재판 전 퍼블리시티가 배심원에 주는 영향

배심원단은 재판 중에 제시되고, 판사가 인정한 증거물과 증언에만 근거해서 평의하고 평결을 내려야 할 의무가 있다. 만일 재판 외적인 정보나 사실에 근거해서 심의, 평결하면 배심원의 기본적 의무를 위반하는 것이다.9) 한 연구 결과에 의하면 배심원들은 재판 전 보도를 통해 얻은 정보와 재판 중에 제시된 증거물을 구분하는 데 어려움을 겪는다고 한다.10) 인간의 기억력은 재판과 같이 기억해야 할 중요한 사안보다 시간적으로 먼저 제시된 정보에 영향을 받을 수 있다. 다시 말해서 배심원은 자신이 접했던 재판 전의 미디어 보도 내용이 재판 과정의 일부라고 잘못 생각할 수도 있다. 즉, 재판 전 퍼블리시티의 내용들과 실제 재판 과정의 내용을 혼동하는 경우이다. 이것은 두 가지 다른 정보의 근원을 구별하는 능력이 부족하기 때문이다. 이러한 실수를 "근원 기억 착오(Source Memory Errors)"라고 부르는데, 이러한 착오는 어떤 사실이 사람의 기억력에 입력되는 시간과 출력되는 시간의 간격이 벌어질수록 생기기 쉽다.11) 재판 전 퍼블리시티에 접하는 시간과 배심원 평의 중에 이런 정보를 기억 속에서 꺼내서 실질적으로 사용하게 되는 시간과의 간격이 크면 클수록 "슬리퍼 현상(Sleeper effect)"이라고 하는 현상이 나타난다.12) 이런 경우에는 재판 전 보도 같은 정보가 신빙성이 낮거나 신뢰도가 떨어진다는 인지력이 감소하며, 그것들이 신빙성이 높거나 신뢰할 수 있는 정보로 오인하기도 한다.

인간의 인지능력과 기억력은 내재적으로 불완전하다고 한다.13) 인간들

---

9) 배심원의 재판 외적인 정보조사와 교류의 문제점에 대해서는 공영호, "Jurors' Online Research and Communication in the U.S. Jury Trials and the Measures to Deter Such Jury Misconducts," 민사소송 제18권 1호, 한국민사소송법학회, 2014. 5, 397면 참조.

10) Christine L. Ruva, Law and Legislation: How Pretrial Publicity Affects Juror Decision Making and Memory (Nova Science Publishers, Inc., Hauppauge, NY, 2010), p. 5.

11) M. K. Johnson, S. Hashtroudi and D. Lindsay, "Source Monitoring," 114 *Psychological Bulletin*, 3~28 (1993).

12) R. W. Davis, "Pretrial Publicity, the Timing of the Trial, and Mock Jurors' Decision Process," 16 *Journal of Applied Social Psychology* 590~607 (1986).

13) Carol B. Anderson, Inside Jurors' Minds: the Hierarchy of Juror Decision—Making: a

은 모두 똑같은 정보를 접하는 것이 아니며, 똑같은 정보를 접하더라도 다른 방법으로 해석할 수 있다. 예를 들어 인간은 이미 믿고 있거나 믿기를 원하는 사실을 확인하기 위해 자신의 인지력과 기억을 잠재적으로 오용한다. 자신의 오래된 믿음과 신념에 부합하는 정보는 있는 그대로 받아들이는 반면, 그에 부합하지 않는 정보는 왜곡하거나 무시하는 경향이 있다. 그 결과 인간의 인지력과 기억력은 일반적으로 매우 주관적이 되고, 자주 부정확하며 자신의 주장을 정당화하는 데 사용한다. 마찬가지로 배심원은 재판 전 보도에서 접했던 정보를 잠재적으로 마음속에 가지고 있어서 이를 평의와 평결과정에서 잘못 이용할 가능성이 있다.

또한 배심원들은 재판 중에 제시된 증거를 접할 때 이와 비슷한 정보나 사건을 기초해서 추론하거나 결론을 내리는 경향이 있다. 그런데 이런 비슷한 정보나 사건이 배심원 자신의 기억력 속에 존재하고 있는 잠재적인 자신의 과거 경험에 근거할 수 있다. 그 잠재적인 경험이 재판 전 퍼블리시티에 근거하게 되면, 배심원은 의도하지도 않았지만 퍼블리시티에 영향을 받은 상태에서 재판 중 증언과 증거물에 대한 판단을 하게 될 수 있다. 결과적으로 재판 전 퍼블리시티가 재판 결과에 부적절하고 부당한 영향을 줄 수 있는 가능성에 대해 우려되는 상황이다.[14]

배심원이 어떤 특정 증거물이나 재판 당사자와 변호인에 대해서 재판 초기에 갖는 인상과 의견은 매우 중요하다. 사물이나 사람에 대해 처음에 형성되는 인상이 그에 대해 전체적으로 형성되는 의견에 큰 역할을 하기 때문이다. 그것이 만일 부정확한 것이라고 해도 배심원들은 자신의 최초 인상을 바꾸는 것을 거부하는 경향이 있다. 마찬가지로 재판 전 퍼블리시티의 영향이 배심원단에 미치는 영향이 클 수밖에 없다. 배심원이 자신의 선입관과 성향을 의도적으로 바꾸려고 노력하더라도 과거의 성향은 기억에 남아있게 되어서 그의 행위와 결정에 계속적으로 영향을 미치게 된다.

Primer on the Psychology of Persuasion: a Trial Lawyer's Guide to Understanding How Jurors Think (National Institute for Trial Advocacy, 2012), p. 7.

14) Thomas Gilovich, How We Know What Isn't So: The Fallibility of Human Reason in Everyday Life (1993).

결과적으로 배심원들은 자신들이 재판 초기에 믿었던 사안을 재판의 마지막 단계에서도 믿고 있을 가능성이 높다. 다시 말해서 재판 전 보도로 형성되었던 선입관과 편견을 재판의 마지막 절차인 배심원 평의 때까지 유지하고 있을 가능성이 있다.[15]

반면에 배심원의 능력에 대해서 긍정적인 면도 발견할 수 있다. 배심원단은 보통 7명에서 12명으로 구성된 단체조직이기 때문에 배심원 각각이 범하는 개별적인 기억력상의 실수를 발견하고 정정할 수 있는 능력이 있을 수 있다. 예를 들어 만일 한 배심원이 재판 전 미디어 보도에서 얻은 정보를 재판상에서 얻은 정보로 착각하거나 이런 정보를 배심원 평의 중에 유무죄를 결정하기 위한 증거로 사용하려고 하면 다른 배심원들이 이러한 실수를 발견하고 정정할 수 있을 것을 기대할 수도 있다. 단체는 개인보다 기억력상의 실수(예, 기억 착오, 혼동에서 오는 실수 등)를 범할 확률이 더 낮다고 한다.[16] 배심원들이 개인적으로는 기억력에 실수와 착오가 있다고 해도, 단체로서의 배심원단은 그런 개별적인 기억력에 실수를 정정하고 상쇄할 수도 있다. 그러나 재판 전 퍼블리시티가 대다수의 배심원단에게 영향을 준 경우에는, 퍼블리시티에 영향을 받지 않은 소수의 배심원들이 나머지 배심원들의 실수를 극복하기 어려울 수 있다. 일단 재판 전 미디어 보도와 퍼블리시티로 인해서 배심원들이 편견과 선입관을 형성할 수 있는 가능성이 크기 때문에, 재판 평의 과정과 평결에도 영향을 줄 가능성도 크다고 본다.

Ⅲ. 재판 전 퍼블리시티가 배심원에 주는 영향의 형태

재판 전 퍼블리시티로 형성된 편견과 선입관은 재판 중에 제시된 증언과 증거물에 대한 배심원들의 해석에 영향을 주어서 결과적으로 평결에까

---

15) Richard E. Petty, et al., "Implicit Ambivalence from Attitude Change: An Exploration of the PAST Model, 90 *J. Personality & Soc. Psychol.* 21~41 (2006).

16) M. J. Bourgeois, I. A. Fosterlee and J. Graphe, "Nominal and Interactive Groups: Effects of Preinstruction and Deliberations on Decisions and Evidence Recall in Complex Trials," 80 *Journal of Applied Psychology* 58~67 (1995).

지 영향을 줄 수 있다. 재판 전 퍼블리시티가 배심원단에 미치는 영향은 크게 세 가지 형태로 나타날 수 있다. 첫 번째로 앞에서도 언급했듯이 재판 전 보도가 배심원단에 일단 부정적인 영향을 주기 쉽다고 사료된다. 부정적인 영향의 정도는 재판의 사안, 재판 당사자들, 사회적 요인과 여론 등에 따라 다양하게 나타날 수 있다. 오클라호마 주 테러사건과 같이 재판에 매우 부정적인 영향을 주어서 배심원단의 최종 결정에서 피고인의 유죄 평결에 결정적 역할을 할 수 있다. 두 번째로 재판 전 퍼블리시티로 인한 부정적인 영향이 있었지만 그 정도가 매우 심각한 정도는 아니어서 배심원 평결에 결정적 역할을 주었다고 단정하기는 어려운 경우이다.

　세 번째로 재판 전 퍼블리시티가 있었지만 위의 경우와는 반대로 피고인에게 긍정적인 영향을 주어서 배심원 평결이 피고인에게 유리하게 나타날 수 있는 경우이다. 대부분의 경우에는 재판 전 보도가 피고인에 대해서 부정적이지만, 예외적으로 재판 전 보도가 피고인에게 긍정적인 영향을 주는 경우도 있었다. 형사피고인이 유명하고 상당한 재력가인 경우에 그러한 경우가 많다.[17] 사회적으로 인지도가 높고 명망이 있는 피고인에 대해서는 긍정적인 재판 전 퍼블리시티가 있을 경우에, 일반 시민들은 사회적으로 유명한 피고인에 대한 익숙함과 긍정적인 인상으로 인해서 피고인이 잘못을 저지르지 않았을 것이라는 선입관을 가지고 재판에 임할 수도 있다. 혹은 사건이 벌어지기 전에 사회적으로나 대외적으로 긍정적인 영향을 끼치고 사회적 명망을 오랫동안 쌓아온 유명인들에게는 단 한 번의 사건으로 인해 생기는 부정적인 영향으로부터 어느 정도 '보호'를 받을 수도 있다.[18]

　일단 재판 전 퍼블리시티가 피고인에게 긍정적인 영향보다는 부정적인 영향을 준다는 주장이 더 근거가 있어 보인다. 일반적으로 사람들은 긍정

---

17) Christine L. Ruva and C. McEvoy, "Negative and Positive Pretrial Publicity Affect Juror Memory and Decision Making," 14 *Journal of Experimental Psychology: Applied* 226~235 (2008).

18) 프로 풋볼 스타로서 그리고 은퇴 후 인기 높은 스포츠 캐스터이자 영화배우로 유명한 오제이 심슨이 잔인한 방법으로 그의 전처와 전처의 남자친구를 살해하지는 않았을 거라는 선입관을 배심원단이 가지고 있었을 수도 있다.

적인 정보보다 부정적인 정보를 더 주시하는 경향이 있는데 이것을 "부정
적 편향성"이라고 한다.[19] 따라서 긍정적인 재판 전 퍼블리시티는 부정적
인 재판 전 퍼블리시티만큼 피고인에 대한 신뢰성과 배심원 평결에 큰 영
향을 미치지 못할 수 있다.

특히 오클라호마 테러사건같이 high-profile한 사건에 대해서 미디어
가 피고인에게 불리한 정보를 매우 상세하게, 어떤 때는 충격적인 정도의
보도를 지속적으로 하게 되면, 그 지역 시민 전체에게 큰 영향을 끼칠 수
있어서 재판이 시작되기도 전부터 재판 당사자로서는 매우 불리한 입장에
처할 수 있다. 또 다른 문제점은 오클라호마 테러사건이나 오제이 심슨 재
판같이 high-profile한 재판에서는 재판 전 퍼블리시티의 영향이 한 특정
지역에만 편중되지 않고 전국적으로 퍼져서 퍼블리시티에 접하지 않은 일
반 시민들만으로 구성된 배심원단을 구성하기 힘들다는 점이다.

IV. 재판 전 퍼블리시티 문제에 대처하는 방안

재판 전 퍼블리시티는 배심원들이 재판 중에 제시된 증거만을 근거로
평결을 내리는 능력을 방해함으로써 배심원단의 최종 결정에 부정적인 영
향을 미칠 수 있는 가능성이 매우 크다고 본다. 특히 현대 미디어의 보편
화, 일상화와 배심원의 의식에서 편향적인 퍼블리시티의 영향을 지우는 것
의 어려움 때문에, 법원은 피고인에 편파적으로 불리한 상황에서 국민참여
재판이 진행되는 것을 방지하기 위해서 구체적이고 효과적인 조치를 취할
필요가 있다.[20] 물론 법원이 보도 금지령(Gag Order)을 통해서 당해 사건의
미디어 보도를 원천적으로 봉쇄하는 극단적인 방법이 있을 수 있다. 하지
만 신문 방송사를 포함한 모든 미디어 매체는 표현의 자유가 있으며, 중요

---

19) P. Rozin & E. B. Royzman, "Negativity Bias, Negativity Dominance, and Contagion, 5
Personality and Social Psychology Review 296~320 (2001); M. F. Meffert, S. Chung & A.
J. Joiner, "The Effects of Negativity and Motivated Information Processing During a
Political Campaign," 56 *Journal of Communication* 27~51 (2006).
20) Sheppard v. Maxwell, 384 U.S. 333, 362 (1966).

한 사안을 가진 사건을 보도하여 시민의 알 권리를 충족해야 한다고 주장할 권리가 있으며,[21] 보도 금지령을 위반한 미디어 매체를 실질적으로 규제하는 데 현실적인 어려움이 있다. 그래서 좀 더 현실적이고 실효성 있는 방안을 강구할 필요가 있는데, 재판 전 퍼블리시티가 공정한 국민참여재판 진행을 방해하는 문제점을 예방하거나 대처하기 위해서 다음과 같은 다양한 방안을 취할 수 있다.

1. 배심원 선정 심문 절차(Voir Dire)[22]

재판 전 퍼블리시티가 국민참여재판에 미칠 수 있는 부정적인 영향을 예방하기 위한 현실적이고 효과적인 방법은 재판 전 퍼블리시티에 의해서 부정적인 영향을 받은 배심원후보자를 재판에서 배제하는 것이다. 재판 전 미디어 보도에 의해 부적절한 영향을 받은 배심원후보자를 선별해 냄으로써 공정한 재판이 시작될 수 있기 위해서 적절한 배심원 선정절차는 필수적인 요소이다.[23] 철저한 배심원 선정절차를 통해서 특정 배심원후보자가 재판 전 미디어 보도에 영향을 받은 정도를 파악할 수 있다. 심층적인 질문을 통해서 특정 배심원후보자가 재판에 관련된 사안에 대해 어떤 정보를 가지고 있는지, 어떤 의견을 가지고 있는지를 알아낼 수 있다.[24] 배심원후

---

21) Delaney v. United States, 199 F.2d 107 (1st Cir. 1952) at 109, 113.

22) 배심원 선정 심문 절차(Voir Dire)란 배심원후보자가 배심원으로서의 임무를 수행할 수 있는 능력을 판단하기 위해서 재판 시작 전에 진행되는 배심원 선정절차를 말한다. 프랑스어로 Voir Dire란 "진실을 말함"이라는 의미이다. Black's Law Dictionary (5th ed. 1979), p. 1412.

23) 하지만 재판 전 퍼블리시티에 접하지 않은 배심원단을 구성하는 것이 어려운 과제일 뿐만 아니라 그러한 배심원단 구성에 있어서의 단점도 간과할 수 없다. 왜냐하면 그런 배심원단은 일반 시민들과 비교해서 교육 수준이 낮거나 무직자들로 구성될 가능성이 높기 때문이다. Randolph N. Jonakait, The American Jury System (Yale University Press, 2003), p. 110. 또한 이들은 배심원단 구성원의 다양성과 지역적인 대표성이 결여되기 쉬워서 올바르고 효과적인 심의를 하는 데 어려움을 줄 수도 있다.

24) 하지만 심층적이고 체계적인 심문 절차가 효과적이지 않다는 의견도 있다. 한 연구결과에 의하면 가상 모의재판에서 배심원들에게 매우 편파적인 신문 기사가 주어졌고, 한 그룹에게는 형식적이고 간소한 심문 절차가 주어졌고, 다른 그룹에게는 구체적이고 심층적인 심문 절차가 주어졌으며, 편파적인 신문 기사를 무시하라는 배심원 설시가 있었다. 하지만 두 그룹의 평결에는 차이가 없었다. Victor Villasenor, Jury: The People vs. Juan Corona (Boston: Little Brown, 1977), p. 187.

보자가 심문 절차에서 자신의 편견을 직접적인 방법으로 표현했다면 이유부 기피의 대상이 될 것이다.25) 하지만 현실적으로 어떤 배심원후보자가 편견을 가지고 있다는 것을 직접적으로 증명하기 어려울 수 있다. 자신이 사회적으로나 정치적으로 바람직하지 않은 편견을 가지고 있다는 것을 나타내지 않고 싶을 것이며,26) 때로는 거짓말이나 의도적으로 사실을 왜곡할 가능성도 있다. 또한 자신도 외부적으로 인정하지는 않지만 의도적이지 않았던 편견과 선입관을 내재적으로 가질 수도 있다. 전체적인 상황을 고려했을 때 배심원후보자의 편향성을 사실적으로 증명할 수는 없지만 그가 편향성을 가지고 있는 것이 간접적으로 추측될 때 무이유부 기피신청이 가능하다.27)

하지만 특정 배심원후보자가 미디어 보도에 접촉되었다는 이유만으로 재판에서 배제시키는 결정적 역할을 하는 것은 아니다. 예를 들어 어떤 미디어 보도가 피고인에게 극도로 불리한 점을 조명했다거나 그가 마치 범인인 것처럼 추론하게 하는 편파적인 보도를 했다고 하더라도(혹은 그와 반대되는 경우로서 피고인이 사건과 무관한 선량한 시민인 것처럼 생각하게 하는 보도를 하더라도) 배심원후보자가 그 보도에 접했다는 이유만으로 이유부 기피를 사용해서 그를 배심원단에서 배제시킬 수 있는 것은 아니다. 일반적으로 판사

---

25) 이유부 기피(Challenge for Cause)는 배심원 의무를 적절히 수행하기 위한 법적 자격을 충족하지 못하거나 혹은 편향성이나 편견이 확인될 경우 배심원후보자를 재판에서 배제 시키는 것이다. 판사에게 결정권이 있는 이유부 기피신청과 달리 무이유부 기피신청(Peremptory Challenge)은 변호사의 특권 사항이며 변호사는 특별한 이유가 없어도 배심원후보자를 배제할 수 있는 방법이다. Valerie P. Hans & Neil Vidmar, Judging the Jury (Perseus Publishing, 1986).

26) 배심원들은 배심원 선정과정 중에 어떤 특정한 질문에 대해 솔직하게 대답하지 않을 수 있다. 예를 들어 정부의 복지 자원에 의지해서 살아가는 사람들에 대해서 어떤 의견을 가지고 있는가라는 질문에 자신이 부정적인 의견을 가지고 있다고 대답하는 경우는 거의 드물다. 자신이 편견이 아주 심하거나 비사회적인 성향을 가진 사람으로 보여지는 것을 꺼리기 때문이다. James Levine, Juries and Politics (Brooks/Cole Publishing Co., 1992), p. 48.

27) 변호인은 무이유부 기피(peremptory challenge)를 사용해서 재판 전 보도로 인해서 자신의 의뢰인에게 부정적인 인상을 가지고 있을 것으로 추정되어서 공정하지 못할 것으로 의심되는 배심원후보자를 배제시킬 수 있다. 하지만 무이유부 기피를 인종이나 성별 차이에 대한 차별적인 목적으로 사용하는 것은 미국 수정헌법상의 평등권에 위배된다는 대법원의 판결이 있다. Batson v. Kentucky, 476 U.S. 79 (1986).

는 그 배심원후보자가 미디어 보도에 접촉했음에도 불구하고, 통상적으로 그 배심원후보자에게 그의 공정성 여부를 판단하기 위한 질문을 한다. 판사는 재판 전 퍼블리시티에 접했음에도 불구하고 배심원후보자가 편향성을 가지지 않고 공정한 자세로 재판에 임할 수 있는지를 질문한다. 만일 그 배심원후보자가 공정하고 편견 없는 자세와 마음가짐으로 재판에 임할 수 있다는 의견을 피력하고 그에 대한 특별한 의심의 소지가 없다면 일반적으로 판사는 그 의견을 존중하는 경향이 있다.28) 다시 말해서 배심원후보자 자신의 공정성에 대한 자기 판단(Self-Assessment)에 대해서 판사는 존중하고 이 배심원후보자를 자동적으로 배심원단에서 배제하지 않는다. 이러한 법원의 태도는 미국 헌법상에서도 문제가 없는 것으로 판단되고 있다.29)

하지만 재판 외적인 미디어 보도에 영향을 받지 않고 재판에 공정한 자세로 임하겠다는 배심원후보자 자신의 공정성 판단과 약속을 전적으로 신뢰하는 것은 바람직하지 않을 수 있다.30) 왜냐하면 공정성에 대한 자기 판단에도 불구하고 재판 전 퍼블리시티 같은 재판 외적인 요소에 간접적으로나 내재적으로 영향을 받을 수 있기 때문이다. 또한 재판 전 미디어 보도에 큰 영향을 받았음에도 이를 의도적으로 부정하여 배심원단에 임명되는 경우도 생길 수 있다.31)

자신의 개인적인 성향과 편견에 좌우되지 않고, 공정한 자세로 재판에 임하겠다는 약속의 신빙성은 차치하더라도 그 배심원이 자신의 편견과 선입관에서 완전히 자유로울 수 있는가라는 의문이 남을 수 있다.32) 재판 시

---

28) 공영호, "미국 배심재판에서 배심원후보자의 위장 침입의 문제점과 배심원 선정방법의 개선방안에 대한 연구," 민사소송 제17권 1호, 한국민사소송법학회, 2013. 5, 389면.

29) Mu'Min v. Virginia, 500 U.S. 415, 431~432 (1991).

30) Jonakait, *supra* note 23, pp. 110~111.

31) 배심원후보자의 위장침입의 문제점에 대해서는 공영호, "미국 배심재판에서 배심원후보자의 위장 침입의 문제점과 배심원 선정방법의 개선방안에 대한 연구," 민사소송 제17권 1호, 한국민사소송법학회, 2013, 389면 참조.

32) 자신이 접했던 정보를 무시하고 재판에 공정한 자세로만으로 임하겠다는 배심원후보자의 약속은 지켜지기 어려울 수 있다. 왜냐하면 자신이 가지고 있는 어떤 정보를 무시하기 위해 자신의 마음을 '정리' 하고 '정렬'하는 것은 매우 어려운 일이기 때문이다. 혹은 자신은 의도하지 않았지만 무의식적으로도 그 정보에 의지하게 될 수도 있다. 그래서 심문 절차에서 주어지는 자신의 공정성 판단에 대한 질문에 객관적으로 답변하기 어려울 수 있다.

작 전에 피고인을 유죄로 추정하는 듯한 미디어 보도를 접했던 배심원에게 형사피고인의 자유를 박탈할 수 있는 중대한 결정권을 전적으로 맡길 수 있는가라는 심각한 문제점이 존재한다.[33] 그래서 심문 절차를 판사가 주도하든 변호사가 주도하든 그 주체에 상관없이 심문이 현재보다 더 철저하게 이루어져야 한다고 생각한다.[34] 배심원 선정절차 중에 배심원후보자 자신의 공정성 판단에만 의존하지 말고, 퍼블리시티의 영향의 정도를 파악하고 이유부 기피와 무이유부 기피의 효과적인 사용을 위하여 지금보다 더 심층적이고 체계적인 질문이 이루어져야 한다.

2. 재판 장소 변경(Change of Venue)

특정 사건이 사회적, 지역적으로 미치는 영향의 범위가 한 지역에 국한되었고, 재판 전 퍼블리시티도 그 지역에 국한되었을 경우에 재판 장소를 변경하는 방법이 있다. 재판 전 퍼블리시티는 사건이 벌어졌던 지역에 국한되어 중점적으로 발생하는 경우가 많다. 그래서 재판 장소를 변경하는 것이 재판 전 퍼블리시티가 실제 재판 과정에 주는 부정적 영향을 극소화시키는 방법일 수 있다. 미국에서 재판 장소의 변경은 특정 사건에 대한 지역적인 관심이 매우 높지만, 관련된 지역의 범위가 넓지 않아서 한 카운티의 경계선을 넘지 않을 때 사용되는 경우가 많으며, 지방이나 시골 지역에서 주로 허용되고 있다.[35] 우리나라는 국토의 면적이 넓지 않지만 지역의 여론과 정서의 편차가 커서 국민참여재판 장소의 변경이 퍼블리시티의 영향을 축소하기 위해 유용할 수 있다고 본다.

하지만 재판 전 퍼블리시티가 있었다는 이유만으로 재판 장소의 변경

Jonakait, *supra* note 23, p. 112.

33) Yount v. Patton, 710 F.2d 956, 973 (3d Cir. 1983).

34) 일반적으로 판사가 배심원 선정절차를 주도적으로 진행하는 미국 연방 지방법원에서 배심원후보자의 자신에 대한 공정성 평가가, 변호사가 배심원 선정절차를 주도하는 주 법원의 공정성에 대한 자기 평가보다 신뢰하기 힘들다. 왜냐하면 판사는 배심원후보자의 자기 공정성 평가에 변호사보다 의존하는 경향이 있기 때문이다. 변호인은 자신의 의뢰인에게 조금이라도 불리할 수 있는 편향성을 가진 배심원후보자를 골라내는 데 판사보다 더 적극적이다.

35) Jonakait, *supra* note 23, pp. 112~113.

을 허용하기에는 불충분하다.36) 재판 장소의 변경신청이 들어왔을 때 미국 법원이 주로 사용하는 테스트는 "총체적 상황 테스트(Totality of Circumstances Test)"이다.37) 법원은 총체적 상황 테스트를 적용해서 여러 가지 요인을 고려하게 되는데, 예를 들어 배심원 선정절차 기록, 재판 전의 지역 여론 분위기와 상태, 공정한 배심원단을 구성하기 위해서 법원이 취하여야 할 시간과 노력의 범위 등이다.38) 총체적 상황 테스트는 사법 절차의 적법성에 중점을 두고 있는데, 피고인의 적법 절차 권리(Due Process Rights)가 제대로 보호받았는가의 여부가 중요한 고려사항이다.

하지만 현재 미국 하급법원에서는 재판 장소 변경신청에 대해 일반적으로 부정적인 태도를 취하고 있고, 항소법원은 하급법원의 신청거부 결정에 큰 하자가 없으면 번복하지 않는 경향이 있다. 또한 연방대법원은 총체적 상황 테스트의 기준에 대한 명확한 가이드라인을 아직 제시하지 않고 있어서 그 실효성이 없다는 의견이 지배적이다.39) 재판 전 퍼블리시티로 인해 형사피고인에 대한 지역적인 편견이 팽배해져 있어서 배심원후보자 Pool 전체에 악영향을 미칠 정도로 심각한 상황이 존재하였음에도 불구하고40) 대다수의 재판에서 법원은 재판 장소의 변경신청을 거부하였는데, 피고인의 적법 절차 권리가 적절하게 보호되었는지에 대한 의구심이 남는 부분이다.41)

총체적 상황 테스트의 적용상 문제점을 드러낸 여러 재판들이 있었는데, 그 중에 대표적인 케이스는 텍사스 주 휴스턴에 소재했던 Enron사의 CEO이었던 제프리 스킬링에 대한 형사재판이었다.42) 재판 당시 Enron사가

---

36) 일단 피고인은 재판 전 퍼블리시티로 인해서 공정한 배심원단이 구성될 수 없는 상당한 가능성을 증명해야 한다. Jonakait, *supra* note 23, p. 113.

37) Murphy v. Florida, 421 U.S. 794, 799 (1975).

38) Gross, *supra* note 4, p. 594; Dobbert v. Florida, 432 U.S. 282, 302 (1977).

39) *Id.*, p. 598.

40) Irvin v. Dowd, 359 U.S. 394, 396 (1959).

41) 현실적으로 법원이 재판 장소 변경신청을 허용하는 사례는 드문 편이다. 그 이유 중에 하나는 아무리 재판 전 퍼블리시티의 파급 효과가 그 지역에 주는 영향이 크더라도 충분한 숫자의 배심원후보자들은 자신이 공정한 자세로 재판에 임할 수 있다는 약속을 하고, 법원은 이를 받아들이는 경향이 있기 때문이다.

휴스턴 전체의 지역경제에 미치는 영향과 Enron사의 파산으로 인해 지역 사회에 주는 파장이 매우 커서 피고인에 대한 부정적 퍼블리시티가 팽배한 상황이었다. 그것을 근거로 스킬링측은 재판 장소 변경신청을 하였지만 휴 스턴 소재 연방 지방법원은 이 지역의 미디어 보도의 영향 때문에 부정적 인 편견을 추정할 수 있다는 피고인의 주장을 받아들이지 않아서 재판 장 소 변경신청을 거부하였으며 피고인은 결국 유죄평결로 24년형 선고를 받 았다. 연방대법원은 총체적 상황 테스트의 적용상 스킬링이 공정한 배심원 단에 의해서 재판을 받았다는 결론을 내렸는데, 그 이유로 배심원 선정절 차에서 편견을 가지고 있는 배심원후보자를 가려내기 위한 광범위하고 적 절한 심문이 이루어져서 배심원단은 피고인에 대한 실질적인 편견이 없었 다는 것이었다.[43]

또한 재판 장소의 변경이 어려운 여러 가지 다른 원인들이 있다. 우선 법원은 재판 장소 변경신청의 허용여부에 대해 많은 재량권을 가지고 있 다. 법원의 결정에 가장 큰 영향을 주는 요인 중에 하나는 사법적 경제성과 편리함이다.[44] 재판 장소를 변경하게 되면 많은 시간, 비용과 불편함을 감 수해야 하기 때문에 법원으로서는 장소 변경신청에 일단 수동적이고 회의 적인 반응을 보이기 쉽다. 또한 재판 장소 변경에 대한 판사의 주관적 소 신, 법원이라는 사법 기관으로서 고려해야 할 사항들, 재판 장소 변경에 대 해 사법부가 일반적으로 가지고 있는 소극적인 입장 등이 그 이유이다. 법 원으로서 재판 장소의 변경에 대해 소극적인 이유는 사건이 벌어졌던 지역 의 주민들이 그 사건에 대해서 가장 올바른 사실판단과 결정을 내릴 수 있

---

42) Skilling v. United States, 130 S. Ct. 2896, 2900−1 (2010). 한때 대기업으로서 미국에서 일 곱 번째로 높은 수입을 올렸던 Enron사는 2001년 당시 미국 역사상 가장 대규모의 파산 선고를 하기에 이르렀는데, Enron사의 급속한 소멸의 주원인 중에 하나는 스킬링과 그 외 몇 명의 경영진이 Enron의 주식가치를 높이기 위해 Enron사의 수익성을 과다하게 부풀림 으로써 수많은 투자자들을 속인 사건이었다.

43) 하지만 배심원후보자의 1/3 이상이 Enron 파산의 피해자였거나 피해자를 알고 있었고, 최종배심원단 중에 5명이 Enron 파산에 직접적인 영향을 받은 친구나 회사동료가 있었다 는 점에서(Skilling, 앞의 판례, 2960 n. 21), 피고인이 휴스턴에서 진정으로 공정한 배심재 판을 받을 수 있었을까라는 의문점이 남는다.

44) Gross, *supra* note 4, p. 658; Hayes v. Ayers, 632 F.3d 500, 525 (9th Cir.2011).

는 가능성이 높다는 점이다.[45] 왜냐하면 그 지역의 주민들은 사건이 벌어진 배경이나 사건 당사자들의 성향과 사고방식에 대해서 익숙할 수 있으며, 그래서 재판에서 제시된 증인이나 증거물에 대해서 논리적으로 이해하고 판단할 수 있기 때문이다. 반면에 타 지역의 주민들로 배심원단을 구성하는 경우에는 사건이 벌어졌던 곳의 지역적이고 문화적인 배경에 익숙하지 않기 때문에 주어진 증거물에 대해서 잘못 이해하거나 혼동하기 쉬울 수도 있다.[46] 또한 어떤 특정한 사건에 대한 재판의 결과는 결국 그 사건이 일어났던 지역사회와 시민들에게 가장 큰 영향을 미치기 마련이다. 평결의 결과가 자신들의 지역에 직접적인 영향을 주기 때문에 그 지역의 배심원단은 올바른 평결을 내리기 위해서 더 주의 깊고, 신중하고 공정한 자세로 재판에 임할 수 있으며, 법원으로서는 같은 지역 주민들이 자신의 지역에 관한 중요한 결정을 할 권리를 존중한다. 그리고 사건이 발생했던 지역사회는 타 지역 주민들로 구성된 배심원단의 결정보다 같은 지역 주민들로 구성된 배심원단의 평결을 더 잘 수용할 수 있다.[47]

재판 장소의 변경이 공정한 재판을 받을 권리를 보장하기 위해 매우 유용할 수 있다. 하지만 재판 장소의 변경만으로 위 권리를 보장하기 어려운 경우도 있다. 예를 들어 오클라호마 주 테러 사건 재판의 경우에는 장소변경신청이 허용되어 다른 주에서 재판이 진행되었지만 이 사건과 같이 퍼블리시티의 영향이 한 주를 벗어날 뿐만 아니라 전국적인 수준을 넘어서 전 세계적인 여론의 관심을 불러일으킨 경우에, 오클라호마 주에서 불과 600마일 정도 떨어져 있는 콜로라도 주에서 퍼블리시티의 영향을 벗어난 공정한 배심원단을 구성할 수 있었는가라는 의문점이 남는다. 이러한 경우에 단순한 재판장소 변경만으로 피고인의 공정한 재판을 받을 수 있는 권리를 보장할 수 있을지 의문이 남는다.

---

45) Martha Minow, "Stripped Down Like a Runner or Enriched by Experience: Bias and Impartiality of Judges and Jurors," 33 *William and Mary Law Review* 1205 (1992), quoting Lon Fuller, "The Forms and Limits of Adjudication," 92 *Harvard Law Review* 391 (1978).
46) *Id*.
47) Jonakait, *supra* note 23, p. 109.

3. 판사에 의한 재판

재판 전 퍼블리시티가 재판 결과에 부정적 영향을 주는 것을 축소하기 위해서 재판 당사자는 국민참여재판 대신 판사에 의한 재판을 선택할 수 있다.[48] 특히 여론의 관심을 많이 받는 high-profile한 재판이나 유명인이 재판 당사자인 재판은 미디어의 부정적 보도의 타깃이 되기 쉽기 때문에, 국민참여재판보다는 판사 재판이 선호될 수 있다.[49] 전문 법관으로서의 직업적 책임감과 프로페셔널로서의 의무감을 가진 판사는 재판 외적 요소인 미디어 보도에 영향을 받을 가능성이 낮다고 볼 수 있기 때문이다. 판사는 자신이 소속되어 있는 법원에서 여론의 주목을 많이 받고 있는 특정 사건을 배당받을 가능성이 있으므로 재판 전 미디어 보도를 의식적으로 피할 수도 있으며, 설사 특정 보도에 직간접적으로 접하게 되더라도 이에 영향을 받지 않기 위해 의식적인 노력을 할 수도 있다.[50] 하지만 판사와 달리 일반인은 법원으로부터 배심원후보자로 소환될 가능성을 예측할 수 없기 때문에 판사가 취할 수 있는 예방 조치를 취하기 어렵다.

하지만 판사가 재판 전 퍼블리시티로부터 자유롭지 않다는 의견도 많다. 판사로서의 책임감과 의무감 때문에 재판 외적인 요소에 좌우되지 않을 수도 있지만, 반면에 이로부터 완전히 자유롭지 않을 수 있다.[51] 판사

---

48) 재판 당사자가 국민참여재판을 신청하더라도 법원은 직권적으로 국민참여재판을 배제할 수 있다. 『국민의 형사재판 참여에 관한 법률』 제9조 제1항.

49) 우리나라는 국토 면적상 미디어 보도의 파급효과가 미국보다 더 크다. 그래서 피고인으로서는 국민참여재판이나 판사재판의 선택 여부가 재판 결과에 큰 영향을 미칠 수 있다고 본다.

50) 미국의 주 법원 판사는 재판 전 퍼블리시티로부터의 자유로움이 연방 법원 판사보다 적다. 연방 법원 판사의 임기는 종신제이기 때문에 사회적, 정치적 여론의 영향으로부터 상대적으로 자유로울 수 있고, 그 영향을 받을 가능성이 적다. 반면 임기가 정해져 있고 재임하기 위해서 선거를 치러야 하는 대부분의 주 법원 판사는 사회적, 정치적 여론에 영향을 받을 가능성이 크다. 그래서 주 법원 판사는 재판 전 미디어 보도에서 완전히 자유롭기가 쉽지 않다. 재판 전 퍼블리시티의 영향을 우려하는 재판 당사자로서는 주 재판보다 연방재판을 선호할 수 있다.

51) 한 연구결과에 의하면 재판에서 채택할 수 없는 증거물을 무시할 수 있는 능력에 대해서 배심원과 판사의 차이점은 없다고 하였다. 배심원과 마찬가지로 판사도 채택할 수 없는 증거물에 의해서 영향을 받을 수 있다는 것이다. 판사는 전문적인 교육과 경험이 있기 때

재판보다는 오히려 다수가 참여하는 국민참여재판에서는 재판 외적 요소
인 미디어 보도에 영향을 받은 한 명이나 소수의 배심원의 의견을 나머지
다수의 배심원들이 견제하거나 극소화할 수 있다. 재판 전 퍼블리시티로
인해서 소수의 배심원들이 개별적인 편견을 가진 경우에 나머지 배심원들
이 이들의 편견을 상쇄시킬 수 있기 때문이다. 반면에 판사가 단독으로 재
판을 진행하고 최종 결정을 내리는 경우에는 부적절한 재판 외적 요인에
좌우된 그의 판단을 견제하고 교정하는 역할을 담당할 수 있는 매체가 없
다. 그러나 우리나라의 형사합의부 재판에서는 판사들이 서로 재판 외적
요인에 대해 교정하는 것이 가능하다.

4. 배심원 설시(Jury Instruction)

원고(검사) 측과 피고인 측의 증인 심문과 증거물 제출을 포함한 모든
재판 과정이 종료된 후 판사는 배심원단에게 배심원 평의 때 고려해야 할
사항들과 적용해야 할 법을 배심원 설시를 통해 전달한다. 배심원단이 정
식으로 평의를 시작하기 바로 전에 법원으로부터 받는 마지막 공식적인 지
시이기 때문에 배심원단에게 강한 각인과 인상을 심어준다. 배심원 설시라
는 효과적인 도구를 사용하여 판사는 재판 전 퍼블리시티에 직간접적으로
접촉한 배심원이 이에 영향을 받지 않고, 오직 재판 중에 제시되고 법원이
인정한 증거능력이 있는 증언과 증거물에만 근거해서 평결을 내려야만 한
다는 점을 재강조할 수 있다.[52] 배심원 설시는 배심원이 재판 전 퍼블리시
티에 좌우되지 않고, 공정한 결론에 도달하기 위해 법원이 사용해야 하는

문에 이에 대한 능력이 일반인인 배심원 보다 높을 것이라는 판단과 상이한 연구결과로
보인다. Neil Vidmar, "The Performance of the American Civil Jury: An Empirical
Perspective," 40 *Arizona Law Review* 865 (1998).

52) 하지만 어떤 특정한 증거물을 무시하라거나 제한된 범위 내에서만 고려하라는 법원의 지
시를 배심원이 따르는 것이 매우 어려울 수 있다. 여러 연구 조사들에서도 밝혀졌지만 어
떤 정보를 타인의 명령에 의해서 무시하기는 어렵다. 반대로 어떤 정보를 무시하라는 명
령이 오히려 그 정보에 대한 각인을 시켜서 역효과를 가져올 수도 있다. 배심원들은 채택
될 수 없는 증언을 무시할 수 있는 능력이 작을 뿐만 아니라, 판사의 증언 무시 명령을 받
은 후에 오히려 그 증언에 더 영향을 받을 수 있다고 한다. Hazel Thornton, Hung Juror:
The Diary of a Menendez Juror (Philadelphia, PA: Temple University Press, 1995), p. 13.

매우 중요한 도구이다. 하지만 퍼블리시티에 접했던 대다수의 배심원들은 공정성에 대한 배심원 설시를 따르겠지만, 이를 의도적으로 무시하거나, 무의식적으로 퍼블리시티에 영향을 받은 소수의 배심원들에 대해 어떤 조치를 취해야 하는지가 큰 문제점이다.

의도적으로 배심원 설시를 무시하는 배심원은 배심원 평의와 토론 과정에서 자신의 편견이 드러나서 다른 대다수의 배심원들의 견제와 조율을 통해 이를 상쇄할 수 있는 여지가 있을 수 있다.[53] 하지만 퍼블리시티의 영향을 받은 배심원 중에서 자신도 의도하지도 않고 의식하지도 않은 편견을 가지고 평의에 임하게 될 때 이는 다른 배심원들에게 뚜렷하게 드러나지 않아서 견제와 조율의 대상에서 벗어날 수 있다. 또한 배심원들 중에서 재판 전 미디어 보도에서 얻은 정보와 재판 중에 제시된 증거 간의 근원 기억 착오(Source Memory Errors)를 가지고 있는 경우에는 배심원 설시가 의도된 역할을 하지 못하게 될 수 있다.[54] 재판 전 미디어 보도에서 얻은 정보와 재판상에서 얻은 정보를 잘 구별할 수 있는 능력이 없다면, 재판 전 미디어 보도를 무시하라는 배심원 설시는 효과를 잃게 된다. 그래서 좀 더 현실적이고 실효성 있는 배심원 설시를 마련해야 할 필요가 있다.[55]

5. 재판 기일 연기

재판 시기를 연기함으로써, 특정 사건 후에 집중적으로 있었던 퍼블리시티의 영향을 상쇄할 수도 있다. 시간이 지남에 따라 미디어 보도에 대한 기억도 적어지고, 감정적으로 치우쳤던 여론도 평정심을 되찾을 수 있는 기회가 생긴다. 하지만 증인과 증거물 확보 등 원활한 증거개시 절차를 위해서는 재판 시기를 연기하는 것이 용이하지 않을 수 있다. 재판 시기를 연

---

53) 법원은 배심원 심의 중에 생기는 의문점이나, 심의 중에 발견되는 소수 배심원의 부정행위를 판사에게 보고해야 할 의무와 권리가 있음을 배심원단에게 강조할 필요가 있다.

54) Ruva, Law and Legislation, *supra* note 10, p. 4.

55) 재판 과정 종료 후뿐만 아니라 재판 시작 전에도 판사는 배심원 설시를 통해서 퍼블리시티 영향의 위험성과 이에 따른 배심원의 의무를 강조할 필요가 있다. 또한 재판 전 퍼블리시티로부터 얻은 정보와 재판 중에 얻은 정보의 차이를 구별해야 할 의무가 있음을 재강조하는 것이 공정한 심의 진행을 위해 중요하다.

기함으로써 생길 수 있는 사법적 비경제성, 비효율성과 불편함에 대한 부담과 신속한 형사재판 개시에 대한 의무감 때문에 법원은 기일 연기에 대해 부정적이거나 소극적인 반응을 보이기 쉽다. 하지만 오클라호마 테러사건같이 미디어 퍼블리시티의 정도가 매우 심한 경우에는 재판 기일 연기를 고려해 볼 필요가 있다고 보는데, 원활한 재판 진행에 방해가 되지 않는 범위에서 그 시기를 조율할 필요가 있다고 본다.

6. 그 외 고려사항

법원은 재판 전 퍼블리시티가 있었던 국민참여재판을 진행하기 전에 먼저 퍼블리시티의 수준, 퍼블리시티가 배심원 후보 Pool에 미친 영향의 성격 및 정도를 파악한 후에 위에 제시된 대처 방안 중에 적절한 방안을 선택할 수 있다. 퍼블리시티의 정도가 높으면 높을수록 조치 방안의 강도도 따라서 높아질 필요가 있다. 또한 오클라호마 주 테러사건과 같이 퍼블리시티의 정도가 매우 심하고 퍼블리시티의 성격이 피고인에게 매우 부정적일 때는 한 가지의 대처 방안에 그치지 않고 여러 방안들을 동시에 사용하는 것을 고려할 필요가 있다.

V. 결 론

재판 전 퍼블리시티가 공정한 국민참여재판의 진행에 미치는 부정적인 영향을 간과할 수는 없어 보인다. 특히 우리나라같이 매스미디어와 소셜네트워크의 파급력이 매우 높은 나라에서는 재판 전 퍼블리시티의 여파가 미국이나 다른 나라들보다 훨씬 더 크다고 볼 수 있다.

앞으로 국민참여재판의 빈도가 높아지고, 사회적인 관심도가 높은 재판이 많아질수록 재판 전 퍼블리시티로부터 큰 영향을 받는 재판들이 더 많아질 것이다. 그래서 법원과 재판 당사자들은 재판 전 퍼블리시티가 재판의 결과에 의도되지 않거나 불공정한 영향을 미치지 않도록 적절한 예방 조치 및 사후 조치 방안을 강구해야 한다. 여기서 제시한 구체적인 대처 방안들뿐만 아니라 우리나라 재판 실정에 맞는 실질적인 대처 방안들이 앞으로 더 연구되고 제시되어야 한다고 본다.

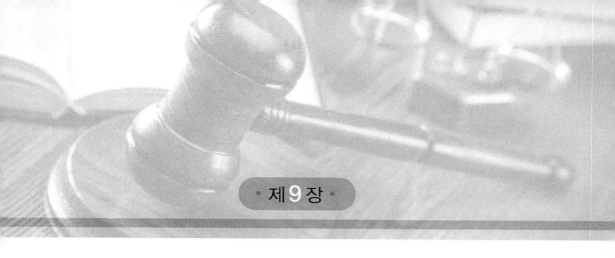

배심원후보자의 위장 침입의 문제점과 배심원 선정 방법[*]

Ⅰ. 서 론

배심원의 부정행위(Jury Misconduct)가 여러 가지 다양한 형태로 나타날 수 있다. 하지만 부정행위의 정도가 가장 심한 경우 중에 하나는 배심원후보자로서 재판 사건의 사안에 대한 확실한 편견과 편향성이 있음에도 불구하고 배심원 선정 심문 절차(Voir Dire) 중에 이런 편견을 의도적으로 숨기고 배심원으로 선정된 후 다른 배심원들에게 영향을 주어서 자신이 원하는 방향으로 평결을 이끄는 행위일 것이다. 영화로도 만들어진 John Grisham의 소설 "The Runaway Jury"에서 주인공은 여러 담배회사를 상대로 진행 중인 대형 소송재판에서 자신의 신원과 의도를 철저히 숨겨서 배심원으로 선정

---

[*] 이 장은 대법원 주관 「민사재판에 있어서 국민의 사법참여방안에 관한 연구」(손용근·공영호·김상수·김세진·김용진·김희균·이규호·정영수·조관행·박지원, 법원행정처, 한양대학교 산학협력단, 2013) 용역을 위하여 제출한 내용을 기초로 "미국 배심재판에서 배심원후보자의 위장 침입의 문제점과 배심원 선정방법의 개선방안에 대한 연구,"라는 제목으로 민사소송 제17권 1호, 한국민사소송법학회, 2013. 5, 389면에 게재된 논문을 수정, 보완한 것임.

된다.[1] 그 다음 배심원단이 피고 담배회사에게 유리하게 평결을 이끌어 내는 조건으로 거액의 돈을 피고 회사 측 배심원 자문가에게 요구한다. 물론 다른 동료 배심원들이 자신의 설득에 따라올 것이라는 여러 가지 이유와 증거들을 면밀히 준비해서 보여준다. 이에 속은 담배회사는 그에게 요구한 돈을 주지만, 주인공은 사실 담배회사와 과거에 개인적으로 나쁜 경험이 있어서 이에 대한 적대감과 복수심이 있었고 결과적으로 담배회사가 패소 당하는 평결을 이끌어 낸다. 물론 이 소설 속에서는 과장된 구도 설정이 있었지만 현실적으로도 충분히 벌어질 수 있는 일이다.

이 소설 속 주인공과 같이 편향성을 가지고 있으면서도 이를 의도적으로 속이고 재판을 편견 없이 중립적인 입장에서 심의하고 평결할 것처럼 위장한 후 배심원으로 선정된 사람들을 속칭 Stealth Jury(위장으로 배심원단에 침입한 사람)라고 부르기도 한다.[2] Stealth Jury들이 자신들의 진짜 의도를 숨기고 배심재판에 침입해 들어오는 이유는 여러 가지가 있을 수 있다. 소송 당사자에게 유리한 평결을 약속하는 대가로 뇌물과 같은 경제적인 이득을 얻는 목적이 그 중 하나이다. 이런 사람은 위 소설같이 배심원으로 선정되면 소송 당사자에게서 돈을 강요할 목적이 있기 때문에 배심원으로 선정되기 위해 노력할 것이다. 또는 소송 당사자에게 개인적인 앙심이 있어서 복수를 하려는 악의가 있을 수도 있을 것이고 당사자 중 한쪽이 자신과 인적 또는 경제적인 관계가 있을 수 있다. 예를 들어 피고가 자신이나 자신의 가족에게 경제적이나 정신적인 피해를 주었다거나 아니면 자신이나 가족에게 어떤 혜택을 준 경우이다. 혹은 원고 회사가 승소하면 자신이 소유하고 있는 주식의 가치가 상승할 것이 예상되는 경우 원고 회사가 승소하기를 원할 것이다. 혹은 유명인이 당사자이거나 high profile한 재판에 한번 배심원이 되어 보고 싶은 단순한 이유일 수도 있을 것이다.[3]

배심원 선정 심문 절차의 본래 목적은 위와 같이 편견이 있는 배심원

---

1) John Grisham, The Runaway Jury (A Dell Book, 1996).
2) EM Bodaken and GR Speckart, "To down a stealth jury, strike first," *National Law Journal* 137 (1996).
3) 김상준, 「미국 배심재판 제도의 연구」, 이화여자대학교출판부, 2003, 117면.

후보자를 발견해 내는 것이지만 이것은 쉽지 않은 작업이다. 어떤 판사들은 심문 절차의 질문의 범위를 제한하고 있고 그래서 편견을 발견해 내는데 어려움이 있다. 만일 편향성에 대한 질문을 받으면 사실대로 답변할 의무가 있지만 그 의무에 대해 사람에 따라 다르게 반응한다. 어떤 사람들은 자신의 편향성을 인식하고 있지만 어떤 사람은 그것을 잘 인지하지 못하기도 한다. 또한 자신이 편견을 가지고 있다는 것을 남에게 인정하는 것이 사회적으로 쉽지 않을 수 있다. 자신의 편견이 알려지면 사회적으로 비난의 대상이 되거나 고립될 것이라는 두려움이 있을 수 있기 때문이다.

이 장에서는 위와 같이 자신의 편견을 숨기고 배심원단에 위장 침입하는 배심원의 부정행위를 예방하고 대처하는 방법에 대해 살펴보고자 한다. Part Ⅱ에서는 삼성과 애플 간의 특허소송에서 나타난 배심원 부정행위의 가능성에 대한 사례를 다루었고, Part Ⅲ에서는 과학적이고 체계적 배심원 선정 방법을 다루었다. Part Ⅳ에서는 재판 과정 중에 배심원 선정절차를 검토하였으며, 특히 배심원 선정 심문 절차와 이유부 및 무이유부 기피신청을 중점적으로 논의하였다. Part Ⅴ에서는 이 문제가 우리나라 국민참여재판 제도에 주는 시사점에 대해 다루었다.

Ⅱ. 삼성전자와 애플 특허소송

삼성전자와 애플 간의 특허 침해 소송이 미국 캘리포니아 북부 연방지방법원에서 벌어졌고 이 배심재판의 배심원들은 애플의 주장을 대부분 받아들여서 삼성전자가 막대한 손해액을 배상해야 한다는 평결을 내렸다.[4]

---

4) 연방지방법원은 1심 최종 판결에서 손해배상액을 절반 수준으로 크게 삭감했으며, 이번 배상액에서 제외된 14개 기종에 대한 새로운 재판을 열 것을 명령했다. "미 법원, 삼성－애플 1차 소송 배상액 절반으로 삭감" 박정현, 윤예나 기자, Chosun.com 인터넷 뉴스 (2013. 03. 02), http://biz.chosun.com/site/data/html_dir/2013/03/02/2013030200370.html(최종방문 2016. 02. 10); 2016년 12월에 미국 연방대법원은 상고심에서 일부 디자인 특허침해에 대해 전체 이익 상당액을 배상하도록 한 하급 법원 판결이 부당하다는 삼성의 상고를 수용했다. 이로써 대법원은 사건을 항소심이 열렸던 연방항소법원으로 되돌려 보냈고, 연방항소법원은 최종적인 배상금을 결정하게 되는데 하급심에서 내려졌던 배상금이 상당 부분 경감될 것으로 보인다. "美 대법원, 전원일치로 삼성－애플 특허소송서 삼성 손 들어

삼성전자 측 변호인은 배심원 평결에 불복하고 새로운 재판을 신청(Motion for a New Trial)하였는데, 그 이유는 이 재판의 배심원대표(Foreperson)이었던 밸빈 호건이라는 사람에 관한 것이었다. 배심원대표 호건 씨는 1993년에 하드디스크 전문 업체 시게이트라는 회사를 상대로 소송을 걸었었다. 호건 씨는 1980년대에 이 회사에 입사하면서 자기 집의 부동산 주택 담보대출금을 회사와 분담해서 내기로 합의했었다.[5] 하지만 1990년에 이 회사가 호건 씨를 해고한 후 담보대출금에 대한 비용을 갚으라고 요구하자 호건 씨는 회사를 상대로 소송을 제기했고 시게이트 회사도 맞소송을 하였다. 결국 호건 씨는 이와 관련해서 집을 지키기 위한 목적으로 개인 파산까지 선고하게 되었다.[6] 그런데 시게이트 회사는 최근에 삼성전자의 하드디스크 부문을 인수하며, 삼성전자와 우호적인 관계에 있는 회사였다. 이런 사실로 볼 때 호건 씨가 삼성전자에 대해서 편견이나 부정적 감정을 가지고 있었을 것이라고 추측하기에 충분한 근거가 될 만한 일이었다.

통상적으로 재판 전 배심원 선정 심문 절차과정에서 배심원후보자에게 과거에 소송에 연루되었던 경험이 있는지에 대해 물어본다. 하지만 호건 씨는 이 시게이트 회사와의 소송 제기 사실을 밝히지 않은 것으로 나타났다. 호건 씨는 톰슨로이터와의 인터뷰에서 "내가 지금까지 연루된 모든 소송을 구체적으로 공개하라는 질문을 받지 않았기 때문에 배심원 선정 과정에서 1993년 시게이트사와의 소송과 그에 따른 개인 파산에 대해 말하지 않았다"라고 주장한 것으로 나타났다.[7] 그러나 재판 속기록에 의하면 이 사건을 맡은 루시 고 판사는 "본인, 가족 혹은 가까운 사람이 원고, 피고, 증인으로 어떤 소송에 연루된 적이 있느냐"라고 심문 절차 중에 질문을 한 것으로 기록되어 있어 호건 씨의 주장이 사실과 다른 것으로 나타났

줘," 증권일보(2016. 12. 07), http://blog.naver.com/enewstock/220880041839(최종방문 2016. 12. 10).

5) 탁상훈 기자, "삼성·애플 美 재판 '배심원리더' 부적격 논란," 조선경제(기업과 비즈니스) (2012. 9. 27. 목 50판, B5).

6) 상계기사.

7) "삼성, 애플 미법원 소송 '배심원대표' 삼성 우호사와 다툰 전력," Chosun.com 인터넷뉴스, 2012.09.26, http://news.chosun.com/svc/news(최종방문 2016.02.12).

다.[8] 만일 이 사실을 삼성전자 측이 심문 절차과정에서 알게 되었다면 호건 씨의 삼성전자에 대한 부정적인 편견의 가능성을 근거로 이유부 기피신청이나 최소한 무이유부 기피신청을 하였을 가능성이 매우 커 보인다. 하지만 이 사실을 몰랐기 때문에 호건 씨가 배심원으로 선정되었을 것으로 보이고 결국 그는 배심원대표까지 맡게 되었다. 삼성 측은 호건 씨의 심문 절차 중의 행위는 배심원의 부정행위로 규정되어야 하며 이를 근거로 배심원 평결이 무효화되어야 한다고 주장하며 새로운 재판을 신청하였지만 이 신청은 기각되었다. 일단 배심원의 평결 후에 새로운 재판의 신청을 법원이 승인하기 위한 기준이 매우 까다로우며 삼성전자 측이 호건 씨가 배심원 부정행위에 해당하는 일을 했다고 입증하더라도 이 부정행위 자체가 배심원 평결에 결정적 역할을 하였다는 것을 입증하기는 어려운 일로 보인다.

삼성전자와 애플 간의 특허침해 소송에서 배심원대표였던 호건 씨가 삼성전자에 대한 나쁜 감정과 편향성이 있어서 복수심의 발로로 자신의 편향성을 일부러 감추고 배심원단에 선정되려고 한 것을 입증하기도 어렵고 단정할 수도 없다. 하지만 삼성 측 변호인단으로 볼 때 아쉬운 점은 배심원 선정 기간 중에 더 철저하고 세심하게 조사하고 선별작업을 하였다면 편향성을 가지고 있는 배심원후보자를 발견할 가능성도 있었고, 결과적으로 이유부 기피나 무이유부 기피로 그 후보자를 배제할 수도 있었을 것이라는 점이다. 만일 삼성 측에서 재판 전에 좀 더 과학적이고 체계적인 배심원 선정 작업을 하였다면 호건 씨에 대한 과거 소송 경험과 배경을 알 수 있었을 수도 있다. 물론 배심원 한 사람이 배심 평결 결과를 좌우한다는 것이 쉬운 일은 아니지만, 모든 배심원 한 사람 한 사람이(특히 배심원대표) 너무나 중요한 역할을 하는 것은 자명한 일이다.[9]

---

8) Alison Frankel and Dan Levine, *Samsung goes after jury foreman in bid to reverse Apple verdict*, Thomson Reuter News & Insight, 9/25/2012.

9) 삼성과 애플 간의 특허분쟁 소송에서 배심원대표는 백인남성이고 연장자이어서 일반적인 배심원대표의 프로파일과 일치한다. 더군다나 그는 특허에 대한 지식과 경험이 있었고 자신이 특허도 보유하고 있어서 다른 배심원들에게 큰 영향을 미칠 수 있는 위치에 있었다. 재판 후 한 배심원이 인터뷰에서도 밝혔듯이 그의 영향력은 평결에 매우 큰 영향을 끼친 가능성이 있어 보인다. "삼성전자, 배심원 불법행위 문제 제기…새 재판 요청," 동아일보,

Ⅲ. 과학적인 배심원 선정 방법

편향성이나 악의를 가지고 있는 배심원후보자를 선별할 수 있는 첫 번째 방법은 재판 전에 배심원 자문가(jury consultant)나 전문 연구 기관을 고용하여 과학적이고 체계적인 배심원 선정 방법을 사용하는 것이다. 배심원 자문가는 자신을 고용한 변호인 측에 유리한 배심원단을 구성하는 데 여러 가지 방법으로 도와주는 역할을 하는 전문가이다.[10] 배심원 자문가가 하는 일들은 매우 전문적인 지식을 요구하며 많은 시간과 비용이 들기 때문에 소송 당사자의 변호인단이 하기에는 어려운 일이다. 배심원 자문가는 변호사와 다르게 법원의 officer이거나 변호사 협회에 소속되어 있지 않고 법원의 규칙에도 구속되지 않는다고 볼 수 있기 때문에 행동이 더 자유로울 수 있다.

1. 재판 관할 지역 주민 설문 조사

과학적이고 체계적인 배심원 선정의 초기 기본적 절차는 재판이 벌어질 지역의 시민들에 대한 설문 조사이다. 무작위 방식으로 선정된 관할 지역 주민들에 대한 설문 조사를 통해서 인구통계학적인 정보를 알아내고 그 자료를 토대로 실제 재판에서 배심원을 선정하는 데 도움을 얻을 수 있다 . (지역 주민 설문 조사에 대해서는 제3장 배심원 선정 시 고려사항, Ⅱ. 3. 설문 조사 참조)

2. 배심원후보자에 대한 배경 조사

미국 법원마다 차이는 있지만 많은 법원에서 배심원후보자 명단(list of potential jury pool)을 공개하거나 변호인 측에 제공하고 있다.[11] 이 배심원후

동아닷컴, 2012. 09. 25, http://news.donga.com/3/all/20120925/49662239/1/(최종방문 2016. 02. 12).
10) Randolph N. Jonakait, The American Jury System (Yale University Press, 2003), p. 156.
11) Valerie P. Hans & Neil Vidmar, Judging the Jury (Perseus Publishing, 1986), pp. 82~83. 우리나라에서 법원은 선정기일의 2일 전까지 검사와 변호인에게 배심원후보자의 성명·성별·출생연도가 기재된 명부를 송부하여야 하는데, 제공되는 정보가 미약하여서 미국과 같이 배심원후보자에 대해 자세하고 광범위하게 조사할 수 없다. 국민참여재판법 제26조.

보자 명단을 이용해서 배심원 자문가는 어떤 특정한 배심원후보자에 대한
많은 정보를 얻을 수 있고 이것이 체계적 배심원 선정 방법 중에서 가장 결
정적인 역할을 할 수 있다. 배심원후보자 명단에 있는 시민들에 대한 개인
적인 배경 조사를 심층적으로 할 수 있다면 배심원 선정에서 매우 유리한
고지를 점령하는 것과 같다.

현대는 디지털 시대로 정의되는 정보사회이고 인터넷 사용이 점점 더
보편화되고 있는데, Googling이나 Facebook과 같은 인터넷 매체를 이용해
서 배심원후보자의 배경이나 긴요한 정보를 손쉽게 구할 수 있다.[12] 인터
넷 조사가 유용한 이유 중에 하나는 사회적으로 큰 이슈가 되지 못하는 사
건이나 정보조차도 인터넷에 올라와 있고, 다른 미디어 매체와 달리, 한번
인터넷에 오르면 그 정보는 임의로 삭제할 수도 없기 때문이다.[13] 그래서
배심원후보자에 대한 광범위한 배경조사가 가능하다.

이와 같은 인터넷을 통한 조사와 더불어서 배심원후보자를 좀 더 적극
적이고 구체적인 방법으로 조사할 수 있다. 배심원후보자를 직접적으로 접
촉하는 것은 불법적인 행위로 간주될 수 있다. 하지만 배심원후보자의 이
웃이나 직장 동료같이 배심원후보자를 개인적으로 알고 있는 사람들을 접
촉하는 것은 허용된다.[14] 예를 들어 배심원 자문가는 배심원후보자의 성격
이나 정치적 성향에 대해 이웃에게 물어보거나 배심원후보자가 사건의 사
안에 대한 의견을 나타낸 적이 있는지 물어 볼 수 있다. 혹은 배심원후보자
의 집을 지나치면서 그의 차량번호판에 새겨져 있는 특정한 문구나 배심원
후보자의 정치적 성향을 암시할 수 있는 증거를 찾아 볼 수도 있다.[15] 배심
원후보자에 대한 배경조사는 최근의 현상이 아니라 변호사와 배심원 자문
가가 오랫동안 해오고 있는 일이다. 예를 들어 검사 측에서는 어떤 배심원
후보자가 구속되거나 전과 기록이 있는지 경찰에 의뢰해서 조사할 수 있

---

12) Thaddeus Hoffmeister, "Google, Gadgets, and Guilt: Juror Misconduct in the Digital Age,"
   83 *U. Colo. L. Rev.* 409, 422 (2012).
13) Ellen Brickman et al., "How Juror Internet Use Has Changed the American Jury Trial," 1
   J. Ct. Innovation 287, 292 (2008).
14) Hans, *supra* note 11, p. 83.
15) *Id.*

다.16) 하지만 피고 측 변호사는 경찰 기록을 볼 수 없기 때문에 배심원후보자에 대한 개인적인 정보에 의존해야 한다. 재판 관할 지역이 좁으면 배심원후보자에 대해 조사하기 용이하지만 지역이 넓으면 인적 정보망에 의존해야 한다.17) 배심원 자문가는 지역의 정치적, 공적, 사업적, 인적 관계망을 이용함으로써 배심원후보자를 알고 있는 사람을 발견해서 중요한 정보를 구할 수 있다.

위와 같은 방법의 단점은 입수한 정보들이 간접적인 방법으로 얻은 것이기 때문에 정보가 사실과 다를 수 있다는 것이다. 더군다나 배심원후보자가 자신이 뒷조사를 받고 있다는 것을 알게 되면 이에 대해 불쾌감을 느낄 수 있다. 만일 이 배심원후보자가 배심원으로 최종 선정되면 자신을 조사한 측에 불리하게 영향을 미칠 위험 부담이 있다. 또한 배심원후보자 명단이 주어진 후 재판 당일까지 충분한 조사를 하기에 시간이 부족할 경우가 많다.18)

3. 가상 배심재판 및 그림자 배심

배심원 자문가는 일반인들로 가상 배심원단을 구성하여 가상 배심재판(Mock Jury Trial)을 진행할 수 있다. 가상 재판은 실제 재판과 같은 방법으로 진행되는데, 가상 배심원단에게 양측 변호를 듣게 하고, 자문가와 변호사들은 가상 배심원들이 서로 토론하고 심의하는 과정을 한쪽 방향에서만 투명하게 보이는 유리를 통해 관찰한다. 이 관찰을 통해 나중 실제 재판에서 어떤 재판 전략이 효과적인지를 예측할 수 있어서, 변호사들의 재판 준비에 큰 도움을 줄 수 있다.19) 또한 가상 배심재판을 통해 변호사는 어떤 종류의 배심원을 선호하고 배제할 것인가를 준비할 수 있게 된다.

배심원 자문가는 가상 배심재판과 더불어서 그림자 배심원(Shadow Jury)을 구성하여 실제 배심재판을 방청하게 한 후, 재판 과정에 대한 그들의 피

---

16) *Id.*
17) *Id.*
18) R. Christie, Probability v. Precedence: *The Social Psychology of the Jury Selection* (1976).
19) Hans, *supra* note 11, p. 79.

드백을 얻을 수 있다.[20] 미국 배심재판이 보통 짧게는 며칠 길게는 몇 달도 걸리기 때문에 그림자 배심원의 피드백을 통해서 재판 진행 과정에서 변호인이 개선할 부분을 인지할 수 있다.

4. 과학적 선정 방법의 문제점

미국에서 위와 같은 과학적인 배심원 선정 방법은 많은 비용과 시간이 들어가지만[21] 앞으로 high-profile 케이스와 소송청구액이 큰 재판에서 계속 사용될 것으로 보인다. 물론 소송 당사자가 높은 비용을 감당할 수 있다는 가정하에서이다. 하지만 전략적인 배심원 선정 방법은 공정하고 시민 대표성이 있는 배심원으로 구성되어야 하는 배심재판의 본래 취지에 어긋난다는 주장이 있다. 비싼 비용을 들여 고용한 배심원 자문가를 통해서 자신에 유리할 것으로 보이는 배심원들로 배심원단을 구성한 후, 그 배심원단이 평결에 이르게 하는 것은 배심재판의 공정성 취지에 맞지 않다는 주장이다.[22]

재판 관할 법원에서 배심원후보자 명단을 재판 전에 확보할 수 있다면 인터넷이나 간접적인 방법으로 각각의 배심원후보자들의 배경과 특성에 대해 조사할 수 있다. 하지만 명단을 얻을 수 없는 경우에는 재판 관할 지역 주민 설문 조사나 가상 배심재판 및 그림자 배심원 같은 간접적인 방법을 통해서 배심원 선정을 준비할 수 있다.

하지만 위와 같은 과학적인 배심원 선정 방법만으로 편견이 있는 배심원후보자를 발견하기가 어렵거나 불가능할 수 있다. 삼성과 애플 간 재판에서 배심원대표자는 과거의 소송 기록이 있었기 때문에 그가 편향성을 가질 수 있는 가능성이 있다는 것을 발견하는 것이 오히려 용이할 수도 있다. 하지만 그런 공식적인 기록이 없다면 배심원후보자의 편견을 발견하는 것

---

20) Jonakait, *supra* note 10, p. 156.
21) 배심원 자문가의 비용은 최소 5만 불에서 많은 경우에는 50만 불 이상도 된다. *Id.* p. 158.
22) 하지만 편향성이 있거나 있을 가능성이 높은 배심원후보자가 포함된 배심원단이 재판 중에 제출된 증거물과 증언에 의존하지 않고 편향성 때문에 잘못된 결론에 도달할 위험은 배심재판 제도에 더 큰 악영향을 미친다고 보인다.

이 어려울 수 있다. 편견은 주로 사람의 마음의 상태를 말하는 것인데 재판 전에 간접적인 방법으로 배심원후보자의 배경과 특성을 조사하는 것만으로는 그의 편견을 발견하기에는 부족하다. 그래서 배심원후보자의 내재적인 편견을 발견하기 위해서 서면 질문서 조사 및 배심원 선정절차 중 심문 절차 과정 등의 방법을 사용할 수 있다.

Ⅳ. 배심원 선정절차

배심원 선정절차는 크게 3단계로 나뉜다. 배심원 선정의 첫 번째 단계는 잠정적 후보 배심원단(Venire)의 소환 절차이다. 두 번째 단계는 재판 당일에 출석한 배심원후보자들이 서면 질문서(Written Questionnaire)에 대한 답변을 작성하거나 미리 작성한 질문서를 가져온 후, 이를 바탕으로 판사와 변호인단이 잠정적 후보 배심원단에 구두 질문 단계인 심문 절차(Voir Dire)를 통해 소송 당사자들이 잠정적 후보 배심원들의 편견이나 편향성의 가능성을 발견하는 것이다. 세 번째 단계는 편견이나 편향성 때문에 공정할 수 없거나 공정할 수 없을 것으로 보이는 배심원들을 배제하거나 배심원단에 소속시키기에 바람직해 보이지 않는 배심원들을 배제하는 단계인데 이유부 기피(Challenge for Cause)와 무이유부 기피(Peremptory Challenge)신청이라고 불린다. 배제되지 않고 최종적으로 선정된 소 배심원(Petit Jury)은 모든 증거들을 편견 없이 고려하고 공정하게 결정하기를 선서한다. 이 단계에서 최종적인 배심원단이 구성(Jury Empaneling)되고 재판이 시작된다.[23]

1. 배심원 선정목표(편견/편향성(Prejudice/bias) 있는 배심원 배제)

배심원 선정절차와 배심원단 구성 과정은 배심재판에서 가장 중요한 부분 중에 하나라고 할 수 있다. 왜냐하면 배심재판에서 최종 사실판단과 평결을 판사가 아닌 배심원이 하기 때문이다. 한국과 달리 미국의 배심재판에서는 배심원의 평결이 판사가 참고만 하는 권고적 효력만 있는 것이

---

23) Nancy S. Marder, The Jury Process (Foundation Press, 2005), p. 50.

아니라 그 평결이 법적 기속력이 있는 재판의 최종 판결이 된다. 판사가 배심원단의 평결을 번복하거나 재심을 명령할 수 있지만, 그것은 예외적인 경우이다.[24] 배심원 선정절차에서 변호인들은 편견을 지닌 배심원후보자들을 파악하고 상대방보다 자신에게 더 불리한 배심원후보자들을 배제해서 자신에게 유리한 배심원단을 구성하기 위해 노력한다.[25]

이론적으로 배심원단 선정의 목표는 당사자에게 공정할 수 있는 배심원단을 구성하는 것이다. 이 목표를 성취하는 것은 판사의 주도에 의한 후견적(Supervisory) 방법이 아니라 당사자주의적인(Adversarial) 방법으로 이루어진다. 소송의 양 당사자들은 자신에 어떤 편향성이나 편견을 가질 것이 확실시되거나 의심되는 배심원후보자들을 최종배심원단에서 제외하기 위해 노력한다. 그래서 현실적으로 배심원단 선정은 선정 과정이라기보다는 후보 배심원을 제외하는 여과(filtering) 과정이고, 소송 당사자들과 판사가 배제하지 않는 사람들로 배심원단이 구성된다. 소송 당사자들이 이유부 기피신청이나 무이유부 기피신청을 하고, 판사가 이를 승인하면 그 배심원후보자는 최종배심원단에서 제외된다.[26]

이유부 기피신청은 거주 요건과 같이 법이 정한 요건을 후보 배심원이 충족하지 못한 경우 혹은 후보 배심원이 편향성이나 편견을 가지고 있을 때 사용할 수 있다. 후보 배심원의 편향성이나 편견은 추론된 것일 수도 있고 실제적인 것일 수도 있다. 추론된 편향성을 편향성 추정이라고 하는데, 소송 당사자와 배심원후보자 사이의 혈연관계, 사건과 배심원후보자와의 이해관계, 또는 사건 결과에 따른 금전적, 경제적 이해관계 등에 의해 추론되는 편향성 가능성을 말한다. 한편, 실제 편향성이란 배심원 심문 절차 동안 배심원후보자가 편견이나 편향성을 보여주는 진술을 하거나 편향성을

---

24) 민사배심재판에서 배심원의 평결이 재판 중에 제출된 증거에 일치하지 않고, 합리적인 배심원(Reasonable Jury)으로서 내릴 수 없는 평결을 내렸다고 판사가 판단했을 때 판사는 배심원 평결을 번복하는 판결을 내릴 수 있다 (Order on Renewed Motion for Judgment as a Matter of Law/Motion for Judgment Notwithstanding the Verdict).

25) 제프리 T. 프레드릭 지음/이은로 옮김, 「배심원 선정, 배심단 구성의 이론과 실제」, 한울아카데미, 2008, 8면.

26) 상게서, 21면.

실제로 고백한 경우에 나타나는 편향성을 말한다.[27]

　일반적으로 시민들은 대체적으로 편향성이 없다고 보이지만 어떤 시민들은 중립적인 마음을 가지기 어려울 수 있다. 범죄 피해자였던 사람은 모든 형사피고인에 대해 부정적인 감정과 선입견을 가지고 있을 수 있다. 민사재판에서도 이런 감정이 있을 수 있는데, 예를 들어 원고의 회계사나 피고인의 채권자가 공정하게 재판에 임하기는 어려울 것이라는 주장은 쉽게 이해될 수 있다. 낮은 임금을 받는 노동자인 배심원이 한 개인이 큰 주식회사를 상대로 한 소송에서 공정한 마음으로 재판에 임할 수 있는가에 대해 의문을 가질 수 있다.[28] 재판에서 아무리 한쪽에 유리한 증거물과 증인들이 많다고 하더라도 어떤 배심원이 그쪽에 부정적인 편견이나 악의적인 의도가 있다면 그쪽에 유리한 평결을 내리지 않을 것이다. 이것은 아무리 유능한 변호사라도 극복할 수 없는 장애물일 것이다. 그래서 개인적인 편향성 때문에 공정하게 재판에 임할 수 없는 배심원은 배제되어야 한다.

2. 서면 질문서(Written Questionnaire)

　법원은 재판 당일 출두한 배심원후보자들이 서면 질문서를 대기실에서 작성하게 하거나, 소환일 전에 미리 작성하여 당일에 가져오게 할 수 있다. 그래서 그들에 대한 배경과 정보를 미리 알 수 있고 법정에서의 심문 절차 동안에는 이 정보를 바탕으로 개개인의 성향과 의견에 대해서 추가로 집중적으로 물어볼 수 있다.

　비용적인 문제를 해결하기 위한 방법으로 인터넷을 통해서 질문을 소환일 전에 응답하도록 할 수 있다. 인터넷을 통해서 응답을 작성하면 시간적이나 비용적인 절감을 할 수 있고 응답이 온라인상으로 이루어지기 때문에 후보 배심원들의 프라이버시를 덜 침해한다는 장점이 있다.[29] 배심원

---

27) 상계서, 22면.
28) Hans, *supra* note 11, p. 63.
29) Marder, *supra* note 27, p. 81. 서면 질문서를 기일 전에 온라인에서 작성하게 하고, 양측 변호인들이 이를 미리 살펴볼 수 있게 하면 배심원후보자 각각에 대한 정보 조사가 충분한 시간적 여유를 가지고 할 수 있으며, 당일 추가 질문을 준비하기에도 용이할 것이다.

자문가는 변호인 측이 서면 질문과 심문 절차상 질문을 만드는 것을 도와
주는 역할을 한다.

서면 질문서의 장점은 배심원후보자들이 대답을 공개 석상에서 하는
것이 아니라 개인적으로 하기 때문에 좀 더 솔직하게 답변할 수 있다는 점
이다. 법정에서 단체로 행해지는 심문 절차에는 개인적인 질문에 대해 타
인들 앞에서 솔직하게 구두로 대답하는 것을 꺼리는 사람들이 있을 수 있
다. 하지만 서면 질문서에 대한 답변은 혼자서 하는 것이고 구두가 아니라
서면으로 하기 때문에 위와 같은 문제가 적다. 배심원 선정 심문 절차가 다
른 배심원후보자들과 격리된 상태에서 개별적으로 이루어진다고 해도 판
사와 변호인들 앞에서 구두로 대답하는 것보다 혼자서 서면으로 답변을 하
는 것이 프라이버시에 대한 침해가 덜하다고 볼 수 있다. 그래서 더 솔직하
고 개방적인 답변을 얻을 가능성이 있다.[30] 질문서 끝 부분에는 배심원후
보자들은 다른 사람의 도움 없이 자신이 질문에 답변했고, 거짓 없이 사실
대로 성실하게 답변했다는 것을 밝히는 구절이 있다. 또한 거짓 대답을 하
면 위증죄에 해당한다는 것을 인정하고, 각자가 서명한다. 그래서 이들이
서면 질문서에 거짓으로 답변한 것이 나중에 밝혀지면 이에 대한 처벌을
할 수 있는 근거로 사용된다.

서면 질문서의 단점은 서면 조사를 하기 위해서 양측 변호인들이 질문
의 내용에 대해 미리 합의해야 하고 합의가 안 되면 판사가 허용하거나 거
부하는 절차를 거쳐야 하며, 답변을 읽는 데 시간이 든다는 점이다. 그리고
변호사들이 이 방법을 선호하지 않는 이유 중에 하나는 후보 배심원들이
이 질문서에 답변할 때의 반응을 직접 볼 수 없다는 것이다. 또 다른 문제
점은 질문의 수위에 대한 점이다. 질문이 개인적인 프라이버시를 침해하는
정도가 심하면 배심원후보자는 이에 대답하기를 꺼릴 수 있다. 그래서 중
요한 것은 판사가 변호사들이 제출한 질문을 허가하거나 거부할 때의 기준
이다. 질문이 배심원후보자의 편견을 발견하는 데 도움이 된다면 허용될

---

30) Jonakait, *supra* note 10, p. 152~153. 반면에 질문이 개별적으로 판사와 변호사 앞에서 이
루어지면 더 솔직한 대답을 이끌어 낼 수 있다고 볼 수도 있다.

수 있을 것이고, 그것이 아니라 변호사 자신의 변론에 유리한 방향으로 이끌려는 숨은 의도가 있다면 허용되지 말아야 할 것이다. 일단 판사가 허용한 질문에 배심원후보자는 성실하게 답변할 의무가 있고, 정당한 사유가 없이 답변을 거부할 경우에는 법정 모독죄를 포함한 처벌을 받을 수 있다.[31]

3. 배심원 선정을 위한 심문 절차(Voir Dire)

(1) 배심원 선정 심문 절차의 의미

배심원 선정 심문 절차는 배심원후보자의 편견과 편향성을 파악할 수 있는 좋은 기회이기에 배심재판에서 매우 중요한 과정이다. 변호인은 서면 질문서에 대한 답변을 기초로 하여 추가적인 질문을 하고 그 질문에 배심원후보자가 대답하고 반응하는 방식에 따라 배심원 구성을 하려고 한다. 어떤 배심원후보자는 자신의 의도를 숨기기 위해서 서면 질문서에 대한 답변을 솔직하지 않게 할 가능성이 있다. 하지만 서면 질문서에 나타나지 않은 배심원후보자의 숨은 의도를 변호인은 심층적이고 기술적인 구두 질문을 통해서 발견해 낼 수 있다. 또한 심문 절차 중에 배심원들은 원고, 피고와 더불어 많은 법적 개념에 처음으로 접하게 된다. 물론 이 시간은 배심원들이 재판 중 공정한 마음을 유지해야 한다는 점을 교육하는 중요한 기회이다. 하지만 많은 변호사들이 이 시간을 자신의 의뢰인을 위한 변론의 기회로 이용하려 한다.[32]

변호인들은 심문 절차 과정을 통해서 의뢰인에게 유리한 점을 알리거나 불리한 점을 극소화시키려 노력한다. 예를 들어 만일 피고인이 전과가 있다면 질문할 때 배심원후보자가 피고인의 전과 사실에 좌우되지 않고 법대로 결정할 수 있는지 물어본다. 그래서 심문 절차 과정이 변호사에게는 자신의 의뢰인에 불리한 사실에 대해 배심원후보자에게 미리 알려주고 경고할 수 있는 가장 적절한 시간이다.[33] 이런 질문에 배심원후보자가 부정적인 대답을 겉으로 드러내지 않았어도 body language나 얼굴 표정 같은

---

31) Brandborg v. Lucas, 891 F.Supp. 352, 355, 360 (E.D. Texas 1995).
32) Hans, *supra* note 11, p. 68.
33) *Id*.

간접적이고 비언어적인 반응을 통해서 변호인은 바람직하지 않을 수 있는 배심원후보자를 예상하고, 무이유부 기피신청에 사용하기도 한다.

미국 소송 변호사 Handbook에서도 배심원단 구성의 중요성과 배심원후보자에 대한 심층적 조사의 중요성을 강조하고 있다. 배심원단을 구성하는 배심원들이 증거물과 당사자의 주장보다 재판 결과에 더 큰 영향을 미칠 수 있다는 점을 Handbook에서 재강조하고 있다.[34] 특히 high profile한 재판으로 널리 알려지거나 소송 청구액이 매우 큰 재판에서 배심원 선정절차가 몇 주 혹은 몇 달까지 걸리는 경우도 있었다.[35] 이러한 재판에서 양측은 자신에게 조금이라도 편견을 가지고 있는 배심원후보자를 발견하고, 동시에 자신에 유리한 배심원단을 구성하기 위해 최대한의 노력을 한다. 그래서 매우 신중하게 배심원 선정절차를 진행하게 되며, 법원도 이것에 협조적인 경향이 있다.

배심원 선정 심문 절차의 또 다른 중요한 점은 다음과 같다. 심문 절차 과정에서 벌어진 매우 심층적이고 개인적인 질문과 답변 과정 후에 판사와 변호인 측은 소수의 최종배심원단을 구성한다. 최종적으로 '선택'된 배심원들은 심문 절차를 겪지 않은 배심원후보자나 심문 절차 후 배제된 배심원후보들과 큰 차이점이 있다. 심문 절차를 거쳐서 선발된 최종배심원들은 배심단원으로서의 자신의 막중한 임무의 중요성을 느끼게 되며, 편견 없이 공정하게 평결을 내릴 의무감을 더 인식하게 된다는 것이다. 그래서 배심원 선정 심문 절차 자체에 큰 의미가 있는 것이다.[36]

배심원 선정 과정에서 양측 변호인들이 각자의 판단에 따라 이유부와 무이유부 기피신청을 행사하고 판사가 이에 대한 판단을 하면 배심원후보자의 배제 여부가 결정된다. 그래서 각 소송 당사자의 변호인들은 해당 법원에서 배심원을 선정하는 방법을 숙지해야 한다. 그래야만 배심원 선정이

---

34) D. Kairys and S. Harring, The Jury System: New Methods for Reducing Prejudice. Cambridge, Mass: National Jury Project and National Lawyers Guild (1975).

35) Hans, *supra* note 11, p. 48.

36) Wayne R. LaFave, Jerold Israel and Nancy J. King, Criminal Procedure (St. Paul, Minn: West Group, 2000), P. 1040.

효과적일 수 있다. 그리고 변호인들은 재판 전에 해당 담당 판사가 적용하는 배심원 선정절차와 방식도 숙지하고 있어야 한다. 같은 법원에서도 판사들마다 그 방식이 작지만 차이가 있을 수 있기 때문이다. 그래서 재판 전에 변호인들은 미리 담당 판사와 함께 배심원 선정절차에 대해 질문하고 논의하면 배심원 선정절차가 좀 더 원활하게 될 수 있고 배심원단 선정절차 조건을 향상시키는 데에도 도움이 될 것이다.[37]

　　판사는 배심원 후보단에 심문 절차 전에 판사 지침을 내릴 때 심문 절차 중 질문에 대해 거짓된 응답을 하면 법정 모독죄를 비롯해서 형사 처벌까지 받을 수 있음을 명확히 밝혀야 한다. 명확한 지침을 통해서 배심원 위장 침입을 비롯해서 편견을 숨기려는 의도가 있는 배심원후보자를 미리 예방할 수도 있기 때문이다.

(2) 배심원 심문의 형태

　　편견/편향성이 없는 배심원은 일반적으로 재판에 공정성을 가지고 임할 수 있는 기본적인 자세를 가지고 있다고 볼 수 있다. 공정함이란 어떤 사람의 성격의 문제가 아니라 마음 상태에 달려 있다고도 한다.[38] 그러나 사람들의 마음의 상태조차 법원 관할 지역이나 판사, 변호사에 따라 각기 다른 방식으로 정의될 수 있다. 보통 법원은 배심원후보자의 배경과 재판의 사안에 대해 미리 가지고 있는 정보를 근거로 간단히 물어보지만 어떤 법원에서는 배심원후보자에게 매우 자세한 질문을 한다. 사안에 대한 특정한 편향성을 발견하기 위해서는 이에 대해 직간접적으로 물어 보거나, 원고, 피고와 증거물을 중립적으로 대하는 데 방해가 될 수도 있는 견해와 성향을 가지고 있는지에 대해서 다양한 형태의 질문을 하여야 한다.[39]

　　예를 들어 "이 재판에 대해 편견 없이 공정하게 임할 수 없는 이유가 있습니까?"와 같은 추상적인 질문은 배심원후보자로부터 편향성의 근거가 될 만한 이유에 대한 답변을 얻기 어려울 수 있다. 하지만 "뉴스 보도 때문에 피고인이 유죄라고 믿게 되었습니까?"와 같이 구체적인 질문은 특정한

---

37) 프레드릭, 전게서, 338면.
38) United States v. Wade, 299 U.S. 123 (1936).
39) Hans, *supra* note 11, p. 63.

종류의 편견에 대한 답변을 이끌어 내기에 더 용이하다.[40] 그래서 어떤 배심원후보자의 편향성을 발견하기 위해서는 심문 과정에서의 질문의 형태가 추상적이거나 일반적인 것보다는 구체적이고 심층적인 것이 바람직하다. 그리고 심문 절차가 더 길고, 철저하고, 개별적일수록, 편향성을 입증할 수 있는 사실 관계가 더 많이 나타나는 경향이 있다.

(3) 배심원 선정 심문 절차의 방법

가. 배심원 선정 심문 절차의 진행자(판사/변호사)

배심원 선정 심문 절차에 따르는 몇 가지 중요한 정책적인 이슈가 있다. 첫 번째는 심문 절차의 주체인데, 판사가 심문 절차를 진행할 것인가 변호사가 진행할 것인가라는 문제이다.(심문 절차 진행의 주체에 대한 자세한 내용은 제2장 배심원 선정절차, Ⅱ. 2. 심문 절차의 주체를 참고하기 바람)

나. 개별식 질문방법 v. 집단적 질문방법

배심원 선정 심문 절차에 관한 두 번째로 중요한 이슈는 배심원후보자들에 대한 질문이 제기되는 방법이다. 개별식, 집단적, 결합식 질문방법이 있다.(질문방법에 대한 자세한 내용은 제2장 배심원 선정절차, Ⅱ. 3. 질문방법을 참고하기 바람)

(4) 이유부 기피신청(Challenge for Cause)

배심원 심문 절차를 거친 후 변호인은 필요에 따라 이유부 기피나 무이유부 기피를 신청할 수 있다. 이유부 기피는 배심원단 복무를 위한 법적 자격을 충족하지 못하거나 혹은 편향성이나 편견이 확인될 경우 배심원후보자를 배제시키는 것이다. 이런 편향성이나 편견은 추론된 것일 수도 있고 실제의 것일 수도 있다. 예를 들어서 배심원후보자가 소송 당사자 중 한 쪽과 사업 관계가 과거에 있었거나 현재 있는 경우, 또는 소송 당사자와 혈연관계나 인적 관계(예, 친구, 연인, 직장 상사나 동료관계 등)가 있거나, 혹은 사건의 결과에 따라서 경제적 이해관계가 있는 경우 등에 판사는 이 배심원이 공정할 수 없다고 추론할 수 있다. 하지만 이것은 추론된 것이지 실제적이지 않을 수 있다. 만일 그 배심원후보자가 소송 당사자와 어떤 이해관계

---

40) Jonakait, *supra* note 10, p. 131.

가 있음에도 불구하고 공정하게 배심원 임무를 수행할 수 있다고 말하면 판사는 변호인의 이유부 기피신청을 승인하지 않을 수도 있다. 판사가 이유부 기피신청에 대한 결정권을 가지고 있기 때문이다.

반면에 실제적인 편향성은 배심원후보자가 배심원 선정절차 동안에 대답한 진술에서 확인되는데, 배심원후보자가 소송 당사자에 대해 편향성을 나타내거나, 배심원으로서 의무를 수행할 능력이 없는 경우이다. 예를 들어 특정 피고인의 유무죄를 단정하고 있거나, 혹은 어떤 피고인의 과오를 확고하게 믿고 있거나, 또는 어떤 개인적인 이유 때문에 법정에 현출된 사실과 법에 따라 결정하지 않겠다고 말하거나 자신이 공정할 수 없다고 말하는 배심원후보자들은 이유부 기피신청으로 배제된다.[41]

하지만 여기에서 주목해야 할 점은 배심원이 공정하게 재판에 임할 수 있다는 대답 자체가 매우 존중된다는 점이다. 편견적인 생각을 표현했지만 재판 후 심의와 평결 과정에서 공정하고 공평할 수 있다고 주장한 배심원후보자의 경우, 판사가 그를 배심원후보자에서 배제하기를 꺼린다. 미국 대법원은 이런 경우에서 판사가 배심원의 불공정성을 추측하는 것을 매우 견제한다는 점을 판시하였고, 배심원들이 공정함에 대해 긍정적인 확인을 했다면 그것만으로 이유부 기피가 불필요하다고 판단하기에 충분하다는 판시를 하였다.[42]

미국에서 배심원 선정 심문 절차를 주관하거나 진행한 판사가 이유부 기피신청을 결정할 수 있는 적격자이며, 판사는 어떤 배심원후보자가 어떤 이유로 배제되어야 할지를 결정하는 재량권이 있다. 각 판사의 재량권에 차이가 있기 때문에 이유부 기피신청이 허용되는 비율은 각 법원마다 큰 차이가 있다.[43]

---

41) 프레드릭, 전게서, 342면.
42) Mu'Min v. Virginia, 111 S. Ct. 1899 (1991). 개인적인 배경, 견해와 관점에서 볼 때 편향성을 가지고 있을 가능성이 많음에도 불구하고 단지 자신은 공정할 수 있다는 주장만으로써 무이유부 기피신청을 회피하는 경우도 자주 있다. 하지만 심리적으로 볼 때 단지 자신이 편견에 영향을 받지 않는다는 주장만으로 자신의 편견을 없앨 수 있는 것은 아니다. Vidmar, *supra* note 14, p. 101.
43) Jonakait, *supra* note 10, p. 135.

가. 삼성과 애플 소송에 시사점

삼성과 애플 소송의 배심원대표는 심문 절차에서 자신이 연루된 소송에 대하여 말하지 않았다. 만일 그가 사실대로 시게이트사와의 소송 관계를 말하였거나, 삼성 측이 재판 전에 이를 발견했다면 삼성 측 변호인은 이유부 기피를 신청하였을 가능성이 크며, 그 신청에 대한 결정권은 담당 판사에게 있었다. 통상적으로 판사는 배심원후보자가 어떤 특정한 경험에도 불구하고 재판에 공정하게 임할 수 있는가를 물어본다. 만일 호건 씨가 시게이트사와의 소송 관계에도 불구하고 공정할 수 있다고 주장했다면, 판사는 일반적으로 그 배심원의 대답 자체를 존중하지만, 최종 결정권은 담당 판사에게 있어서 그를 배제하였을 가능성도 있었다고 보인다. 결과적으로 이 재판에서는 호건 씨의 과거 소송 경험이 배심원 평결 후에 발견되었기 때문에 삼성 측으로는 이유부 기피신청이 가능하지 않은 상황이었다.

(5) 무이유부 기피(Peremptory Challenge)

가. 무이유부 기피신청의 목적

판사에게 결정권이 있는 이유부 기피신청과 달리 무이유부 기피신청은 변호사의 특권 사항이다. 판사가 이유부 기피를 허용하거나 하지 않을 권한이 있는 반면에, 무이유부 기피는 변호사가 특별한 이유 없이 후보 배심원을 배제할 수 있는 방법이다. 판사가 어떤 배심원후보자가 편향성이 없다고 판단해도, 양측 변호사는 무이유부 기피신청을 통해서 그 배심원후보자를 배제할 수 있다. 무이유부 기피신청을 위하여 변호사는 어떤 특정한 이유를 제시하지 않아도 되기 때문에 재판에 공정할 수 없을 것으로 보이는 배심원후보자를 배제할 수 있다.(무이유부 기피에 대한 자세한 내용은 제2장 Ⅱ. 5. (2) 가. 무이유부 기피신청을 참고하기 바람)

나. 무이유부 기피신청 진행 방법(순차적 v. 결산식)[44]

---

44) 무이유부 기피신청 진행 방법은 제2장(배심원 선정절차) Ⅱ. 5. (2) 다. 참조.

V. 우리나라 국민참여재판제도에 시사점

현재 우리나라에서도 형사재판에서 국민참여재판제도의 사용을 확대하는 것과 이 제도를 민사재판에 도입하는 것을 검토하고 있고, 앞으로 국민참여재판에 대한 국민의 인식이 높아지면, 이 제도가 더 활성화될 것으로 보인다. 그에 따라 국민참여재판의 양적 증가가 예상되며, 그와 함께 배심원의 부정행위가 발생할 가능성이 있다고 보인다. 우리나라에서는 아직까지 이런 문제가 발생하지는 않았지만 국민참여재판의 양적 증가와 더불어서 앞으로 이러한 문제가 발생할 가능성이 높다. 그래서 이런 문제에 대처하기 위해서 우리나라에서도 배심원 자문가와 같은 과학적이고 체계적인 배심원 선정 방법이 더 사용될 필요가 있다.[45] 우리나라 국민 정서상 과학적인 배심원 선정 방법이 단지 소송에 이기기 위한 목적으로 소송 당사자에게 유리한 배심원단을 구성하기 위해서 많은 비용을 들이는 것으로 받아들여, 이에 대한 거부감도 예상되지만 사안의 중요성이나 소송가액의 크기에 따라서 전략적인 배심원 선정 방법도 필요하다고 본다. 그와 같은 맥락에서 앞으로 삼성전자와 애플 소송건과 같이 한국 기업이 미국에서 민사배심재판에서 소송 당사자가 되는 경우가 발생할 때를 대비하여 한국 기업을 대변하는 변호인 측은 배심원 선정절차와 방법에 대한 더 세심한 연구와 준비가 필요하다고 본다. 국내적으로도 국민참여재판 전에 변호인에게 제공되는 배심원후보자에 대한 정보가 미약하여 체계적인 방법으로 배심원 선정을 준비하는 데 제약이 있다. 하지만 사안의 중대성이 매우 높은 배심재판에서는 가상배심재판을 통하여 배심원 선정을 준비하는 방법도 가능하다고 본다.

---

45) 현재 「국민의 형사재판 참여에 관한 법률」 제60조에서는 "배심원후보자가 배심원 또는 예비배심원 선정을 위한 질문서에 거짓 기재를 하여 법원에 제출하거나 선정절차에서의 질문에 대하여 거짓 진술을 한 때"에 법원은 결정으로 200만원 이하의 과태료를 부과할 수 있도록 하였다. 하지만 배심원후보자의 위장 침입과 같은 심각한 부정행위를 예방하기 위해 그에 상응하는 처벌규정도 강화하는 것이 검토되어야 한다고 본다.

대법원 국민사법참여위원회가 보고한 바로는 2008년부터 2012년까지 5년 동안 시행된 국민참여재판에서 재판 한 건당 평균 1.8명에 대한 이유부 기피신청이 있었는데, 계속적으로 기피신청이 더 높아질 것으로 보인다.46) 앞으로 배심재판의 양적 증가와 함께 더 많은 시민들이 배심원후보자로 소환될 것이며, 소송 당사자나 변호인 측과 인적관계나 경제적인 관계를 가지고 있거나 사안에 대해 연관성을 가지고 있는 배심원후보자들이 더 많아질 것으로 예상된다. 그에 따라서 지금까지는 이유부 기피신청률이 비교적 낮았지만, 앞으로는 이유부 기피신청과 무이유부 기피신청이 더 많아질 가능성이 있으므로, 법원에서는 이에 대비하고 일관성 있게 대처해 나가야 할 필요가 있다.

그리고 무이유부 기피신청의 존치에 대한 논란이 있지만, 무이유부 기피신청권은 계속 유지되어야 한다고 본다. 이유부 기피와 달리 무이유부 기피신청은 일반적으로 판사의 특권 사항이 아니라 변호사에게 재량권이 있는 사항이다. 무이유부 기피신청을 위하여 변호사는 어떤 특정한 이유를 제시하지 않아도 되기 때문에 재판에 공정할 수 없을 것으로 보이는 배심원후보자를 배제할 수 있다. 만일 무이유부 기피신청을 할 수 있는 권리가 없어진다면 변호사는 자신의 의뢰인에게 불리할 수밖에 없는 배심원이 포함된 배심재판을 해야 할 가능성이 있다. 이유부 기피신청을 할 수 있는 권리가 있지만 그것은 판사의 직권사항이기 때문에 만일 판사가 정당하지 않은 이유나 잘못된 이유로 이유부 기피신청을 받아들이지 않는다면 변호사는 재판상 큰 불리함을 감수한 채 재판에 임해야 한다. 물론 재심을 청구하거나 항소할 수 있는 권리는 남아 있지만 그 여부를 떠나서 변호사로서는 부당한 위험을 감수해야 하는 상황에 맞닥뜨릴 수 있다. 따라서 이유부 기피신청의 보충적인 역할을 위해서 무이유부 기피신청권은 우리나라 국민참여재판에서도 계속 유지될 필요성이 있다고 본다.

---

46) 대법원 국민사법참여위원회, 국민참여재판 제도의 최종 형태 결정을 위한 공청회 자료집, 2013. 2. 18, 135면. 2008년부터 2018년까지 국민참여재판 1건당 평균 4.9명에 대한 무이유부 기피신청이 있었다. 법원행정처 사법지원실, 『2008-2018 국민참여재판 성과분석』, 2019; 박미숙, 서주연, 최이문, 상게연구, 108면.

Ⅵ. 결 론

　　미국 배심재판에서 편향성이 있는 배심원후보자가 이를 숨기고 배심원단에 위장 침입하는 부정행위를 예방하고 대처하는 효과적인 방법 중에 하나는 과학적이고 체계적인 배심원 선정 방법이다. 삼성과 애플 소송에서 삼성 측에서 체계적인 선정 방법을 더 적극적으로 활용하였다면 그 재판의 배심원대표와 같이 편향성을 가지고 있을 가능성이 큰 배심원후보자를 미리 선별할 수 있지 않았나 하는 아쉬움이 남아 있다.

　　그 재판의 배심원대표의 경우는 공식적인 기록이 있었지만, 그와 달리 공식적인 기록이 부재한 경우에는 편견을 가지고 있는 배심원후보자를 선별하는 것이 매우 어려운 과제이다. 그래서 배심원 선정을 위한 준비가 좀더 세밀하고 심층적으로 이루어져야 한다. 우선 배심원 선정절차 전 서면 질문서를 통해서 배심원후보자의 편향성이나 그 가능성을 발견하기 위해 심도 있는 질문이 주어져야 한다. 서면 질문서는 주위로부터 아무런 영향을 받지 않고 개별적으로 작성하기 때문에 프라이버시의 침해가 적은 편이어서 더 솔직하고 개방적인 답변을 이끌어 낼 가능성이 높으므로 이 장점을 잘 살리면 배심원 선정 과정이 전체적으로 향상될 수 있으며, 더 신속하게 진행될 수 있을 것이다.

　　이 서면 질문서에 대한 답변을 기초로 하면 양측 변호인들은 법정에서 구두로 심문 절차를 할 때에 추가적인 질문을 더 효율적으로 할 수 있다. 그리고 심층적인 배심원 선정절차를 위해서 선정절차가 판사 주도가 아닌 변호사 주도로 이루어져야 하며, 더 솔직하고 개방적인 답변을 유도하기 위해서 집단적이 아닌 개별적 질문이 이루어져야 한다. 그리고 무이유부 기피신청은 결산식 방법으로 진행되어야 한다. 또한 배심원단에 위장 침입하는 부정행위를 근본적으로 예방하는 다른 방법으로 배심원 선정절차 전의 판사의 설시가 중요한 역할을 한다고 본다. 나중에 부정행위 발견 시 법정 모독죄를 포함한 형사 처벌을 받을 수 있다는 것을 명시하여 부정행위를 예방하도록 하여야 한다.

　우리나라 기업들은 앞으로 미국에서의 소송에서 과학적이고 체계적인 배심원 선정을 위해서 더 유의하여 준비하여야 하며, 우리나라에서도 배심원 선정에 대해 더욱 과학적인 방법을 고려해야 한다고 본다.

제10장

배심원의 온라인 조사와 교류[*]

I. 서 론

공정한 배심재판을 위해서 가장 중요한 요건 중에 하나는 배심원의 평결이 재판 중에 인정된 증거와 주장에만 근거해야 한다는 점이다. 다시 말해서 평결은 그 어떤 재판 외적인 요소에 영향을 받아서는 안 된다. 하지만 현대는 정보의 공유가 중요한 디지털 시대이고 미국이나 우리나라의 배심재판도 디지털 시대의 영향으로부터 자유로울 수 없다. 인터넷과 소셜네트워킹서비스(SNS)의 사용이 너무나 보편화된 디지털 시대는 양국의 배심재판에 중요한 쟁점을 불러일으키고 있다. 예를 들어 어떤 배심원들은 법원에서 금지하였는데도 불구하고, 재판 중에 사용되는 법 용어의 정의를 온라인에서 알아보고, 재판의 사안에 대한 조사를 인터넷을 통해서 한다.[1] 어떤 배

---

[*] 이 장은 "Jurors' Online Research and Communication in the U.S. Jury Trials and the Measures to Deter Such Jury Misconducts,"라는 제목으로 민사소송 제18권 1호, 한국민사소송법학회, 2014. 5, 397면에 게재된 논문을 수정, 보완한 것임.
1) 재판 시작 전에 법원은 배심원들에게 법정 밖에서 재판 사안에 대해 조사하는 것이 허용

심원은 인터넷을 이용해서 형사 사건의 현장을 보기도 한다. 구글이나 그 외 온라인 데이터베이스를 이용해서 재판의 사안에 대해서 조사하는 배심원의 부정행위가 더 많아지고 있다. 현대 기술의 발달과 더불어서 배심원들이 재판 밖의 외부인들과 교류할 수 있는 새로운 방법들이 생겼다. 배심원이 다른 배심원들, 증인들, 피고인이나 그들의 변호인들과 페이스북, 트위터나 그 외 다른 SNS를 통해서 소통하는 것이 가능해졌다. 또한 재판 진행 중에 자신의 의견을 온라인상에서 피력하거나 제삼자의 의견을 구하기도 한다. 이와 같은 행위는 법원의 지시, 설시 및 증거법에 위배되는 것이며, 재판 사안에 대해서 재판 외적인 방법으로 조사하는 것은 불법이다. 이러한 배심원 부정행위가 배심원 선정과정(Voir Dire),[2] 재판 중이나 평의 과정에서 벌어지고 있다. 한 배심원의 부당한 행위를 통해서 얻은 정보가 다른 배심원들에게 편견적인 의견을 조성하게 할 수 있어서, 재판 자체가 재판 외적인 요인으로 인해 부당하게 영향을 받을 수 있는 위험성이 존재한다. 이 장에서는 미국과 우리나라에서 디지털 시대가 배심재판에 주는 영향을 논의하고자 한다. 먼저 인터넷의 특성을 살펴보고 재판 외적인 배심원의 온라인 조사와 교류로 인해 생긴 문제점들을 논의한다. 그리고 이러한 문제점들을 예방하고 대처하기 위한 방안들을 제시한다. 마지막으로 배심원의 온라인 조사와 교류의 문제점이 우리나라 국민참여재판에 주는 시사점에 대하여 논의할 것이다.

되지 않는다고 지시한다. 하지만 디지털 시대가 배심재판절차에 유익한 면도 있다. 배심원후보자는 소환일 전에 온라인으로 설문지를 작성할 수 있어서 변호인들이 배심원 선정하는 데 용이하다. 또한 법원은 우편물보다 신속하고 저렴하게 이메일로 배심원 소환장을 보낼 수도 있다. Thaddeus Hoffmeister, "Google, Gadgets, and Guilt: Juror Misconduct in the Digital Age," 83 *U. Colo. L. Rev.* 409, 411 (2012).

2) Voir Dire는 프랑스어로 '진실을 말하다'라는 뜻으로 배심원으로서의 자격여부를 조사하기 위한 배심원 선정절차를 말한다. Black's Law Dictionary (5th ed. 1979), p. 1412.

Ⅱ. 인터넷의 특성

1. 상호교류성

인터넷은 TV나 라디오 같은 다른 전통적인 미디어가 가지고 있지 않은 특성을 가지고 있다. 사용자들 간의 상호교류성이라는 타 미디어가 가지고 있지 않은 독특함 때문에 많은 사용자들이 인터넷을 선호하고 있다. 컴퓨터의 상호성 덕분에 TV나 라디오같이 수동적인 미디어보다 사용자들의 관심을 끌 수 있다. 시간과 공간의 제약을 받지 않고 상호적으로 교류를 할 수 있으며, 즉각적인 연결이 가능하며, 사용자의 필요 이상을 충족시킬 수 있는 가상의 세계까지 제공한다.[3] 인터넷은 초기에 정보 교환이라는 일차적인 역할에서 현재의 상호적이고 이용자들의 참여가 가능한 도구로서 놀랄 만한 변천과 발전을 겪어왔다. 페이스북, 마이스페이스, 유튜브, 트위터나 위키피디어의 개발과 더불어서 인터넷은 서로 모르는 사람들끼리 온라인을 통해서 만나고, 친구를 만들고, 교통하고 비밀을 서로 주고받을 수 있는 보편적인 수단이 되었다.[4] 2021년에는 페이스북 사용자가 29억 명을 넘었고 많은 사용자들은 매일 로그인하고 사용하고 있다.[5] 점점 더 증가하고 있는 배심원의 온라인 조사와 교류가 인터넷 없이는 불가능하였을 것이다.

2. 중독성

현대 사회에서 많은 사람들에게 있어 인터넷 사용 없는 생활은 거의 상상조차 하기 어려울 정도로 인터넷은 일상생활과 밀접하다. 현대에서 많은 사람들은 심리적으로도 직접적인 면대면 접촉보다는 온라인 접촉을 더

---

3) Ellen Toronto, "Time Out of Mind: Dissociation in the Virtual World," 26 *Psychoanalytic Psychology* 117 (2009).

4) Caren Myers Morrison, "Jury 2.0," 62 *Hastings Law Journal* 1579 (2011).

5) https://www.statista.com/statistics/264810/number−of−monthly−active−facebook−users−worldwide/(최종방문 2022.02.19.). 또한 트위터는 2019년 1분기에 매월 3억3천만 명의 사용자가 있으며, 2021년에 트위터는 인터넷에서 가장 많이 방문하는 사이트로 11위를 차지하였다. https://www.semrush.com/blog/most−visited−websites/(최종방문 2022.02.19.).

선호하는데 그 이유는 더 안전하고, 시간 절약이 되며, 위험 요소가 덜하고, 때로는 더 흥미로울 수 있기 때문이다.[6] 현대인들은 인터넷의 발달과 더불어서 점점 더 소극적이고 내성적으로 변하고 있으며, 자신과 초면인 사람들과 만나는 것을 꺼린다. 인터넷이 있기 때문에 혼밥, 혼술 같은 싱글문화가 가능해졌다. 이러한 사람들이 배심원으로 소환되었을 때 법원에서 인터넷 사용을 금지하는 것에 대해 부정적으로 반응할 수 있다. 특히 젊은 세대에게 SNS는 너무나 보편적이고 그 문화가 팽배해 있기 때문에 배심재판 중에 SNS 사용을 금지하는 것은 자신들이 익숙한 세계와 문화에서 단절되는 것과도 같다. 이러한 젊은 세대가 미래에 배심원 Pool의 주류가 될 것이라는 사실을 받아들여야 한다.[7]

현대의 배심원들의 인터넷 중독의 심각성을 잘 보여주는 사례들이 있었다. 미국 텍사스 주에서 2011년에 있었던 한 재판에서 배심원으로 선정된 사람이 자신의 페이스북에 그 재판의 피고인을 친구로 초대하였고, 페이스북에서 재판에 대해 다른 사람들과 대화까지 나눈 사건이 있었다.[8] 피고인은 이 일을 법원에 고발하였고, 그 배심원은 재판에서 배제되었다. 담당판사는 배심원 설시를 통하여 재판 중에는 온라인과 SNS를 이용한 사건에 대한 조사를 금지하였는데, 그 배심원은 법원의 지시를 위반한 혐의로 법정 모독죄로 기소되었다. 나중에 그는 자신의 행위에 대해서 불공정하게 처벌받았다고 불평하는 내용의 메시지를 피고인에게 보내기까지 하였다.[9] 현대에서 너무나 많은 배심원들은 SNS의 매력에 빠져 있고 중독되어서 법과 규칙까지 위반하고 있다.

---

6) Scott E. Caplan, "Preference for Online Social Interaction: A Theory of Problematic Internet Use and Psychosocial Well-Being," 30 *Comm. Res.* 625, 631 (2003). Covid-19로 인해 비대면 접촉은 일상이 되었고, 포스트 코로나 이후에도 계속될 것으로 보인다.

7) Morrison, *supra* note 4, p. 1613.

8) Eva-Marie Ayala, Tarrant County Juror Sentenced to Community Service for Trying to 'Friend' Defendant on Facebook, Star-Telegram, Aug. 28, 2011, available at http://www.star-telegram.com/2011/08/28/v-print/3319796/juror-sentenced-to-community-service.htm(최종방문 2016. 06. 15).

9) *Id.*

3. 익명성

인터넷의 또 다른 특성은 사용자에게 익명성을 제공한다는 것이다. 자신의 정체를 밝히지 않아도 되기 때문에 자신의 익명성을 이용해서 '보호'를 받고 있다고 생각할 수 있다. 익명성 때문에 결과적으로 사람들은 자신의 온라인 행동에 대해서 제약을 받지 않아서, 일반적인 상황일 때보다 더 자신이나 타인에 대해서 과감한 행위를 할 수 있다.[10] 그래서 인터넷상의 행위를 할 때 바람직하지 않은 판단을 내리기도 한다. 이렇게 익명성에 대한 지나친 과신은 배심재판 상황에서 예상치 않은 결과에 이르게 한다. 예를 들어 어떤 배심원이 트위터를 통해서 진행 중인 재판에 대한 정보를 올리면, 그 재판의 증인이 이를 접하게 될 수 있다. 증인은 자신이 증언하기 전에 재판에 관한 정보를 알게 되면, 법정에서 그의 증언에 궁극적으로 영향을 미칠 수 있다. 자신이 법정에서 증언을 하기도 전에 재판 중에 있었던 변론 내용을 미리 접하게 되면 그 증인은 간접적으로나마 영향을 받게 되어서 공정한 재판에 막대한 지장을 초래할 수 있다는 것이다. 법원이 배심원의 인터넷 사용을 금지하는 중요한 이유 중 하나이다.[11]

4. 신빙성

인터넷은 현대 사회에 있어서 없어서는 안 될 중요하고 보편적인 수단이 되었다. 현대 사회에서는 신문과 같은 인쇄 매체를 보지 않고 생활하는 것이 일반적이다.[12] 인터넷을 통해서 인쇄 매체와 같거나 비슷한 내용을 무료로 아무 때나 쉽게 알 수 있기 때문이다. 이것이 신문과 같은 전통적인 미디어가 점점 더 쇠퇴하고 있는 이유이다. 반면에 현대인들이 인터넷의 범주를 넘어서 생활하는 것은 어렵다. 더군다나 인터넷은 사건이나 사

---

10) John Suler, "The Online Disinhibition Effect," 7 *CyberPsychology & Behavior* 321 (2004).
11) David E. Aaronson, et al., "Modernizing Jury Instructions in the Age of Social Media," 27 - *WTR Criminal Justice* 26, 32 (2013).
12) 우리나라에서 독자들이 조간신문뿐만 아니라 석간신문까지 기다리던 때가 있어서 격세지감이 느껴진다.

람들에 대한 거의 무궁무진한 정보를 제공한다. 뉴스거리가 안 될 수도 있는 사건조차 인터넷에서 다루어지고 있다. 인터넷에서는 정보의 흐름을 조절하는 것이 거의 불가능하기 때문에 어떠한 이슈라도 여과 없이 다루어질 수 있으며, 누구라도 제한 없이 어떤 정보나 댓글이나 코멘트를 올릴 수 있다.13)

또한 어떤 때에는 불완전하거나 발신자나 출처조차 확인할 수 없는 사실과 다른 정보가 올라오기도 하며, 악의를 가지고 있는 사람이 잘못된 정보를 의도적으로 올리기도 할 수 있다. 신문과 같은 미디어 매체에서는 사실 관계를 확인할 수 있지만 온라인상의 정보에 대해서는 사실 관계를 확인하거나 정보의 진위를 확인하기 어려울 수 있다.14) 인터넷의 또 다른 문제점은 어떤 정보가 온라인에 한번 올라오면 삭제하는 것이 매우 어렵다는 것이다.15) 미국의 연방, 주 증거법에 의하면 사건에 연관성이 있고 증거능력이 있는 증거물이라고 해도 편견이나 선입관을 일으킬 가능성이 있으면 그 증거물을 재판에서 배제할 수 있는데, 그 이유는 배심재판에서 배심원들이 근거 없이 편견이나 비이성적인 근거에 의존해서 판단을 하지 않게 함으로써 올바른 평결에 이르게 하기 위한 것이다.16) 하지만 현실적으로 오늘날 배심원들은 온라인에서 계속적으로 정보를 구하고 있다.

Ⅲ. 배심원의 온라인 조사

1. 배심원의 온라인 조사의 문제점

(1) 미국 헌법과 증거법

1990년대 이후로 미국에서는 배심원들은 재판 중에 제시되고 채택된 증거물에만 의존하지 않고 인터넷에 의존해서 사건에 대한 조사를 하고 있

---

13) Ellen Brickman et al., "How Juror Internet Use Has Changed the American Jury Trial," 1 *J. Ct. Innovation* 287, 292 (2008).

14) Morrison, *supra* note 4, p. 1584.

15) Brickman, *supra* note 13, p. 292.

16) Federal Rules of Evidence 403 advisory committee's note.

다. 인터넷 기술의 발전 없이는 가능하지 않은 일이다. 이것은 배심원의 평결이 재판 중에 채택된 증거물에만 근거해야 한다는 소송절차법에 위반되는 행위이며, 배심원에 의해서 공정한 재판을 받을 권리, 증인을 심문할 수 있는 권리와 재판 과정에 참여할 수 있는 권리를 보장한 미국 수정헌법 제6조와[17] 제7조에[18] 의해 보장된 기본적인 권리에 위배되는 것이다.[19] 인터넷을 통해서 얻은 정보에 대해서는 의뢰인의 변호인이 상대측 증인에 대한 유도 심문을 할 수 없고, 질문을 할 수 없으며, 인터넷에서 수집한 정보에 대해서 이의를 신청할 수 없다.[20][21] 재판에서 채택되지 않은 정보를 고려하는 것을 금지하는 증거법의 목적은 배심원들을 잘못된 방향으로 인도할 수 있는 정보나, 당사자나 증인들을 부당하게 불신할 수 있는 정보를 고려하는 것을 금지하기 위한 것이다.[22] 이와 같이 재판 외적인 요소를 고려하여 증거법을 위반하는 행위는 배심원이 편견을 갖게 하거나 오류를 범할 가능성을 높인다.

또한 인터넷에서 수집한 정보는 법적으로 입증할 수 없다는 문제점이 있다. 예를 들어 미국 로드아일랜드 주에서 살인사건 재판의 한 배심원은 '살인,' '과실치사,' '정당방위' 같은 법적 용어의 정의를 인터넷에서 조사하

---

17) 미국연방수정헌법 제6조: 모든 형사 소추에서 피고인은 범죄가 행하여진 주 및 법률에 의하여 사전에 정하는 지역의 공정한 배심에 의한 신속한 재판을 받을 권리를 보유한다.

18) 미국연방수정헌법 제7조: 보통법상의 소송에서 소송가액이 20달러를 초과하는 경우에는 배심에 의한 심리를 받을 권리가 보유된다.

19) 공정한 배심원단이란 사건에 이해관계가 없고, 어떤 의견을 가지고 있거나 표현하지 않았고, 편견이나 선입관이 없으며, 사건에 대하여 중립적인 사람들로 구성된 것이다. Miland F. Simpler, Ⅲ., "The Unjust "Web" We Weave: The Evolution of Social Media and Its Psychological Impact on Juror Impartiality and Fair Trials," 36 *Law & Psychol. Rev.* 275 (2012); State v. Dellinger, 696 S.E.2d 38, 43 (W.Va. 2010).

20) 형사사건에 대한 배심재판에서는 피고인에 반하는 증거는 법정의 증언대 위에서 나와야 하고, 피고인에게 직접 대면해서 반대심문을 할 수 있어야 하며, 변호인을 선임할 권리가 보장되어야 한다. Turner v. Louisiana, 379 U.S. 466, 472~473 (1965).

21) 미국연방수정헌법 제14조: 어떠한 주도 정당한 법의 절차에 의하지 아니하고는 어떠한 개인의 생명, 자유 또는 재산을 박탈할 수 없다.

22) Federal Rules of Evidence Rule 403: 재판과 관련이 있는 증거물이라도 부당한 편견이나 배심원을 혼동시킬 수 있는 위험이 증거로서의 가치를 초과한다면 배제시킬 수 있다. 주의 증거법도 관련성이 있는 증거라도 부당한 편견을 초래할 가능성이 있으면 배재할 수 있도록 하고 있다. Morrison, *supra* note 4, at 1579.

였다. 하지만 그 배심원이 인터넷에서 수집한 정보는 로드아일랜드 주의 법과 판례에 대한 것이 아니라 캘리포니아 주의 법과 판례에 대한 것이어서, 그 재판의 담당판사는 무효재판을 선고하였다.[23]

(2) 불공정한 재판

위와 같은 문제점에 대해서 법원에서 충분한 대처를 하지 않아도 대부분의 배심원들은 정해진 규칙대로 행동할 것이다. 그럼에도 불구하고 어떤 소수의 배심원들은 재판 외적으로 정보를 구한다. 재판 당사자들은 배심원들이 어떤 정보를 가지고 있는지도 알지 못한 채 재판에 임하거나 재판을 진행해야 한다. 다른 배심원이나 제3자의 폭로로 밝혀지기 전에는 어떤 배심원의 불법적인 행동에 대한 인식도 없이 재판을 진행하게 되며, 이것은 배심원의 전통적인 기능을 해치는 것이다. 또한 배심재판 제도 전체에 대한 불신과 나쁜 평판을 남기게 한다.[24]

배심원의 온라인 조사에 대한 적절한 조처를 취하지 않으면 형사피고인에게 공정하지 못한 재판을 하게 된다. 그는 정식 기소사실뿐만 아니라 인터넷의 은밀한 가십과 풍자에 대해서도 대비해야 하기 때문이다. 충분한 재원과 자원이 있고 인터넷에 대한 기술이나 노하우가 많은 재판 당사자는 이러한 이점을 이용해서 인터넷에서 자신에게 유리한 조치를 취할 수도 있다. 예를 들어 인터넷에 고의적으로 어떤 정보를 인터넷에 올려서 자신에게 유리한 정보를 배심원들이 볼 수 있도록 할 수 있으며, 반면에 상대방에게 불리한 정보를 올려서 배심원들이 보기를 바랄 것이다. 이러한 선택은 충분한 재원이나 인터넷 자원이 없는 대다수의 당사자들에게는 가능하지 않다. 결과적으로 불공정한 재판이 진행될 수도 있다.

---

23) Hoffmeister, *supra* note 1, p. 418 and Talia Buford, New Juror Policy Accounts for New Technology, Providence J. (May 17, 2009), http://www.projo.com/news/content/TWITTER_AND_THE_JURY_05-17-09_C7EA4AE_v24.3549604.html.(최종방문 2016. 05. 06).

24) B. Michael Dann, ""Learning Lessons" and "Speaking Rights": Creating Educated and Democratic Juries," 68 *Indiana Law Journal* 1229 (1993).

2. 배심원의 온라인 조사의 이유

(1) 배심원 혼동과 호기심

배심원의 온라인 조사가 가지고 있는 문제점은 디지털 시대의 발전과 더불어서 더 악화될 수 있다. 온라인 조사가 배심원 선정 과정, 재판 중 그리고 배심원 평의 과정에서 발생하고 있다. 인터넷 연결이 가능한 모든 곳에서 온라인 조사를 할 수 있기 때문에 이것을 예방하는 것이 어렵다. 이 문제를 해결하기 위해서는 온라인 조사가 발생하고 있는 이유에 대하여 먼저 생각해봐야 한다. 일반적으로 재판에서 배심원에게 주어지는 정보는 법원에 의해서 철저하게 조절되고 제한된다. 판사는 배심원에게 제시되는 정보를 필터링하고 정보의 흐름을 조정할 수 있는 권한이 있다.

배심원은 어떤 법적 개념을 이해하기 위해서나 법적 정의를 이해하기 위해서 배심원 설시와 재판에 관계된 정보에 대해서 판사와 변호인에게 의존해야만 한다. 하지만 판사와 변호인들은 배심원의 필요를 충분히 충족시키지 못하는 면이 있어 보인다. 정보의 부족은 배심원들을 혼란에 빠트릴 수 있거나 자신이 잘 모르는 부분에 대해서 호기심을 가지게 할 수 있다. 법률의 정의와 재판 중 사용되는 용어에 대해 불충분한 설명은 배심원들을 혼동에 빠트릴 수 있다. 이것은 바람직하지 못한 결과를 낼 수 있는데, 배심원들이 재판 당사자들의 운명을 좌우하거나 피고인의 과실의 정도를 결정하기 때문에 매우 중요한 문제이다.

인터넷 사용이 점점 더 보편화 됨에 따라 어떤 배심원들은 담당판사, 당사자들, 변호사나 증인들과 같이 재판에 개입된 사람들에 대해 인터넷, 페이스북이나 SNS를 통해서 조사하고 알아보기를 원한다.[25] 어떤 배심원은 진행 중인 재판의 쟁점에 대한 호기심을 충족하기 원하거나 범행 현장에 대한 호기심을 충족하기 위해서 인터넷을 사용하기도 한다. 인터넷 접속만 가능하면 신속하고 쉬운 방법으로 이러한 조사를 할 수 있다. 배심원의 인터넷 조사의 근본적인 문제점은 그 배심원이 그 사실을 자백하거나 다른

---

25) Hoffmeister, *supra* note 1, at 421.

배심원이나 변호인이 이러한 불법 행위사실을 발견하고 고발하기까지 이 것을 발견하기 어렵다는 점이다. 그래서 담당판사와 변호인은 배심원들에 게 충분한 정보를 제공함으로써 배심원의 혼동을 줄이기 위한 충분한 노력 을 하여야 한다.

Ⅳ. 배심원의 온라인 교류

법원은 배심원이 다른 배심원들, 증인들이나 제3자와 개인적으로 소통, 교류하는 것을 금지하고 있다. 이러한 소통, 교류는 연방수정헌법 제6조에 근거하여 재판당사자들이 외부에서 정보를 제공한 사람들을 대면하고 유 도 심문할 수 있는 기회를 박탈하기 때문이다. 만일 어떤 교류가 평결에 매 우 불리하고 편견적인 영향을 준 사실이 입증된다면 법원은 재판의 무효를 선언할 수도 있다.

1. 배심원들의 소통, 교류

일반적으로 배심원 평의가 있기 전에는 배심원들 간의 교류가 금지되어 있다. 평의과정이 시작하기 전까지 배심원들은 침묵을 유지해야 한다.[26] 그 러나 현재 네 개의 주에서는 평의 시작 전에 배심원간의 대화를 허용하고 있고 이러한 교류를 허용하는 것에 대해서 다른 여러 주에서도 고려하고 있 다.[27] 그러한 교류의 장점은 재판 중에 배심원들의 재판의 사안에 대한 이 해도를 높일 수 있고 평의가 시작되면 배심원들은 더 집중적으로 논의를 할 수 있다는 것이다. 또한 어떤 결론에 미리 도달하지 않는 것을 전제로 해서 재판 중에 배심원들의 토의를 허용하면 불법적으로 온라인 조사를 하는 것 을 줄일 수 있다. 현실적으로 보면 배심원들 간의 대화를 금지하는 법원의

---

26) 미국 대부분의 법원에서는 평의 시작 전에 배심원들 간에 대화하는 것을 금지하고 있다. 재판 사안에 대해 혼동하고 있는 배심원이 그와 비슷하거나 더 혼동하고 있는 다른 배심 원과 대화하는 것은 더 바람직하지 않을 수 있다. Hoffmeister, *supra* note 1, p. 421.

27) Jessica L. Bregant, Note, "Let's Give Them Something to Talk About: An Empirical Evaluation of Predeliberation Discussions," 2009 *U. Ill. L. Rev.* 1213, 1215 (2009).

지시에도 불구하고 대화를 하는 것을 볼 수 있는데, 배심원으로서는 공개적으로 대화도 마음대로 할 수 없고 질문하는 것도 금지되어 있어서 재판 과정에서 스트레스를 받기 쉽고 압박감을 느끼기 쉽기 때문이다. 재판의 결과가 형사피고인의 삶과 죽음을 결정할 수 있거나 사회적으로 큰 파장을 불러일으킬 수 있는 재판에서 배심원이 받는 정신적인 부담감은 극심할 수 있다. 또한 배심원들 간의 대화가 자신의 친구나 제3자와 재판 외적으로 하는 것보다는 적어도 나을 수 있다. 그러나 대부분의 주에서는 평의 시작 전에 배심원의 교류를 금지하고 있는데 평결에 이르기 전에 서로 간이나 타인과 교류하는 것이 적절하지 않고, 평의 시작 전에 선입관을 가질 수 있다는 우려 때문이다.[28] 매우 길고 지루할 수 있는 재판 과정에서 배심원끼리 아무런 대화도 하지 못하게 하는 것은 너무 엄격하다고 볼 수 있지만, 평의 전에 재판에 연관된 사항에 대해서 논의하게 되면 배심재판의 의미를 손상시킬 수 있으며, 평의에도 부정적인 영향을 미칠 수 있기 때문에 배심원들이 재판에 관련된 사항에 대해서는 대화를 금지시키는 설시가 필요하다.

2. 재판 외적으로 외부인과 교류

평의 전이나 평의 중에 재판 외적인 방법으로 타인과의 교류를 금지하는 이유가 여러 가지 있다. 첫 번째로 배심원 평의의 비밀성을 보호하기 위해서이다. 예를 들어 만일 자신의 의견이 인터넷이나 SNS에 알려지는 것이 두려워 그 배심원은 평의 중에 자신의 솔직한 감정을 나타내기 꺼릴 수 있거나 평의에 적극적으로 참여하는 것을 원하지 않을 수 있다. 그러나 타인과 재판 외적으로 교류하는 것을 금지하는 가장 큰 이유는 제3자가 배심원의 의견에 부당한 영향을 줄 수 있기 때문이다. 배심원이 쟁점에 대한 정보를 제3자로부터 얻은 후 그는 자신의 의견과 상반되는 제3자의 의견에 좌우될 수 있는 가능성이 있다.[29] 예를 들어 미국 매사추세츠 주의 한 재판의 배심원은 그 사건의 쟁점에 대해서 타인의 의견을 구하기 위해 Listserve에

---

28) Marcy Strauss, "Juror Journalism," 12 *Yale L. & Pol'y Rev.* 389, 408 (1994).
29) United States v. Fumo, 655 F.3d 288, 305 (3d Cir. 2011).

이메일을 보냈고 2개의 응답까지 받았던 일이 있었다.[30] Listserve에서는 자신이 배심원으로 선정된 것에 대해서 불쾌감을 나타내었고 형사피고인이 유죄라고 생각한다고 밝혔다. 그 재판의 피고인 측 변호사는 평결 후에 이 사실을 발견했고 항소하였다. 매사추세츠 주 대법원은 유죄심을 파기하지 않았고 배심원의 행위와 Listserve에서 이메일을 수신한 것이 평결을 번복할 정도로 부정적인 영향을 주지는 않았다고 판시하였다.[31] 하지만 만일 어떤 배심원의 교류에서 재판의 사안에 대한 구체적인 논의가 이루어졌거나, 극명한 편향성을 보였거나, 다른 배심원들이 온라인 교류를 접하고 부정적인 영향을 받은 경우에는 미결정 심리(Mistrial)가 선언될 수 있다.[32]

V. 배심원의 온라인 조사와 교류에 대한 대처 방안

1. 배심원 격리(Sequestration)

위와 같은 배심원의 부정행위를 예방하기 위한 방법이 강구되어야 하는데, 가장 효과적인 방법은 배심원 격리이다. 재판 전 퍼블리시티가 있었던 사건이나 사회적으로 큰 이슈가 있는 재판에서, 담당판사는 재판 기간 동안 호텔 같은 곳에 배심원단의 격리를 명령하여서 배심원들이 대중과 미디어의 영향을 받지 않도록 조처를 취할 수 있다.[33] 휴정 중에는 배심원들은 정해진 호텔이나 다른 지정된 곳에 격리됨으로써 외부에서 배심원에 영향을 주는 것이나 배심원단이 미디어 보도에 영향 받는 것을 예방할 수 있다.[34] 재판이 끝날 때까지 배심원단은 귀가할 수 없으며 법원의 감독하에 모니터링을 받게 된다. 그래서 개인적으로 조사나 교류를 하기 어려워진다.

---

30) Commonwealth v. Guisti, 747 N.E.2d 673, 675 (Mass. 2001).

31) *Id.*

32) Richard Raysman & Peter Brown, How Blogging Affects Legal Proceedings, Law Tech. News (May 13, 2009), http://www.law.com/jsp/lawtechnologynews/PubArticleLTN.jsp?id=1202430647333&slreturn=1&hbxlogin=1(최종방문 2016. 05. 06).

33) 격리에 대한 결정은 판사의 재량권에 달려있지만 배심원 격리 명령은 흔하지 않다. Massachusetts Continuing Legal Education, Inc. 2013 Massachusetts District Court Criminal Defense Manual Chapter 14 TRIAL ADVOCACY.

34) Black's Law Dictionary 768.

하지만 배심원은 일정기간 동안 가족과 직장에서 격리되어야 하며, 적은 보수를 받으며 제한된 지역에서 제약을 받으며 생활해야 하기 때문에 매우 스트레스를 받는다. 이러한 부담에 더해서 격리까지 받아야 한다면 일반 시민들에게는 배심원의무가 더 큰 부담이 되기 때문에 배심원 의무를 더 꺼리게 될 것이다. 또한 법원으로서는 격리 기간 동안 모든 배심원들의 기숙과 식사를 계획하고 부담해야 하며 그들을 감시, 감독해야 하기 때문에 재정적인 부분에 있어서나 실행에 있어서의 부담이 있다. 또한 배심원 격리가 필요한 재판은 일반재판보다 배심원 선정 과정이 더 오래 걸릴 것이다. 배심원 격리가 필요한 재판은 만일 배심원으로 선정되면 격리를 당해야 된다는 우려 때문에 여러 가지 이유를 들어서 배심원 선정에서 배제되려고 노력할 것이다. 그리고 배심원 선정 과정에서 법원은 오랜 시간을 할애해야 할 것이다. 배심원 격리는 일반적으로 당사자가 유명인인 재판이나 배상청구액이 매우 높은 재판에서 요구된다.[35] 위와 같은 이유로 배심원 격리는 선호되는 방법이 아니며, 최후의 수단이 되어야 한다.

2. 전자 기기 사용 금지

법원은 배심원들이 스마트폰이나 인터넷 사용을 가능하게 하는 모든 전자기기의 사용을 금지함으로써 재판에 대한 조사를 하거나 제3자와 교통하는 것을 예방할 수 있다. 어떤 법원들은 법원에 전자 기기를 가지고 들어오거나 소지하는 것을 금지하고 있다. 법정에 들어오기 전에 법원 담당자가 전자 기기를 보관하고 퇴정할 때 돌려주고 있다. 그러나 재판이 하루 이상 소요될 때는 이러한 방법이 효과를 잃게 된다. 배심원들이 귀가한 후에도 집이나 그 외 장소에서 인터넷을 사용하는 것을 금지하는 배심원 설시를 쉽게 무시할 수 있기 때문이다.[36]

---

35) Nancy J. King, "Juror Delinquency in Criminal Trials in America," 94 *Mich. L. Rev.* 2673 (1996).

36) 미국에서 대부분의 중범죄에 대한 배심재판은 3일 이상 소요된다. *Id.* p. 2709.

3. 배심원의 온라인상의 행위 감시

좀 더 극단적인 방법으로서 미국에서는 변호인단이 배심원의 온라인상의 행동을 조사, 감시하는 방법이 있다. 재판 전, 재판 중이나 재판 후에도 변호사들은 배심원들의 인터넷상의 행위를 모니터하는 것이다. 예를 들어 변호사들은 인터넷에서 배심원의 이름과 다른 관련 정보를 이용하여 배심원의 행위를 감시할 수 있으며, SNS를 통해서나 인터넷상에서 배심원의 행위를 모니터할 수 있다. 만일 자신의 인터넷상의 행동이 감시당하고 있다는 것을 알고 있으면, 배심원은 판사의 설시를 위반하는 행동을 자제할 것이다. 그러나 배심원의 온라인상의 행위를 24시간 계속적으로 감시하는 것은 거의 불가능하며 배심원의 사생활의 프라이버시를 침해할 수 있다. 또한 어떤 변호인은 배심원의 부정행위를 법원에 보고하지 않을 수 있다. 특정 배심원의 행위가 자신의 케이스에 도움이 될 수 있다고 믿거나 재판 결과에 대해서 만족하기 때문이다.

(1) 배심원의 행위 감시의 역사

얼마 전까지는 배심원의 행위에 대한 감시가 줄어드는 추세였었는데, 배심원 모니터링을 위해 변호사들에게 들어가는 시간과 비용 때문이었다. 그래서 배심원에 대한 감시는 검사나 금전적 여유가 많은 재판 당사자에 국한되었었다. 하지만 디지털과 인터넷 시대의 도래와 더불어서 미국에서 배심원에 대한 감시는 시간이나 비용적인 면에서 덜 부담스럽게 되었다. 배심원에 대한 정보를 구하는 것이 온라인을 통해 쉽고 신속하게 이루어지기 때문에 변호사들은 고비용과 노동 집약적으로 현장 조사를 할 필요가 적어졌다. 배심원후보자군의 범위가 넓을 때 일반적인 민사재판 당사자들에게는 전통적인 방법으로 현장조사를 하는 것이 비용적인 부담 때문에 거의 불가능하였다. 마찬가지 이유로 일반적인 형사재판 피고인은 배심원 현장 조사를 위한 비용을 감당하기 어려울 것이다. 그러나 온라인 배심원 감시는 고비용을 요구하지 않기 때문에 재정적 부담감 없이 할 수 있다는 장점이 있다. 재판 당사자나 변호사들은 블로그, SNS나 다른 온라인 데이터베이스로부터 비용적 부담 없이 정보들

을 수집할 수 있게 되었다. 배심원 감시는 미국의 민, 형사재판에서 더 이상
재정적인 여유가 많은 당사자나 검사에게만 사용이 국한되는 것이 아니다.

(2) 배심원 감시의 목적

배심원에 대한 온라인상의 감시와 모니터링은 두 가지 목적을 달성할
수 있다. 배심원의 부정행위를 발견할 수 있을 뿐만 아니라 재판 중에 배심
원의 부정행위를 예방할 수 있다는 것이 바로 그것이다. 미국에서는 배심
원의 온라인 조사와 교류를 금지하는 법원의 규칙과 배심원 설시를 위반하
는 사례가 증가하고 있다. 많은 배심원들이 블로그를 사용하고 이메일을
보내면서 인터넷과 SNS을 사용하고 있다. 그러나 배심원들이 자신의 온라
인 행위가 감시당하고 있다는 것을 알고 있으면 법원 규칙과 배심원 설시
를 더 잘 준수할 것이다.[37] 온라인 조사와 교류는 배심원 감시와 경고를 통
해서 많이 축소될 수 있다고 본다.[38]

또한 배심원 심문과 선정 과정 중에 온라인상 배심원 감시를 함으로써
변호인들은 이유부 기피와 무이유부 기피신청을 효과적으로 준비할 수 있
다.[39] 온라인 배심원 감시를 통해 수집된 정보를 이용한다면 변호인들은
기피신청을 더 전략적이고 효과적인 방향으로 사용할 수 있다. 변호인들은
무이유부 기피를 사용할 때 신뢰하기 어려운 고정관념에 의존하지 않고 온
라인 배심원 감시를 통해 수집된 사실 관계에 근거할 수 있다.[40] 한 개인의
의견, 배경이나 정치적 성향을 조사하는 데 있어 인터넷과 SNS의 중요성과
효력은 널리 알려져 있다. 유명인이 개입된 사건이나 high profile한 형사재
판에서 배심원후보자들에 대한 사전 조사는 자주 일어나고 있다. 예를 들
어 경찰의 구속 기록이나 정당에 기부 내역까지도 조사할 수 있다.[41]

---

37) Molly McDonough, Rogue Jurors, *American Bar Association Journal*, Oct. 2006 pp. 39, 43.
38) Thaddeus Hoffmeister, "Investigating Jurors in the Digital Age: One Click at a Time," 60 *University of Kansas Law Review* 611, 630 (2012).
39) 배심원후보자는 편견이나 다른 확실한 이유로 인해서 이유부 기피의 대상이 될 수 있다. 무이유부 기피는 기피에 대한 사유 없이도 기피신청할 수 있는 변호인의 권리이다. Black's Law Dictionary, pp. 209, 1023.
40) Hoffmeister, *supra* note 38, p. 634.
41) Anne Constable, Background Checks of Jurors Routine, New Mexican, Sept. 24, 2009, p. A4. 이러한 방법의 조사는 프라이버시를 침해하기 때문에 보통 비밀스럽게 진행된다. 이

또한 온라인 배심원 감시는 검찰과 형사피고인 간에 공평성을 유지시킬 수 있다. 검사 측은 통상적으로 정보 수집에 있어서 유리한 점을 가지고 있다. 검사 측은 일반인들에게 접근이 허용되지 않는 정보를 입수할 수 있기 때문이다. 반면에 온라인 배심원 감시는 충분한 재원이 없는 일반 형사피고인도 할 수 있다.[42] 당사자나 변호인들이 블로그, SNS나 다른 온라인 데이터베이스로부터 정보를 얻을 수 있다.[43] 온라인 감시의 또 하나의 장점은 배심원의 부정행위를 재판 초반부에도 발견하여 그 배심원을 배제시킴으로써 해결할 수 있기 때문에 사법적 경제성이 높다는 것이다. 민사재판에서 배심원의 부정행위에 대해서 평결 이후나 항소로 해결할 필요가 없다는 장점이 있다.[44]

(3) 배심원 감시 방법

배심원 감시가 신속하게 시작될수록 재판 당사자와 법원에 더 유리하다. 미국에서는 법원이 배심원 명부 정보를 알림과 동시에[45] 변호사는 배심원 감시를 시작할 수 있으며 배심원의 불법적인 조사나 교류에 대한 정보를 입수하여 기피신청을 위해 사용할 수 있다. 만일 변호사가 배심원 선정 과정에서 기피신청을 할 때, 마지막 시기까지 기다리면, 무이유부 기피신청을 다 소진하여 더 이상 사용할 수 없게 될 수 있는 위험이 있다.[46] 무이유부 기피신청은 이유부 기피신청과 달리 사용 숫자에 제한이 있기 때문이다. 또한 배심원단의 최종 구성 이후에 배심원을 배제하는 것은 더 어렵다. 담당판사가 배심원 배제에 대한 재량권을 가지고 있을 뿐만 아니라, 매

러한 조사는 배심원 임무에 흔쾌히 참여하고 있는 많은 시민들에게 좋지 않은 인상을 줄 수 있다.

42) Hoffmeister, *supra* note 38, p. 634.

43) Johnson v. McCullough, 306 S.W.3d 551, 558−59 (Mo. 2010) (en banc) (per curiam).

44) *Id*. p. 554.

45) 특정 기간 동안 배심원후보자로 소환될 배심원 후보자 리스트. Black's Law Dictionary, p. 1395.

46) 무이유부 기피신청은 숫자에 제한이 있으며, 주별로 차이가 있다. 연방민사재판에서 양측은 3번까지 사용할 수 있으며, 연방형사재판에서 사형재판에서는 20번, 경범죄는 3번, 그리고 중범죄에서 검사측은 6번, 피고인 측은 10번까지 사용할 수 있다. Federal Rules of Civil Procedure 47(b); Federal Rules of Criminal Procedure 24(b); Randolph N. Jonakait, The American Jury System (Yale University Press, 2003), p. 139.

우 심한 정도의 부정행위가 없는 이상 법원으로서는 이미 선정된 배심원을 배제하는 것이 쉽지 않다.

최근에는 법원이 많은 재판들을 담당해야만 한다는 시간적 제약과 부담 때문에 배심원 선정에 할애해야 할 시간을 단축시키거나 변호사에게 배심원 선정 중에 심문할 권리를 축소하고 있다. 그러나 온라인을 통한 배심원 감시를 하게 되면, 부족한 시간 때문에 생기는 문제를 해소할 수 있다. 변호사들은 법원 밖에서 온라인상으로 배심원을 감시할 수 있기 때문에 법정에서는 배심원 심문 절차에 영향이 없다. 또한 배심원에 대한 온라인 감시는 법원 안에서 변호사의 개인 컴퓨터를 사용해서도 할 수 있기 때문에 배심원 선정절차를 지연시키지 않아도 된다.[47]

(4) 배심원의 프라이버시

미국에서 전통적인 방식의 배심원 감시는 배심원의 사생활을 침해할 수 있다는 이유로 비난을 받았다. 그래서 어떤 법원들은 배심원후보자에 대한 기본적인 정보를 재판 시작 전날이나 당일 아침에 발표하기도 하였고, 어떤 법원은 배심원후보자 정보를 아예 발표하지 않았다.[48] 그러나 온라인상으로 배심원을 감시하는 것은 그러한 문제를 해결할 수 있다. 온라인 배심원 감시는 전통적인 배심원 조사 방식에서 개인 탐정을 사용하는 것과 같은 방법보다 훨씬 사생활에 비침해적이다. 온라인을 통한 배심원 조사는 배심원의 가족, 친구, 이웃과 같이 배심원에 관계된 사람들과 직접적으로 접촉할 필요 없이 진행될 수 있기 때문이다. 그러나 인터넷에서 수집된 자료나 정보의 양이나 질적 수준에 대한 신뢰도 및 정확도에 대해 의문이 남을 수밖에 없다. 온라인상의 정보의 출처가 불분명하기 때문에 직접적으로 얻은 정보보다 정확성에 있어서는 떨어질 것이다. 또한 온라인 조사는 앞으로 더 개인의 사생활을 침해할 것이라고 예측할 수 있다. 앞으로 사람들이 온라인에 더 많은 개인 정보를 공유할 것이며 그것들을 더 신

---

47) Hoffmeister, *supra* note 38, p. 634.
48) Nancy J. King, Essay, "Nameless Justice: The Case for the Routine Use of Anonymous Juries in Criminal Trials," 49 *Vand. L. Rev.* 123, 130 (1996).

뢰할 것이기 때문이다.[49] 그러나 배심원의 사생활의 침해에 대한 우려는 배심원들에게 재판 중에도 그들의 행적이 온라인상에서 감시될 수 있다는 경고를 미리 해 줌으로써 어느 정도 해결될 수 있다. 배심원 소환 서류에 배심원에 대한 온라인 감시의 가능성과 목적에 대해서 미리 공지할 수 있다. 그리고 재판 중에도 배심원들의 온라인상의 교류내용이 조사되고 발견될 수 있다는 점을 상기시킬 필요가 있다. 그래서 배심원들이 재판 중에는 블로깅하는 것을 중지하거나 선동적이거나 문제를 일으킬 소지가 있는 SNS상의 행위를 하는 것을 자제시킬 수 있을 것이다.[50]

4. 재판 중에 배심원 질문의 허용

통상적으로 생각되는 '복종적'이고 '수동적'이며 시사에 어두운 사람들로만 배심원단을 구성하는 바람은 비현실적이다. 또한, 고정관념과 편향성을 가지고 있지 않은 사람들로 배심원단을 구성하는 것이 바람직하다고 생각할 수 있지만 현실적으로 쉽지 않은 일이다. 대다수의 시민에게 인터넷과 스마트폰 사용이 일상화되어 있는데, 그럼에도 불구하고 시사에 어두운 사람들로만 구성된 배심원단을 만드는 것은 매우 어려운 일이 아닐 수 없다. 그 대신에 재판 당사자가 공정한 재판을 받을 권리를 보장하는 것과 더 많은 정보를 원하는 배심원간에 절충안을 찾는 것이 더 바람직하다. 편견 없는 배심원은 '무지한' 배심원과 같지 않다.

먼저 배심원에게는 재판 과정에 더 적극적으로 참여할 수 있는 기회가 주어져야 한다. 배심원이 재판에 적극적으로 참여하기 위해서는 증인에게 원하는 질문을 할 수 있는 기회가 주어져야 하며, 재판에 관한 사항에 대해서 필요하면 추가 질문을 할 수 있어야 한다. 법원이 배심원에게 일방적으로 수동적인 자세로 재판에 임할 것을 요구하게 되면, 배심원은 무기력하게 끌려 다니는 입장이 되며, 답답함과 불만감까지 느끼게 된다. 하지만 자신이 궁금한 점에 대해 질문을 할 수 있으면, 의문점을 해소할 수 있을 뿐

49) Lior Jacob Strahilevitz, "Reputation Nation: Law in an Era of Ubiquitous Personal Information," 102 *Nw. U. L. Rev.* 1667, 1688~1694 (2008).
50) Hoffmeister, *supra* note 38, p. 639.

만 아니라, 자신의 질문으로 인해서 재판이 올바른 방향으로 나갈 수 있다는 자부심까지 생길 수 있다. 결과적으로 온라인 조사나 교류를 하고 싶은 마음에서 해소될 수 있다. 자신이 알고 싶은 사항에 대해서 답이나 보충적인 정보를 구할 수 있는 방법이 없으면, 배심원은 법정 밖에서 답을 구하려고 할 것이며, 그러면 법원으로서는 배심원에게 주어지는 정보의 흐름을 조정할 수 없다.

만일 법원이 배심원의 질문에 대해서 답을 줄 수 없다면 그 이유를 알려주어야 그들은 법원의 입장을 이해하려고 노력할 것이며, 개인적으로 해답을 구하려고 하지 않을 것이다. 그렇게 해야 배심원들은 평의 중에도 특정한 쟁점에 대해서 근거 없는 추측에 의지할 필요 없이 재판 과정에 대해 높은 이해도를 가지고 접근할 수 있을 것이다. 불법적인 방법으로 이루어진 배심원 평의와 평결을 사후에 해결하는 것보다는 배심원 부정행위의 가능성을 줄이거나 처음부터 불가능하게 하는 방법을 강구하는 것이 더 중요하다.

(1) 배심원 질문 허용의 장단점

배심원에게 질문을 허용하면 자신의 평결에 대해 더 자신감을 가지게 된다. 질문을 할 수 있게 됨으로써 배심원들은 수동적이거나 반응적이기보다는 능동적이고 적극적이 되며 재판 중에 더 주의를 집중하게 된다. 또한, 변호인들은 배심원들의 관심사를 잘 이해하게 되며 그에 더 잘 대비하게 된다. 미국의 연방법원이나 주 법원의 어떤 판사들은 배심원들의 질문을 서면으로 할 수 있도록 한 후에 그 질문을 허용할 것인가를 결정한다. 그러나 대부분의 판사들은 질문을 허용하지 않는다.[51]

질문을 허용하는 것의 단점은 어떤 특정한 증인이나 증거물에 대해서 선입관이나 성급한 결정을 내리거나 평의가 시작되기도 전에 증거물이나 사실 관계에 대한 판단을 할 수 있다는 점이다. 또한 배심원의 질문을 허용하게 되면 그만큼 재판 절차가 지연된다. 변호사로서는 배심원의 질문에 대해 이의를 제기하는 것에 대해 주저할 수 있는데, 자신의 이의 제기에 대

---

51) Nancy S. Marder, "Answering Jurors' Questions: Next Steps in Illinois," 41 *Loyola University Chi. LJ.* 727, 747 (2010).

해 배심원이 부정적으로 생각할 수 있다는 우려 때문이다.[52]

(2) 배심원의 질문 절차

배심원은 최종적으로 사실 관계에 대한 판단을 하는 권리와 의무가 있다. 그래서 배심원 질문에 대한 단점도 있지만 이를 허용하여서 올바른 평결에 도달하도록 하는 것이 옳다. 배심원에게 질문을 허용하면, 자신의 의문점을 해소할 수 있어서 오류를 포함한 평결을 피할 수 있다는 장점이 있다. 하지만 증거법과 규칙에 어긋나는 것을 피하기 위해서 다음과 같은 절차가 준수되어야 한다.

배심원의 질문을 허용하기 위한 절차로서 일단 증인에 대한 변호사와 판사의 질문이 끝난 후 판사는 그 증인에 대해서 배심원이 질문이 있는지 물어보게 된다. 질문이 있는 배심원은 자신의 질문사항을 서면으로 작성하여 법정 경찰에게 주면 그것을 판사에 전달한다. 판사와 변호인은 그 질문을 읽은 다음, 변호인은 이의가 있으면 신청할 수 있다. 변호인의 이의신청과 판사의 결정은 배심원이 들을 수 없도록 한 후 내린다. 배심원이 자신의 질문에 대해서 한 쪽 변호인이 이의신청한 것에 대한 반감이 생길 수 있기 때문이다. 만일 이의신청이 없거나 이의신청이 기각되면 판사는 질문을 허용한다.[53] 이러한 방법으로 판사는 배심원 질문을 조정할 수 있다.

5. 배심원 설시

배심원의 부당한 온라인 조사나 교류를 예방할 수 있는 가장 기본적인 방법은 배심원 설시를 통해서 배심원들이 개별적으로 재판에 대한 조사를 하거나 타인과 교류하는 것이 금지되어 있다는 것을 강조하는 것이다.[54]

---

52) United States v. Collins, 226 F.3d 457, 461 (6th Cir. 2000).
53) Barry A. Cappello & James G. Strenio, Juror Questioning: The Verdict Is In, Trial, June 2000, pp. 44, 48.
54) 2011년에 있었던 연방법원과 주법원의 배심원설시에 대한 설문조사에서 31개주에서는 재판 중에 인터넷 사용을 금지하는 배심원설시를 실시하고 있었다. 그 중 9개주는 소셜미디어 금지에 대한 규정을 가지고 있고, 17개주는 금지 항목 중에 특정 웹사이트까지 포함하였다. Eric P. Robinson, "Jury Instructions for the Modern Age: A 50−State Survey of Jury Instructions on Internet and Social Media," 1 *Reynolds Cts. & Media LJ.* 307, 311 (2011).

그러나 그러한 배심원 설시가 자신이 생각하는 '정의' 개념과 상반된다고 생각하는 배심원은 이러한 배심원 설시를 지키는 것에 반감을 느끼거나 거부할 수 있다. 그 대신 자신이 믿고 있는 '정의'를 추구하기 위해서 재판 외적인 방법으로 정보를 구하려고 할 수 있다.[55] 공정한 재판이란 절차적인 공정성을 보장함으로써 피고인이 불공정하게 유죄 평결을 받지 않는 것이다. 그러나 어떤 배심원은 절차적으로 공정한 재판보다도 자신이 생각하는 기준과 가치관에 근거한 평결을 내리는 것이 더 중요하다는 신념을 가지고 있다.[56] 그래서 법원은 배심원에게 내리는 지시를 따르는 것이 개별적인 '정의감'을 내세우는 것보다 더 중요하다는 것을 강조하고 알려야만 한다.

(1) 배심원 설시의 확실성

배심원들이 설시를 잘 따르지 않는 이유 중에 하나는 판사가 내리는 배심원 설시를 잘못 이해하기 때문이다. 또한 배심원들이 재판 외적으로 조사를 하는 이유들 중에 하나는 배심원 설시가 디지털 시대의 기술적 발전을 따라가지 못한 상태에서 내용이 불분명하거나 시대에 뒤떨어진다고 생각하기 때문이다. 예를 들어 어떤 배심원은 사건 현장을 직접 방문하는 것이나 도서관에 가서 관련 서적을 보거나 조사하는 것만 금지되고 있는 것으로 생각한다. 법원에서 인터넷 사용이나 온라인 조사의 금지에 대한 충분한 설시가 없었거나, 있었다고 해도 법원의 배심원 설시가 잘 전달되지 않은 것이다. 또한 배심원들은 판사가 주는 배심원 설시를 잘 이해하지 못해서 불법적인 교류를 하는 경우가 많다. 예를 들어 많은 배심원들은 금지된 소셜미디어의 범위에 대해 오해하고 혼동하고 있어서, 텍스팅, 이메일, 트위팅이나 블로깅이 재판 중에 금지된 행위인 것을 모르고 있다. 그들은 매일 일상생활에서 해 왔던 일들이 배심원으로서 금지되고 있다는 것을 이해하지 못하고 있다.

그러한 오해를 없애기 위해서는 배심원 설시의 내용이 변호사가 아닌 일반 시민들이 쉽게 이해할 수 있는 어휘와 단어로 구성되어야 한다. 법적

---

55) Saul M. Kassin & Lawrence S. Wrightsman, The American Jury on Trial: Psychological Perspectives (Taylor & Francis, 1988), p. 111.

56) *Id.*

인 용어와 기술적인 언어의 사용은 최대한 축소되어야 배심원들이 공감하고 더 잘 준수할 수 있을 것이다.

배심원의 혼동과 오해를 예방하기 위해서 법원은 재판 과정 중에 배심원 설시를 통해 명확하게 내용을 전달하여야 하며, 계속적으로 발전하고 있는 기술에 보조를 맞추어서 배심원 설시에 포함되어 있는 기술적 내용도 업데이트해야 한다. 담당판사는 금지되어 있는 온라인 행위에 대한 설시를 줄 때에는 추상적이거나 애매모호한 단어 대신에 간단하고 명료한 단어와 어휘를 사용하여서 배심원들이 혼동하는 것을 막아야 한다. 예를 들어 배심원 설시는 이메일, 포스팅, 텍스팅, 트위팅같이 보편적으로 사용되고 있는 소셜미디어 용어를 포함하여야 한다.[57] 배심원들은 블로그 사용이나 페이스북 업데이트가 배심원 복무 중에는 허용되지 않는다는 것을 알아야만 하며, 법적 용어의 정의를 조사하기 위해 일반사전을 사용하는 것뿐만 아니라 구글 조사도 하면 안 된다는 것을 알아야 한다. 법원은 금지된 조사가 통상적인 의미의 조사만이 아니라 소셜미디어를 포함한 넓은 분야라는 것을 배심원들이 인지하도록 해야 한다. 이러한 기본적이고 중요한 설시는 배심원 선정 후와 평의 시작 전에 나누어서 주어져야 한다. 배심원 설시는 재판 초기뿐만 아니라 재판 과정 전체에서 자주 주어짐으로써 더 잘 준수될 수 있기 때문이다.

(2) 소셜미디어 배심원 설시

배심원 설시가 더 잘 준수되기 위해서는 금지된 인터넷 행위의 사례를 알려줌과 동시에 금지하는 이유를 알려주는 것이 중요하다. 그래야 배심원들이 공감하고 더 잘 준수할 수 있게 되기 때문이다. 담당판사가 배심원들에게 인터넷 서핑, 블로깅이나 트위팅, 구글이나 위키피디아를 이용해서 법 용어의 정의를 조사하는 것이 금지된다는 것을 알려줄 때 그 이유도 같이 설명해주는 것이 중요하다.[58] 이것을 단순하게 법원이 주는 충고나 추천사항으로 생각하면 안 되기 때문이다. 배심원들도 법원과 변호인들과 마찬

---

57) Aaronson, *supra* note 11, p. 30.
58) Caren Myers Morrison, "Can the Jury Trial Survive Google?," 25 *Crim. Just.* 4, 12 (Winter 2011).

가지로 재판 당사자들에게 공정한 재판을 해 줄 의무가 있다는 것을 깨달으면 자신의 호기심을 충족시키기 위해서나, 배심원 복무 중에 생기는 지루함에서 벗어나기 위해서 인터넷을 사용하는 것을 자제할 것이다. 배심원은 오직 사실만을 증언하겠다고 선서한 증인의 증언에만 의지해서 공정한 재판이 이루어질 수 있게 해야 한다. 만일 배심원이 온라인상에서 얻은 정보를 사용하면, 변호인이 반대 심문하거나 이의를 제기할 수 없기 때문에 재판 당사자에게 공정하지 않다.

배심원의 온라인 행위에 대해서 단순한 경고만으로는 배심원들이 충분히 준수하지 않을 수 있다. 특히 젊은 세대의 배심원일수록 그럴 확률이 높다. 현대의 젊은 배심원들은 과거 그 어느 세대보다도 사실 관계와 정보를 수집하거나 타인과 소통하는 데 있어서 온라인과 온라인 정보에 의지한다. 그래서 그들에게는 일상적인 방법의 온라인 교류와 정보 수집을 포기하는 것이 매우 어려울 수 있다.[59] 배심원들은 평소에 하던 블로깅이나 인터넷 조사를 배심원 복무 중에 하면 매우 부정적인 영향을 줄 수 있어서 금지된다는 것이 상기되어야 한다.[60]

통계적으로 봐도 법원의 배심원 설시를 배심원들이 무시하지 않고 주의한다는 점을 봐도 배심원들에게 설시가 큰 영향을 주는 것을 보여준다.[61] 소셜미디어에 대한 배심원 설시가 배심원들이 인터넷을 이용한 부정행위를 완전히 근절시키지는 못할 것이다. 하지만 이러한 부정행위를 줄이는 데 어느 정도 역할을 할 것이다.[62]

(3) 온라인 조사/교류의 결과에 대한 설시

법원은 배심원들에게 온라인 조사나 교류를 통한 부정행위의 결과에 대해 설명해야 한다. 배심원들은 배심원 부정행위의 중대성과 심각성에 대해서 이해할 필요가 있다. 배심원 설시를 무시하면 미결정 심리(Mistrial)로까

---

59) Hoffmeister, *supra* note 1, p. 453.
60) Aaronson, *supra* note 11, p. 32.
61) Amy J. St. Eve, et al., "Ensuring an Impartial Jury in the Age of Social Media," 11 *Duke Law & Technology Review* 1, 21 (2012).
62) *Id.* p. 24.

지 이어질 수 있다는 것을 상기시켜야 한다.[63] 재판 무효 판결이 나면 재판 당사자들, 법원과 배심원들에게 막대한 경제적, 정신적 부담을 줄 뿐만 아니라 시간과 자원을 낭비한 것이 된다. 또한 법원은 배심원 설시를 위반한 부정행위를 하면 법원 모욕죄나 과태료 부과 등 여러 가지 종류의 처벌을 받을 수 있다는 것을 상기시켜야 한다. 배심원 설시는 되도록 재판 초기와 재판 중에 자주 주어질수록 준수될 가능성이 높기 때문에 더 자주 주어져야 한다.

6. 증거 개시법(Discovery Rules)

(1) 배심원의 고발

배심원의 부정행위는 흔히 법원에 고발되지 않기 때문에 많은 경우에 발견되지 않는다. 법원은 배심원 자신이 자신의 부정행위를 자백하거나 다른 배심원이 그 사실을 고발할 때에 그 사실을 알게 된다. 하지만 일반적으로 배심원들은 처벌이 두려워 자신의 부정행위를 고백하지 않는다. 그리고 다른 배심원의 부정행위를 고발하지 않는다. 그렇게 하면 재판 절차가 지연되거나 재판 미결정 심리가 날 수 있으며, 재판 당사자들에게 정신적이나 재정적인 부담을 줄 것임을 잘 알고 있기 때문이다. 하지만 다른 배심원의 부정행위를 보고하도록 법적으로 강요하는 것은 바람직하지 않을 수 있다. 다른 배심원의 부정행위를 보고하지 않았다는 이유로 심한 처벌을 받을 수 있다는 것은 배심원들에게 배심원 임무에 대한 더 큰 부담이 될 수 있기 때문이다.[64] 하지만 법원은 다른 배심원의 부정행위를 인지하게 되었을 때 이것을 법원에 보고하도록 독려하여야 한다.

(2) 변호사 의무 규정

변호인은 배심원 선정절차 중이나 재판 중에 배심원의 부정행위를 발견하고도 이를 법원에 보고하지 않을 수도 있다. 그 이유는 배심원의 부정

---

63) 재판결과에 결정적으로 불공평한 영향을 준 실수나 평결불성립(배심원단 의견의 불일치로 평결에 도달하지 못하는 경우)이 발생했을 때 판사는 미결정심리(mistrial)를 선고하고 재판을 종료할 수 있다. Black's Law Dictionary, p. 903.

64) Morrison, *supra* note 4, p. 1612.

행위가 형법상 저촉되지 않거나 사기성이 없는 경우이고 그 부정행위가 자신의 재판에 이익이 될 수도 있거나 그 배심원이 자신의 재판에 도움이 될 수도 있다고 생각할 때일 것이다. 이럴 경우에 변호인에게 고발을 해야 할 의무를 부과하는 규칙이 거의 없기 때문에 변호인은 이 점에 있어서 어느 정도 자유롭다.[65]

이 문제점을 해결하기 위해서 증거개시 규칙이 개정될 필요가 있다. 그래서 배심원의 온라인 조사/교류의 정도가 그 배심원을 배제해야 될 정도로 심하거나, 공정한 재판의 진행이 어렵거나, 공정한 평결을 내는 것이 불가능해 보일 때, 이를 보고해야 할 의무를 변호인에게 부과하도록 하여야 한다.[66] 민사소송규칙과 형사소송규칙도 개정하여서 만일 변호사가 배심원 부정행위를 발견하게 되면 이를 법원과 상대방에게 보고해야할 의무를 부과할 수 있다. 배심원 부정행위의 정도가 해당 배심원을 배제시킬 수 있거나 이유부 기피할 수 있을 정도로 심하다면 그러한 의무를 부여하는 것이 정당하다고 본다. 이러한 의무를 강제적으로 하여서 관련 정보를 구하기 위해서 증거 조사를 할 필요 없이 이를 얻을 수 있도록 한다면, 관련된 배심원을 배제하거나 기피신청할 목적으로 사용되도록 할 수 있다. 이러한 의무는 재판 중에는 물론이고 재판 전, 후까지 포함되어야 한다.

(3) 증거 개시법 규정의 장단점

미국의 증거개시 규칙을 개정해서 재판 당사자와 변호인에게 의무를 부과하면 정보수집에 있어서 투명성을 보장하고 재판의 공정성을 향상시킬 수 있다. 한쪽 당사자가 배심원에 대해 수집한 정보에 대해서 독점할 수 없어지면 배심원 정보 수집에 있어서 불공정한 면이 줄어들거나 없어질 수 있을 것이다. 반면에 이러한 점 때문에 변호사들은 온라인상에서 자료/정보를 수집하는 것을 꺼릴 수 있다. 만일 자신이 수집한 모든 정보를 상대방 변호사에게도 공유해야만 한다면 배심원 조사를 할 인센티브가 없어지게 된다.[67] 그러나 재판을 공정하지 못하게 할 수 있는 배심원을 발견하고 배

---

65) Jeffrey F. Ghent, Annotation, "Right of Defense in Criminal Prosecution to Disclosure of Prosecution Information Regarding Prospective Jurors," 86 *A.L.R.3d* 571, 574 (1978).
66) Hoffmeister, *supra* note 38, p. 646.

제하는 것은 공정한 재판을 하기 위해서 매우 중요한 절차이며 이러한 규칙의 장점은 단점보다 훨씬 크다고 본다.

7. 처 벌

배심원의 부정행위는 적절한 방법의 처벌로 대응할 수 있다. 처벌을 통해서 두 가지 목적을 달성할 수 있다. 첫 번째로 위반자를 처벌함으로써 다음에도 유사한 부정행위를 하는 것을 예방할 수 있다. 두 번째, 동일한 부정행위는 같은 방법으로 처벌된다는 경고를 통하여 법원은 다른 배심원후보자들이 유사한 부정행위를 하는 것을 예방할 수 있다. 물론 부정행위를 한 당사자를 처벌하는 그 자체가 법 위반자에게 그에 상응하는 벌을 내리는 것의 의미도 있다.

그러나 처벌을 통한 예방 효과는 배심원 임무에 대하여 부정적인 인상을 주는 효과도 동반할 수 있다는 것을 간과해서는 안 된다. 예를 들어 법률 용어의 정의를 알아보기 위해서 구글이나 트위터를 사용한 배심원에게 심한 정도의 처벌을 가한 것을 알게 되면, 많은 배심원후보자들이 배심원 소환에 응답하지 않을 구실을 찾게 만들 것이다.[68]

처벌의 방식과 정도는 부정행위의 경중에 비례해야 한다. 부정행위의 정도와 재판에 미치는 영향이 심할수록, 법원은 배심원에게 더 중한 처벌을 내려야 한다.[69] 또한 법원은 적정선의 처벌을 결정할 때 부정행위가 벌어진 상황에서 배심원의 의도를 파악하여야 한다. 배심원의 의도의 여부와 부정행위의 심각성을 조사한 후에 법원은 적절한 수위의 처벌을 결정하여야 한다. 배심원의 의도는 처벌의 정도를 결정하는 데 중요하다. 예를 들어 배심원 설시를 통해서 블로깅이 금지된 것을 인지하고 있음에도 불구하고 재판 사안에 대한 정보를 블로그에 의도적으로 올린 배심원은 단순

---

67) James J. Gobert et al., Jury Selection: The Law, Art, and Science of Selecting a Jury § 5:1 (3d ed. 2010).
68) Patrick M. Delaney, "Sorry Linus, I Need Your Security Blanket," 24 *St. Thomas Law Review* 473, 493 (2012).
69) *Id.*, p. 492.

히 배심원 설시를 잊어버리고 블로깅한 배심원보다 더 큰 처벌을 받아야 한다.[70] 배심원 부정행위의 처벌은 법정 모욕죄, 과태료나 심할 경우 감옥형을 포함한다. 미국에서 과태료는 배심원의 하루 수입을 고려한 상태에서 카운티, 주 법원이나 연방 법원이 부담할 재판 비용에 근거해서 결정한다.[71]

Ⅵ. 온라인 조사/교류의 문제점이 우리나라 국민참여재판에 주는 시사점

우리나라에서 '국민의 형사재판참여에 관한 법률'이 제정된 이유 중에 하나는 일반 시민들의 정서와 너무 차이가 나고 동떨어진 법원의 결정들로 인해 생기는 국민의 사법부에 대한 반감과 불만족을 해소하기 위해서이다. 한국의 형사재판에서 미국식의 배심재판 제도의 도입과 실행에 대해서 사법부와 국민들은 대체적으로 성공적으로 생각하고 있고 긍정적으로 받아들이고 있다. 그래서 한국 사법부는 형사재판에서 국민참여재판을 확대하고 더 활성화하는 것을 고려할 뿐만 아니라 민사재판에서도 이를 도입하는 것에 대한 가능성을 고려하고 있다. 배심재판에 대한 수요가 높아질수록 시민의 사법참여에 대한 인식이 높아질 것이다.[72] 한국에서 국민참여재판의 숫자가 많아질수록 배심원후보자 Pool을 증가할 필요가 있으며 더 많은 배심원후보자를 소환할 필요가 있게 된다.[73] 배심원후보자의 숫자가 늘어

---

70) Jury Committee, American College of Trial Lawyers, Jury Instructions Cautioning Against Use of the Internet and Social Networking (Sept. 2010), pp. 2~3.
71) Linda Giles, "Does Justice Go Off Track When Jurors Go Online?" 55 *Boston B.J.* 7, 9 (Spring 2011).
72) 공영호, "미국 배심재판에서 배심원후보자의 위장 침입의 문제점과 배심원 선정방법의 개선방안에 대한 연구," 민사소송 제17권 1호, 한국민사소송법학회, 2013. 5, 389면.
73) 아직도 배심원 소환 출석률이 낮다는 문제점이 존재하는데, 무엇보다도 배심원 소환을 대수롭지 않게 생각하고 경시하는 일반 시민들의 의식이 개선되어야만 하며, 동시에 배심원의 사법 참여를 시민의 의무로 생각해야 된다. 또한 법원은 이러한 일반 시민들의 시민정신의 부족함에 대해 더 심각하게 받아들이고 배심제에 대한 시민의식을 증진하기 위한 홍보와 교육 및 배심원 소환 출석률을 높이기 위한 여러 방안을 강구하여야 한다. 물론 배심재판의 평결은 법원의 최종 판결에 정당성을 부여하기 위한 수단이 될 수 있지만, 사법의 정당성과 투명성을 증진하고 사회정의를 실현시킬 수 있다는 데 더 큰 의미가 있다.

날수록 그들의 온라인 조사와 교류의 가능성이 높아진다.

한국에서는 대부분의 형사재판이 당일에 끝나기 때문에 배심원의 온라인 조사나 교류로 인한 문제점은 지금까지 거의 없었다. 하지만 앞으로 하루 이상 진행되어야 하는 재판들이 증가할수록 배심원 온라인 조사와 교류의 문제점이 더 부각될 것이다.74) 만일 민사재판에서도 배심재판이 도입되면 사안의 복잡성과 증인의 숫자가 많은 민사재판은 재판이 하루 이상 걸릴 가능성이 높다. 배심원 격리가 필요한 극소수의 재판을 제외하고 대부분의 재판에서는 배심원들이 재판 후에 귀가하면 불법적으로 배심원 조사나 교류를 할 가능성이 높아진다.

고도의 정보 기술을 보유한 한국에서는 인터넷 사용이 너무나 보편적이고 일상적이다. 그래서 미국 법원의 골칫거리인 배심원의 온라인 부정행위로부터 한국도 자유로울 수 없다.75) 한 가지 방법은 모든 전자 기기를 재판 중에 법원에서 강제적으로 압수, 보관하도록 하는 것이다. 법원에서 일괄적으로 전자 기기를 강제적으로 수거하고 재판이 끝날 때까지 보관하도록 명령할 수 있을 것이다. 한국에서 대부분의 배심재판이 당일로 끝나기 때문에 이것이 큰 어려움 없이 집행될 수 있다. 그러나 앞으로 더 많은 배심재판이 하루 이상 소요될 것이며 그래서 배심원의 온라인 조사나 교류문제의 가능성이 더 증가할 것으로 보인다.76) 우리나라의 재판 현실상 앞에서 소개된 미국에서 사용되는 대처방안을 사용하는 것은 어려워 보이기 때문에, 가장 현실적으로 취할 수 있는 방안으로는 기본적으로 모든 재판에서 소셜미디어에 대한 배심원 설시를 시행해서, 재판 중이나 귀가 후에도 인터넷과 소셜미디어 사용을 금지하는 지시를 내리는 방법이 있을 수 있

---

74) 2008년부터 2017년까지 총 2,267건의 국민참여재판 중에 2,045건(90.2%)은 당일에 재판이 완료되었고, 222건(9.8%)만 재판이 이틀 이상 소요되었다. 법원행정처 사법지원실, 『2008-2018 국민참여재판 성과분석』, 2019, 31면.

75) 우리나라는 IT기술이 세계적일 뿐만 아니라 인터넷과 스마트폰 사용이 전 국민적으로 너무나 보편화되었다. 그래서 미국 법원이 겪고 있는 인터넷에 관련된 배심원의 부정행위가 우리나라에서도 쟁점화될 것으로 생각한다.

76) 앞에서 소개된 미국에서의 배심원에 대한 온라인상의 감시는 개인의 프라이버시에 대한 침해의 수준이 너무 심하여 우리나라 정서상 받아들여지기 어려워 보인다.

다. 또한 앞으로 우리 사법부와 법무부는 한국적 상황에 적합하고 필요한 적실성 있는 방안을 강구하기 위해 힘써야 한다.

Ⅶ. 결 론

배심원의 부당한 조사나 교류는 배심원이 공정하고 중립적인 입장에서 사실 관계를 파악해야 한다는 중요한 임무를 지키지 않는다는 점에서 매우 중요한 문제이다. 배심원의 이러한 부정행위 문제는 앞으로 더 심각해질 것이다. 정보 기술이 더 발전하고, 오늘의 젊은 세대가 미래에는 기성세대로서 배심원단의 주류를 이룰 것이기 때문이다. 그래서 배심원에게 주어지는 정보를 조절하는 것이 훨씬 더 어려워질 것이다. 따라서 앞으로는 재판에 대해서 아무런 사전 정보나 지식도 없는 배심원들로만 구성된 배심원단의 구성을 기대하는 것은 더더욱 비현실적인 바람이 될 것이다. 물론 배심원에게 주어지는 정보를 조절할 수 있는 가장 효과적인 방법은 배심원 격리이며, 격리 기간 중에 인터넷 기기를 압수하는 것이다. 하지만 그렇게 일방적이고 강제적인 방법을 사용할 수 있는 재판은 매우 극소수라고 본다. 그래서 앞에서 소개된 여러 가지 대처 방법들을 조율하여 사용하는 것과 더불어서 배심원 설시를 더 강화하는 것이 앞으로 법원이 접할 배심재판에서의 온라인 조사와 교류 문제에 대처할 수 있는 하나의 방법이 될 수 있을 것이다.

제11장

배심원무효판결
(Jury Nullification)

I. 배심원무효판결의 정의

배심원무효판결(Jury Nullification)이란 배심재판에서 사실 관계와 관련법에 의하면 피고인은 유죄로 평결하는 것이 맞아 보이지만, 그럼에도 불구하고 배심원이 무죄 평결을 내리는 것이다.[1] 즉 관련법과 증거상 유죄인 것으로 보이지만 무죄로 평결하는 것이다. 이 장에서는 미국의 배심원무효판결을 소개하고, 우리나라에 시사점을 찾아보고자 한다.

배심원무효판결은 미국의 배심재판에서는 비교적 많이 알려지고 행사되어지는 현상이지만, 우리나라에서는 아직 생소한 개념이다. 그 이유는 우리의 형사 국민참여재판에서는 배심원의 평결에 법적 기속력이 없기 때문

---

1) Paula L. Hannaford-Agor, Valerie P. Hans, Nullification at Work: A Glimpse from the National Center for State Courts Study of Hung Juries, 78 *Chicago-Kent Law Review* 1249 (2003); Nancy Marder, The Myths of the Nullifying Jury, 93 *Northwestern University Law Review* 877 (1999).

이다. 즉 배심원의 평결이 법원에 기속력이 없어서 재판장이 배심원의 평결을 받아들이지 않아도 되기 때문이다. 하지만 미국의 형사재판에서는 배심원단이 피고인에 대한 무죄평결을 내리면, 이에 법적 기속력이 있어서 법원은 이를 받아들여야만 한다.

　반면에 배심원이 법과 사실 관계와 위배되게 유죄평결을 내리면 담당 판사는 이 평결을 뒤집을 수 있다. 그래서 배심원이 무죄평결을 내리면서 배심원무효판결을 행사할 수 있지만, 유죄평결을 내리면서 배심원무효판결을 행사할 수 없다. 유죄평결은 법원에 의해 뒤집어질 수 있기 때문이다.

　반면에 민사사건에서는 배심원이 배심원무효판결을 행사하는 것이 사실상 어렵다. 민사재판에서 배심원의 평결은 최종적이지 않기 때문이다. 민사재판에서 배심원의 평결은 상황에 따라 법원에 의하여 뒤집어질 수 있으며 배심원이 결정한 손해배상액도 하향 조정될 수 있다. 예를 들어 민사사건에서는 담당판사가 배심원의 평결이 나오기 전에 특정한 평결을 지시('지시평결': Directed Verdict)[2]하거나 새로운 재판(New Trial)을 명령할 수 있다. 또한 판사가 '평결대체판결'(Judgment Notwithstanding the Verdict: JNOV)을 명령할 수 있으며,[3] 배심원의 원고 승소 평결 규모가 너무 크다고 생각하면, 축소할 수 있는 권한이 있다.[4] 형사재판에서는 연방수정헌법 제5조에 의해서 일사부재리의 원칙상 한 번 무죄평결을 받은 피고인을 다시 기소하는 것은 금지하지만, 민사재판에서는 그러한 원칙이 없다. 민사재판에 있어서도 기판력의 원칙이 인정되지만, 미국의 민사배심의 평결은 형사배심의 무죄평결같이 최종적이고 항소가 불가능하지 않다.[5] 위와 같은 이유로 민사재판의 배심원은 형사재판의 배심원 같이 배심원무효판결을 행사할 수 없다.

---

2) 증거상 합리적인 배심원이 다른 결론을 내릴 수 없다고 판사가 판단할 때 지시하는 결정. https://www.law.cornell.edu/wex/directed_verdict(최종방문 2016. 10. 05).

3) '평결대체판결'이란 배심원단의 평결이 재판에서 인정된 사실 관계에 위배되거나 관련법을 잘못 적용해서, 판사가 배심원 평결을 뒤집는 것을 말한다.

4) 배심원의 평결액이 너무 과도하다고 고려될 때 법원이 배상액을 축소하도록 명령하는 절차이다. http://legal-dictionary.thefreedictionary.com/Remittitur(최종방문 2016. 10. 05).

5) Clay S. Conrad, Jury Nullification, the Evolution of a Doctrine (Carolina Academic Press, 1998), p. 7.

그럼에도 불구하고 민사재판에서 관련법과 일치하지 않는 배심원 평결이 판사에 의해서 뒤집히지 않는다는 전제하에서는 형사재판에서의 배심원무효판결과 유사성을 찾을 수 있다. 미국에서 판사들은 일반적으로 배심원의 평결을 뒤집는 것에 신중을 기하고 때로는 소극적인 입장을 취한다는 점이 중요하다.[6]

미국에서 배심원무효판결이 가능한 이유 중에 하나는 배심원단이 자신의 평결에 대해서 그 이유를 평결문에 명시하거나, 구두로 밝히지 않아도 되기 때문이다.[7] 이 점이 일반재판을 담당한 재판장은 자신의 판결에 대한 명확한 이유를 판결문에 명시해야만 하는 것과는 확연한 차이점이다. 또한 배심원단은 평의를 비공개로 진행하기 때문에 배심원 이외에는 아무도 평의실에서의 토의 내용을 알 수 없다는 점이 배심원무효판결을 가능하게 하는 이유이다.

하지만 배심원단이 배심원무효판결을 행사할 수 있는 힘을 너무 자주 사용하거나 독단적으로 사용하는 것은 아니다. 자신만의 정의를 추구하기 위한 극단적인 수단으로나 아니면 막무가내식으로 배심원무효판결을 사용하는 것은 드물다. 배심원무효판결을 행사하는 경우들 중에는 검찰이 기소권을 남용하거나 오용하였다거나 비도덕적인 방법으로 기소권을 사용했다고 생각되었을 때 정부로부터 피고인을 보호하는 역할을 하는 경우도 있다.

Ⅱ. 배심원의 독립성

배심원무효판결을 가능하게 만드는 전체적인 틀 안에는 배심원의 독립성을 중시하는 미국의 기본적인 자세가 있다. 예를 들어 어떤 피고인이 선

---

6) Lars Noah, "Civil Jury Nullification," 86 *Iowa Law Review* 1601 (2001); Neil Vidmar, Valerie P. Hans, American Juries, the Verdict (Prometheus Books, 2007), p. 228.
7) 일반평결(General Verdict)과 특별평결(Special Verdict)의 차이점은 일반평결에서는 배심원단이 자신의 결정에 대해서 아무런 부연 설명을 하지 않는다는 것이며, 특별평결은 법원이 배심원단에 몇 가지 서면 질문을 해서 최종 평결에 대한 기본적인 이유와 배경을 알아내는 것이다.
https://en.wikipedia.org/wiki/Special_verdict(최종방문 2016. 10. 05).

의를 가지고 행동했으며, 도덕적인 잘못이 없다고 보이는데도 불구하고 정부가 그 피고인을 과도하게 처벌하려 한다고 생각할 때 배심원단은 피고인에 대해 정부로부터의 보호막으로서의 역할을 하는 것이다. 사실적으로 유죄일지라도 유죄평결을 내리는 것이 정의롭지 못하고, 공정하지 못하거나 무의미하다고 생각될 때 배심원들은 무죄평결을 내린다. 이렇게 성문법의 범위를 벗어나서 배심원무효판결의 '힘'을 행사함을 통해서 배심원의 독립적인 역할을 수행하는 것이다.[8]

배심원무효판결의 행사를 적극적으로 지지하는 측에서는 만일 배심원단이 어떤 특정한 사건에서 법을 집행하는 것이 정의롭지 못한 결과를 초래한다고 믿으면, 무죄평결을 내리는 것이 그들의 '특권'이라고까지 주장하고 있다.[9] 만일 어떤 법이 정의롭지 못하다고 믿거나, 잘못 적용되고 있다고 생각하거나, 국회에서 이 법을 제정했을 때 현재의 사안과 같은 경우에까지 적용할 입법적 의도가 없었다고 믿는다면, 배심원무효판결을 적극적으로 행사하는 것이 그들의 '의무'라고까지 그들은 주장한다.[10] 형사재판의 배심원은 지역사회의 양심을 대표하는 것으로 표현된다.[11] 지역사회의 양심이 올바른 방향으로 구현되기 위해서는 지역사회의 구성원으로서 지역사회를 대표하는 배심원단이 소신을 가지고 양심적으로 행동하는 것이 중요하다.

지역사회의 가치관을 알 수 있는 가장 확실한 방법 중에 하나는 지역사회의 주민들이 특정 관련법령에 대해서 자신의 이웃들의 행동에 대한 판단을 어떻게 내리는지를 보는 것이다. 평결불성립(Hung Jury), 배심원무효판결이나 정상을 참작한 유죄평결은 관련법의 개정이 필요하다는 하나의 사인(sign)이다.[12] 배심원들 간에 관련법의 정당성에 대한 합의점에 이르지

---

8) Conrad, *supra* note 5, p. 5.

9) 반면 여러 법원들은 배심원단이 배심원무효판결을 내릴 '힘'은 있지만 그럴 '권리'가 있는 것은 아니라고 판시하였다. Vidmar, *supra* note 5, p. 227.

10) Conrad, *supra* note 5, p. 7.

11) Roscoe Pound, Law in Books and Law in Action, 44 Am. L. Rev. 12 (1910); John H. Wigmore, A Program for the Trial of Jury Trial, 12 *J. Am. Jud. Soc.* 166 (1929).

12) Jury Power Information Kit (Fully Informed Jury Association, 1991), p. 12.

못할 때 평결불성립이 발생할 수 있는데, 이로써 배심원은 어떠한 사회적인 역할을 담당하고 있는 것이다. 이제는 관련법을 바꿔야 할 시점이라는 메시지를 평화적이고 집단적인 방법으로 입법부에 보내는 것이다. 현재의 도덕적 기준과 관련법 사이의 괴리를 해결하는 바람직하지 않은 방법 중에 하나는 배심원이 만장일치에 도달하지 않고 다수결로 평결을 내리게 하여 평결불성립을 피해가는 방법일 것이다.[13] 이것은 소수가 가지고 있는 개인적 권리를 위협하는 것이며, 대다수의 독재를 돕는 것이다.

Ⅲ. 배심원무효판결의 유형

배심원무효판결에는 다섯 가지 유형이 있다. 첫 번째는 관련된 법이 정의롭지 못한 법이라고 생각될 때나 관련법 자체를 반대할 때 배심원단이 무죄평결을 내리는 경우이다. 두 번째는 관련법이 공정하더라도 불공정한 방법으로 적용되는 것을 거부하는 경우이다. 유죄 평결을 내리면 피고인이 받을 처벌이 죄에 비해 너무 심하다고 생각하는 것이다. 예를 들어 불치병으로 고생하고 있는 환자가족이 자살하는 것을 방조하여 자살방조죄로 기소된 피고인에 대해 무죄평결을 내리는 경우라고 할 수 있다. 세 번째는 비록 관련법이 공정하고, 공정하게 적용될 수 있지만, 배심원이 볼 때 정부가 심하게 부당한 행위를 하였다고 생각될 때, 무죄평결을 통해서 정부의 부당한 행위에 '상응한' 대응을 하는 경우이다. 한 예로 전 세계적으로 주목을 끌었던 1995년의 오제이 심슨 재판을 들 수 있다. 이 재판에서 검찰 측이 압도적으로 유리한 증거물을 제시하였고, 피고인에게 여러 면에서 매우 불리한 정황에도 불구하고 배심원단은 무죄평결을 내렸는데, 인종차별적인 검, 경찰의 행태와 강압적이고 고압적인 수사방법 등에 대한 불만을 배심원무효판결을 통해 표출한 것으로 보인다. 네 번째로는 관련법의 정당성이나 적용방법과는 무관하게 단지 검찰에 대한 부정적인 편견이나 반감으로 인해서나, 또는 피고인에 대한 긍정적인 편견으로 인해 무죄평결을 내리는

---

13) *Id.*

것이다. 이런 경우는 실질적으로 '무법적인' 행위로 간주될 수 있다.[14)

마지막 다섯 번째의 배심원무효판결 형태로는 외부의 부적절한 영향으로 인해서 배심원무효판결이 발생하는 경우이다. 예를 들어 KKK단원의 인종차별적 폭력에 대한 재판에서 단지 KKK의 보복이 두려워서 무죄평결을 내리거나, 폭력적인 집단에게 위협을 받는 경우이다. 어떤 형사재판에서는 배심원이 흑인 피고인에 대한 무죄평결에 찬성하면 그 지역에서 계속 거주하기 어려울 정도로 지역적 압력이 심한 경우도 있었다.[15) 네 번째와 다섯 번째 형태의 배심원무효판결에서는 정당성을 찾기 어려우며, 이러한 형태의 배심원무효판결은 법원과 검사, 변호인 측 모두의 노력을 통하여 지양되어야만 한다.

Ⅳ. 민사사건에서의 배심원무효판결

배심원무효판결이 주로 형사재판에서 발생하지만 예외적으로 민사재판에서 발생할 수도 있다. 그 예로 원고기여과실(Contributory Negligence)원칙을 법원의 설시와 지시대로 적용하지 않는 경우이다. 원고기여과실원칙이란 원고가 조금이라도 자신의 상해에 기여한 부분이 있으면, 손해배상을 받을 수 없다는 원칙이다. 이와 비슷한 원칙으로 위험부담원칙(Assumption of the Risk)이 있다. 어떤 피해자가 어떤 일을 시작하기 전에 그에 따르는 위험이 존재하는 것을 알면서도 그 일을 감행하면, 그로 인해 생기는 피해에 대해서 손해배상을 받을 수 없다는 원칙이다. 다시 말해서 두 원칙은 원고의 과실이 단 1%만 있어도, 피고에게 손해배상의 의무가 없다는 원칙이다. 이 원칙들이 너무 원고에게 가혹하고 불공정하다고 생각하는 배심원들은 이 원칙을 그대로 적용하지 않았고, 원고가 요구하는 대로 손해배상을 허용하거나, 원고 측이 요구하는 손해배상액보다 조금 낮게 정해서 타협점을 찾았다. 만일 배심원들이 법원의 설시와 지시대로 위 원칙들을 적용했다면,

---

14) Vidmar, *supra* note 6, p. 227.
15) Moore et al. v. Dempsey, 261 U.S. 86, 89 (1923).

피고의 손을 들어주었어야 한다. 하지만 배심원단은 원고의 손을 들어주기 위해서 자신들이 옳다고 생각하는 과실에 대한 개념을 적용하여 정의를 이루었다고 생각한다.[16] 이것은 민사사건에서도 배심원무효판결이 발생할 수 있는 것을 보여준다. 하지만 앞에서도 언급되었듯이 민사재판에서는 담당 판사가 지시평결(Directed Verdict)을 내리거나, 새로운 재판(New Trial)을 명령하거나 '평결대체판결'(JNOV)을 명령할 수 있기 때문에 배심원 평결에 구속되지 않는다. 그래서 민사재판에서는 배심원무효판결에 한계가 있다.

그리고 배심원단이 배심원무효판결을 행사하면 위와 같이 민사사건 원고에게 유리할 수도 있지만 반면에 불리한 상황이 벌어질 수도 있다. 예를 들어 상해를 입은 원고가 피해자로서 잘못이 없었음에도 불구하고 손해배상을 결정하지 않는 경우이다. 그 이유로는 사람들은 이 세상이 공정하고 예상가능한 곳이라고 믿고 싶은 심리적 속성이 있어서, 어떤 피해자가 받은 피해는 그 받은 만큼 적절하다고 믿는 것이다. 상해의 정도를 축소시키거나, 피해자를 탓하거나, 상해가 피해자의 잘못에 기인하다고 사건을 재해석함으로써 타인이 고통받는 것을 보는 것에서 생기는 불편함을 줄이고 싶은 심리적 방어 작용이다.[17]

V. 배심원무효판결의 장단점

배심원무효판결의 장점은 먼저 미국 헌법상 배심재판을 받을 수 있는 권리에서 찾을 수 있다. 헌법상 일반인들에게 배심재판을 받을 권리를 부여한 주요 목적 중에 하나는 정부의 부당한 압력과 독단적인 권력 행사로부터 일반 시민들을 보호하기 위해서이다. 또한 해당 지역사회의 주민들의 일반적 상식에 근거한 판단을 함으로써 때로는 지나치게 열성적인 검찰이나, 편향적일 수 있는 전문법관으로부터의 보호막 역할을 할 수 있기 때문이다.[18] 법은 모든 가능한 상황을 예측하고 대비할 수 있도록 만들어질 수

---

16) Vidmar, *supra* note 6, p. 235.
17) Melvin Lerner, Belief in a Just World: A Fundamental Delusion (1990).
18) Duncan v. Louisiana, 391 U.S. 145 (1968); 공영호, "The Impact of Heuristic Thinking on

없기 때문에, 어떤 일반적인 법을 특정한 사건에 적용할 때 정의롭지 못한 결과에 이를 수 있다. 그럴 때 배심원의 임무는 사건의 상황과 특이점을 고려하여 법을 적용할 때 필요한 약간의 '수정'을 통하여 정의를 실현할 수 있도록 하는 것이라고 할 수 있다.[19] 배심원무효판결을 통하여 이러한 정의의 실현이 가능해질 수 있다는 것이다.

반면에 배심원무효평결의 단점은 사회가 법의 원칙(Rule of Law)에 의해서 움직여야 된다는 것에 위배된다는 점이다. 배심원들이 정의를 추구한다는 목적으로 법을 무시하고 자신이 공정하다고 생각하는 대로 평결을 내릴 수 있다면, 그 한계점을 어디에 두어야 하는가라는 문제점이 생긴다. 정의를 추구한다는 목적 아래에 배심원무효평결을 어디까지 허용할 수 있는가라는 문제이다.

또한 배심원무효판결이 대부분의 사람들이 생각하는 대로 사회적으로 바람직하거나 정의로운 방향으로만 사용되었던 것은 아니다. 1850년대에 Fugitive Slave Act에 대한 저항으로써 노예들을 보호해준 혐의로 기소된 피고인들에 대해서 무효 평결을 내린 배심원단이 있었던 반면, 자신의 권리를 주장하려고 했던 노예들을 폭행하고 살인한 피고인들을 무효 평결한 배심원단도 있었다.[20]

Ⅵ. 배심원무효판결에 대한 배심원 설시

배심원후보자로서 법원에 소환되어 나오는 사람들 중에서 배심원무효판결에 대해 잘 알고 있는 사람은 생각보다 많지 않다. 그들은 배심원으로서 사실 관계뿐만 아니라 관련법에 대한 판단을 할 수 있다는 것을 잘 모르고 있다.[21] 만일 자신에게 배심원무효판결을 할 수 있는 능력이 주어진 것

Jury Nullification," 법학논총 제39권 제4호, 단국대학교 부설 법학연구소, 2015. 12., 225면.
19) Pound, *supra* note 11, p. 18.
20) Arie M. Rubenstein, Note: Verdicts of Conscience: Nullification and the Modern Jury Trial, 106 *Columbia Law Review* 959 (2006).
21) David C. Brody and Craig Rivera, Examining the Dougherty 'All-Knowing Assumption': Do Jurors Know About their Nullification Power?, 33 *Crim. L. Bull.* 151 (1997).

을 알고 있었다면, 배심원무효판결이 더 많이 발생했었을 수도 있다.[22]

배심원무효판결에 대한 배심원 설시를 제공해야 하는지 아니면 그것이 바람직하지 않은지에 대한 논쟁이 있다.[23] 물론 배심원무효판결에 대해 법원이 설시를 구체적으로 준다면 배심원단에게 큰 영향을 줄 수 있을 것이다. 하지만 일반적으로 판사들은 배심원무효판결에 대해 소극적이나 부정적인 반응을 보인다. 그래서 변호인이 변론을 통해서 배심원무효판결을 끌어내려고 하는 태도에 대해 예의 주시하는 경향이 있고 그러한 변론적 방향을 처음부터 근절시키려고 하는 판사도 많다.[24] 그 대신 판사들은 원론적으로 배심원들에게 법원의 지시와 관련법을 철저히 지켜야만 한다는 배심원의 의무를 강조한다.

검찰 측에서 특별히 비양심적인 행위를 하지 않은 이상, 일반적으로 법원은 변호인이 배심원무효판결에 대한 배심원 설시를 해 줄 것을 요청하거나 배심원 선정 심문 절차 중에 배심원무효판결에 대해 언급할 수 있는 요청은 받아들이지 않을 것이다. 보통 피고인에게 배심원무효판결에 대한 설시를 할 자격이 주어지지 않지만, 법원에게 재량권은 있다.[25] 하지만 법원은 피고인에게 유리하게 재량권을 사용하는 경우는 거의 없었다.[26]

반면에 배심원무효판결에 대한 배심원설시가 필요하다는 주장도 있다.[27] 배심원이 배심원무효판결을 내릴 수 있는 능력에 대한 적절한 설시가 주어지면, 잘못된 배심원무효판결이 생길 가능성을 줄일 수 있다는 것이다.[28] 배심원무효판결에 대한 설시를 하면, 배심원들이 무책임한 배심원

---

22) Conrad, *supra* note 5, p. 157.

23) Vidmar, *supra* note 6, p. 236.

24) B. Michael Dann, The Constitutional and Ethical Implications of "Must−Find−the−Defendant− Guilty" Jury Instructions, in Jury Ethics: Juror Conduct and Jury Dynamics (John Kleinig & James P. Levine eds., 2006), p. 93.

25) Vidmar, *supra* note 6, p. 235. United States v. Grismore, 546 F.2d 844, 849 (10th Cir. 1976).

26) Conrad, *supra* note 5, p. 270.

27) Conrad, *supra* note 5, p. 187.

28) Irwin A. Horowitz, Jury Nullification: The Impact of Judicial Instructions, Arguments, and Challenges on Jury Decision Making, 12 *L. & Hum. Behav.* 439 (1988); Irwin A. Horowitz, The Effect of Jury Nullification Instructions on Verdicts and Jury Functioning in Criminal

무효판결을 할 가능성이 높아질 것이라고 속단해서는 안 된다. 오히려 배
심원단이 매우 극단적인 방법으로 배심원무효판결을 행사하는 경우는 드
물다고 한다. 적절한 설시를 받은 배심원들은 자신에게 주어진 재량권을
유죄평결이 양심과 정의에 거슬리는 재판에서만 사용할 것이며, 그래서 배
심원무효판결이 사용되는 사건들은 오히려 제한적일 것이다.[29)30)]

배심원무효판결로 표출된 배심원의 독립성은 오용될 가능성이 없는 것
은 아니며, 앞의 예에서도 소개되었듯이 이것이 오용된 사례들도 있었다.
하지만 그 이유만으로 배심원의 독립성을 폄하하기 전에 그러한 오용 가능
성을 줄이도록 방안을 찾는 것이 중요하다. 오용을 줄이기 위해서 그들이
가지고 있는 능력을 모르게 하는 것보다는 그것을 더 잘 알리고 이해하도
록 함으로써 올바른 판단과 합리적 이성을 가지고 그들의 능력을 더 잘 사
용할 수 있도록 돕는 것이 더 바람직할 수 있다.[31)]

Ⅶ. 우리나라에서의 시사점

배심원무효판결은 아직까지 우리나라에서는 생소한 개념이다. 국민참
여재판에서 배심원의 평결은 법적 기속력이 없고 아직은 권고적 효력이 부
여되기 때문이다. 하지만 국민참여재판의 중요성이 계속적으로 인식되고
있는 상황이고 사실적 기속력 부여의 필요성도 제기되고 있다. 그리고 앞
으로 법적 기속력도 부여될 가능성도 완전히 배제할 수 없다고 본다. 또한
형사재판에서 국민참여재판제도가 계속적으로 활성화되고 있고, 민사재판
에서도 이 제도를 도입하는 것에 대한 논의가 계속되고 있는 상황에서, 만

Trial, 9 *L. & Hum. Behav.* 25 (1985).

29) *Id.*

30) 정부의 의무도 정의를 추구하는 것이지 유죄 평결만을 추구하는 것은 아니다. 그래서 정
부는 사건에 대한 모든 사실 관계와 관련법에 대해서 배심원단을 충분히 인지시키는데 주
저하지 말아야한다. United States v. Datcher, 830 F.Supp.411, 412 (M.D. Tenn. 1993),
discussed in Kristen K. Sauer, Informed Conviction: Instructing the Jury About Mandatory
Sentencing Consequences, 95 *Colum. L. Rev.* 1232 (1995).

31) Conrad, *supra* note 5, p. 203.

일 우리나라에서도 배심원의 평결에 법적 기속력이 부여된다면 미국과 마찬가지로 배심원의 배심원무효판결도 발생할 가능성이 있다. 그때를 대비해서 우리나라도 배심원무효판결에 대한 연구와 준비를 할 필요가 있다. 법원이나 검찰을 비롯하여 형사피고인을 변호할 국선변호인단이나 일반 변호사들도 배심원무효판결의 가능성과 이에 대비한 준비와 연구가 필요하다. 검찰 측에서는 배심원단이 배심원무효판결을 행사할 가능성을 예방하거나 축소시킬 수 있는 방안을 강구하여야 할 것이다. 반대로 피고인 측 변호인은 배심원무효판결을 가능하게 할 수 있는 방안을 연구하여야 한다.[32) 배심원무효판결이 우리나라에서는 아직은 실효성이 없는 개념이지만 국민참여재판의 활성화와 더불어서 미리 논의하고 준비하는 것이 필요하다고 생각한다.[33)

Ⅷ. 결 론

배심원무효판결이 재판에서 담당판사가 내려준 지시와 설시를 따르지 않고 내린 결정이라고 해서 무조건적으로 부정해서는 안 된다고 본다. 특정 재판에서 관련된 사실 관계와 관련법상으로는 피고인이 유죄인 것으로 보이지만 배심원단으로서는 정의 사회의 구현이나 현존하는 법의 한계성과 문제점을 지적하기 위해 무죄평결을 결심한 것일 수 있다. 넓은 의미에서 볼 때 배심원단은 배심원무효판결 그 자체로써 계속 발전하고 개혁해 나가야 하는 사회와 법을 위해 한 일부분의 역할을 하는 것이라고 볼 수 있다. 배심원무효판결은 배심원에 주어진 특정한 '권리'는 아니지만, 하나의

---

32) 예를 들어 피고인의 변호인은 배심원들이 피고인의 자유를 수호할 수 있는 역할을 할 수 있다는 것을 잠재적으로 인식하게 함으로써 배심원에게 힘을 부여할 수 있는 방법을 찾아야 한다. 예를 들어 배심재판의 역사와 정당성에 대해서 자세하게 설명하거나 최종진술 때 "평결은 배심원만이 내릴 수 있다"라고 말하거나, 재판에서 중요한 것은 배심원 자신의 판단이지 판사의 의견이 아니라는 것을 재인식시킬 필요가 있을 것이다. Conrad, *supra* note 5, pp. 273, 277.

33) 공영호, "The Impact of Heuristic Thinking on Jury Nullification," 법학논총 제39권 제4호, 단국대학교 부설 법학연구소, 2015. 12., 225면.

'힘'이라고도 볼 수 있는 것이다.

제12장

휴리스틱(직관적) 사고방식이
배심원무효판결에 미치는 영향[*]

Ⅰ. 서 론

　　미국의 배심재판에서 배심원단은 재판에서 채택된 증거를 의도적으로 무시하거나 사안에 관련된 법의 적용을 거부함으로써 배심원무효판결(Jury Nullification)을 내리는 경우가 있다. 그 이유는 배심원들이 사회적으로 쟁점이 되는 이슈에 대하여 자신의 신념과 의견을 표현하기 위한 방법으로 이것을 사용하기 때문이다. 때로는 담당판사가 지시하는 대로 현행법을 적용하면, 배심원 자신의 정의감, 공정성이나 도덕성과 상반된다는 신념을 가지고 있어서 현행법의 적용을 '거부'하는 것이다.[1] 배심원무효판결은 우리나

---

[*] 이 장은 "The Impact of Heuristic Thinking on Jury Nullification"라는 제목으로 법학논총, 제39권 제4호, 2015. 12, 225면에 게재된 논문을 수정, 보완한 것임.

1) 평결이 증거의 무게와 관련법과 일치하지 않다고 해도 무죄평결을 뒤집을 수는 없다. U.S. v. Thomas, 116 F.3d 606 (2d Cir. 1997); http://www.law.cornell.edu/wex/jury_nullification(최종방문 2016. 09. 30).

라에서는 아직 생소한 개념이며 그 실효성에 대한 의문이 있지만, 앞으로 국민참여재판의 확대와 더불어서 이것에 대한 준비와 논의가 필요하다고 생각된다. 배심원단이 최종 평결(Verdict)을 내릴 때 배심원무효판결의 취지를 가지고 있는 평결은 재판상 제출된 증거의 정도와 일치하지 않을 수 있다. 예를 들어 형사재판에서 제출되고 채택된 증거물과 증언의 내용을 고려했을 때 형사피고인에게 불리한 정도가 매우 높은데도 불구하고 배심원은 그 피고인에게 무죄평결을 내리는 경우이다. 1984년 뉴욕 주에서 버나드 괴츠라는 백인 형사피고인의 재판에 대해서 사회적으로 많은 논란과 파장이 전국적으로 일어났었다.[2] 뉴욕 지하철 안에서 네 명의 흑인 청년들이 그에게 접근하여 돈을 요구하였을 때 그는 소지하고 있던 총을 꺼내들어 그들에게 발사하여서 중경상을 입혔다. 괴츠는 자신을 강도질하려고 했던 네 명의 흑인 청년들에 대한 살인 미수로 형사기소되었지만 배심재판을 통해서 무죄평결을 받았다. 괴츠 재판의 배심원들은 점점 더 심해져가는 뉴욕시의 갱 폭력에 대해서 매우 부정적인 태도를 가지고 있었던 것으로 나타났다.[3] 피해자들이 총기나 무기를 가지고 있지 않았기에 괴츠의 자기 방어 항변주장은 근거가 부족하였다. 그럼에도 불구하고 배심원들은 괴츠에게 동정적인 입장을 가지고 있었는데, 괴츠가 자신은 뉴욕 도심에서 많은 흑인 청년들에 의해서 벌어지고 있는 폭력에 대해서 매우 불만스러웠다고 말했고, 배심원들도 그의 의견에 공감하는 바가 컸다고 보여진다. 배심원단이 괴츠에 대해 무죄 평결을 내린 이유는 실질적으로 방아쇠를 당긴 괴츠보다도 흑인 청년들에게 더 책임이 있다고 생각하는 것이었다.

또 다른 유명하며 논쟁의 대상이 되었던 배심재판으로 오제이 심슨 재판이 있었다. 오제이 심슨은 그의 전 부인인 니콜 브라운 심슨과 그녀의 남자친구를 살해한 혐의로 재판을 받았는데, 오제이 심슨도 배심원단에 의해서 무죄 평결을 받았다.[4] 재판 후의 배심원 인터뷰에서 밝혀졌듯이 배심원

---

2) People v. Goetz, 73 N.Y.2d 751 (1988); James P. Levine, Juries and Politics 1~7 (Brooks Publishing Company, 1992).
3) See Levine, *supra* note 2, p. 4.
4) California v. Simpson, No. BA097211, 1995 WL 686429, (Cal. Super. Ct. Sept. 27, 1995).

들은 흑인인 오제이 심슨에 대해서 매우 동정적인 마음 자세를 가지고 있었다. 오제이 심슨 재판의 배심원들은 대다수가 흑인이었고, 또한 흑인 용의자에 대해서 인종적 선입관과 차별의식을 가지고 있고 흑인에 대한 프로파일링을 사용하는 로스앤젤레스 경찰국의 정책에 대해서 매우 큰 불만을 가지고 있었다. 물론 오제이 심슨 측 변호인단은 이 점을 적극적으로 부각시켰으며, 심슨에 대해서 증거가 매우 불리하였고, 그에게 불리한 증거물과 정황적 증거가 많았음에도 불구하고 배심원단이 무죄 평결을 내린 이유는 용의자의 결백에 대한 믿음보다는 로스앤젤레스 경찰국에 대한 반감을 나타냄과 동시에 '경고'를 보낸 것으로 볼 수 있다.

위의 재판들에서와 같은 배심원의 무효판결이 생기는 이유는 여러 가지가 있을 수 있다. 먼저 기존 법의 엄격한 적용을 하면 특정 피고인에게 너무 불공정하다거나 정당하지 못하다는 믿음일 수 있다. 이 장에서는 배심원단이 무효판결을 내리는 다양한 원인들을 살펴볼 것이며, 배심원무효판결을 가능하게 하는 헌법적 배경과 배심재판의 특성들을 설명할 것이다. 그리고 배심원무효판결과 휴리스틱 사고방식의 연관성과 그에 따르는 문제점을 살펴볼 것이며, 마지막으로 휴리스틱 사고방식의 부정적인 영향을 축소하기 위한 한 가지 방법으로 배심원 설시의 효과적인 사용에 대해서 논의할 것이다.

Ⅱ. 배심원무효판결의 원인

형사재판에서 배심원의 의무는 사실 관계를 파악하고 분쟁에서 진실을 발견하여 올바른 평결에 이르는 것이다.[5] 하지만 이러한 의무가 어떤 배심원들이 이상적으로 추구하는 '정의'와 차이점이 있을 수 있다.[6] 그런 배심원들은 자신에게 사실 관계를 파악하는 것 이상의 의무가 있다고 생각한다. 그들의 최종적 목적은 '정의'를 추구하고 달성하는 것이다. 자신들에게

---

5) 배심재판에서 배심원의 의무는 사실 관계를 판단하는 것이고, 판사의 의무는 법적 쟁점을 결정하고 배심원이 올바른 최종판단을 내릴 수 있도록 돕는 것이다.

6) See Levine, *supra* note 2, p. 3.

주어진 재판에서 '정의'를 달성하는 것이 이상적이고 훌륭한 목적이겠지만 '정당한' 결정을 내리는 것이 간단한 문제는 아니다. 왜냐하면 어떤 한 사람의 '정의'는 다른 사람의 '정의'와 다를 수 있기 때문이다. 다시 말해서 '정의'라는 개념은 사람들 간의 다양할 수 있는 의견, 신념이나 생각에 좌우되는 주관적인 가치관을 반영한다. 사람들의 가치관은 매우 주관적이고 임의적일 수 있기 때문에 그들이 추구하는 '정의'는 '정당한' 결정에 이르지 못하게 할 수 있다.

예를 들어 배심원들이 자신들의 정의를 추구하는 과정에서 자신의 가치관과 도덕성(또는 양심)에 의존하여 배심원무효판결을 행사할 수 있다. 그런데 재판에서 배심원이 생각하는 가치관과 도덕성은 여러 가지 행태로 나타날 수 있다.[7] 그들의 가치관은 극과 극(예, 복수심과 용서)에 달할 수 있는 대중적인 감정을 반영하여 나타나는 경우가 있다. 예를 들어, 자신의 아내에게 모르핀을 투여하여 안락사하는 것을 도와준 플로리다 주의 의사에 대한 형사재판에서 배심원들은 무죄로 평결하였다.[8] 그 배심원단은 어떤 특정한 상황에서는 안락사는 용서받을 수 있다는 가치관을 가지고 있어서 그 형사피고인은 처벌받지 말아야 한다고 생각한 것이다.[9] 그 의사의 아내는 치유가능성이 없는 암 투병 중이었고, 수면제를 먹고 자살을 시도했지만 실패하였다. 그 후 그 의사는 모르핀을 투여하여 아내가 자살하는 것을 도운 혐의로 기소된 것이었다. 비슷한 예로 버나드 괴츠와 오제이 심슨 재판의 평결은 그 배심원들의 특정한 가치관을 반영한 것이며 결과적으로 배심원무효판결에 이르게 되었다. 또한 도덕성의 기준도 피고인의 잘잘못을 판단하는 데 중요한 역할을 할 수 있다.[10] 도덕성에 대한 다른 가치관이 배심원이 어떤 평결을 내리는가에 큰 역할을 하는 것이다. 예를 들어 유산(abortion)을 반대하는 배심원은 유산 클리닉에 대한 불법적인 폭력행사로

---

7) Harry Kalven and Hans Zeisel, The American Jury (University of Chicago Press, 1971), pp. 163~167.

8) "Doctor Freed in Wife's Death," The New York Times (December 2, 1988), p. A20.

9) See Levine, *supra* note 2, p. 101.

10) 정의란 배심원이 사회를 위해서 가장 최선이고 올바른 결정이라고 해석되기도 한다. John Call, "Psychology in Litigation," 21 *Trial* 48 (1985).

기소된 피고인에 대해서 무죄 평결을 내릴 가능성이 높다.

배심원 의식의 다른 형태는 편견과 고정관념이다. 어떤 배심원들은 자기와 다른 그룹에 속한 사람들에 대해서 일반적으로 편견이나 편향성을 가지고 있기 쉽다. 예를 들어 백인 배심원은 인종적이나 민족적인 소수자에 대해서 편견을 가질 수 있다. 하지만 겉으로는 자신의 인종적인 편견을 공개적으로나 직접적으로 나타내면 사회적으로 지탄과 비난을 받을 것이기 때문에 그렇게 하는 것은 드물 것이다.[11] 그러나 인종에 대한 잠재적 편견이 미국 사회에 큰 영향을 주는 것이 사실이며 많은 배심원들은 그러한 의식을 가지고 재판에 임하게 된다.[12] 어떤 배심원들은 인종적 소수자에 대한 부정적인 편견을 간접적으로나 암묵적으로 나타낸다. 버나드 괴츠의 배심원들은 인종에 근거해서 흑인 피해자들이 이 사건에서 어느 정도의 책임이 있다고 생각했고 백인 피고인을 무죄로 평결했다.

세 번째로 배심원의 의식은 정치적인 이념과 신념으로 나타날 수 있다. 배심원들은 정치적인 면에서 일반적으로 보수적이거나 진보적으로 나뉜다. 형사 사건에서 어떤 배심원들은 피고인의 인권과 권리를 존중하는 진보적인 입장과, 사회질서의 유지와 피해자와 그의 가족의 권리를 존중하는 보수적인 입장으로 나뉜다. 진보적인 측은 형사피고인의 절차적 권리의 보호를 중요하게 생각하는 반면, 보수적인 측은 사회적 질서의 유지와 보호를 위해서 범죄에 대한 강력하고 엄격한 응징과 대응을 더 선호할 것이다.[13]

진보적일 수 있는 배심원의 성향은 피고인의 절차적 권리를 보호하는 차원에서 검찰이 형사피고인의 유죄에 대해 합당한 의심의 여지가 없는 정

---

11) 괴츠 재판 종결 후 한 배심원은 피고인이 백인이든 흑인이든 재판 결과와 상관없었다면서, 범죄는 인종과 관계없이 벌어진다고 말하였다. Margaret Hornblower, "Jury Exonerates Goetz in 4 Subway Shootings," The Washington Post (June 17, 1987), p. A15.

12) See Levine, *supra* note 2, p. 7.

13) Edmond Constantini and Joel King, "The Partial Juror: Correlates and Causes of Prejudgment," 15 *Law and Society Review* 36 (1980~1981); Martin Kaplan and Lynn Miller, "Reducing the Effects of Juror Bias," 36 *Journal of Personality and Social Psychology* 1443 (1978).

도의 증명(Beyond a Reasonable Doubt)을 엄격하게 요구하며, 피고인에게 어느 정도 관대함을 보이는 경향이 있는 것으로 나타난다.[14] 이런 배심원은 부패하거나 과도하게 유죄를 입증하려는 검사 측이나, 관료적이고 편견적이며, 쉽게 검사나 경찰의 주장을 수용하는 판사로부터 힘이 없는 소시민들을 보호하는 수호천사와 같은 역할을 해야 한다고 생각한다.[15] 배심원들은 거대한 정부 구조 안에서 권력을 장악하고 있는 정부나 법원으로부터 부당하게 차별 대우받는 피고인을 동정하기 쉽다. 또한 이런 성향의 배심원들은 형사 사건을 자주 접하고 이에 대한 경험이 많은 판사나 검사와 달리 더 '순수한' 피고인들에 대해서 더 믿음을 가질 수 있다.[16]

그러나 진보적일 수 있는 성향의 배심원의 반대편에는 보수적 성향을 가지고 있는 배심원들이 있다. 형사 범죄가 최근 들어서 더욱 잔인해지고 폭력적으로 되고 있는 추세에서, 일반 시민들은 무정하고 철면피스러운 범죄자들에게 인내심을 잃고 있으며 더욱 엄격해지거나 비관용적으로 변하고 있다. 이러한 성향을 가지고 있는 일반인들이 배심원으로 소환되면 피고인에게 더 엄격하고 비관용적인 평결을 내림으로써 그들의 보수적인 의견을 나타내기도 한다.[17]

배심원은 배심원무효판결을 행사함으로써 정부의 정책 형성에 간접적으로 참여하고 있다. 그들의 배심원무효판결은 지역사회나 국가사회의 정치적 환경과 문화를 반영한다. 정치적 환경과 문화가 범죄와 처벌에 대한 일반적인 정서를 통해서 나타나듯이 배심원들은 자신들이 결정을 내려야 할 때에는 각기 다른 이념과 의견을 나타내고 있다. 어떤 특정한 때에는 그 당시의 주류를 이루는 정서와 의견이 있을 수 있지만 그러한 주류 정서와 의견은 상황과 시대에 따라서 변할 수 있다. 그래서 배심원무효판결도 그 당시 사회의 정서와 의견을 반영하기 쉽다.

---

14) Levine, supra *note* 2, p. 121.
15) Duncan v. Louisiana, 391 U.S. 145 (1968).
16) Levine, *supra* note 2, p. 122.
17) James P. Levine, "Jury Toughness: The Impact of Conservatism on Criminal Court Verdicts," 29 *Crime and Delinquency* 78 (1983); Levine, *supra* note 2, p. 124.

배심재판의 참여로 인해서 자신의 정치적 이념을 보여줌으로써 배심원들은 하나의 정치적인 기관으로서 간접적으로 정책 구성에 참여하고 있는 것이다.[18] 법원이 판결을 통해서 정책을 만들 수 있기 때문에 사법부가 정치적 기능을 가지고 있는 것과 마찬가지로 배심원단도 정치적인 기능을 수행할 수 있는 것이다.

Ⅲ. 배심원무효판결의 배경

1. 배심원 재량권

배심원무효판결이 가능한 원인 중에 하나는 배심재판의 특성 중 하나인 배심원의 재량권에 있다. 미국의 재판 제도는 당사자주의제도에 기초를 두고 있어서 실제 재판에서는 양 당사자들의 각기 다른 주장이 첨예하게 대립된다.[19] 우리나라에서는 소송 절차적으로 법원의 직권주의에 기초를 두고 있지만, 당사자들의 변론에 따라서 재판의 향방이 결정되기 때문에 국민참여재판에서 배심원들은 검사와 피고변호인의 주장에 영향을 받을 수밖에 없다. 배심원의 역할은 재판에서 제기되는 서로 상충되는 주장과 복잡한 사실 관계를 정확하게 파악하고 올바른 결정에 도달하는 것이다. 미국에서 많은 민사소송들이 자발적으로 취소되거나 법원에서 기각시키거나 재판 전에 화해와 합의에 의해서 해결되기 때문에, 최종적으로 배심재판에까지 도달하는 경우는 비교적 적으며 그런 재판은 양측 주장이 첨예하게 대립되거나 복잡한 쟁점을 가지는 경우가 많다.[20] 그래서 배심재판에서 배심원과 담당판사 모두에게 어려운 과제가 주어진다. 재판은 사실 관계에 대해서 서로 다른 주장을 하는 양측의 이해관계가 대립된다. 검사와 형사피고인의 변호인은 서로의 사실 관계에 대한 주장이 정확하다고 배심

---

18) Alexis de Tocqueville, Democracy in America. Translated by Henry Reeve, revised by Francis Bowers, edited by Phillips Bradley (New York: A. A. Knopf, 1946), Vol. I, p. 282.

19) Levine, *supra* note 2, p. 182.

20) Patrick E. Higginbotham, "So Why Do We Call Them Trial Courts?" 55 *SMU L. Rev.* 1405, 1405 (2002).

원단에게 주장하게 된다.[21]

그리고 법원은 배심원단에게 배심원 설시(Jury Instruction)를 통해서 평결을 내리기 위해서 적용해야 할 법률 조항을 제시하고 설명한다. 그러나 법률 조항은 자주 이해하기 어려운 법적 개념을 포함하고 있으며, 때로는 법해석도 여러 각도에서 이루어질 수 있다. 법적 개념이 애매모호할수록 배심원으로서는 법 적용에 어려움이 있을 수밖에 없으며 결과적으로 배심원들은 평결을 내리는 데 있어서 자신의 재량권에 의지하게 될 가능성이 높아진다.

만일 자신들이 원하고 노력한다면 배심원은 자신의 평결을 정당화시킬 수 있는 증거나 법적 개념이나 정의를 찾아낼 수 있을 것이다.[22] 다시 말해서 사실 관계의 불확실성과 법의 애매성 때문에 배심원은 자신의 재량권을 사용하기 쉬우며, 같은 정보와 증거물에 대해서 다른 각도로 보고 해석할 수 있으며 다른 결론도 내릴 수 있는 것이다.

2. 수정헌법 제5조

일차적으로 미국 배심재판에서 배심원이 무효판결을 내릴 수 있는 이론적 근거는 미국 수정헌법 제5조의 일사부재리(Double Jeopardy) 원칙에 있다.[23] 일사부재리원칙은 무죄로 결정된 피고인을 검찰이 다시 기소하는 것을 금지하는 조항이다. 비슷한 이유로 형사재판의 담당판사는 배심원단이 피고인에 대해서 무죄로 평결을 내리는 것이 잘못되었다고 판단하더라도 배심원의 무죄 평결을 무시하고 유죄 판결을 명령할 수 없다.[24] 결과적으

---

21) Jerome Frank, Courts on Trial: Myth and Reality in American Justice, 14~36 (New York: Athenium, 1967): "재판이 아무리 철저하게 진행된다고 하더라도, 사실 관계는 추측일 뿐이다."

22) Kalven and Zeisel, *supra* note 7, pp. 163~167.

23) 누구라도 동일한 범행으로 생명이나 신체에 대한 위험을 재차 받지 아니하며, 누구라도 정당한 법의 절차에 의하지 아니하고는 생명, 자유 또는 재산을 박탈당하지 아니한다. 또 정당한 보상 없이, 사유 재산이 공공용으로 수용당하지 아니한다. 미국 수정헌법 제5조.

24) 반면에 미국 민사사건에서는 담당판사에게 '지시평결'이나 '평결대체판결'을 내릴 권한이 있어서 배심원무효판결이 어렵다. '지시평결'(Directed Verdict)이란 증거상 합리적인 배심

로 배심원의 독립적인 결정은 검찰이나 법원의 영향을 받지 않고 존중되어야 한다는 것을 말해준다.[25] 설사 배심원 평결이 어느 정도의 실수에 근거한 것이라고 하더라도 그 평결은 수정헌법 제5조의 기본권에 근거하기 때문에 보호되어야 한다.

3. 일반평결

일반적으로 배심원 평결은 특별평결(Special Verdict)이 아니라 일반평결(General Verdict)로 나온다.[26] 일반평결에서는 배심원들은 자신의 평결의 근거에 대해서 설명하거나 공개해야 되는 의무가 없기 때문에, 자신의 결정에 대해서 심적으로 판사보다 더 자유로울 수 있으며, 증거의 무게와 일치하지 않는 결론에 도달할 수도 있다.[27] 물론 일반평결이나 특별평결에서도 배심원단은 자신의 평결에 대해서 법적인 책임이 없다. 배심원무효판결이 가능한 중요한 이유 중 하나이다.[28]

IV. 휴리스틱 사고방식과 배심원무효판결

1. 휴리스틱 사고방식

어떤 사람들은 자신이 해결하기 어려운 질문에 직면하게 되면, 그 어려운 질문 대신에 쉬운 문제로 대체해서 해결하려고 하는 성향을 가지고 있

원이 다른 결론을 내릴 수 없다고 판사가 판단할 때 지시하는 결정(Federal Rules of Civil Procedure Rule 50(a);https://www.law.cornell.edu/wex/directed_verdict).
'평결대체판결'(Judgment Notwithstanding the Verdict)이란 배심원단의 평결이 재판에서 인정된 사실 관계에 위배되거나 관련법을 잘못 적용해서, 판사가 배심원 평결을 뒤집는 것을 말한다. Federal Rules of Civil Procedure Rule 50(b).
25) Steven M. Warshawsky, "Opposing Jury Nullification: Law, Policy, and Prosecutorial Strategy," 85 *Geo. L.J.* 191, 208 (1996).
26) 두 가지 평결의 차이점은 일반평결은 배심원단이 자신의 결정에 대해서 아무런 부연 설명을 하지 않는다는 것이며, 특별평결은 법원이 배심원단에 몇 가지 서면 질문을 해서 최종 평결에 대한 기본적인 이유와 배경을 알아내는 것이다.
27) Levine, *supra* note 2, p. 103.
28) 배심원무효판결이 오용되는 것을 방지하기 위해 법원은 일반평결이 아닌 특별평결을 요구할 수도 있겠지만, 그것은 배심원이 법원의 간접적인 간섭 없이 자유롭게 평의에 참여하고 평결을 내릴 수 있는 권리를 침해한다고 볼 수 있다.

다. 이것이 휴리스틱 사고방식의 한 가지이다.[29] 이러한 휴리스틱 사고의 문제점은 이 사람들은 자신에게 처음에 주어졌던 질문에 대한 답을 구하는 것이 아니라 다른 대체 질문에 대한 답을 구한다는 점이다. 다시 말해서 처음에 주어진 질문이 해결하기 어렵기 때문에 그 대신 쉬운 문제로 대체한다는 것이다.[30] 그러나 이것은 처음에 주어진 동일한 문제에 대한 답을 구하는 것이 아니기 때문에 실수를 범하거나 오류에 도달하기 쉽다.

어떤 어려운 질문에 대한 해답이 쉽게 떠오르지 않으면 사람들은 그 어려운 문제를 대신해서 연관되지만 더 쉬운 문제로 대체해서 해결하려고 한다. 어려운 문제에 대한 해결책을 생각하기 위해서는 오랜 시간과 노력이 요구된다. 필요한 만큼의 시간과 노력의 투자 없이 올바른 해답을 구하는 것은 어렵기 때문이다. 어려운 문제에 대해서 적은 노력과 시간을 투자해서 얻은 해답은 비교적 쉽게 얻을 수 있다. 이렇게 하여 남은 노력과 시간을 자신이 더 중요하다고 생각하는 다른 일에 투자할 수도 있을 것이다.

또한 사람들은 어떤 정보가 기억에서 쉽게 떠오를수록 그 정보를 더 신뢰하는 경향이 있다.[31] 예를 들어 미디어에서 접하게 된 정보에 대해서는 그 정보의 정확성을 확인하지도 않고 신뢰한다. 이러한 휴리스틱 사고방식에 의존함으로써 사람들은 직관적이고 때로는 휴리스틱한 판단을 내리게 된다.[32]

이와 같이 사람들이 직관적인 휴리스틱 사고에 의존하는 다른 이유는 어려운 문제를 해결하기 위해 필요한 정보를 구하는 데 요구되는 시간과 노력을 절약할 수 있기 때문이다. 어려운 문제를 해결하기 위해서는 자기 절제와 훈련된 정신과 책임감과 노력이 필요하다.[33] 이것은 어려운 문제를

---

29) 휴리스틱 사고방식의 기술적 정의는 어려운 질문에 불완전하지만 '적당한' 답을 간단하게 구하는 절차이다. Daniel Kahneman, Thinking, Fast and Slow (Penguin Books, 2011), p. 98.

30) George Polya, How to Solve It (Princeton University Press 1945).

31) Kahneman, *supra* note 29, p. 7.

32) Gerd Gigerenzer, Peter M. Todd and the ABC Research Group, Simple Heuristics That Make US Smart (Oxford University Press, 1999); 사람들은 자신이 잘 모르는 많은 것들에 대해 직관적인 판단을 내린다. Kahneman, *supra* note 29, p. 96.

33) Baba Shiv and Alexander Fedorikhin, "Heart and Mind in Conflict: The Interplay of Affect and Cognition in Consumer Decision Making," 26 *Journal of Consumer Research* 278~292

해결하면 생기는 이익과 그 문제를 해결하기 위한 정보를 얻기 위한 비용 사이에 절충안을 찾는 것과도 같다. 만일 정보를 얻는 것의 비용이 이익보다 더 크다면, 사람들은 더 쉽고 빠른 직관적인 휴리스틱 판단에 의존하기 쉽다.[34] 사람들에게는 내재적으로 게으른 성향이 있으며, 혹은 부담스러운 과제에서 벗어났다는 안도감과 편리함을 느낄 수도 있을 것이다. 하지만 그런 손쉬운 방법으로 마련된 해결책은 올바르고 정확한 판단과 결정에 이르기가 힘들다. 휴리스틱 사고방식의 문제점이 바로 그 점이다. 그러한 휴리스틱 사고방식은 배심재판에서 법적 개념의 애매성과 더불어서 증거물로부터 진실을 찾아야 하는 어려움과 부담감 때문에 배심원들이 더 의존하기 쉽다.

2. 휴리스틱 사고와 배심원 평의

일반인들과 마찬가지로 배심재판에서 어려운 질문을 접하는 배심원들은 휴리스틱 사고에 의지할 수 있다. 평결을 되도록 신속하게 내려야 한다는 정신적 부담감 때문에 배심원들은 어려운 문제를 해결하기 더 용이한 쉬운 문제로 대체해서 해결하고자 하는 유혹에 빠져 휴리스틱 사고에 의존하게 된다. 이렇게 휴리스틱 사고에 의지해서 내린 평결은 실수가 있는 결론을 도출할 수 있다는 문제점이 있다.[35]

법의 애매성과 법적 쟁점 및 사실 관계의 복잡성 때문에 배심원단으로서는 평의과정과 결정을 내리는 과정에서 매우 혼동스러울 수 있다. 한 가지의 법적 개념에 대해서도 여러 가지의 의미가 주어질 수 있으며, 다른 해석이 가능하다. 많은 법 개념과 정의에 대한 애매성과 불확정적인 면이 있기 때문에, 어떤 법적 문제와 쟁점에 대해서 한 가지 이상의 해답이 나올 수 있다. 재판 과정에서 양측은 서로 상충되고 흔히 상반된 의견을 주장하고 있기 때문에 배심원단으로서는 올바른 결정을 내리는 것이 어려운 과제일 수밖에 없다.

(1999); see also Kahneman, supra *note* 29, p. 41.
34) Wouter Kool, et al., "Decision Making and the Avoidance of Cognitive Demand," 139 *Journal of Experimental Psychology* 665~682 (2010).
35) Kahneman, *supra* note 29, p. 101.

배심원들이 이렇게 어려운 쟁점과 사실 관계를 다루기 때문에, 그들은 의심을 가지는 것보다는 확신감을 가지고 평의하고 평결을 내리는 것을 선호하며, 그래서 이것이 휴리스틱 사고방식을 사용하는 이유 중에 하나이다.[36] 배심원으로서는 평의 중에 형사피고인의 유무죄같이 한 사람의 운명을 결정해야 하는 중요한 과제를 놓고 자신의 결정에 대해서 의심을 가지는 것보다는 자신감을 가지는 것을 선호하는 것이다. 결과적으로 자신의 평결에 대해서 의심을 가지는 것보다는 정신적으로나 양심상에 부담감을 적게 느낄 수 있다.

3. 휴리스틱 사고방식이 배심원무효판결에 미치는 영향

어떤 배심원들은 배심원무효판결을 사용함으로써 자신이 가지고 있는 가치관, 편견이나 정치적인 성향을 관철시키려고 한다. 그리고 배심원무효판결을 사용할 때 의식적으로나 무의식적으로 휴리스틱 사고방식을 사용하며, 결과적으로 휴리스틱하고 직관적인 판단에 이르게 된다.

(1) 가치관

어떤 배심원들은 자신의 가치관이나 신념을 관철시키려는 목적으로 휴리스틱 사고방식에 의존하는 경향이 있다. 어떤 특정한 가치나 신념에 대한 확신이 크면 클수록 휴리스틱 사고방식에 더욱 의존하는 경향이 있다. 그러한 확신감을 마음속에 가지고 있는 배심원들은 자신의 궁극적인 목적을 달성하기 위해서 휴리스틱 사고방식을 유용하게 생각하며 필요하다고 느낀다. 어떤 가치관을 가지고 있는 배심원은 자신의 가치관을 지지하는 것이 매우 중요하기 때문에 어떤 결론에 너무 성급하게 이르게 된다. 또한 자신의 가치관에 대한 확신이 너무 강할 경우에는 어떤 사안에 대한 정확성이나 진실에 대해서 중요하게 생각하지 않거나 상대방의 주장을 무시할 가능성이 있다.

어떤 특정한 법을 무효화시키려는 목적이 있는 배심원은 재판에서 주어진 사실 관계에 대해서 의식적이거나 무의식적으로, 때로는 무조건적으

36) *Id.*, p. 114.

로 좌시하는 경향이 생긴다. 어떤 쟁점에 대해서 강한 확신감과 믿음이 있는 배심원들은 자신의 믿음을 지지해 줄 수 있는 증거물을 적극적으로 추구하고 지지하는 반면에, 자신의 믿음과 상반되는 증거는 진실에 부합되지 않는다고 생각한다. 어떤 법이 집행되는 것을 원하지 않을 때 배심원이 재량권을 가지고 무효판결을 할 수 있는 배심원무효판결을 내리기가 더 용이하다.[37]

살인죄로 기소되었지만 배심재판에서 무죄 평결로 풀려난 미국 플로리다 주의 의사의 경우에서 배심원들은 자살을 도와주는 행위가 현재 법으로는 불법이지만 처벌을 받아서는 안 된다는 믿음을 가지고 있었다고 본다. 그래서 자신들의 주장을 지지할 수 있는 증거물들을 찾았고, 반면에 그에 상반되는 증거들을 무시하였으며, 법의 애매성과 사실 관계의 불확실성을 그 의사에게 유리한 쪽으로 이용하였다고 본다.

(2) 정치적 성향

배심원들의 정치적 성향이나 어떤 것에 대한 선호도는 그들이 매우 중요하게 생각하는 가치관만큼이나 중요하지는 않을 수 있다. 하지만 이것도 사람들이 휴리스틱 사고방식에 의존하게 만드는 데 중요한 역할을 한다.[38] 어떤 특정한 정치적 성향을 가지고 있는 배심원은 자신의 정치적 선호도와 일치하는 주장이나 의견을 지지할 가능성이 높다. 예를 들어 만일 어떤 배심원이 현재 정책이 계속적으로 시행되는 것을 선호한다면, 현재의 정책에서 단점보다는 장점을 더 찾으려고 할 것이다. 더불어서 그러한 정책의 단점은 무시하려고 하거나 극소화하려고 할 것이다.[39] 반면에 자신이 선호하지 않는 정책에 대해서는 장점보다는 단점을 부각하여 생각할 것이다. 그

---

37) 배심원 평결이 일반평결의 형식으로 나오기 때문에 배심원으로서 배심원무효판결을 행사하기 더 용이하다. 그들의 결정을 정당화하거나 이유를 설명할 필요가 없기 때문에 자신의 결정을 내린 뒤에 정신적인 부담감이 적은 상태에서 일상으로 돌아갈 수 있다.

38) Paul Slovic, B. Fischhoff and S. Lichtenstein, "Response Mode, Framing, and Information—Processing Effects in Risk Assessment," New Directions for Methodology of Social and Behavioral Science: Question Framing and Response Consistency (Jossey—Bass 1982), pp. 21~36.

39) Kahneman, *supra* note 30, p. 139.

러한 과정에서 배심원은 휴리스틱 사고방식을 사용하고 있는 것이다.

(3) 기존 믿음과 현상유지

어떤 배심원은 자신이 주장하는 특정한 가치관에 대한 것이 아니라고 하더라도, 양보하고 싶지 않은 기존의 믿음이 있을 수 있다.[40] 그는 자신이 가지고 있는 기존의 믿음을 너무 심할 정도로 적극적이거나 공격적으로 주장하거나 방어하지는 않겠지만 양보도 하지 않을 것이다. 그래서 자신의 목적을 달성하거나 가치관을 실현하기 위해 공격적인 방법을 사용하는 만큼의 적극성은 없지만, 최소한 소극적인 방법으로 자신의 기존의 믿음을 방어하기를 원한다.

예를 들어 사람들은 자신이 속한 지역이나 단체에서 갑자기 큰 변화를 원하지는 않는다. 대신 사람들은 변화보다는 현상 유지를 선호한다.[41] 현상 유지를 위해서는 변화나 변화의 시도를 거부한다. 마찬가지로 배심원들은 변화를 시도하는 것에 대해서 현상에 대한 위협으로 간주하며 그러한 시도에 반대하는 결정을 내린다. 기존의 규칙에 변화가 요구되는 결정은 자신의 삶에 큰 변화보다 안정적인 현상 유지를 더 원하는 배심원이 거부하게 된다. 기존의 믿음을 방어하는 것은 자신의 가치관을 관철하는 것과 비슷한 방법으로 휴리스틱 사고방식에 의존하게 만들며, 현상에 필요한 변화를 추구하려는 때로는 정당한 추구조차도 반대하는 결과로 나타난다.

(4) 편견과 고정관념

배심원의 편견이나 고정관념은 자신의 평결에 영향을 미칠 수 있다는 면에서 특정한 가치관만큼이나 중요한 역할을 한다. 어떤 배심원은 특정한 사람들에 대한 비호감을 선입견을 통해서 나타낸다.[42] 예를 들어 어떤 배

---

40) Carol B. Anderson, Inside Jurors' Minds: The Hierarchy of Juror Decision—Making: A Primer on the Psychology of Persuasion: A Trial Lawyer's Guide to Understanding How Jurors Think (National Institute for Trial Advocacy 2012), p. 129.

41) Thomas Gilovich, et al., "Commission, Omission, and Dissonance Reduction: Coping with Regret in the "Monty Hall" Problem," 21 *Personality & Social Psychology Bulletin* 182~190 (1995).

42) 편견은 인종적, 민족적, 종교적, 성적, 계급적, 동성애 혐오증 이유에 근거할 수 있다. Levine, *supra* note 2, p. 136~146.

심원은 어떤 증거물을 자신이 싫어하는 사람에게 불리한 쪽으로 해석하거나 그 사람에게 유리한 증거물은 무시한다.[43]

배심원의 편견이나 고정관념은 다른 사람들에 대한 스테레오 타입을 만드는 형태로 나타나기도 한다. 타인에 대한 판단을 할 때 충분한 시간을 들이지 않고 성급한 판단을 하는 오류는 일상적으로 벌어지고 있다. 타인을 판단할 때 각자의 차이점에 대한 신중한 고려도 없이, 타인이 속한 그룹에 대한 고정관념에 의해서 판단하곤 한다.[44] 결과적으로 그러한 고정관념을 가지고 있는 배심원들은 자신의 고정관념과 일치하는 증거는 중요하게 생각하는 반면에 일치하지 않는 증거는 좌시하는 경향이 있다.

배심원이 타인에 대한 스테레오 타입에 의존하게 되면, 어떤 일에 대해서 자세히 분석하는 과정을 생략하고 정신적인 '지름길'을 택하게 되기 때문에 휴리스틱 사고방식에 의존하게 되는 것이다. 결과적으로 어떤 증거물에 대해서 충분한 고려 없이 간과하거나 무시하고 지나치게 된다. 이와 같이 배심원이 자신의 편견과 편향성을 보이는 과정에서 사용하는 휴리스틱 사고방식은 배심원무효판결에 이르게 할 수 있다.

(5) 다른 배심원의 영향

어떤 쟁점에 대해서 확고한 가치관을 가지고 있는 배심원은 다른 배심원들에게 큰 영향을 미칠 수 있다. 다른 배심원들은 그 쟁점에 대해서 확고한 가치관을 가지고 있지 않지만, 강한 가치관을 가지고 있는 배심원으로부터 영향을 받는 것인데, 이것도 휴리스틱 사고방식에 근거한 것으로 볼 수 있다. 강한 확신감을 가지고 있는 배심원이 자신의 목적을 달성하기 위해서 다른 배심원들도 동참하기를 독려하고 설득하게 되면, 다른 배심원들도 휴리스틱 사고방식에 의존하게 될 수 있다.

특정한 정치적 가치관을 가지고 있는 배심원은 아직 마음을 정하지 못

---

43) "배심원은 자신이 좋아하는 사람은 대부분 유죄로 결정하지 않고, 자신이 싫어하는 사람은 대부분 무죄로 결정하지 않는다."라고 유명한 소송변호사 Clarence Darrow는 말했다 (Quoted in E. Sutherland and Donald Cressey, Principles of Criminology, 7th ed. (Philadelphia: Lippincott, 1966), p. 442).

44) Levine, *supra* note 2, p. 135.

한 다른 배심원들에게 적지 않은 영향을 줄 수 있다. 아직 마음을 정하지 못한 배심원들은 강한 의지가 있는 몇몇 배심원에게 영향을 받을 수 있다. 결과적으로 그 배심원들도 휴리스틱 사고방식의 '희생양'이 될 수 있다. 사실 관계와 증거물을 잘 판단하기 위해서 자신의 시간과 에너지를 투자하지 않고 대신에 강한 가치관과 믿음을 가지고 있는 다른 배심원에게 동조하고 따라가는 것이다.

재판의 쟁점이 더 복잡하거나 더 논란의 소지가 있는 재판일수록 그들은 강한 가치관을 소유한 배심원들의 주장을 따라갈 가능성이 높다. 쟁점이 논란의 대상이거나 더 복잡할수록 배심원들은 강한 확신감을 가지고 있는 배심원에게 더 좌우될 수 있으며 동조하게 되는 것이다. 그 과정에서 그들은 자신의 에너지와 집중력을 소비하기보다는 휴리스틱 사고에 의지할 가능성이 높아진다. 다른 배심원들의 주장을 동조하고 따라가는 행위는 어려운 문제를 더 쉽게 풀 수 있는 문제로 대체하는 것과 비슷하다. 이러한 방법의 문제점은 자신이 쟁점에 대해서 심사숙고하지 않고 타인의 의견을 추종하는 것이기 때문에, 진실을 반영하지 않고, 올바르지 못한 평결에 이를 수 있다는 점이다.[45)]

4. 휴리스틱 사고방식에 근거한 배심원무효판결의 문제점

배심원들이 휴리스틱 사고방식을 사용하면 어떤 증거물에 대해서 필요 이상으로 많은 신뢰성을 가지게 된다. 예를 들어 배심원이 어떤 증거물의 신뢰도를 결정하는 데 있어서 필요한 만큼의 시간과 에너지를 투자하기를 원하지 않아서 질적으로 신뢰도가 적은 증거물에 대해서 과대평가하는 경향이 생긴다.[46)]

예를 들어 어떤 법을 무효화시키는 것이 목적인 배심원은 자신의 입장을 지지하는 작은 양의 증거물에 대해서도 과대하게 평가할 수 있다. 아무리 작은 양이지만 자신의 입장을 옹호할 수 있는 증거물만 있으면, 그 증거

---

45) Kahneman, *supra* note 29, p. 101.
46) *Id*. p. 151.

물은 자신이 추구하는 입장을 지지하기 위해서 적극적으로 사용하는 것이다.[47] 그리고 어떤 증거물과 자신의 주장과 연관성이 있으면 그 연관 관계가 아무리 작은 것이라도 자신의 주장에 대해서 자신감을 가지게 된다.[48] 만일 그 증거가 그럴듯한 이야기로 만들어질 수 있다면, 설사 그 증거가 질적으로 가치가 그리 중요하지 않다고 하더라도 새로운 가치를 부여한다.

어떤 사건이 벌어졌을 가능성이 매우 적다고 하더라도 배심원 자신이 가지고 있는 신념이나 믿음이 높다면 그 사건에 대해서 확신감조차 형성시킬 수 있는 것이다.[49] 만일 어떤 일에 대한 가치관이 확고하며, 그에 따른 공감이 크면 클수록 배심원은 그 사건의 정확한 가능성에 대해서 무관심까지 보일 수 있다.[50] 감정이란 논리같이 이성적이지 않지만 어떤 중요한 쟁점의 주요 요소일 때는 논리보다 더 중요하고 강력한 역할을 할 수 있다. 결과적으로 배심원들은 자신이 믿고 있는 사건에 대해서 필요 이상으로 긍정적인 반응을 보이게 된다.

배심원무효판결이 직관적인 판단에 의해 만들어지기 때문에 배심원은 어떤 때는 너무 극단적인 예측에 의존하기도 한다. 직관적인 판단이 자주 무게가 약한 증거물에 의존하는 경향이 있음에도 불구하고 배심원은 직관적인 판단에 필요 이상으로 의존한다. 그러나 그 배심원으로서는 그런 실수를 정정하거나 증거를 충분하고 공정하게 판단하는 것이 쉽지 않을 수 있다. 그렇게 하려면 자신의 가치관과 믿음에 대한 의심이 필요하며, 더 많은 시간과 노력을 투자할 필요가 있기 때문이다. 휴리스틱 사고에 근거한 배심원무효판결에 관한 최악의 상황은 배심원이 어떤 특정한 가치관과 신념에 근거한 무효판결을 내리는 것이 아니라 단지 '심리적 지름길'을 위해서 무효판결을 사용하는 때일 것이다. 그와 동시에 배심원 설시를 의도적으로 무시하고 재판에서 제시된 사실 관계와 증거물과 일치하지 않는 평결

---

47) *Id*. p. 209.
48) Kahneman, *supra* note 29, p. 209.
49) George F. Loewenstein, Elke U. Weber, Christopher K. Hsee, and Ned Welch, "Risk as Feelings," 127 *Psychological Bulletin* 267~286 (2001).
50) Cass R. Sunstein, "Probability Neglect: Emotions, Worst Cases, and Law," 112 *Yale Law Journal* 61~107 (2002).

을 내릴 때이다.

5. 휴리스틱 사고에 근거한 배심원무효판결을 축소하는 방안

어려운 질문이나 쟁점을 대할 때 휴리스틱 사고를 사용하는 것은 자연적인 현상일 수 있다. 마찬가지로 배심원이 사실 관계가 불확실한 재판을 결정해야 할 때 휴리스틱 사고에 의존할 가능성이 높다. 혹은 자신의 가치관을 성취하거나 자신의 편견을 실현하기 위한 목적을 달성하기 위해서 휴리스틱 사고방식에 의존할 수 있다.

그러한 휴리스틱 사고방식의 문제점을 축소하기 위해서 판사와 변호사는 배심원 설시를 적절하게 잘 이용해야 한다. 배심원 설시를 통해서 배심원들에게 휴리스틱 사고방식을 사용해서는 안 된다는 것이 상기되고 강조되어야 한다.51) 배심원으로서의 시민적 의무를 잘 완수해야 하며, '진실'을 찾아내고 '올바른' 결론에 도달하도록 최선을 다해야만 한다는 것을 상기시켜야 한다. 또한 배심원들은 재판에서 제출되고 승인된 사실 관계와 증거물만을 고려해야 한다. 법을 재판 중에 제시된 사실 관계에 공정하게 적용해야 한다는 점도 상기되어야 한다. 배심원단이 사회의 민주적 가치를 대표하고 실현하는 공정한 단체이어야 하기 때문에 부당한 편견이나 선입관이 자신들에게 주어진 결정권을 침해해서는 안 된다.

배심원 설시는 배심원 선정 후와 재판의 시작 전에 주어져야 한다. 그래서 배심원들이 휴리스틱 사고에 의존하는 것을 예방하도록 해야 한다. 몇몇의 배심원들이 위와 같은 동기로 휴리스틱 사고를 이용할 수는 있겠지만, 나머지 대다수의 배심원들은 그러한 경향을 상쇄시키거나 극복할 수 있다. 배심원 평의 과정에서 서로 다른 의견들을 개진하고 논쟁을 한 후에 만장일치를 이룰 수 있기 때문에 휴리스틱 사고에 의존하는 소수 배심원들의 의견을 극복할 수 있다. 휴리스틱 사고를 극복한 올바른 평의와 합의를 통해 평결을 내리는 것은 배심원 설시의 적절한 사용을 통해 더 가능해질

---

51) 하지만 배심원무효판결은 배심원의 권리(Right)는 아니지만 배심원의 힘(Power)라는 점에서 배심원무효판결은 법에 위배된다거나 배심원무효판결을 금지하는 설시는 적절하지 않다고 본다.

것이다.

V. 결 론

배심원무효판결이 배심원이 자신이 옳다고 생각하는 가치관과 신념을 반영한 경우에는 사회정의를 구현하는 하나의 방법으로 간주될 수도 있다고 본다. 하지만 자신의 부정적인 편견이나 고정관념과 같은 휴리스틱 사고에 근거한 무효판결은 결코 바람직하지 않은 것이다. 더군다나 배심원이 어려운 사실 관계와 법률문제를 회피해 가기 위한 '정신적 지름길'로서의 휴리스틱 사고 또한 바람직하지 못하다. 물론, 배심원들이 최종적인 결정을 내리기 전에 복잡하고 어려울 수 있는 증거물들에 대해서 판단하는 과정을 생략하기 위해서 휴리스틱 사고방식을 사용하는 것이 매우 효과적이고 경제적일 수 있다.[52] 그러나 휴리스틱 사고를 사용하면 오류가 포함된 배심원무효판결에 이를 수 있게 되는데, 그 이유는 더 적절한 결과에 이르기 위한 시간과 노력이 부재하기 때문이다.[53] 정신적 지름길로 사용되는 배심원무효판결은 배심원의 기본 의무에 위배되기 때문에 배제되어야 한다. 또한 재판의 결과에 대해 확신감 없이 평의에 임하는 배심원이 강하고 확고한 가치관을 가진 다른 배심원에 의해 이끌려서 휴리스틱 사고에 의존하는 것도 바람직하지 못한 현상이다. 하지만 배심원무효판결에 대한 논쟁이 많이 존재함에도 불구하고 배심원무효판결은 배심재판 제도에서 중요한 역할을 한다. 그래서 배심원무효판결에 관련된 부정적인 휴리스틱 사고방식의 영향을 축소하는 것이 필요하다. 배심원 설시를 더 적절하게 사용함으로써 배심원의 판단과 결정을 내리는 과정이 향상될 수 있다고 본다.

---

52) Amos Tversky and Daniel Kahneman, "Judgment under Uncertainty: Heuristics and Biases," 185 *Science* 1124~1131 (1974).

53) *Id.*

제13장

배심원과 휴리스틱 사고방식[*]

I. 서 론

인간은 이성적으로 사고하고 합리적인 판단을 할 수 있다. 하지만 현실적으로 인간은 비이성적으로 사고를 하고 비합리적인 판단을 하는 경우가 많다. 사람들이 비이성적이고 비합리적인 사고와 판단을 하는 이유들 중에 하나는 사람들이 휴리스틱 사고방식에 의존하는 성향이 있기 때문이다.[1] 사람들이 휴리스틱 사고방식을 사용할 때 생기는 문제점을 예로 들어 보면, 어떤 사람이 특정한 사건이 일어났는지가 불확실한 상황에서 그 사건이 일어날 실제 확률보다는 그 사고에 대한 관련 정보가 얼마나 쉽게 머리

---

* 이 장은 "판사와 배심원의 결정에 있어서 휴리스틱 사고방식의 배제방안"이라는 제목으로 홍익법학, 제17권 제3호, 홍익대학교 법학연구소, 2016. 9, 451면에 게재된 논문을 수정, 보완한 것임.

1) 휴리스틱 사고방식(Heuristic Thinking)은 행동경제학 용어로서 Daniel Kahneman과 Amos Tversky가 휴리스틱 사고방식 및 편견으로부터 기인하는 보편적 인적 오류 요인에 대한 인지적인 연구의 토대를 세웠으며 전망이론을 만들었다. Amos Tversky and Daniel Kahneman, "Judgment Under Uncertainty: Heuristics and Biases," 185 *Science* (1974). 이러한 전망이론의 성과로 Daniel Kahneman은 2002년 노벨 경제학상을 수상하였다. http://en.wikipedia.org/wiki/Daniel_Kahneman(최종방문 2016. 07. 06).

에 떠오르는가에 의존해서 판단을 내리는 경우이다. 그러한 판단은 실제 확률을 무시하고 잘못된 정보에 의존하기 때문에 정확하지 않을 수 있다. 또는 어떤 사람이 특정한 어려운 문제를 접할 때 그 어려운 질문이나 문제 대신에 그와 관련되고 비슷한 더 쉬운 문제로 대체해서 해답을 구하는 것이다. 이것도 처음에 주어진 질문에 대한 해답을 구하는 것이 아니라 대체 질문에 대한 해답을 구하기 때문에 옳은 해답에 도달하지 못할 가능성이 높다.

이와 같이 일반인들이 휴리스틱 사고에 의존하는 이유 중에 하나는 어떤 특정한 문제를 해결하기 위해서는 시간과 노력이 수반되는데, 이를 투자할 시간적, 정신적인 여유가 없기 때문이다. 또한 사람들이 불확실한 상황에서 어려운 문제를 푸는 데 사용되는 시간과 노력을 절약하기 위한 심리적 효율성에 근거할 수 있으며, 한편으로는 자신의 에너지를 사용하는 것이 귀찮은 경우라고도 할 수 있다.[2] 복잡한 일상생활, 업무와 인간관계에서 생기는 스트레스를 많이 받고 사는 현대인들은 어떤 문제가 자신의 이익에 직접적으로 관련이 없으면 되도록 회피하고 싶어한다. 또한 그 문제를 해결하기 위한 정신적인 투자를 아끼면 그 대신 다른 문제에 그것을 투자할 수 있는 여유가 생긴다. 휴리스틱 사고에 의존함으로써 사람들은 심리적 효율성과 경제성을 추구하는 것이다.

이 장에서 다루려고 하는 쟁점은 휴리스틱 사고방식이 재판 중에 사용되는 가능성과 이에 대한 문제점에 대한 해결책을 발견하고 제시하는 것이다. 엄정한 공정성과 정확성이 요구되는 재판 과정에서도 휴리스틱 사고가 개입될 가능성을 배제할 수 없다. 특히 재판에서 최종 결정권을 가진 법관이나 배심재판에서 배심원들도 휴리스틱 사고에 의존할 수 있는데, 그 이유는 일반인들이 휴리스틱 사고방식에 의존하는 이유와도 비슷하다고 볼 수 있다. 형사재판에서의 형사피고인의 유무죄를 결정하는 일이나, 민사재

---

2) 우리나라에서는 자신이 꼭 해야 할 의무가 없는 일에 대해서 무관심을 보이는 '귀차니즘'으로 표현될 수 있다. '귀차니즘'이란 만사가 귀찮아서 게으름 피우는 현상이 고착화된 상태를 말하는 인터넷 신조어이다. 한기홍, "방콕족, 나홀로족에 귀차니스트까지," 주간경향 2007. 05. 08, https://ko.wikipedia.org/wiki/%EA%B7%80%EC%B0%A8%EB%8B%88%EC%A6%98 #cite_note-1(최종방문 2016. 09. 15).

판에서의 피고인 측의 유죄 결정 시 한 기업이나 개인의 손해배상액을 결정하는 일은 재판 당사자의 운명을 좌우할 수도 있는 매우 중요한 일이다. 이러한 상황에서 재판의 최종 결정을 내려야 하는 담당판사나 배심원단이 휴리스틱 사고방식을 사용하면 올바른 결정을 내리는 데 지장을 초래할 수 있다. 중요한 재판 사안을 결정하기 위해서 엄격한 공정성이 요구되며, 그에 따르는 법적 의무감 때문에 법관이나 배심원이 휴리스틱 사고에 의존하는 빈도는 일반인들이 일상생활에서 사용하는 빈도보다 낮을 수 있다. 하지만 현실적으로 휴리스틱 사고방식이 여전히 재판에서 사용되고 있다고 본다. 먼저 배심재판에서 재판의 사실 관계가 복잡하고 관련 법률이 난해하며 결정해야 할 쟁점이 너무 복잡하고 어려워서 일반인들로 구성된 배심원들은 관련법을 사실 관계에 적용하는 것이 어려울 수 있다.[3] 이럴 때 배심원단이 휴리스틱 사고에 의존해서 어려운 문제점 대신 더 쉬운 문제로 대체해서 해결하려고 하면 주요 쟁점의 핵심을 벗어나서 다루는 오류를 범할 수 있다. 또한 전문 법률가인 담당판사도 이와 같은 이유로 인해서 휴리스틱 사고에서 완전히 자유로울 수 없다. 재판 과정에서 담당판사와 배심원이 재판 결과를 내리는 데 있어서 휴리스틱 사고방식의 성향이 개입되면 그 결과에 오류가 발생할 수 있고 공정하지 못한 결정이 도출될 수 있다. 그래서 이 장에서는 이 문제점에 대한 심층적인 분석과 연구를 통해서 재판 과정에서 휴리스틱 사고방식이 배제된 공정한 재판 결과가 나올 수 있도록 기여하는 데 그 목적이 있다.

이 장에서는 재판과 관련된 휴리스틱 사고방식의 문제점에 대해서 다음과 같이 세부적인 부분으로 나누어 논의할 계획이다. 첫 번째로 휴리스틱 사고방식이 판사 및 배심원에게 주는 심리적 영향에 대하여 분석한다.[4] 구체적으로 휴리스틱 사고방식의 몇 가지 대표적인 특성들을 분석하고, 이러한 특성들이 재판 과정에서 사용될 수 있는 가능성과 그 문제점에 대해

---

3) In re Japanese Electronic Products Litigation, 631 F.2d 1069, 1088 (1980).
4) 재판 결정자의 사고방식의 중요성뿐만 아니라 국민참여재판에서 판사에게도 판결권이 있으므로, 이번 장에서는 배심원에 대한 분석뿐만 아니라 판사에 대한 비교 분석을 포함하였다.

논의한다. 두 번째로는 판사와 배심원의 사고방식의 차이점을 살펴보고 분석할 것이다. 그리고 마지막으로 재판에서 휴리스틱 사고방식의 영향을 예방하거나 축소할 수 있는 방안들을 제시할 것이다.

Ⅱ. 휴리스틱 사고방식이 판사 및 배심원에게 주는 심리적 영향

휴리스틱 사고방식을 간단하게 정의하면, 어떤 사람이나 사물에 대한 심층적인 분석 없이 고정관념과 같은 추상적인 개념에 기초하여 추론적이고 때로는 비합리적인 판단을 내리는 사고방식이다. 이러한 사고방식을 통해 내린 판단을 휴리스틱 판단(Heuristic Judgment)이라고 부를 수 있다. 어떤 문제에 대해서 심도 있게 집중해서 생각하기 위해서 적절한 양의 시간과 에너지를 투자해야 하는데, 그렇게 하는 것이 힘들다고 생각하거나 귀찮다고 여기는 것이다. 그래서 자신의 추측과 고정관념에 의존해서 되도록 쉽고 편리하게 생각하는 방식이다. 그러므로 이것은 비합리적이고 비이성적이고 때로는 직관적인 사고방식이라고 할 수 있다.[5]

어떤 사람이 특정한 어려운 질문이나 문제를 접할 때 그 어려운 질문이나 문제 대신에 그와 관련된 비슷하지만 더 쉬운 문제로 대체해서 해답을 구하는 것도 휴리스틱 사고방식의 한 가지라고 말할 수 있다. 어려운 문제를 해결하기 위해서는 충분한 시간과 정신적 노력을 필요로 하는 데 반해서 더 쉽고 용이한 문제는 많은 시간과 노력의 투자 없이도 해결할 수 있다.[6] 하지만 이 방식의 문제점은 그 사람이 처음에 주어진 문제에 대한 답을 구하는 것이 아니라 비슷하지만 다른 문제에 대한 답을 구하기 때문에 잘못된 판단이나 오류를 범할 수 있다는 점이다.[7]

---

5) 휴리스틱 사고방식을 한마디로 '직관적 사고'라고만 간단하게 표현하는 것은 가장 정확한 표현이라고 할 수 없다. 본 연구에서는 비합리적, 비이성적이며 직관적인 사고방식을 표현의 간결함과 가독성을 위해서 '휴리스틱 사고방식'이라고 칭한다.
6) 일반인들이 휴리스틱 사고방식에 의존하는 이유가 행동경제학적인 면에서 보면 일상생활 중에서 효율성을 추구하는 행위로 볼 수 있다. Daniel Kahneman, Thinking, Fast and Slow (Penguin Books, 2012), p. 35.
7) 공영호, "The Impact of Heuristic Thinking on Jury Nullification," 법학논총 제39권 제4호,

재판 과정에서 재판의 최종 결정을 내려야 하는 담당판사나 배심재판에서 배심원들도 위와 비슷한 상황에서 휴리스틱 사고에 의존할 수 있다.[8) 배심재판에서는 평의에 주어지는 시간이 무한한 것도 아닐 뿐만 아니라 되도록 신속하게 평의를 진행하고 평결을 내려줄 것을 요구하는 법원과 양측 변호인들의 무언의 압력이 있다. 그리고 배심원은 '올바른' 사실판단과 '정당한' 평결을 내려야만 한다는 정신적 부담과 압박이 있다.[9) 또한 법적 쟁점과 사실 관계가 복잡하고 때로는 관련법의 해석이 애매할 수 있기 때문에 일반인들로 구성된 배심원단은 평의와 평결과정이 매우 부담스럽고 어려울 수 있다. 또한 피고인과 원고인 측은 서로 상반된 사실을 주장하며 상반된 결론을 내려 줄 것을 요구하기 때문에 배심원으로서는 '올바른' 평결을 내리는 것이 더 어려워진다. 더군다나 재판에서 제시되고 인정된 증거물과 증언의 비중이 한쪽에 일방적으로 유리하지 않고 비슷해서 평결의 향방이 명확하지 않으면 않을수록 배심원 결정이 더 어려워진다.[10) 그럴수록 배심원들은 법 외적인 요소에 영향을 받을 수 있으며, 특히 휴리스틱 사고방식에 의존할 가능성이 높아진다고 본다.[11)

이런 상황에서 배심원으로서는 자신의 결정에 대해서 의구심과 불확실함을 가지는 것보다는 확신감을 가지기를 선호한다.[12)[13) 자신의 판결에 대

단국대학교 부설 법학연구소, 2015, 235면.

8) 판사나 배심원같이 재판의 결정자들이 휴리스틱 사고방식에 의존하는 이유가 일반인들과 마찬가지로 행동경제학적인 측면에서 효율성을 추구한다는 점에서 유사하다고 볼 수 있지만, 재판의 결정자들이 재판에 임하게 되는 상황과 목적, 임무가 일반적인 사회생활과 차이가 있다.

9) 공영호, 전게논문(법학논총), 235면.

10) Bruce D. Sales and Daniel A. Krauss, The Psychology of Law (American Psychological Association, 2015), p. 57.

11) 또한 배심원들은 때로는 관련법에서 명시된 대로 법을 해석하기보다는 관련법이 어떻게 적용돼야 하는가에 대한 법의 의도를 법상식이 아니라 일반상식으로 이해하고 해석하려고 한다. 예를 들어 사람들이 어떤 일을 한 이유에 대해서 일반적이고 상식적인 개념을 사용하여서, 때로는 실제법과 상반되는 결정을 내릴 때도 있다. Id., p. 58.

12) Carol Anderson, Inside Jurors' Minds: the Hierarchy of Juror Decision–Making: a Primer on the Psychology of Persuasion: a Trial Lawyer's Guide to Understanding How Jurors Think (National Institute for Trial Advocacy, 2012), p. 114.

13) Kahneman, *supra* note 6, p. 98.

한 의구심이 남는 것보다는 좀 더 쉬운 문제로 대체하고 그에 대한 답을 구하는 것이 배심원단의 자신감을 높일 수 있기 때문이다. 재판의 결과는 재판 당사자의 운명을 결정할 수 있을 만큼 중요한 결정이니만큼 배심원으로서는 일말의 의구심보다는 자신감과 확신감을 가지고 결정을 내리는 것이 정신적으로나 양심상의 부담을 줄일 수 있다.[14] 하지만 배심원 평의 과정에서 동일한 쟁점을 다루는 것이 아니기 때문에 배심원단의 평결이 올바르지 않을 수 있다는 문제점이 있다. 휴리스틱 사고방식의 대표적인 특성으로는 대표성 휴리스틱(Representativeness Heuristic), 가용성 휴리스틱(Availability Heuristic)과 닻내림 효과(Anchoring Effect)가 있다. 재판 상황에서 담당판사와 배심원단이 휴리스틱 사고방식의 이러한 특성들에 의존해서 판결과 평결을 내리면 재판 결과가 공정하지 못하고 오류를 포함할 가능성이 커진다.

1. 대표성 휴리스틱(Representativeness Heuristic)

일반인들은 대표성 휴리스틱으로 표현될 수 있는 휴리스틱 사고방식을 사용하는 경우가 많다. 사람들은 어떤 사물이나 사람에 대해서 전형적이고 대표적인 틀 안에서 생각하고 간주하는 경향이 있다.[15] 어떤 사람이나 사물에 대해서 전형적이고 대표적인 틀 안에서 생각한다는 것은 그것에 대한 고정관념(Stereotype)과 선입관과 편견(Bias/prejudice)을 가지고 있다는 말이다. 휴리스틱 사고의 문제점은 어떤 문제에 대해서 충분한 사실 관계를 파악하거나 고려하지 않고 자신의 고정관념과 선입관에 의존해서 판단한다는 점이다.[16] 예를 들어 여자운전자는 남자운전자보다 운전이 능숙하지 못하고 주차도 잘하지 못한다고 추측하는 것이다. 또한 여자는 남자보다 수학적 능력이 떨어지지만 언어적 능력이 뛰어나다고 생각하는 고정관념을 가지고 있는 것이다. 미국에서는 경찰들은 젊은 흑인 남성들이 범죄를 일으킬 가능성이 높을 것이라는 편견을 가지고 있어서 시내에서 흑인들을 더 유심히 관찰한다거나 도로에서 흑인이 운전할 때 더 자주 차를 정지시키고 검

---

14) 공영호, 전게논문(법학논총), 236면.
15) Kahneman, *supra* note 6, p. 149.
16) *Id.*

문하는 경우이다. 위와 같은 고정관념에 근거한 선입관과 편견에 의존해서 판단을 하는 휴리스틱 사고방식은 사실 관계에 대한 충분한 조사와 고려를 생략하고 직관적이고 비합리적인 판단에 이르게 하기 때문에 실수나 오판에 이르기 쉽게 한다.

재판상황에서 배심원들도 비슷한 과오를 범할 수 있다. 어떤 배심원은 인종적 소수자들에 대한 고정관념과 편견을 가지고 있어서 그들에게 불리하고 부당한 판단과 결정을 내릴 수 있다. 어떤 개인에 대해 개별적이고 신중한 판단을 하는 것이 아니라 그 사람이 특정 인종이라는 이유만으로 자신이 가지고 있는 고정관념을 이용해서 성급한 판단을 내려버리는 것이다. 그래서 자신의 고정관념에 일치하는 증거물과 증언에 더 무게를 두는 반면에 자신의 고정관념과 일치하지 않는 증거물과 증언은 무시하는 경향을 보일 수 있다. 문제는 후자의 증거물과 증언이 더 신빙성이 있어서 증거물로써의 가치가 더 높은데도 불구하고 이를 인정하지 않을 때 발생한다. 이는 자신이 가지고 있는 고정관념을 통해서 편견과 선입관을 나타낼 때 어떤 사안에 대해서 자세한 분석 없이 정신적인 '지름길'을 선택하는 휴리스틱 사고의 오류를 범하고 있는 것이다.[17] 그 결과 어떤 증거를 무시하거나 필요 이상으로 중요시하고 고려함으로써 잘못된 판단과 결론에 이르게 된다.

반면에 고정관념이 부정적인 역할을 할 가능성이 높긴 하지만 긍정적인 역할을 하는 경우도 있다.[18] 긍정적인 역할의 예를 들면 고정관념을 사용함으로써 사람들은 타인에 대한 판단을 내릴 때 시간과 에너지를 절약할수 있다.[19] 새로운 정보를 더 빨리 수용하고 처리할 수 있기 때문에 더 신속하게 결정을 내릴 수 있다.[20] 또한 고정관념은 타인이 속한 단체의 차이점을 잘 파악할 수 있고, 타인이 속한 단체의 행위를 더 잘 이해할 수 있게

---

17) Anderson, *supra* note 12, p. 115.
18) Jessica D. Findley and Bruce D. Sales, The Science of Attorney Advocacy, How Courtroom Behavior Affects Jury Decision Making (American Psychological Association, 2012), p. 81.
19) C. Tavris and E. Aronson, Mistakes Were Made: Why We Justify Foolish Beliefs, Bad Decisions, and Hurtful Acts (Harcourt, 2007), p. 57.
20) Findley, *supra* note 18, p. 81.

한다. 하지만 그 과정이 타인에 대한 순수한 방향의 이해로만 끝나는 것이 아니라, 타인에 대한 부정적인 선입관을 형성시키는 데 일조한다는 것에 문제점이 있다. 사람은 어려서부터 타인이 속한 그룹들이 자기가 속한 그룹과 다르다는 인식을 하며 그에 따른 고정관념을 마음속에 형성시킨다.[21] 일반적으로 사람들은 자신이 속한 그룹에 대해서 긍정적으로 생각하며, 유리하게 대우하며, 그들의 의견에 더 잘 설득되며, 그 대신 더 좋은 대우를 받을 것을 기대한다.[22] 반면에 다른 그룹에 대해서는 부정적으로 생각하며, 불리하게 대우하며, 그들의 의견에 부정적인 선입관을 가지고 설득당하지 않으며, 더 좋은 대우를 받을 것도 기대하지 않는다.[23] 이와 같이 고정관념이 불합리한 기준에 의거할 수도 있고, 그 결과로 불합리한 선입관과 편견을 만들 수 있다. 재판 과정에서 담당판사나 배심원단이 위와 같이 대표성 휴리스틱과 고정관념 및 편견에 영향을 받으면 올바르지 않은 결정을 내릴 수 있게 된다.[24]

2. 가용성 휴리스틱 (Availability Heuristic)

휴리스틱 사고방식의 또 다른 한 가지의 형태는 가용성 휴리스틱이라고 불리는 것이다.[25] 예를 들어 사람들이 불확실한 상황에서 판단을 내려

---

21) 보통 사람들은 다른 사람들을 다음과 같은 종류로 구분하고 고정관념을 형성한다: 인종, 성별, 나이, 성적 선호도, 가족, 정치, 종교, 직업, 취미, 학교나 선호하는 운동 종목 등. *Id*., p. 82.

22) *Id*.

23) *Id*.

24) 판사와 배심원의 고정관념에 근거한 추측은 개인의 특성과 개별적인 성향을 자세히 고려하지 않은 상태에서 만들어졌기 때문에 잘못된 추측일 수 있다. 오히려 그 개인이 일반적인 성향과 상반된 성격을 가지고 있을 수도 있다. 만일 판사나 배심원단이 재판 초기부터 선입관과 같은 대표성 휴리스틱에 영향을 받으면 잘못된 추측을 해서 그 사람에 대한 정확하고 올바른 판단을 못할 수도 있다.

25) 가용성 휴리스틱(availability heuristic)이란 어떤 사건이 발생한 빈도를 판단할 때 그 사건에 대한 객관적인 정보를 활용하기보다는, 사건에 관한 구체적인 예를 얼마나 떠올리기 쉬우냐에 따라 그 발생의 빈도를 판단하는 것을 말한다. Amos Tversky and Daniel Kahneman, "Availability: A heuristic for Judging Frequency and Probability," 5 *Cognitive Psychology* 207~232 (1973); [네이버 지식백과] 휴리스틱[heuristics], 심리학용어사전(한국심리학회), http://terms.naver.com/entry.nhn?docId=2070217&cid=41991&categoryId=41991 (최종방문 2016. 07. 29).

야 하는데, 어떤 사건이 실제로 일어날 확률이 높지 않다고 하더라도, 사람들은 관련된 정보가 기억 속에서 얼마나 쉽게 떠오르는지에 의존하는 경향이 있다. 즉, 사람들은 어떤 정보를 자신의 기억 속에서 얼마나 잘 끄집어 낼 수 있느냐에 따라서 그 정보의 신빙성에 대해서 판단하고 의존하는 경향이 있다.[26] 다시 말해서 어떤 정보에 대해서 자신의 기억이 있으면 그 정보를 신뢰하게 되며, 그 정보에 대해서 자신이 기억하지 못하거나, 접해본 경험이 없다면 그 정보를 신뢰하지 않게 된다. 예를 들어서 미디어 보도를 통해서 어떤 사건에 대한 기사나 사설을 읽어 본 적이 있으면, 그 사건에 대해서 간접적인 방법으로나마 접하게 된다. 사람들은 미디어에서 듣거나 알게 된 정보에 대해서 여과 없이 믿는 경향이 있다. 그래서 그 사안에 대해 스스로 객관적인 판단을 하기보다는 과거에 읽었던 기사 내용이나 사설에서 피력된 주관적인 의견에 판단을 맡긴다. 자신의 판단에 의존하지 않고 타인의 판단에 의존하여 자신의 결정까지 내리는 경우이다. 이때 문제점은 신문 기사가 필자의 주관적인 사견이 첨가되고 반영된 편향적인 의견일 수 있다는 데 있다. 사설에서는 필자의 매우 주관적인 의견이 반영되어 있고 사실 관계의 정립보다는 어떤 사안에 대한 자신의 주장을 피력하는 경우가 많다. 신문 기자는 어떤 사안에 대해서 정확한 사실 관계를 100% 확인하지도 않고 진위 판단을 제대로 하지 않은 상태에서 쓸 수도 있다. 신문, 방송 매체는 보도의 신속성이 중요하기 때문에 때로는 내용의 정확성보다는 신속한 보도를 위해서 정확성을 희생하는 경우가 많다고 볼 수 있다.[27] 그래서 일반인들이 자신의 판단과 결정을 정확하지 않을 수도 있는 미디어 보도에 의지하는 것은 착오가 포함된 판단과 결정에 도달하게 할 가능성을 높이는 것이다.

전통적인 신문, 방송 미디어 매체보다도 SNS에서는 더욱 빠르게 다양한 의견과 정보를 제공한다. 하지만 내용의 정확도는 전통적인 미디어 매

---

26) Robyn M. Dawes, et al., "Clinical versus Actuarial Judgment," 243 *Science* 1668~1674 (1989).

27) 공영호, "재판 전 퍼블리시티가 국민참여재판에 미치는 영향," 홍익법학 제16권 제3호, 홍익대학교 법학연구소, 2015, 486면.

체보다 떨어질 수밖에 없다. SNS에서는 내용의 정확도보다는 내용의 다양성과 신속성이 큰 비중을 차지한다. 또한 내용의 작성자나 출처가 불분명하거나 파악하기 힘들다.[28] 그래서 새로운 정보와 내용이 정확하고 신뢰할 수 있는 근거를 가지고 있는지 파악하기 힘들거나, 혹은 근거가 불확실하거나 신뢰할 수 없는 루머에 의존하기도 한다. 또는 악의를 가지고 있는 작성자가 나쁜 의도로 사실과 다른 잘못된 정보를 유포할 수도 있다.[29] 만약 이를 접한 사람들 중에서 아무런 사실 확인이나, 상반된 의견을 확인하지 않고 자신의 의견을 유보한 채 이에 의존해서 자신의 판단과 결정을 내린 경우에는 오류를 범할 수 있다.

재판 중에도 이러한 오류가 발생할 수 있다. 재판 전에 많은 퍼블리시티를 받은 재판에서 담당판사나 배심재판의 배심원들은 재판에 연관된 사건에 대해서 많은 정보나 미디어 보도를 접하기 쉽다. 재판의 사안의 여파가 사회적으로나 정치적으로 크면 클수록 재판 전에 퍼블리시티의 정도도 그에 비례해서 커지기 마련이다. 그 사건에 대한 미디어 보도의 빈도나 정도가 높을 것이며, 일반인들은 이러한 재판 전 퍼블리시티에 자연스럽게 접하게 된다. 일반인들은 퍼블리시티에 접한 이후에 보도 내용의 영향을 받아서 한쪽에 대한 편견과 선입관을 형성할 수 있다. 물론, 미디어 보도의 내용과 편향성에 의해서 생기는 편견은 긍정적일 수도 있고, 부정적일 수 있다. 그러나 일반적으로 어떤 재판의 형사피고인에 대한 미디어 보도는 긍정적이기보다는 부정적이고 편파적인 보도일 가능성이 높다.[30]

이런 상태에서 법원은 일반인들 중에서 무작위로 추출해 배심재판의 배심원후보자로 소환하게 되는데, 퍼블리시티에 접하고 영향을 받은 정도에 따라서 이 후보자가 정식으로 배심원으로 선정되거나 배제될 수 있다. 특정 형사피고인에 대해서 부정적인 편향성을 가진 채로 재판에 소환된 배

---

28) Caren Myers Morrison, "Jury 2.0," 62 *Hastings Law Journal* 1579, 1584 (2011).
29) 공영호, "Jurors' Online Research and Communication in the U.S. Jury Trials and the Measures to Deter Such Jury Misconducts," 민사소송 제18권 제1호, 한국민사소송법학회, 2014, 404면.
30) 공영호, 전게논문(홍익법학), 490면.

심원후보자는 이유부 기피나 무이유부 기피신청의 대상이 된다.[31] 형사피고인의 변호인 측은 그 배심원후보자의 편향성이 매우 심하며, 그 편향성 때문에 올바르고 공정한 평의와 평결을 할 수 없다고 생각되면 이유부 기피신청을 할 수 있다. 담당판사는 변호인 측의 신청에 정당한 근거가 있다고 생각하면, 신청을 승인하고 그 후보자는 최종배심원단 구성에서 배제된다.[32] 하지만 많은 경우에는 후보자의 편향성이 불확실하거나 증명하기 어려울 수도 있으며, 편향성에 대한 추정만이 가능한 경우가 많다. 편향성을 추정할 수 있을지라도, 그 후보자가 공정한 자세로 재판에 임하고, 편견에 좌우되거나 영향을 받지 않고 평의에 임하고, 평결을 내릴 수 있다는 소신을 밝히면, 담당판사는 통상적으로 그 후보자를 배제하지 않는 경향이 있다.[33] 어떤 후보자가 이유부 기피를 통해서 배제할 수 있는 근거는 부족하다고 해도, 무이유부 기피신청은 가능하다. 무이유부 기피신청은 어떤 증명 가능한 근거가 없어도 신청할 수 있기 때문이다. 특별한 경우를 제외하고는 무이유부 기피신청은 승인되기 때문에 그 후보자를 배제시킬 수 있다.[34] 하지만 무이유부 기피신청이 완전한 해결책이 될 수 없는 이유는, 보통 재판에서 무이유부 기피는 신청할 수 있는 횟수에 제한이 있기 때문이다.[35] 결과적으로 편향성 때문에 한쪽에 불리한 평결을 내릴 가능성이 많은 후보

---

31) 이유부 기피(Challenge for Cause)는 어떤 배심원후보자가 배심원 의무를 적절히 수행하기 위한 법적 자격을 충족하지 못하거나 혹은 그의 편향성이나 편견이 확인될 경우 그 사람을 재판에서 배제시키는 것이다. 판사에게 결정권이 있는 이유부 기피신청과 달리 무이유부 기피신청(Peremptory Challenge)은 변호사의 특권 사항이며 변호사는 특별한 이유가 없어도 배심원후보자를 배제할 수 있는 방법이다. Valerie P Hans and Neil Vidmar, Judging the Jury (Perseus Publishing, 1986).

32) Id.

33) 공영호, 전게논문(홍익법학), 493면; Mu'Min v. Virginia, 500 U.S. 415, 431~432 (1991).

34) 변호인은 무이유부 기피를 사용해서, 공정한 자세로 평의할 수 없다고 추정되거나 자신의 의뢰인에게 불리한 평결을 내릴 것이라는 의심이 생기는 배심원후보자를 배제시킬 수 있다. 하지만 무이유부 기피신청을 인종이나 성별 차이에 대한 차별적인 목적으로 사용하는 것은 미국 수정헌법상의 평등권에 위배된다는 미국 대법원의 판결이 있었다. Batson v. Kentucky, 476 U.S. 79 (1986).

35) 미국법원에서 무이유부 기피를 행사할 수 있는 횟수는 각 주마다 다르다. 연방법원의 중범죄 재판에서 검사 측은 6번, 피고인 측은 10번까지 행사할 수 있고, 경범죄에서는 양측 다 3번까지 행사할 수 있다. Randolph N. Jonakait, The American Jury System (Yale University Press, 2003), p. 139.

자를 모두 다 배제시킬 수는 없기 때문에, 그런 배심원이 불공정한 평결을 도출시키는 데 일조할 수 있는 가능성은 존재한다.

3. 닻내림 효과(Anchoring Effect)

앵커링 혹은 닻내림 효과란 어떤 일에 대한 판단을 내릴 때 처음에 제시된 기준점에 영향을 받아서 판단을 내리는 현상을 말한다.[36] 배가 닻을 내린 후에는 크게 움직일 수 없듯이, 사람들도 어떤 판단을 내릴 때 처음에 접한 정보에 집착하거나 영향을 받게 돼서 비합리적인 판단을 내리게 될 수 있다는 것이다.[37]

미국에서 있었던 한 실험에 의하면 실험자들에게 자신의 사회보장번호(Social Security Number)의 뒤 두 자리를 먼저 쓰게 한 후에 어떤 물건에 대한 각자의 낙찰 희망 가격을 제시하게 하였다. 자신의 사회보장번호 뒤 두 자리가 높은 사람들은 더 낮은 사람들 보다 더 높은 낙찰 희망 가격을 제시하는 경향이 높았다.[38] 이 결과는 앵커링 효과를 반영한 것으로 볼 수 있다. 다른 변수 상황이 전혀 없는 상태에서 실험자들의 낙찰 희망 가격은 오직 각자의 사회보장번호에 무의식적으로 영향을 받았고, 그것이 앵커링 효과를 나타낸 것이기 때문이다.[39]

재판에서 흔히 볼 수 있는 앵커링 효과는 손해배상이 쟁점이 되는 민사소송에서 확인할 수 있다. 원고인 측 변호사는 담당판사나 배심원단에게 최종 변론을 할 때 원고인이 주장하는 최소한과 최대한의 손해배상액을 제시하는데, 이 금액에서 병원비 같은 항목은 액수를 확인할 수 있고 비교적 객관적인 산정 기준이 있지만, 사고로 인한 정신적, 육체적인 고통(Pain and Suffering) 같은 항목은 주관적인 금액 산정 기준을 갖고 있을 수 있다. 이럴 때에는 원고 측에서는 자신에게 유리할 수 있게 되도록 높은 최소한의 손

---

36) Kahneman, *supra* note 6, at 119~128.
37) [네이버 지식백과] 닻내림 효과[anchoring effect](시사상식사전, 박문각) http://terms.naver.com/entry.nhn?docId=985853&cid=43667&categoryId=43667(최종방문 2016. 07. 06).
38) Dan Ariely, Predictably Irrational, 29~30 (Harper Perennial, 2010).
39) *Id.*

해배상액을 제시하게 되는데, 이것은 판사나 배심원단에게 앵커링 효과를 줄 수 있다. 담당판사나 배심원은 그 금액에 기초하여 손해배상액을 산정하게 되기 쉬운데, 그 밖의 다른 금액으로 결정할 수 있는 기준이나 근거가 별로 없기 때문이다. 그래서 원고인 측 변호인이 제시한 금액을 기초로 하여 최종적인 손해배상금을 결정할 가능성이 높다.[40] 물론 피고인 측 변호인은 원고인 측 손해배상액이 너무 주관적이고 임의적이라고 주장하여 앵커링 효과를 없애기 위해 노력할 것이다. 하지만 원고인 측이 제시하는 최소한의 손해배상액이 너무 비합리적이고 임의적이지 않은 이상, 이 앵커링 효과를 상쇄하는 일이 쉽지 않을 수 있다.

이런 앵커링 효과와 연관된 비슷한 상황으로서 현상유지 편향(Status Quo Bias)이 있다.[41] 현상유지 편향이란 현재의 상태에서 변화를 시도하는 것을 두려워해서 시도조차 하지 않는 경우를 말한다. 변화를 시도하는 것에 대한 두려움이 생기는 이유는 변화 후의 결과가 불확실하다는 것이 가장 클 것이다. 결과가 좋을 것이라는 확신만 있다면 변화를 시도하기가 쉽고 변화 시도의 동기가 확실하겠지만, 변화 후의 결과에 대해서 100% 확신감을 가질 수 없는 경우도 많다. 불확실한 상태에서 시도를 한 후 결과가 안 좋으면 후회할 것이며, 또한 그 시도에 대한 책임은 자신밖에 질 수 없는 일이다. 시도해서 생긴 나쁜 결과에 대한 후회는 아예 처음부터 시도하지 않아서 생기는 후회보다도 훨씬 더 클 수 있다.[42] 이렇게 현상 유지를 하고자 하는 이유는 현재가 기준점이기 때문에 현재보다 더 나쁜 상황에 대한 불안감이 있고 그래서 현재 상태에서 변화하는 것을 선호하지 않는다는 것이다.[43] 예를 들어 지금 사용하고 있는 은행이나 보험회사가 처음 생각했던 것보다 서비스가 만족스럽지 못하게 생각되어도 다른 은행이나 보

---

40) 민사소송에서는 원고인 측이, 그리고 형사소송에서는 검사측이 먼저 증거물을 제출하기 때문에 앵커링 효과면에서 유리하다. Anderson, *supra* note 12, p. 126.

41) Kahneman, *supra* note 6, pp. 304~305.

42) Thomas Gilovich, et al., "Commission, Omission, and Dissonance Reduction: Coping with Regret in the 'Monty Hall' Problem," 21 *Personality & Social Psychology Bulletin* 182~190 (1995).

43) 공영호, 전게논문(법학논총), 239면.

험회사로 바꾸는 것을 꺼리게 된다. 다른 은행이나 보험회사가 현재 거래하고 있는 은행이나 보험회사보다 더 나을 것이라는 확신이 완전하게 서기 어렵고 그럴 만한 근거도 확실치 않을 뿐만 아니라 만일 현재 거래하는 은행이나 보험회사보다 서비스가 더 못할 수도 있기 때문에 바꾸지 않고 계속 거래하는 것이다. 이것이 현상유지 편향이나 앵커링 효과에 근거한 행동이라고 볼 수 있다.

이런 현상유지 편향성이나 앵커링 효과가 재판 과정에서도 나타날 수 있는데, 담당판사나 배심원단이 새롭거나 비전통적인 개념 또는 사고방식에 보수적인 반응을 보이는 것이 그것이다. 원고인이나 피고인 측이 기존의 법에 대한 문제점을 이유로 이 법을 수정하거나 이 법의 해석에 있어서 기존과 다른 방법을 제시하면 법원은 이에 대해서 부정적인 반응을 나타낼 수 있다. 또한 변호인 측이 쟁점이 되는 법의 적용에 관하여 과거와는 다른 새로운 적용방법을 주장하면 법원은 비슷한 반응을 보이기 쉽다. 판사로서는 기존법의 수정, 새로운 방법의 법 해석이나 새로운 적용방법에 대해서 보수적이기 쉬운데 이를 받아들이면 자신의 결정이 상급법원에 의해서 번복될 가능성이 항상 존재하기 때문이다. 반면에 기존의 법을 고수하거나 기존의 해석방법이나 법 적용을 하면 상급법원에 의해서 번복되거나 파기환송될 확률은 훨씬 적어진다.

배심원단의 입장에서도 재판 당사자들이 현재 상황에 상충되는 주장을 하거나 현재 자신들이 소속되어 있는 사회에 새로운 변화를 필요로 하는 평결을 요구하게 되면 이에 대해서 부정적인 반응을 보이기 쉽다. 현재의 상황에 매우 큰 불만족이 없는 상황에서 새로운 것을 추구하는 변화는 그 과정에서 예상하지 못한 어려움을 동반할 수 있으며, 더 중요한 점은 그 변화의 결과가 어떤 식으로 나타날지 알 수 없다는 점이다.[44] 변화의 결과가 현재보다 못한 상황으로 전개된다면 변화를 추구한 것에 대한 후회가 나타날 것이다. 배심원들은 각자의 이해관계가 다르기 마련이다. 특정 재판에서 한쪽 당사자가 요구하는, 변화가 동반된 평결을 내리기 전에 일반적으로

---

44) Anderson, *supra* note 12, p. 129.

먼저 그 변화에 대한 불안과 불확실성 때문에 소극적이거나 부정적인 마음을 가지게 된다면 이것은 현상유지 편향성에 기인한 것이라고 볼 수 있다.

Ⅲ. 판사와 배심원의 사고방식의 차이점

판사는 전문 법관이기 때문에 배심원보다 더 이성적이고 편견에 덜 영향을 받는다는 것이 일반적인 견해이다. 판사는 법학을 전공으로 하였고 법관이 된 후에도 계속적으로 법적인 문제를 다루고 있기 때문에 법적 지식과 경험도 많다. 반면에 일반인들로 구성된 배심원들은 대부분 법에 대한 지식도 많지 않을 뿐만 아니라 법에 대한 경험도 많지 않을 가능성이 높다. 또한 배심원들은 판사에 비해서 이성적인 판단보다는 감정에 치우친 판단을 할 수 있다는 생각이 만연해 있다.

하지만 법률전문가가 아닌 배심원들과 마찬가지로 판사들도 편견과 고정관념에 좌우될 수 있으며, 배심원과 비슷한 방식으로 사고의 오류를 범할 수 있다.[45] 재판을 담당하고 판결을 내리는 판사는 법률 전문가이고 어떤 특정한 종류의 사안에 대해서 많은 경험을 가지고 있다. 하지만 자신에게 주어진 특정 사건에 대해서 모든 증거물과 증인들의 증언을 심사숙고하지 않고 그 사건을 처음 접했을 때의 직관적인 느낌과 휴리스틱 판단에 의존하면 판사도 실수를 범할 수 있다. 판사는 법적 사안들에 대해 오랫동안 쌓아온 경험과 지식이 축적되어 있어서 자신의 직관적인 판단에 대해 자신감이 있을 수 있다. 그래서 판사의 직관적인 판단이 올바른 결정에 이를 가능성도 크다고 볼 수 있다.[46] 하지만 판사는 법률 전문인으로서 자신의 지식과 경험에 더 의존하기 때문에 어떤 면에서는 일반인보다 더 편견이나 고정관념과 같은 대표성 휴리스틱에 좌우될 수 있다. 자신의 전문분야에

---

45) Sales, *supra* note 10, p. 58.
46) 인간은 어떤 주제에 대해서 너무 오랫동안 신중하게 생각한 다음에 결정을 내리면 오히려 실수나 잘못된 결정을 내릴 수 있다는 견해도 있다. 반면에 직관적으로 빨리 생각하고 판단하면 더 올바른 결정을 내릴 수 있다고 믿는 것이다. Malcolm Gladwell, Blink: The Power of Thinking Without Thinking (Back Bay Books, 2007), p. 13.

대한 오랜 경험과 지식의 축적은 올바른 결정을 내리는 데 기여할 수 있지만, 반면에 사고의 유연성을 방해해서 새로운 지식을 받아들이고 자신을 향상시키고 개발하는 것에 오히려 장애가 될 수도 있다.[47] 다시 말해서 판사의 직관적인 판단에 판사 자신의 편향성과 선입관이 개입될 가능성이 크다는 것이다.[48] 편향성과 선입관이 개입된 판단은 사건 전체에 대한 깊은 고려와 심사숙고, 시간의 투자가 결여된 판단이기 때문에 오류가 생길 가능성이 높다고 본다. 결과적으로 일반인들로 구성된 배심원단과 마찬가지로 판사들도 대표성, 가용성 휴리스틱이나 닻내림 효과에서 자유롭지 못할 수 있다.

아래에서는 재판 과정에서 판사와 배심원이 휴리스틱 사고방식에 의존하는 것을 예방하거나 축소하는 방안을 제시한다.

Ⅳ. 재판에서 휴리스틱 사고방식의 영향을 예방하거나 축소할 수 있는 방안

휴리스틱 사고의 결과로 인간은 성급하고 비합리적인 판단을 하기 쉬운 경향이 있다. 이는 재판에서도 예외가 아니다. 재판의 사안들을 판단하고 결과를 결정해야 하는 담당판사나 배심원들은 재판 전이나 재판 초기에 형성된 자신의 편견과 선입관, 또는 여러 가지 휴리스틱 사고방식에 따라 판단하고 판결을 내리거나 평결에 이를 수 있다. 이렇게 담당판사나 배심원단이 휴리스틱 사고방식에 근거한 판결과 평결에 이르는 것을 예방하기 위한 방안으로서 배심원 설시의 적절한 사용과 적극적인 토론 중심의 평의

---

47) Adam Grant, "How to Raise a Creative Child. Step One: Back Off," The New York Times, January 30, 2016, at Sunday Review Section. 전문가는 초보자보다 새로운 방식에 익숙해지는 데 더 힘들 수 있다고 한다.

48) 합의부 재판에서는 한 판사의 편견이나 선입관이 합의 중에 노출될 가능성이 있어서 다른 판사들에 의해 그 문제점이 경감될 수 있다. 그래서 합의 시에 각 판사들의 솔직하고 투명한 의견 개진과 협의가 매우 중요하다. 하지만 재판이 단독심일 때에는 이러한 의견의 조율과 여과 과정이 없어서 단독 판사의 선입관과 편견을 제재할 수단이 적다고 볼 수 있다.

과정이 있다.

1. 배심원 설시

배심원 설시(Jury Instruction)는 법 전문가가 아닌 일반인들에게 어떤 방법으로 평의와 평결 과정을 진행해야 하는지에 대해 법원이 배심원단에게 내리는 가이드라인이다.[49) 우선 복잡하고 어려운 관련 법령에 대한 정의를 일반인들이 쉽게 이해하고 적용할 수 있도록 설명하여 줌으로써 배심원들이 관련법을 주어진 사실 관계에 잘 적용할 수 있도록 도와준다.[50) 또한 재판 과정 및 평의, 평결 절차에 대한 설명을 해 줌으로써 배심원들이 올바른 평결에 이를 수 있도록 도와준다.[51)

배심원 설시는 담당판사와 양측 변호사들이 합의하에 준비하는 것이 일반적이다. 양측 변호사들이 배심원 설시의 초안을 제시하면 담당판사는 양측 변호사들과 논의를 거친 후 최종적인 배심원 설시를 마련하게 된다. 먼저 휴리스틱 사고에 대한 배심원 설시를 준비하여 배심원들이 휴리스틱 사고방식을 하지 않도록 주지시킬 필요가 있다. 우리나라나 미국에서도 아직까지 휴리스틱 사고에 대한 구체적인 배심원 설시를 주지 않고 있다. 그래서 앞으로 배심원 설시에 휴리스틱 사고방식의 문제점에 대한 설시를 포함시킬 필요가 있다. 휴리스틱 사고방식의 폐해를 강조함으로써 배심원들이 경각심을 가지고 변론 과정에 집중할 수 있도록 하여야 한다. 담당판사로서는 배심원단이 정확하고 공정한 자세로 모든 증거물과 증언에 대해 필요한 만큼의 시간을 투자하여 심사숙고할 수 있는 환경을 조성할 임무를 갖는다. 양측 변호인 측들도 이해관계의 차이가 있겠지만 기본적으로 배심원들이 휴리스틱 사고에 의존하는 것을 원하지는 않을 것이다.[52) 물론, 배심재판뿐만이 아니라 판사 담당 재판에서도 담당판사는 휴리스틱 사고에

---

49) Jonakait, *supra* note 35, p. 198.
50) *Id.*
51) *Id.*, p. 199.
52) 반면에 재판 절차가 끝난 후 평의, 평결과 판결과정만 남은 상황에서 자신이 승소할 가능성이 매우 낮다고 생각하는 측은 배심원단이나 담당판사가 휴리스틱 사고에 의존할 것을 기대할 수 있다.

의존하지 말아야만 한다는 것을 간과해서는 안 될 것이다.

배심원 설시를 통해서 휴리스틱 사고의 폐해에 대한 경고를 접한 배심원단은 좀 더 사려 깊고 세심한 자세로 증언과 증거물을 고려할 것이며, 신중한 판단을 내리기 위해서 성급하고 비합리적인 판단을 하지 않을 가능성이 높다. 만일 소수의 배심원이 이러한 배심원 설시를 의도적으로 무시하거나 무의식적으로 간과할 수도 있다. 하지만 나머지 대다수의 배심원들은 소수의 배심원의 휴리스틱 사고에 근거한 잘못된 판단 때문에 그릇된 평결이 도출되지 않도록 할 수 있다.[53]

2. 배심원 평의

휴리스틱 사고방식에 의존한 소수 배심원의 판단은 배심재판 중 평의 과정에서 발견될 가능성이 높다. 평의 과정은 모든 배심원들의 의견을 교환하고 토의하고 합의에 이르는 과정이기 때문에 어떤 특정한 배심원의 편견이나 비합리적이고 비이성적인 사고가 드러날 수 있기 때문이다. 일반적으로 평결은 모든 배심원들의 의견이 일치하여 만장일치에 도달할 때에 이루어질 수 있기 때문에 한두 사람의 배심원의 독단적인 의견이 나머지 대다수의 의견을 좌우해서는 안 되며, 평의과정을 통해서 그러한 의견을 필터링하면 그 문제점을 해결할 수 있다.[54] 우리나라에서는 만장일치가 도출되지 않으면, 재판장과의 논의를 거친 후 다수결로 평결할 수 있다.[55] 평의 초기에 때로는 상충되고 대립되는 의견들이 교환되고 때로는 격렬한 논쟁이 벌어질 수도 있다. 하지만 비합리적이고 비논리적인 주장을 하는 소수의 배심원들의 의견은 휴리스틱 사고에 근거할 경우가 많기 때문에 다른 나머지 대다수의 배심원들이 소수의 주장을 극복할 수 있다.

배심원 평의 과정이 일반에 공개되는 것은 아니고 그 재판의 배심원단

---

53) 공영호, 전게논문(법학논총), 243면.
54) 미국에서 민사재판에서는 현재 연방법원과 14개 주에서만 배심원의 만장일치 평결을 요구하고 있다. Jonakait, *supra* note 35, p. 96. 하지만 다수결상으로도 대다수의 합의가 필요하다.
55) 『국민의 형사재판 참여에 관한 법률』 제46조 제3항.

이 밀폐된 공간에서 그들만이 참여하는 과정이지만 배심원 평의는 한 사람이나 소수의 독재적이고 강압적인 의견이 전체 의견을 좌지우지해서는 안 되는 절차이다. 물론 대다수의 배심원들이 한 명이나 소수의 의견을 무시하는 경우가 발생하여 절대적인 다수결주의라는 비난이 있을 수도 있지만, 대부분의 배심재판의 평의와 평결은 민주적이고 공정한 방식으로 진행되고 이루어진다. 소수의 의견이 너무나 독단적이거나 개인적인 편견과 선입관에 의한 경우에는 다수의 배심원들이 이를 극복하고 평결에 반영하지 않는 것이 옳다. 개인적인 편견과 선입관을 배제한 상태에서 공정한 마음자세로 평의와 평결에 임하는 것은 배심원단에게 주어진 기본적인 의무이다. 이 의무와 일치하지 않는 소수의 의견을 필터링하는 것이 정당하고 공정하다. 그리고 이러한 과정을 거쳐서 올바르고 정당한 평결에 이를 수 있다고 본다. 재판부는 이러한 배심원의 의무를 배심원 설시를 통해서 주지시켜야 한다. 평의 과정 중에 배심원들 간의 적극적인 토론을 권장하는 것이 휴리스틱 사고방식을 예방할 수 있는 효과적인 방법이다. 배심원으로서도 앞으로 평의 과정에서 소극적이고 대응적인 자세로 임하지 않고, 적극적이고 활발한 자세로 임할 필요가 있다. 우리나라에서는 국민참여재판이 시행된 지 적지 않은 시간이 지났지만 배심원의 권리와 임무에 대한 인식이 아직까지 많이 부족하다. 법원이나 언론에서는 앞으로 국민참여재판과 배심원에 대한 적극적인 홍보를 할 필요성이 있으며, 이를 통해서 더 많은 시민들이 올바른 자세로 배심원 임무에 임할 수 있도록 하여야 한다.

3. 판사 심리교육

앞에서도 언급되었듯이 전문법률가인 판사도 휴리스틱 사고방식의 영향에서 자유롭지 못하다고 본다. 무의식적으로 고정관념이나 변화를 선호하지 않는 현상유지 편향성에 특히 영향을 받을 수 있다. 합의부에 의한 재판일 때는 여러 판사들 사이에 의견을 교류하고 합의에 이르는 과정에서 휴리스틱 사고방식이 발견될 가능성이 크고, 그 영향을 배제하거나 축소할 수 있다. 특히 합의부 판사들의 솔직하고 투명한 의견 개진과 협의가 있을

때 그것이 가능하다. 하지만 단독심일 때는 이러한 의견의 조율과 여과과
정이 가능하지 않다. 또한 단독심을 담당하고 있는 판사가 재판을 관여하
지 않는 다른 판사에게 의견을 구하는 것은 적절하지 않을 수 있으며, 현실
적으로 어려운 일이다. 미국에서 대부분의 주에서는 판사에 대한 판사교육
(Judicial Education and Training)을 의무적으로 하고 있다.[56] 판사들은 매년 부
과된 최소시간 이상의 판사에 대한 교육 프로그램을 이수하여야 한다. 이
러한 교육 프로그램을 통하여 최신 판례들을 배우고, 법적이고 전문적인
지식을 함양할 수 있다. 또한 이러한 교육 프로그램은 판사들의 심리 교육
프로그램을 포함할 수 있다. 올바른 사실 관계 판단과 공정한 판결을 위해
서는 판사의 심리적 안정성과 건전한 사고방식의 지속적인 제고가 필요하
다. 판사를 위한 맞춤형 심리교육을 통하여 판사들이 고정관념이나 현상유
지 편향성과 같은 휴리스틱 사고방식에 의존하는 것을 예방하거나 축소할
수 있다고 본다. 예를 들어 재판 결정 시 휴리스틱 사고의 영향을 받은 사
례들을 소개한다면, 판사들이 휴리스틱 사고방식의 유형에 대해 자각할 수
있으며, 그것을 배제하기 위해 노력하도록 할 수 있다. 재판 과정에서 판사
가 휴리스틱 사고에서 벗어난 판단을 해야 한다는 것은 기본적인 필수요건
인 동시에 매우 중요한 일이다.

V. 결 론

우리나라에서 국민참여재판제도가 도입되고 시행된 지 13년여가 지나
서 그 역사는 아직 길지 않지만, 이제는 휴리스틱 사고방식에 대한 심층적
인 연구가 필요한 시점이라고 본다. 우리 국민의 사법 참여에 대한 인지도
와 관심이 매우 높아진 상황에서 이 제도의 장단점에 대한 연구가 더 심층
적으로 이루어져야 하며, 단점의 보안과 개선 방안을 통하여 더 높은 발전

---

56) Cheryl Thomas, Review of Judicial Training and Education in Other Jurisdictions, Report
prepared for the Judicial Studies Board(May 2006); http://judicial.alabama.gov/library/rules/
ManJEd.pdf; https://courts.ms.gov/rules/.../rules_continue_judicialeducation.pdf(최종방문 2016.
09. 20).

과 도약을 준비해야 할 시기이다.

이번 장에서는 판사와 배심원들이 휴리스틱 사고방식에 의존할 수 있는 가능성과 그에 대한 문제점들을 제기하였으며, 이 문제를 예방하는 방법을 제시하였다. 미국과 마찬가지로 우리나라에서도 시민의 사법 참여 시 올바르고 정당한 평결을 내리는 것이 매우 중요하다. 또한 판사에게도 휴리스틱 사고방식의 가능성이 있으므로 적절한 대응을 통해서 담당판사의 판결에서 이로 인한 오류의 가능성을 축소하는 것이 중요하다. 앞으로 휴리스틱 사고방식과 재판 결정 시 심리적 사고방식의 상관관계와 문제점들을 더 심도 있게 연구하고 분석함으로써 배심원단의 평결과 담당판사의 판결에서 오류를 축소시키고 공정한 결정을 내리는 데 도움을 줄 수 있다면 결과적으로 시민들의 사법부에 대한 신뢰도를 회복시키는 데 기여할 수 있을 것이다.

제14장

미국 배심원 심리에 대한 연구와 국민참여재판에 시사점[*]

I. 서 론

미국 역사상 많은 미디어보도를 받았고 시민들의 관심의 대상이 되었던 여러 배심재판들 중에서 아마도 O.J. Simpson 재판이 가장 큰 관심과 논란의 대상이었을 것이다. "세기의 재판"이라고 불린 이 재판은 모든 공판 과정이 생방송으로 TV에서 방영되었는데 그중에서 최종 선고 방송은 지상파와 케이블 방송 시청률이 42.9%를 기록하여서 미국 TV 방송 역사상 가장 높은 시청률을 기록한 프로그램이었다.[1] 이 재판의 초점은 피고인 O.J. Simpson, 피해자들, LA 경찰관들을 포함한 많은 증인들과 검사 측과 피고

---

[*] 이 장은 "미국 배심원 심리에 대한 연구와 국민참여재판에 시사점"이라는 제목으로 홍익법학, 제18권 제3호, 홍익대학교 법학연구소, 2017. 9, 235면에 게재되었던 논문을 수정, 보완하였음.

[1] 닐슨미디어 조사에 의하면 Simpson 재판 최종 선고 방송은 1억5천만 명 이상이 시청했고, 미국 성인의 75%정도가 시청했다고 한다. Hal Boedeker, Sentinel Television Critic, October 5, 1995, Simpson's Verdict Drew Best Ratings in TV History, http://articles.orlandosentinel.com/1995−10−05/news/9510050286_1_nielsen−live−events− tv−audience (최종방문 2017.8.3.).

인 측 변호사들에게 맞추어졌다. 한편 Simpson의 최종적인 운명을 결정할 수 있는 권한을 가지고 있던 배심원단은 Simpson의 무죄 평결을 내렸다. 하지만 배심원단에 대한 일반 대중의 관심은 그리 높지 않았다.

재판 후 배심원 인터뷰에서 밝혀졌지만 배심원들의 심리 상태는 일반 시민들이 생각하는 논점과 많은 차이가 있었다. 일반인들은 O.J. Simpson이 경찰 조사 요청에 응하지 않고 도주하려 한 점을 비롯한 사건을 둘러싼 정황, Simpson이 전 부인 Nicole Simpson과 그녀의 애인에 대한 질투심으로 의한 범행 동기가 충분히 있었다는 점, 피고인에게 불리한 증인들의 진술과 여러 가지 증거물에 배심원단의 초점이 맞추어 질 것으로 예상했다. 물론 검사 측도 이러한 정황에 초점을 맞추어서 재판을 진행해 나갔다. 반면에 Simpson 변호인단은 L.A. 경찰당국이 흑인들에 대한 인종차별적인 수사 관행을 오래 유지해 왔고, 흑인인 Simpson에 대해서도 인종차별적인 편견과 고정관념을 가지고 수사에 임했으며, 강압적이고 고압적인 자세로 수사를 진행했다고 주장하고 이점들을 부각시키려고 노력했다.[2][3] 배심원단은 L.A. 경찰당국과 관계자들에 대해 매우 부정적인 의견을 가지게 되었고, 결과적으로 이점이 Simpson에게 유리한 작용을 하였다.[4] Simpson 변호인단은 배심원들의 심리를 피고인에게 유리한 방향으로 잘 유도했고, Simpson의 무죄 평결을 이끌어 내는 데 성공한 반면에 검사 측은 배심원단의 심리를 철저하게 분석하지 않은 것으로 생각된다.

이와 같이 배심원의 심리를 파악하고 분석하는 것은 배심재판에서 검사나 변호인 측에게 매우 중요한 일이다. 배심원들의 심리를 알 수 있으면 그들이 어떤 방식으로 사고하고, 평의과정에서 어떻게 논의하고 합의점에

---

[2] Simpson 배심원단 총 12명중에서 9명은 흑인, 1명은 히스패닉이었고 2명만 백인이었다. Tom Downey, "Who Was On The O.J. Simpson Trial Jury? Meet The 12 People Who Found Him Not Guilty," Chatsports.com (2017.7.21), http://www.chatsports.com/top-news/a/who-was-oj-simpson-trial-jury-meet-12-people-who-found-him-not-guilty-26948 (최종방문 2017. 8. 3.). 흑인 배심원이 대다수를 차지하고 있었는데, Simpson 변호인단은 이들의 경험에 비추어서 Simpson의 처지와 상황에 공감대를 찾았다고 본다.
[3] 공영호, 『국민참여재판의 허와 실』, 박영사, 2017, 195, 204~205면.
[4] 공영호, 상게서, 195, 204~205면.

도달할 것이지 그리고 어떤 평결에 도달할 것인지를 예측할 수도 있다. 배심재판에서 배심원들의 심리를 파악할 수 있으면 형사재판에서 검사나 피고의 변호인은 재판에서 유리한 고지를 점령하는 것과 같다. 미국의 민사재판에서도 원고나 피고 측은 배심원들의 심리 상태를 판단하고 예측할 수 있으면 자신에게 유리한 평결이 내려질 수 있도록 재판을 준비하고 진행해 나갈 수 있다.

더 나아가서 O.J. Simpson 재판과 같이 배심원단의 심리를 자신에게 유리한 방향으로 유도할 수도 있을 것이다. 우리나라의 국민참여재판과 달리 미국 배심재판에서는 민·형사 재판 모두 다 배심원단에게 최종 결정권이 주어진다는 점에서 배심원의 심리를 분석하고 파악한다는 것은 매우 중요한 일이다. 우리나라에서도 국민참여재판이 잘 정착되어가고 있고 활성화되고 있지만 배심원의 심리 구조와 사고방식에 대한 연구는 아직 미흡하다고 생각한다. 그래서 이 장에서는 미국의 배심원의 심리상태와 심리구조에 대해 분석하고 우리나라의 국민참여재판에 시사점을 찾고자 한다.

Part Ⅱ에서는 배심원의 다양한 심리적 요소들에 대해서 살펴볼 것이다. Part Ⅲ에서는 배심원의 심리를 파악할 수 있는 구체적인 방법들을 설명할 것이다. Part Ⅳ에서는 배심원의 심리를 자신에게 유리하게 유도할 수 있는 여러 가지 기술적이고 체계적인 방법들을 분석할 것이다. Part Ⅴ에서는 배심원 심리 연구가 우리나라 국민참여재판에 줄 수 있는 시사점들을 발견하고 논의할 것이다.

Ⅱ. 배심원의 심리적 요소

배심원이 각 재판에 임하여서 재판의 사안을 이해하고 사실관계를 파악, 해석하며 결정을 내릴 때 여러 가지 심리적 요소에 의해 영향을 받게 된다. 즉, 배심원들의 심리 상태에 영향을 주는 여러 요인들이 있다. 물론 배심원의 심리 구조는 일반인들의 심리 구조와 마찬가지겠지만 재판 상황이라는 특수성상 몇몇 특수한 심리적 요소들이 더 활성화된다고 볼 수 있다. 배심원은 형사재판에서 피고인의 유무죄를 결정해야 하는 중요한 입장에 서게 되기 때문에[5] 일상생활에서는 잘 사용되지 않는 심리적 요소들이 더 적극적으로 사용되게 된다.

그리고 재판의 사실관계 뿐만 아니라 원고, 피고와 같은 재판 당사자들을 비롯하여 모든 증인들의 특징을 파악하거나, 진술의 신빙성을 판단하고, 그들의 행위를 해석할 때도 배심원의 심리적 요소가 사용된다. 또한 양측 변호인들의 특징과 성향을 파악하는 데 사용하기도 한다. 그래서 이러한 심리적 요소들을 살펴보고 이해하는 것이 배심원의 심리 구조를 이해하는 데 중요한데 배심원의 심리적 상태에 영향을 주는 중요한 요인들은 다음과 같다.

1. 인생 경험

각 배심원의 심리적 기반의 기초가 되는 것은 그 배심원의 인생 경험이다.[6] 배심원 각자의 인생 경험이 다양하며, 그러한 다양한 인생 경험이 그 배심원의 성향을 결정하는 중요한 역할을 하게 된다. 예를 들어, 자신이 어떤 형사 사건의 피해자였던 사람은 비슷한 형사 사건에서의 피고인에 대해 부정적인 성향을 가지기 쉽다. 자신이나 자신의 가족이 사기 사건에서 금전적 피해를 입었던 경험이 있다면, 사기죄로 기소된 형사 피고인이나 사기행위로 소송을 당한 민사사건의 피고인에게 부정적인 반응을 하기 쉬울 것이다.

2. 성향(Attitudes)과 인지(Cognition)

재판의 사안에 대한 직간접적인 인생 경험이 없다고 하더라도 배심원

---

5) 미국에서는 연방수정헌법 제7조에 의거하여 민사재판에서도 원고나 피고에게도 배심재판을 신청할 수 있는 권리가 있다. 그래서 민사재판에서 배심원단은 원고와 피고의 이해관계를 파악하고 최종 판단을 해야 한다. 공영호, 상게서, 75면. 미국연방수정헌법 제7조: 보통법상의 소송에서 소송가액이 20달러를 초과하는 경우에는 배심에 의한 심리를 받을 권리가 보유된다.
6) 사회심리학적인 연구 결과를 볼 때 비슷한 성향, 인생경험이나 신념을 가진 사람들은 비슷한 관점(perspectives)을 소유하는 경향이 있다고 한다. Richard C. Waites, Courtroom Psychology and Trial Advocacy (NY, ALM Publishing, 2003), p. 288.

은 재판의 사안과 쟁점이나 재판 당사자에 대한 긍정적이거나 부정적인 성
향을 가질 수 있다. 특정한 이슈에 대해서 어떤 성향을 가지고 있다는 것은
그 이슈에 대한 믿음, 신념이나 가치관을 가지고 있다는 것이다.[7] 배심원의
인생 경험이나 성향은 그들의 신념과 가치관을 발견하는 단서가 될 수 있
다.[8] 배심원의 성향을 결정할 수 있는 요인들은 그의 인생 경험과 더불어
서 크게 두 가지로 나뉜다. 첫 번째 요인은 배심원의 감정(Emotion)이고, 두
번째 요인은 인지(Cognition)이다.[9][10] 사람의 감정은 각자의 상황과 마음의
상태에 따라 결정되기 때문에 매우 주관적일 수밖에 없다. 하지만 사람의
인지는 좀 더 이성적인 판단을 가능하게 하기 때문에 객관적으로 해석할
수 있고 예측도 가능하다.

　　반면에 객관적으로 간주되는 인지적 사고방식도 배심원의 감정과 밀접
한 관계가 있다. 인간은 인지적 생각과 지각을 자신의 감정에 연결시키는
경향이 있기 때문이다.[11] 배심원들은 재판에서 주어진 새로운 사실관계와
상황에 대해 각자 다른 인지적 반응과 감정적 반응을 나타내게 된다. 이때
인생 경험, 개인적 특징, 가치관과 인구통계학적인 면에 의해 영향을 받아
서 각기 다른 인지적, 감정적 반응을 보이게 된다.[12] 인지적 생각과 감정적
반응이 연계될 수 있고 비슷한 반응을 보이는 것이 사실이지만, 인지적으
로 생각하는 방식이 감정적인 반응보다는 더 객관적이고 논리적이고 체계
적일 수 있다.[13]

---

7) Gary Moran, Brian L. Cutler, Anthony De Lisa, "Attitudes Toward Tort Reform, Scientific
Jury Selection, and Juror Bias: Verdict Inclination in Criminal and Civil Trials," 18 Law &
Psychology Review, 309, 327 (1994).

8) Waites, *supra* note 6, p. 288.

9) *Id.* p. 46; Stephanie Stern, "Cognitive Consistency: Theory Maintenance and Administrative
Rulemaking," 63 U. Pitt. L. Rev. 589 (2002).

10) 인지(Cognition)이란 지각(Perception)된 정보를 인식하고, 사고하고, 기억하며, 판단하는
것을 말한다. 이성적인 판단도 인지를 통해 가능해 진다. http://blog.naver.com/PostView.
nhn?blogId=jjangguq2&logNo=110098473872 (최종방문 2017. 8. 3).

11) Waites, *supra* note 6, p. 19.

12) *Id.* 넓은 의미에서 보면 인생 경험, 인지, 감정, 스키마와 인구통계학적인 특성 모두가 한
개인의 성향을 형성한다고 말할 수 있다.

13) Alice H. Eagly, et al., Cognitive and Affective Bases of Attitudes Toward Social Groups
and Social Policies," 30 J. Experimental Soc. Psychol. 113, 133 (1994); Waites, *supra* note

3. 스키마(Schema)

사람의 인지를 결정하는 중요한 요소 중에 하나는 스키마이다. 스키마란 개인의 경험이나 세상에 대한 지식과 정보들을 구조, 조직화하는 인지적인 구조, 틀 또는 패턴이라고 할 수 있다.[14] 인간은 스키마라는 정신적 패턴을 통해서 새로운 생각이나 환경에 처했을 때 매번 새롭게 해석하려고 노력할 필요 없이 이해할 수 있다. 처음 만나는 사람이나 처음으로 접하는 사건이나 이벤트를 쉽게 이해하기 위해서 스키마를 이용하게 된다.[15] 사람에 대한 스키마란 어떤 특정한 종류의 사람에 대해 가지고 있는 정신적 생각의 패턴이며, 사건이나 이벤트에 대한 스키마란 어떤 특정한 종류의 사건에 대해 가지고 있는 정신적 생각의 패턴을 나타낸다.[16] 예를 들어 사람들이 경찰관에 대해 가지고 있는 스키마는 권위적이고 엄격한 자세로 업무를 수행하는 직업을 가지고 있는 사람이라는 고정관념과 같은 것이다. 장례식에 대해 사람들이 가지고 있는 스키마는 엄숙하고 슬픈 절차라는 생각일 것이다. 다시 말해서 스키마란 사람이나 사건에 대해 정리할 수 있게 만드는 정신적 속기(mental shorthand)[17]라고 표현될 수 있거나, 사전에 형성된 편견(preconceived bias)이라고 정의내릴 수 있다.[18] 배심재판에서 스키마는 배심원들이 새로운 사건에 대한 정보를 정리하거나 배심원이 어떤 특정 증거나 증인의 증언을 이해할 수 있도록 돕는 역할을 한다.[19] 재판 당사자나 변호인의 주장에 대한 신뢰도를 결정할 때도 스키마에 의존할 수 있을 것

6, p. 51.

14) 박재현, 배심제와 법심리학, (오래, 2010년), 124, 303면.

15) Alan Tuerkheimer, "A Study in Juror Psychology, Making Up Minds Early and Not Keeping Them Open," 54 No. 3 DRI For Def. 12 (2012).

16) C.K. Pete Rowland, "Psychological Perspectives on Juror Reactions to the September 11 Events," 69 Defense Counsel Journal 180 (2002).

17) Waites, *supra* note 6, p. 16; Jennifer Sheppard, "Once Upon a Time, Happily Ever After and in a Galaxy Far, Far Away: Using Narrative to Fill the Cognitive Gap Left by Overreliance on Pure Logic in Appellate Briefs and Motion Memoranda," 46 Willamette L. Rev. 255 (2009).

18) Tuerkheimer, *supra* note 15.

19) *Id.*

이다.

어떤 정보가 자신이 가지고 있는 스키마와 일치하다면 그 정보에 대해 이해가 빠르고 기억에도 오래 남을 것이다. 반면에 어떤 정보가 자신의 스키마와 일치하지 않는다면 이 정보는 잘 이해되거나 기억되지 않을 것이다.[20] 다시 말해서 그 정보가 자신이 알고 있는 사람에 대한 스키마나 사건 스키마와 일치하지 않는다면 이해하기 어려울 수 있거나, 자신이 알고 있는 사람이나 사건적 스키마와 일치시키려고 노력할 것이다. 마찬가지로 어떤 정보가 애매해서 이해하기 어렵다면 자신이 가지고 있는 스키마와 일치시키려 노력해서 더 잘 이해하려고 노력할 수 있다.[21]

4. 사회적 스키마(Social Schema)

배심원들마다 각자 다른 인생의 경험과 다양한 성향이 있으며, 이러한 인생 경험과 성향이 양적인 면에서나 질적인 면에서 많은 차이점이 있을 수밖에 없다. 하지만 지역적으로나 사회적인 면에서 배심원 후보군의 사람들에게서 공통적이거나 일반적으로 대표적인 특성을 발견할 수 있다.[22] 이러한 공통적인 특성은 지역 사회적으로 형성된 공통된 인지성에 기인한다. 단면적인 면이 있지만 Simpson 재판이 열렸던 L.A. 지역에 거주하는 흑인들이 백인이 주류를 이루는 L.A. 경찰당국과 경찰관에 대해 부정적이고 때로는 적대적인 사회적 스키마를 가지고 있었다고 추정할 수 있다. 그래서 사회적 인지나 공감대를 파악하고 이해할 수 있다면, 배심원의 결정을 예측하는 데 도움이 될 수 있고, 더 나아가서 자신에게 심리적으로 유리한 방향으로 유도 할 수 있다.[23]

미국에서 9·11 테러 사건은 모든 미국 시민들에게 너무나 큰 심리적 충격을 주었다. 많은 미국인들은 이 테러사건으로부터 직간접적인 영향을

---

20) Richard K. Sherwin, "The Narrative Construction of Legal Reality, 18 Vt. L. Rev. 681, 700 (1994).
21) Id.
22) Waites, *supra* note 6, p. 232.
23) Rowland, *supra* note 16, p. 184.

받았고 심한 경우에는 정신적인 트라우마를 경험하게 되었다. 이 사건 이후에 많은 미국 시민들이 배심재판에서 형사 피고인에 대한 적대감을 가지고 임해서 형사피고인을 처벌하고자 하는 성향을 가지게 되었다고 한다.[24] 배심원들의 이와 같은 반응은 자신들도 타인의 잘못이나 과실로 인해 생명을 잃거나 큰 상해를 입을 수 있다는 것을 깨닫게 되었기 때문이다.[25]

우리나라에서도 최근에 있었던 여러 산업 재해나 사고들로 인해서 많은 시민들이 심리적인 충격을 받았다. 우리나라에서 어떤 기업의 경영 부실이나 악의적인 행위가 인명 피해로 이어진다면, 그 기업은 사회적으로 매우 부정적인 편견을 피하기 어려울 것이다. 만일 그 기업의 경영인에 대해 재판이 국민참여재판으로 진행된다면 배심원단의 심리적 상태는 적대적일 것을 예상할 수 있을 것이다.[26]

5. 휴리스틱 사고방식/편견(Heuristic Thinking/Bias)

배심원은 재판이라는 주어진 틀 안에서 논리적이고 체계적으로 사실판단을 하고 올바른 결정을 내려야 한다. 하지만 배심원들이 여러 가지 이유로 인해서 비논리적이거나 비체계적인 방식으로 생각하고 평결에 도달할 수 있다. 또한 재판에서 양측 당사자들의 주장이 첨예하게 대립되어서 한 쪽으로 유리한 결정을 내리기 어렵고 애매할수록 그런 경향이 생길

---

24) *Id.* 공포관리 이론(Terror management theory)에 의하면 자신의 신체적 나약함과 죽음의 필연성을 깨닫게 될 때 사회적인 규칙이나 규범을 위반하여 사회적인 안전과 안보에 위협을 끼친 사람들을 처벌하려는 경향이 있다. Georgia Law of Torts Preparation For Trial Chapter 11. Jury Psychology, § 11.5 (2017 ed.).

25) Rowland, *supra* note 16, p. 180.

26) 물론 우리나라에서는 형사피고인이 국민참여재판을 신청하는 경우에만 재판이 국민참여재판으로 진행되지만(국민의 형사재판 참여에 관한 법률 제2장 제5조), 미국에서는 형사피고인이 배심재판을 받을 권리를 포기하여도 검사측이 이에 동의하지 않으면 배심재판이 열릴 수 있다. 만일 우리나라에서도 미국과 같은 규정이 있거나, 검사의 신청에 따라 국민참여재판에 회부할 수 있도록 규정이 개정된다면, 위와 같은 상황에서 피고인이 배심재판을 받는 것을 가정할 수 있을 것이다. 연방형사소송규칙 제23조 (a) 배심재판. 만일 피고인이 배심재판을 받을 권리가 있다면 배심재판으로 진행되어야 한다. 다만 (1) 피고인이 서면으로 배심재판을 포기하고; (2) 검사측이 동의하며; (3) 재판부가 승인하면 판사에 의한 재판이 열린다. Federal Rules of Criminal Procedure Rule 23. https://www.law.cornell.edu/rules/frcrmp/rule_23 (최종방문 2017.8.17).

수 있다. 자신에게 어렵다고 생각되는 결정을 쉬운 방법으로 대체해서 하는 것을 휴리스틱 사고방식이라고 하는데 정신적인 지름길을 택하는 것과 같다.[27]

배심재판에서 재판의 사실관계가 복잡하고 관련 법률이 난해하며 결정해야 할 쟁점이 너무 복잡하고 어려워서 일반인들로 구성된 배심원들은 관련법을 사실 관계에 적용하는 것이 어려울 수 있다.[28] 이럴 때 배심원단이 휴리스틱 사고에 의존해서 어려운 문제점 대신 더 쉬운 문제로 대체해서 해결하려고 하면 주요 쟁점의 핵심을 벗어나서 다루는 오류를 범할 수 있다.[29]

6. 동기부여 인지(Motivated Cognition)

인지적인 사고방식도 때로는 논리적이기 보다는 비논리적으로 바뀔 수 있다. 예를 들어 동기부여 인지에 의하면 사실관계를 객관적이고 논리적으로 생각하고 인지하기 보다는 자신이 원하는 결과를 바라면서 매우 주관적으로 그래서 비논리적으로 인지하는 경우가 생긴다.[30]

자신이 이루고자 하는 동기로 유발된 인지 방식이라고 할 수 있다. 예를 들어 어떤 스포츠 경기 중에 규칙 위반(foul)을 했는지를 판단할 때 객관적이고 이성적으로 판단하지 않고, 자기가 응원하는 팀에 유리하게 판단하

---

27) 휴리스틱 사고방식이란 특정한 사람, 사건이나 사물에 대한 이성적이고 심층적인 분석 없이 고정관념과 같은 추상적인 개념이나 편향성에 근거하여 추론적이고 때로는 비이성적, 비합리적인 판단을 내리는 사고방식이라고 할 수 있다. 특히 재판의 사안이 매우 복잡하거나 사실관계나 법적 쟁점에 대한 이해도가 떨어질수록 그런 경향이 심해진다. 공영호, 전게서, 217, 223~228면; Daniel Kahneman, Thinking, Fast and Slow (Penguin Books, 2012), pp. 35, 98; 공영호, "The Impact of Heuristic Thinking on Jury Nullification," 법학논총, 제39권 제4호, 단국대학교 부설법학연구소, 2017, 232~234면; 공영호, "판사와 배심원의 결정에 있어서 휴리스틱 사고방식의 배제방안," 홍익법학, 제17권 제3호, 홍익대학교 법학연구소, 2016, 453~457면.
28) 공영호, 상게서, 227면; 공영호, 상게논문(법학논총), 232면; 공영호, 상게논문(홍익법학), 454면.
29) 공영호, 상게서, 230면; 공영호, 상게논문(법학논총), 235면; 공영호, 상게논문(홍익법학), 455면; Kahneman, *supra* note 26, p. 101.
30) Carl A. Aveni, James B. Hood, "Explaining Complex Commercial and Business Concepts to a Jury Without Peers," 84 Defense Counsel Journal 1, 2 (2017).

는 경향이 매우 강하다는 연구결과가 있었다.[31] 사실판단이 객관적이지 못하고 매우 주관적인 방향으로 진행되는데, 이것은 자기가 원하는 팀에 대한 선호도가 강하면 강할수록 더 심하게 나타난다. 이것은 편견과 편향성에 좌우된 상황에서 나타나는 현상으로써 매우 주관적인 인지능력이라고 할 수 있다. 배심원에게도 사안에 따라서 이런 현상이 나타날 수 있는데, 재판 당사자중 한 쪽에 긍정적인 성향을 가지고 있거나 상대방에 대해 매우 부정적인 편견이나 선입관을 가지고 있을 때 나타날 수 있다.

7. 가정(Assumption)과 추론(Inference)

배심원들은 특히 복잡하고 애매한 사건에서는 특정한 가정법을 사용하거나 추론에 의지하는 경향이 생긴다. 재판 과정에서 제시된 증거물과 실제적으로 발생하였을 사건의 논리적인 재구성 사이에 간격이 클 때 그 간격을 채우기 위해서 사회적인 스키마에 기초를 둔 가정과 추론에 의지하게 된다.[32] 다시 말해서 배심원이 어떤 재판에서 사실판단을 하는데 사안의 복잡성이나 전문성으로 인해서 그 이해도가 떨어져서 올바른 결정을 내리는 데 어려움이 있다면, 그 사건을 사회적 통념이나 전통적 방식에 의존해서 가정하고, 추론하며 결정하게 된다는 것이다.[33]

결국 복잡하고 어려운 사안을 접하는 배심원은 객관적인 사고방식보다는 사람이나 사건에 대해 자신의 마음속에 내재적으로 가지고 있던 스키마적 소인(schematic predisposition)에 의존해서 추론적 판단과 결정을 내리게 된다.[34] 이러한 추론적 결정은 객관적이고 이성적이고 논리적인 판단이라기보다는 주관적인 가정과 판단에 근거하기 쉽다는 문제점이 존재한다.

---

31) Albert H. Hastorf and Hadley Cantril, "They Saw a Game: A Case Study," 49 J. Abnormal & Soc. Psychology 129 (1954).
32) Dan M. Kahan, "Laws of Cognition and The Cognition of Law," 135 Cognition 56, 57 (2015).
33) Id.
34) Rowland, *supra* note 16, p. 183.

8. 기억력(Memory)

일반적으로 사람은 새로운 정보를 자신의 마음속에 유지하는 시간이 30초도 채 안 된다고 한다.[35] 사람의 기억 능력은 매우 짧고 제한적이다. 역으로 말해서 어떤 사람이나 사건에 대한 첫 인상은 나중에 받는 인상보다 더 강력한 효과가 있고 더 오래 기억에 남는다. 이러한 현상을 초두 효과(primacy effect)라고 한다.[36] 그래서 배심원에게 재판 초기에 접하는 변호인의 메시지와 주장은 나중에 접하는 메시지나 주장보다 더 강한 영향을 미친다.[37]

하지만 기억력의 한계가 존재하기 때문에 이러한 초두 효과도 시간의 지남과 더불어서 인지적 기억에서 사라지게 된다. 이러한 망각의 힘 때문에 어떤 두 가지 메시지 사이에 많은 시간적 간격이 벌어진다면 초기의 메시지보다 나중에 있었던 최근의 메시지가 더 큰 효과를 남기게 된다.[38] 이를 최신 효과(recency effect)라고 한다.[39]

인간의 기억 능력의 한계로 인해서 대부분의 정보는 단기 기억창고에 저장되었다가 곧 망각되지만, 인간은 지각력, 인지적 능력과 추론적 능력을 통해서 단기 기억을 장기적 기억으로 전환시킬 수 있다.[40] 이러한 전환 능력은 배심원 개인 간의 편차와 노력 여하에 달려있겠지만, 변호인과 판사의 관심과 노력에 따라 큰 차이를 가져올 수 있다.

---

35) John Medina, brain rules, http://www.brainrules.net/short-term-memory (최종방문 2017.8.3).

36) Waites, *supra* note 6, p. 30.

37) *Id.*

38) Kurt A. Carlson and J. Edward Russo, "Biased Interpretation of Evidence by Mock Jurors," 7 Journal of Experimental Psychology 91 (2001).

39) AlleyDog.com, Psychology Glossary, https://www.alleydog.com/glossary/definition.php?term=Recency%20Effect
(최종방문 2017.8.3).

40) Rowland, *supra* note 16, p. 182.

9. 인구통계학적 특성(Demographic Characteristics)

배심원의 심리적 기반을 형성하는 다른 한 가지 요인으로 인구통계학적 특성이 있다. 배심원의 나이, 성별, 직업, 소득, 종교, 인종 등의 구분에 따라 구별되는 특성이 있고, 이 특성에 따라 다른 심리적 기반이 형성된다는 것이다.

예를 들어 경찰 공무원직에 있는 배심원은 예술가 직업을 가지고 있는 배심원보다 보수적인 심리적 사고방식을 가지고 있다는 의견이다. 이러한 의견은 배심원들의 사고방식과 심리에 대해 너무 일반화(overgeneralizing)하거나, 고정관념화(stereotyping)하는 경향이 있어서 너무 주관적인 접근으로 생각되지만 많은 경우에 이 방식의 용이성과 경제성 때문에 가장 흔하게 사용되고 있는 방식이다.

Ⅲ. 배심원의 구체적 심리를 파악하는 방법

Part Ⅱ에서는 배심원의 심리를 결정하는 여러 가지 요인들에 대해 살펴보았는데, 미국 배심원들과 한국 국민참여재판의 배심원들의 심리에 영향을 주는 요소에 큰 차이는 없다고 본다. 물론 미국인과 한국인들이 접하는 인생의 경험에 차이가 있고 이에 따라 형성되는 사회적 스키마도 차이가 있겠지만 그것은 단지 그들이 가지게 되는 심리적 상태에 다른 영향을 줄 수 있다는 것이며, 그들에게 적용되는 심리적 요소들은 동일하다. 또한 기억력이나 가정과 추론 능력과 같은 그 외 심리적 요소들은 미국과 한국의 배심원들에게 동일하게 적용될 수 있다. 그리고 배심원 심리에 영향을 줄 수 있는 요인들을 더 세분화할 수 있겠지만 위에 소개된 요인들이 배심원 심리에 가장 큰 영향을 준다고 본다.

그 다음으로 배심원의 구체적인 심리를 파악하거나 예측하는 방법은 다음과 같다.

1. 포커스 그룹 연구(Focus Group Research)

포커스 그룹 연구란 재판 전에 소규모 그룹을 형성하여 그들의 논의와 토론을 보고 이를 연구하여서 실제 재판에 사용할 주제, 주장들을 개발하고 준비하는 배심원에 대한 연구방법이다.[41] 재판 전에 변호인들은 재판에서 배심원과 판사를 상대로 강력하고 설득력이 있는 주장을 개발하기 위해서 포커스 그룹을 이용하여 실험을 하는 것과 같다.[42]

공식적이거나 복잡한 격식에 얽매이지 않고 자유로운 방식으로 집단 토론을 통해 브레인스토밍(brainstorming)을 하는 방향으로 진행되기 때문에 창의적인 발상과 새로운 생각들이 나오기 쉬운 형태를 가지고 있는 방법이다.[43] 변호사가 실제 재판에서 변론하기 전에 먼저 배심원이나 판사가 같은 사건에 대해 어떻게 지각(Perception)하고 인지적이고 정서적 반응을 할 것인가를 알아볼 수 있는 좋은 기회이다.[44] 이때 포커스 그룹으로부터 사건 전체에 대한 반응뿐만 아니라 특별한 쟁점에 대한 심리적 반응도 얻을 수 있다.

포커스 그룹은 예정된 재판 전 몇 달 전에 준비되며 실제로 재판이 벌어질 법정지(Local venue)에서 일반적인 배심원들의 특성을 반영한 12명에서 16명 사이의 시민들로 구성하게 된다.[45] 포커스 그룹을 구성하기 위해서 무작위로 전화하여 참가자들을 모집하거나, 지역 신문에 광고를 하거나[46] 리크루팅 회사를 이용하여 참가자를 모집하기도 한다.[47] 만일 그 지역에서 배심원으로 복무한 경험이 있는 사람들의 명단을 구할 수 있다면 이들을

---

41) 2 Louisiana Practice Personal Injury Chapter 10. Preparing for Trial; Pretrial, § 10:106
42) Howard F. Twiggs and Donald R. Strickland, Focus Groups: How They Help and How to Conduct Them Inexpensively," 1 Ann.2002 Association of Trial Lawyers of America – CLE 141 (2002).
43) Id.
44) Id.
45) Waites, *supra* note 6, p. 177.
46) 광고 시 재판 당사자의 이름을 밝히지 않고 광고하는데 그 이유는 소집자를 알게 되면 공정한 연구결과를 도출하는데 방해가 될 수 있기 때문이다. Id. p. 178.
47) Id.

접촉하여 참가자를 모집하기도 한다. 실제로 배심원 복무 경험이 있는 사람들은 실제 재판에서 선발될 배심원단의 특성을 더 정확히 반영할 가능성이 높다고 한다.[48]

최근에는 오프라인 포커스 그룹 대신에 인터넷에서 보안기능이 있는 chat room에서 비밀번호를 이용해 온라인 포커스 그룹에 의한 연구가 이루어지고 있다.[49] 오프라인 그룹보다 구성하는 시간이 적게 들고, 비용이 절약되고 편리하다는 장점이 있지만, 더 중요한 장점은 참가자들의 응답 방법의 형태에 있다. 오프라인에서의 참가자들은 다른 참가자들과 집단 토론에 참여하고 자신의 의견을 공개적이고 즉흥적으로 밝혀야 하지만 온라인 연구 참가자들은 비밀 보안이 보장된 가운데 타인의 반응에 상관없이 자신의 생각을 신중하고 심사숙고한 후에 솔직하게 표현할 수 있다는 장점이 있다.[50] 그래서 그들의 응답이 더 신뢰할 만하다고도 볼 수 있다.

온라인이나 오프라인 포커스 그룹을 사용한 실험을 통하여 참가자들이 특정한 주제에 대해 어떻게 반응하고 토론하는지 직접 관찰할 수 있다. 그래서 변호인들은 실제 재판에서 배심원들이 쟁점들에 대해서 어떻게 생각하고 심리적으로 반응할지 미리 예측해 볼 수 있다. 이를 바탕으로 변호인은 실제 재판에서 각 쟁점들에 대해 어떤 방식으로 접근하는 것이 좋은지, 재판의 주제와 주장을 어떤 방식으로 표현하는 것이 좋은지, 어떤 재판 전략을 가질지를 미리 알고 준비할 수 있게 된다. 또한 필요하다면 동일한 주장도 배심원단이 더 잘 이해하고 공감할 수 있는 방식으로 재구성하고 다른 표현방식을 개발할 수 있다. 이런 것들은 포커스 그룹의 자유로운 방식의 토론으로 인해서 가능해 진다.

2. 모의재판 연구(Mock Trial Study)

위에서 소개된 포커스 그룹 실험은 재판 준비를 위하여 가장 초기 단계에 실행하며 포커스 그룹의 연구 결과에 맞추어서 재판 전체적인 면에서

---

48) *Id.* p. 167.
49) *Id.* p. 182.
50) *Id.* p. 183.

방향을 설정하게 되고, 실제 재판에서 사용될 쟁점, 주제 및 주장들을 개발하는 단계이다.[51] 모의재판연구와 포커스 그룹 연구와의 차이점은 포커스 그룹에서는 재판에서 중요한 역할을 할 수 있는 주제와 주장들을 개발하는 단계이고 모의재판에서는 이러한 주제와 주장들을 가지고 실제 재판과 비슷한 상황에서 실연한다는 점이다. 포커스 그룹에서 브레인스토밍을 통해 개발된 주제와 주장을 실제 재판과 동일한 상황에서 모의재판 배심원단 앞에서 직접 실험해 보면서 그들의 반응을 관찰하고 분석하는 것이다. 모의재판 참여자들의 반응은 실제 재판의 배심원단의 반응을 예측하는데 좋은 단서를 제공하며, 이것을 참고하여 재판을 준비한다.

모의재판은 실제 재판 시작 몇 주 전이나 몇 달 전에 실행하는 연구이며, 포커스 그룹 실험의 대상자들과 비슷한 방법으로 참가자들을 모집한다. 모의재판 연구의 효과를 높이기 위해 중요한 것은 실제 재판의 배심원단과 같은 지역에 거주하는 시민들 중에서 실제 재판의 배심원들과 비슷한 특성과 배경을 가지고 있는 참가자들로 구성하도록 노력하는 것이다. 그리고 실제로 이루어질 재판과 비슷한 환경에게 진행된다. 그래서 모의재판의 실험 결과가 실제 재판의 결과와의 오차범위를 되도록 줄이는 것이 중요하다.

3. 배심원 질문서(Juror Questionnaire) / 배심원 선정 구두 심문(Oral Voir Dire)

배심원 선정 절차를 효과적으로 잘 이용하면 배심원 후보자의 심리에 대해 많은 것을 알아낼 수 있다. 물론 배심원 선정 절차에 주어진 시간이 제한적이고 판사마다 배심원 선정에 배당하는 시간에 차이가 있지만 주어진 시간을 효과적으로 사용하면 많은 정보를 얻을 수 있고, 이때 얻은 정보를 통해 배심원 후보자의 심리를 파악해서 편견이 없는(더 나아가 자신에게 유리할 수 있는) 배심원을 선정할 수 있는 단서를 제공한다.

배심원 선정 절차는 배심원 질문서와 배심원 선정 구두 심문으로 나뉘

---

51) Twiggs, *supra* note 42.

는데, 배심원 질문서에서 검사나 변호인은 배심원 후보자의 나이, 성별, 직업, 종교, 가입단체, 사회활동 등 인구통계학적 질문은 물론이고, 해당 사건에 관계가 될 수 있는 매우 상세한 질문들을 배심원 후보자들에게 서면으로 한다. 배심원 후보자들은 질문서에 대한 응답을 재판 소환일 전에 온라인을 통해 하거나 우편으로 법원에 보낸다.[52] 해당 법원에서 질문서에 대해 재판 전에 제출하게 하는 대신 재판 당일 배심원 심문절차가 시작되기 전에 작성하게 할 수 있다. 배심원 질문서는 최종적으로 선발될 배심원들이 공정하고 편향적이지 않은 사람들로 구성하기 위하여 각 배심원 후보자에 대해 정확하고 진실한 정보를 얻기 위한 수단으로 사용된다.[53] 그래서 인구통계학적인 질문뿐만 아니라 개인적인 경험이나 사업이나 직업적인 배경에 대해 때로는 매우 사적인 질문을 하며, 어떤 특정한 쟁점에 대해서 편견이 없는 배심원을 선발하기 위해 노력한다.[54]

배심원 질문서에 대한 답변을 기초로 하여 검사나 변호인 측은 구두심문을 준비한다. 질문서에 대한 대답은 때로는 불명확할 수 있어서 이에 대한 심층적인 추가 질문이 필요하다. 서면상의 질문/응답과 달리 구두 심문에서는 대답 중에 애매하고 확실하지 않은 부분에 대하여 부연설명을 요구할 수 있다는 장점이 있다.[55] 또한 구두 심문 절차 중에 배심원 후보자의 비언어적 표현도 주시할 필요가 있다. 몸동작이나 제스처를 통해서 배심원 후보자의 심리 상태를 파악하는 데 단서를 얻을 수 있다. 어떤 질문에 대해 고개를 끄덕이는 것 같은 긍정적인 의미의 제스처를 보인다면, 형식적으로 '네'라고 대답하는 것보다 더 명확한 의미의 표현이라고 받아들여질 수 있다. 어떤 배심원 후보자가 말없이 침묵을 지킨다는 것은 단지 내성적인 성격을 가지고 있다는 뜻이 아니라 어떤 숨겨진 어젠다(agenda)를 가지고 있을지도 모른다.[56] 일반적으로 사람이 자발적이고 의식적으로 하는 행동은

---

52) 공영호, 전게서, 30~31, 148~150면; 공영호, "미국 배심재판에서 배심원후보자의 위장침입의 문제점과 배심원 선정방법의 개선방안에 대한 연구," 민사소송 제17권 제1호, 한국민사소송법학회, 2013, 404~406면.
53) 공영호, 상게서; 공영호, 상게논문(민사소송).
54) 공영호, 상게서, 146~150면.
55) 공영호, 전게논문(민사소송), 406~408면.

자신의 내면적인 특성을 감추기 위해서 하는 반면에 무의식적인 행동은 자신의 내면적 특성과 감성적 반응을 더 정확하게 반영하는 경향이 있다.[57]

　서면 질문서나 구두 심문 중에 한 가지 방법만으로는 배심원 후보자에 대한 모든 정확한 정보를 얻거나, 그의 심리 상태를 다 파악하기 어려울 수 있다. 그래서 이 두 가지 절차를 동시에 잘 사용하고, 상호 보완하도록 할 필요가 있다.[58]

4. 그림자 배심 연구(Shadow Jury Study)

　그림자 배심이란 실제 배심재판에서 재판을 방청하고 재판에서 변호인의 진행기술, 발언, 질문, 행동, 제스처 등 재판 전반에 대한 피드백을 제공하는 그룹이다.[59] 이들이 현재 진행 중인 재판 과정에 대해 어떻게 생각하는 지에 대한 피드백을 얻음으로써, 실제 배심원들의 반응이 어떤지를 예측할 수 있도록 도와준다.[60] 실제 배심원들과 인구통계적으로 비슷한 특성을 가진 사람들로 그림자 배심을 구성하는 것이 중요하다. 그래서 실제 배심원들의 반응과 비슷한 반응을 얻을 가능성을 높일 수 있고, 이러한 반응에 맞추어 재판을 진행해 나갈 수 있다. 재판 전에 준비한 배심원 설득 방법이나 재판 전략이 효과적이지 못하거나 설득력이 없다면 그림자 배심원단은 이에 대한 피드백과 지적을 해 줄 수 있으며, 변호인은 설득 방법이나 기존 전략을 수정할 수 있다. 포커스 그룹이나 모의재판 그룹은 재판이 벌어지기 훨씬 전에 구성되고 진행되기 때문에 실제 재판의 진행과 차이점이 있을 수 있지만 그림자 배심은 재판과 동시에 진행되기 때문에 변호인에

---

56) Waites, *supra* note 6, p. 303.

57) *Id.*

58) 모의재판에서 구두 심문을 시연하는 것도 실제 배심원 후보자에 대해 효과적인 질문을 준비하기 위해서 도움이 될 수 있다. *Id.* p. 278.

59) 해당 재판이 열리는 당일에 법정에 출석하도록 하여서 실제 배심원단이 접하는 것과 동일한 변론, 증인의 증언 및 증거를 보고 듣게 한다. 박재현, 전게서, 87면; 공영호, 전게서, 144~145면; 공영호, 전게논문(민사소송), 400~401면.

60) Gregory B. Butler, et al., "Objectives ─ Using Jury Research to obtain feedback at trial; the shadow jury," 4 Successful Partnering Between Inside and Outside Counsel, Chapter 64, § 64.21.

더 실질적이고 생동감 있는 조언을 줄 수 있다는 장점이 있다.[61]

5. 배심원 자문가(Jury Consultant)

포커스 그룹 연구, 모의재판 그룹 연구나 그림자 배심을 구성하고 진행하는 것을 변호인이 도맡아서 하는 것은 시간적으로 현실적인 면에서 매우 어렵다. 변호인은 재판에 대한 전체적인 준비를 하여야 하기 때문에 재판 외적인 준비까지 할 수 있는 인적, 물적 자원이 부족하다. 그래서 배심원 자문가의 주관으로 포커스 그룹이나 모의재판 그룹이나 그림자 배심에 대한 준비와 진행을 하고, 연구, 실험 결과에 대한 분석과 어드바이스를 받아서 변호인은 재판에 대한 직간접적인 도움을 받을 수 있다.[62]

또한 배심원 자문가는 배심원 선정 과정에서 배심원 질문서를 만들 때 적절한 질문 목록을 만들고 의뢰인에게 부정적인 편향성이나 선입관을 가질 수 있는 배심원 후보자를 선별하고 의뢰인에게 되도록 '유리한' 배심원단을 구성하는 데 도움을 줄 수 있다.[63] 더 나아가서 구두 심문 질문 시 적절한 추가 질문에 대한 조언을 줄 수 있다.

위에서 소개된 배심원의 구체적 심리를 파악하거나 예측하는 방법들은 일차적으로 변호인이나 검사의 재판 전략과 재판 진행의 방향을 구상하는데 도움을 주기 위한 것이다. 하지만 궁극적으로는 이러한 방법들을 통해서 실체적 진실을 발견하는 데 도움을 줄 수 있다는 점에서 큰 의미를 찾을 수 있다. 특히 배심원 질문서와 배심원 선정 구두 심문 과정은 변호인과 함께 재판부가 주도적으로 진행하기 때문에 편향성 없이 공정한 자세로 평의 · 평결할 수 있는 배심원을 선정하는 기회라는 점에서 실체적 진

---

61) 한국의 그림자 배심제도는 법원에서 주관하며 그림자 배심단은 국민참여재판을 참관한 후에 평의 · 평결, 양형의견을 낼 수 있다. 이 제도는 일반시민에게 실제 재판을 참관하고 평의에 참여하며 체험할 수 있는 기회를 주기위해 진행한다. 여기에서 설명된 미국 그림자 배심은 변호인단에게 실질적인 조언과 피드백을 주기 위해 사용되는 방법이다.

62) Harry P. Carroll, et al., 43A Mass. Prac., Trial Practice § 10:6. Juror consultants (3d ed.) (2017).

63) 공영호, 전게서, 56면; 공영호, 전게논문(민사소송), 397~401면; Randolph N. Jonakait, The American Jury System (Yale University Press, 2003), p. 156.

실의 발견에 기여하는 바가 크다. 우리나라에서는 아직까지 포커스 그룹, 모의재판 그룹 연구나 배심원 자문가의 활용도가 거의 없었는데, 미국 배심재판에서 사용되고 있는 방법들을 필요에 따라 도입하고 활용할 가치가 있다고 본다.

Ⅳ. 배심원 심리 유도 방안

1. 스토리텔링 기법

스토리텔링이란 스토리(Story)와 텔링(Telling)의 합성어로서 '이야기하다'라는 의미를 가지며, 화자가 상대방에게 알리고자 하는 내용이나 정보를 재미있고 생생한 이야기로 설득력 있게 전달하는 행위이다.[64] 배심재판에서 양측 변호인은 자신이 주장하고자 하는 내용을 딱딱한 문어체로 표현하기 보다는 일상적인 대화에서 쓰이는 구어체 스타일의 이야기 방식으로 하면 배심원의 몰입도도 높아지고 이해하기 쉬워진다. 배심원의 인생 경험이 그 배심원의 성향을 결정하는 중요한 역할을 한다는 점을 감안하여 변호인은 재판의 쟁점과 자신의 주장을 배심원의 인생 경험상 이해할 수 있는 이야기 방식으로 전개하면 더 공감을 얻을 수 있다. 만일 형사재판에서 배심원 중에 형사 사건의 피해자로서의 경험이 있는 사람이 있다면 검사 측은 그 배심원의 부정적 경험 때문에 피고인에 대한 부정적 성향을 가지고 재판에 임하도록 유도하고자 할 것이다. 배심원 질문서에서 해당 사건과 비슷한 경험이 있는가라는 질문을 포함하여 이에 대한 정보를 미리 가지고 재판에 임할 수 있다. 이때 스토리텔링을 통하여 배심원의 인생 경험과 부정적 성향을 연결시키려고 할 수 있다. 반면에 피고인의 변호인도 다른 각도의 스토리텔링을 통하여 배심원의 경험으로 인해서 피고인에 대한 부정적인 성향을 갖지 않도록 유도하여야 할 것이다. 예를 들어 배심원의 과거 피해자로서의 경험과 당해 사건의 차이점을 이야기 방식으로 설명함으로

---

64) Naver 문학비평용어사전, 한국문학평론가협회, 2006. 1. 30, 국학자료원.

써 배심원의 심리 상태가 부정적인 성향이나 피고인에 대해 공정하지 못한 선입관을 갖지 않도록 하여야 한다. 또는 스토리텔링을 통하여 배심원이 피고인의 상황과 처지에 동정심을 갖도록 유도할 수도 있다.

보통 화자가 어떤 사건에 대해 설명할 때 시간상 순차적인 방식으로 이야기 하면, 상대방은 더 정확하게 이해하고 더 오래 기억할 수 있다.[65] 그래서 변호인은 모두 진술(Opening Statement)에서 스토리텔링 기법을 통하여 자신의 이야기를 시간적으로 처음부터 순차적인 방법으로 설명하면 배심원들의 이해가 빠를 수 있다. 물론 자신이 중요하다고 생각하는 부분을 맨 먼저 소개하여 강조할 수 있지만, 사건의 전개가 순차적이지 않으면 처음으로 사건의 내용과 주장을 접하는 배심원들에게 혼동을 줄 수 있기 때문에 순차적인 방식이 무난하다. 하지만 변호인은 사안에 따라 가장 좋은 발표 방법을 찾아야 할 것이다.

2. 초두 효과의 극대화

앞에서 소개 되었듯이 배심원들은 재판 초기에 받은 인상에 많은 영향을 받는다. 초두 효과에 의해서 재판과정에서 처음으로 소개되는 정보나 내용에 더 깊은 영향을 받게 되고 공감하고 더 오래 기억하게 된다.[66] 모두 진술의 기회가 민사재판에서 원고에게, 형사재판에서는 검사에게 먼저 주어지기 때문에 일단 원고나 검사가 유리한 입장에서 재판을 시작한다고 볼 수 있다.[67] 피고 측에서는 원고나 검사가 누리는 초두 효과를 감소하거나 상쇄하기 위해 노력해야 한다. 일단 원고나 검사의 모두 진술이 끝나고 곧바로 피고의 모두 진술이 있기 때문에 원고나 검사가 가지는 초두 효과는

---

65) Rowland, *supra* note 16, p. 183.
66) 사람들은 일상생활에서 모든 정보를 빨리 그리고 쉽게 얻기를 바라며 결정도 신속하게 내린다. 실제 재판에서 배심원들도 비슷한 경향을 보일 수 있기 때문에 변호인들은 그들의 관심과 흥미를 되도록 빨리 얻도록 노력해야 한다. Waites, *supra* note 6, p. 382.
67) 한 연구결과에 의하면 70%에서 85% 배심원들은 증인이나 증거물을 아직 접하지 않았음에도 불구하고 모두 진술이 끝났을 때 자신이 선호하는 측을 벌써 결정한다고 한다. 11% 정도의 배심원만이 평의 때까지 선호하는 쪽을 결정하지 못한다고 한다. Waites, *supra* note 6, pp. 43, 62. 초두 효과 및 모두 진술의 중요성이 확인되는 결과이다.

극복할 수 있다고 볼 수 있다.

재판에서 변호인들의 모두 진술을 비롯하여 증인들의 증언, 변호사들의 주장과 판사의 발언 등 많은 정보와 내용들이 배심원들에게 제시되는데, 배심원들의 기억력의 한계 때문에 모든 내용과 정보를 소화하고 이해하는 데 한계가 있을 수밖에 없다. 그래서 초두 효과를 극대화하기 위하여 재판 초기에 자신에게 유리하고 긍정적인 인상을 남기기 위해 노력해야 한다. 재판이 정식으로 시작되는 것은 배심원 선정 후에 변호인의 모두 진술이지만 사실적으로 배심원단에게 초두 효과가 시작되는 것은 배심원 선정 과정에서 부터이다. 배심원 선정에서 주어지는 검사, 변호인단과 판사의 질문과 다른 배심원 후보자들의 대답을 통해서 배심원들은 재판의 사안과 원고, 피고, 판사, 변호사를 비롯한 재판당사자들에 대한 인상과 선호도를 형성하기도 하기 때문에 변호인단은 배심원 선정 과정부터 초두 효과를 극대화하기 위해 노력해야 한다.

3. 주제(Theme)의 효과적 전달

원고나 피고 측이 재판에서 하고자 하는 주장의 핵심을 자신의 특정 주제라고 할 수 있다. 원고 측으로서는 피고의 잘못이 무엇이며 그 잘못으로 인해 자신이 피해를 입었기 때문에, 피고의 잘못과 자신의 피해사이에 인과관계가 있다고 주장할 것이다. 피고 측으로서는 피고에게 잘못이 없거나 설사 잘못이 있었더라도 그에 대한 정당한 항변사유가 있다고 주장할 것이다. 양측의 이러한 주장을 하나의 주제로 간단, 명료하게 표현할 수 있을 때 승소의 가능성이나 항변의 성공 가능성이 높아진다.

그런데 한 쪽의 주제가 배심원들이 평소에 가지고 있는 믿음, 신념이나 인생 경험, 스키마, 성향과 일치하거나 큰 차이가 없다면 자신에게 유리한 평결을 이끄는데 유리한 고지를 선점하는 것과 같다. 이러한 주제가 재판 전에 배심원 선정 과정 심문 절차에서 암묵적으로나 간접적으로 배심원 후보단에게 전달하거나 재판 초기인 모두 진술에서 직접적으로 전달할 수 있으면 초두 효과를 획득할 수 있을 것이다. 하지만 여기서 중요한 것은 이러한 주제나 메시지의 전달이 재판 초기에만 머물면 큰 효과를 기대하기 어렵다는 점이다. 이러한 주제의 전달이 단기적인 방법으로만 이루어지면 배심원의 단기적 기억력에만 머물게 된다. 재판은 짧게는 며칠, 길게는 몇 달까지 소요되는 장기적인 절차이기 때문에 중요한 주제나 메시지가 장기적인 기억 창고에 저장될 수 있도록 하여야 한다. 사람들에게 같은 메시지가 여러 번 반복될수록 그 메시지가 단기 기억창고에서 장기 기억창고로 전환되어 오랫동안 더 자세하고 명확하게 기억될 수 있다고 한다.[68] 한 가지 메시지를 단순하게 똑같은 방법으로 반복하는 것보다는 동일한 내용이라도 다양한 방법으로 반복되는 것이 더 효과적이다.[69] 그래서 검사나 원고, 피고의 변호인들은 자신이 주장하고자 하는 주제를 배심원 선정 심문절차부터 시작하여 최종 변론(Closing Argument)까지 여러 번에 걸쳐 다른 방법으로 표현하고 제시하는 것이 중요하다.

4. 시연도구(Demonstrative Aids)

구두로만 전달된 정보보다 구두와 시각적으로 전달된 정보가 장기기억으로 전환될 가능성이 높고 더 오래 기억에 남을 수 있으며,[70] 이미지화된 시각적 언어는 사람들이 더 객관적으로 지각(perception)하는 것을 돕는다고 한다.[71] 그리고 사람들은 자신의 성향이나 믿음에 일치하는 이미지를 포함하는 시각적 자극에 더 유의한다.[72] 그래서 변호인들은 구두로 변론할 때 사진이나 비디오를 통한 시각적 효과를 동시에 줄 수 있다면 그 효과를 배가할 수 있다. 배심재판에서 구두 변론에만 의존하지 말고 시연도구를 이용하여 시각적, 청각적 효과를 추가하여 자신의 메시지가 더 강력하게 전달 되도록 하는 것이 유리하다.

위에서 소개된 미국 배심원 심리의 유도 방안들은 변호인단이 재판에

---

68) Waites, *supra* note 6, p. 23.

69) *Id.*

70) Waites, *supra* note 6, p. 351.

71) Rodger D. Young and Steven Susser, "Effective Use of Demonstrative Exhibits and Demonstrative Aids," 79 Michigan Bar Journal 1538 (2000).

72) Waites, *supra* note 6, p. 357.

서 유리한 결과를 도출하려는 목적으로 많이 활용되고 있으며, 우리나라의
국민참여재판에서도 변론과정에서 더 적극적으로 활용될 필요가 있다고
본다. 하지만 이러한 전략전인 방법들이 실체적인 사실관계의 발견에 방해
가 될 수도 있다는 단점이 있다. 재판부는 변론주의에 의거하여 변호인의
다양한 변론 기법을 존중해 주어야 하겠지만 입증된 사실관계에서 벗어나
거나 지나치게 자극적인 심리 유도 방법이 남용되지 않도록 하여야 할 것
이다.

V. 국민참여재판에 시사점

1. 구성원의 다양성

미국의 배심원과 비교해서 우리나라 국민참여재판의 배심원단은 상대
적으로 구성원의 다양성이 적은 편이다. 우선 미국과 비교해서 타 민족이나
소수 민족 구성원 비율이 미미해서 국민참여재판에 참여하게 되는 일은 극
히 드물다. 해외에서 한국으로 이주한 이민자의 숫자가 늘어났고 다문화
사회의 증가가 계속되고 있지만 아직까지 국민참여재판의 구성에 영향을
미칠 정도는 아니다. 인종적인 비다양성을 비롯하여 직업적인 다양성도 미
국에 비해서 적어 보인다. 미국은 배심원단의 구성원이 직업적인 면에서나
경험 면에서 다양한 모습을 보이고 있지만, 국민참여재판의 구성원을 보면
많은 경우 학생, 주부나 현역에서 퇴임한 사람들로 구성되는 양상을 보인
다.[73] 나이, 성별, 직업, 소득, 종교, 인종 등 인구통계학적인 차이로 인한
배심원의 심리적 특성에도 차이가 있다는 점을 감안하면, 국민참여재판 배
심원단의 심리적인 다양성이 적을 수 있을 것이며, 인생 경험, 성향이나 사
회적인 스키마적인 면에서도 미국 배심원보다는 다양성이 적을 것으로 생
각 된다. 하지만 우리나라에서도 배심원 소환 불출석에 대한 적정선의 과

---

73) 아무래도 직장인이나 자영업자들은 법원에서 국민참여재판 소환장을 수령했음에도 불구
하고 출석하지 않는 경우가 많고, 법원에서 이에 대해 적극적으로 과태료를 부과하지 않
았다는 이유가 크다.

태료의 실질적 부여를 비롯한 배심원 소환율을 향상시키기 위한 노력이 있으면 배심원 소환율도 높아지고 따라서 배심원단 구성원의 다양성도 높아질 것을 기대한다. 아직까지 우리나라에서 배심원 심리에 대한 연구가 부족했지만 앞으로는 배심원 구성원의 다양성과 함께 배심원의 심리에 대한 다각도의 후속 연구가 필요하다고 본다.

2. 기술적인 면

미국에서 적극적으로 사용되고 있는 포커스 그룹 연구, 모의재판 연구나 그림자 배심 연구를 국민참여재판에서도 사용하게 되면 배심원단의 심리를 예측하는데 많은 도움을 받을 수 있다. 또한 배심원 질문서와 배심원 선정 심리 절차를 더 적극적이고 체계적으로 준비하고 실행해서 편견이나 선입관이 없는 공정한 배심원단을 구성할 필요가 있다. 이것이 원활하게 진행되기 위해서 앞으로 배심원 자문가의 적극적인 사용도 고려해 볼 만하다.

한국은 세계적인 IT 기술 수준을 가지고 있고 일반시민들의 IT에 대한 지식과 관심도 매우 높은 편이다. 그래서 재판 과정에서 시연도구나 재판의 진행을 도울 수 있는 여러 기기와 기술을 잘 사용하여서 배심원들의 재판 사안과 사실관계의 이해를 도울 수 있으며, 동시에 배심원 심리 유도에 사용될 수 있다.

3. 배심원설시/평의

배심재판에서 배심원들이 휴리스틱 사고, 고정관념이나 사회적 스키마에 매몰되지 않으며, 배심원 자신의 인생 경험이나 성향에 좌우되지 않고 공정한 마음으로 재판에 참여하기 위해서는 먼저 배심원 선정절차가 과학적이고 체계적으로 진행되어서 공정한 자세로 재판에 임할 수 있는 배심원들을 선정하는 것이다. 미국 배심재판에서는 과학적이고 체계적인 배심원 선정 방법이 적극적으로 활용되고 있는 반면에 한국에서는 이 부분에 아직 미흡하다는 점에서 과학적인 배심원 선정 방법이 더 활용될 필요가 있다.

과학적 배심원 선정 방법과 더불어서 배심원 설시의 적절한 사용과 평의 과정에서 적극적인 토의가 이루어지도록 해야 한다. 배심원 설시를 통하여 재판부는 휴리스틱 사고방식의 문제점과 폐해를 강조함으로써 배심원들이 이에 주의하고 심리 과정에 집중할 수 있도록 해야 한다. 미국 배심재판이나 한국 국민참여재판에서 아직까지 이와 같은 내용을 포함한 배심원 설시를 실행하고 있지 않는데, 배심원 설시가 개선되도록 노력해야 한다고 본다.

재판 과정이 끝나고 변호사의 최종 변론과 재판장의 배심원 설시가 끝난 단계에서 자신의 마음을 이미 확고하게 결정한 배심원들이 있을 것이다. 이들은 평의과정에서 다른 배심원들의 의견에 좌우되지 않을 것이며, 오히려 반대 의견을 가지고 있는 배심원들과 아직 마음을 확고히 정하지 못한 배심원들을 설득하려고 할 수 있다. 반면에 평의가 시작 될 때까지 아직 자신의 마음을 결정하지 못한 배심원들이 있을 수 있는데 이들은 평의 과정에서 다른 배심원들의 의견에 많이 좌우될 수 있을 것이다.

국민참여재판에서 배심원단을 구성하는 일반시민들은 토론 문화에 익숙하지 않다는 점에서 변호인단이 미국의 배심재판과는 다른 각도에서 재판을 준비하는 것이 좋다고 본다. 배심재판은 너무 공식적이고 형식적인 분위기가 될 수 있지만, 배심원들은 동료 배심원들과 좋은 관계를 형성하기 원하며 '친숙한' 분위기를 만들려고 노력한다. 그들의 생각과 의견의 차이가 있다고 하더라도 적대적인 관계를 형성하기 보다는 공감대를 찾기 위해 노력할 것이다. 우리나라의 국민참여재판에서 아직 확고한 의견을 가지고 있지 않은 배심원은 좀 더 권위적이거나 연장자의 의견에 이의나 의문점을 제기하기 보다는 동조할 가능성이 있다. 혹은 '목소리'가 큰 몇몇 배심원의 강한 주장에 소극적인 자세로 끌려 다닐 가능성이 있다. 이와 같은 심리적 상태는 재판 사안과 쟁점의 본질을 다루기보다는, 쉽고 편한 사고방식과 판단 방법으로서 휴리스틱 사고방식/편견이나 사회적 스키마에 의존할 가능성이 높다. 이러한 심리적 오류를 예방하기 위해 판사, 검사, 변호인 모두 노력하여야 한다. 검사나 변호인 측은 최종 변론을 할 때 자신이 주장하고자 하는 주제와 메시지를 재강조하고 배심원들이 이성과 합리성에 기초하여 논리적이고 공정한 판단을 하도록 독려할 필요가 있다. 평의시 자신과 다른 의견을 가지고 있는 배심원들의 의견에 소극적이고 맹목적으로 동조하지 않고, 자신이 가지고 있는 의문점을 자유로이 개진하며, 필요시 이의를 제기하면서 충분한 논의와 토론이 이루어질 수 있도록 유도하고 독려하여야 한다.

4. 미래의 방향

우리나라에서는 미국에 비해서 아직까지 배심원들의 심리에 대한 조사와 연구가 활발하게 이루어지지 않았다. 현재 많은 경우에 국민참여재판에서 형사피고인은 국선변호사가 대변하고 있다. 경제적인 여력이 없는 피고인들은 자신을 대변해줄 변호인을 직접 선임할 수 있는 여력이 없을 뿐만 아니라, 국선변호인이 배심원의 심리 기반에 대해서 조사하고 분석하기는 현실적으로 어렵다. 하지만 우리나라에서도 앞으로는 경제적인 여력이 있는 형사피고인은 자신의 변호인을 통하여 배심원단의 심리에 대해 과학적이고 체계적인 조사와 분석을 할 수 있다고 본다. 또한 앞으로 만일 우리나라에서 민사재판에서도 국민참여재판이 도입된다면 배심원 심리의 조사와 분석에 대한 관심도도 더 높아질 것으로 생각한다. 특히 대기업이나 소송액이 높은 민사재판에서는 배심원단의 심리 분석에 대한 필요가 더 인정되고 적극적으로 실행될 가능성이 있다고 본다.

우리나라의 변론 방법에서 당사자주의에 따른 공판주의에 비해서 재판장의 직권주의적 요소가 아직 강하게 남아있다. 그래서 재판 과정에서 스토리텔링, 주제/메시지의 효과적 전달 방법이나 초두 효과의 극대화 같은 배심원 심리의 적극적 유도방법에 대한 연구와 조사가 미흡했다. 앞으로 국민참여재판에서 변론 방법의 다양화, 전문화와 더불어서 배심원의 심리를 파악하기 위한 구체적 연구와 분석이 필요하다고 본다.

VI. 결 론

지금까지 우리나라 법원에서는 시간적 제약을 이유로 배심원 질문서와 배심원 선정 심리 절차를 너무 간소화하려고 했고, 변호인단도 이에 대해 소극적인 입장이었지만 앞으로는 배심원 선정 절차에 대해 시간과 노력을 더 투자할 필요가 있다. 매우 심한 편향성과 선입관을 가지고 있는 배심원 후보자를 가려내서 공정한 재판이 가능하도록 하는 것은 재판 당사자와 법원뿐만 아니라 사회적으로도 중요하기 때문이다. 그러기 위해서는 배심원 선정 절차 과정에서 배심원 후보자들의 심리를 파악하기 위한 노력과 법원의 협조가 절실하다.

배심원단이 구성된 후에 배심원들의 심리를 파악하고 분석하는 것이 단지 형사재판에서 검사나 형사피고인 한 쪽에게 유리한 평결을 이끌어 내기 위한 목적만을 가지는 것은 아니다. 마찬가지로 민사재판에서 원고의 승소나 피고의 성공적인 항변을 위한 것만도 아니다. 재판 중에 배심원들의 심리를 이해하고 파악함으로써 재판 당사자뿐만 아니라 사회적으로도 받아들일 수 없는 공정하지 못한 평결이 나오는 것을 예방하기 위한 중요한 수단이 될 수 있다. 배심원들이 올바르지 않은 심리 상태로 인해서 사실관계를 제대로 파악하지 못하거나 잘못된 평결을 내리면 재판 당사자의 불이익뿐만 아니라 사회적으로 큰 손실이며 배심제도 전체에 대한 불만과 비판을 낳을 수 있다. 만일 특정한 심리 구조의 형성이 정당한 진술과 증거물에 근거하지 않고 잘못된 정보에 근거하거나 특정 증인에 대한 오해로 인하여 형성되었다면 변호인은 이를 교정하기 위한 조치를 취해야 할 것이다. 또한 부당한 근거로 인한 평결을 방지하는 것은 법원의 임무이기도 하다. 국민참여재판의 활성화와 더불어서 배심원들의 심리에 대한 심층적인 연구가 필요한 이유이기도 하다.

제15장 ·

국민참여재판의
재판중계에 대한 논의[*]

I. 서 론

2017년 8월 4일 대법원은 「법원 방청 및 촬영 등에 관한 규칙」을 개정 하였는데, 재판장의 허가가 있는 경우에는 1심 재판 중에 중요한 사건에 대 해서 선고 공판을 중계방송할 수 있도록 하였다.[1] 재판의 중계방송이 허용 되기 위해서는 먼저 피고인이 동의하거나, 피고인의 동의가 없더라도, 공공 의 이익을 위해 상당하다고 재판부가 인정하는 경우이다. 종전 규정에서는 재판장의 허락이 있을 때에는 '공판 또는 변론의 개시전'에 법정에서의 진 행 과정만을 촬영하고 방송할 수 있었지만, 앞으로는 재판 선고 공판도 중 계방송 할 수 있게 되었다.[2]

---

* 이 장은 "국민참여재판의 재판중계에 대한 논의—미국과 한국의 재판중계에 대한 비교법 적 고찰,"이라는 제목으로 법학연구, 제58권 제4호, 부산대학교 법학연구소, 2017.11, 61면 에 게재되었던 논문을 수정, 보완하였음.

1) 오경묵, "대법원, 주요 재판 선고 생중계 허용...박근혜·이재용 재판도 가능," chosun.com (2017.7.25) http://news.chosun.com/site/data/html_dir/2017/07/25/2017072501539.html.
2) 「법정 방청 및 촬영 등에 관한 규칙」 제4조 제2항에 의하면 촬영 등 행위의 신청에 대하 여 재판장은 피고의 동의가 있는 경우에 한하여 신청을 허가할 수 있다. 다만 피고의 동

대법원의 재판중계에 대한 규정 개정 이후에 이재용 삼성전자 부회장에 대한 선고 공판이 첫 번째로 중계방송될 것이라는 예상이 높았지만 공공적인 이익보다 형사피고인의 불이익이 더 크다는 이유로 불허되었다.[3] 하지만 서울중앙지법은 박근혜 전 대통령의 국정농단 사건에 대한 1심 선고 공판의 생중계를 허가하였는데,[4] 앞으로도 국민의 관심이 지대한 선고 공판은 당해 사건 재판장의 허용 여부에 따라 중계방송이 허용될 것으로 예상된다. 하지만 우리나라에서는 아직까지도 위 규칙에 따라 공판, 변론 시작 이후에는 본 심리에 대한 녹화, 녹음이나 중계를 허용하지 않고 있다.[5] 따라서 현재로서는 1심과 2심에 대한 재판중계는 공판 또는 변론의 개시전과 선고 공판에 한정되어 있으며, 심리과정은 제한되어 있다.[6]

우리나라에서는 재판 공개의 원칙을 수호하고 있다.[7] 이와 관련된 쟁점은 재판공개의 원칙을 근거로 하여 1심 재판의 중계도 허용되어야 하는가이다. 이번 장에서는 재판중계가 1심 재판의 심리과정에도 허용되는 것

의 여부에 불구하고 촬영 등의 행위를 허가함이 공공의 이익을 위하여 상당하다고 인정되는 경우에는 허가할 수 있도록 하고 있다. 박근혜 전 대통령과 최순실씨 재판도 공판 개시전의 촬영만 허용되었는데, 본 규칙의 개정을 통하여 이 두 재판의 선고 공판도 중계방송이 가능해졌다.

3) 언론에서는 이재용 삼성 부회장에 대한 8월 25일에 있었던 판결 선고가 중계방송될 가능성을 높게 보았지만, 1심 재판부는 생중계를 허가하지 않기로 결정했다. 재판부는 재판 "중계로 실현될 공공의 이익과 피고인들이 입게 될 불이익 등을 비교할 때 재판의 촬영·중계 허가가 공공의 이익을 위한다고 인정하기 어렵다고 판단해 이같이 결정했다"고 밝혔다. 이지은, "이재용 선고공판 생중계 불허, 박근혜 선고 때는?" 코리아뉴스타임즈 (2017.8.24) http://www.kntimes.co.kr/news/articleView.html?idxno=22350.

4) 법원, "박근혜 '선고공판 생중계 제한 가처분' 각하," 한국경제 (2018.4.5.) https://www.hankyung.com/politics/article/2018040590087.

5) 대법원 관계자는 "재판 중계방송 실시 결과를 바탕으로 범위를 확대하는 방안도 신중하게 검토할 예정"이라고 밝힌바 있다. 오경묵, 전게기사. 따라서 대법원도 재판 심리의 중계에 대한 가능성을 열어두고 있는 듯하다.

6) 대법원 법원행정처는 2017년 6월 5~9월 전국 판사 2900여 명을 대상으로 설문조사를 실시하였다. 응답자 1013의 판사 중에 687명(67.8%)이 "재판장 허가에 따라 재판 과정 전부나 일부를 중계할 수 있도록 해야 한다"고 답했다. 배석준, '박근혜 재판' 생중계 되나... 20일 대법관회의 논의, dongA.com (2017.7.19) http://news.donga.com/View?gid=85419283&date=20170719.

7) 재판공개의 헌법적 근거는 헌법 제27조와 제109조에서 찾을 수 있다. 헌법 제27조 제3항: "형사피고인은 상당한 이유가 없는 한 지체 없이 공개재판을 받을 권리를 가진다." 헌법 제109조: "재판의 심리와 판결은 공개한다."

의 정당성에 관하여 미국과 한국의 법리를 비교·분석할 것이며, 1심 재판의 심리를 중계방송 하는 것이 정당하다면 더 나아가서 우리나라의 국민참여재판에서도 허용되어야 하는 지에 대한 주제를 논의할 것이다. 그리고 재판부에서 중계 허용 여부를 결정할 때 고려할 점들과 허용될 경우에 재판중계의 바람직한 진행 방법에 대해서도 제안할 것이다. 본 연구는 재판중계가 대다수의 주에서 허용되고 있고, 이에 대한 논의도 활발한 미국의 사례와 판례 및 연구결과들을 살펴보고, 우리나라 국민참여재판에 시사점을 찾을 것이다.

Part Ⅱ에서는 일반 재판의 중계의 정당성에 대해 논의하며, 재판중계의 장단점을 살펴보고, 재판중계와 재판공개의 차이점을 비교·분석할 것이다. 그리고 Part Ⅲ에서는 재판중계가 재판 당사자, 증인, 판사에게 미치는 영향을 논의할 것이다. Part Ⅳ에서는 국민참여재판을 중계하는 것의 장단점과 배심원단에게 미치는 영향을 분석한다. Part Ⅴ에서는 국민참여재판의 중계 실행 시 고려할 사항들을 논의할 것이다.

Ⅱ. 재판중계의 정당성

1. 알 권리와 재판중계

미국이나 한국에서 재판중계의 정당성은 먼저 시민의 알 권리(Right to Know)와 언론의 자유(Freedom of the Press)에서 찾을 수 있다. 두 가지 권리는 헌법적인 가치에 기초를 두고 있기 때문에 매우 중요한 권리이다. 먼저 알 권리란 국민이 올바른 의사를 형성하기 위하여 어떤 정보원으로부터 정보를 수령, 수집, 처리할 수 있는 권리를 말하며 '정보의 자유'로 표현되기도 한다.[8] 즉, 알 권리는 국민이 국가나 타인에 의한 방해를 받지 않고 일반적으로 접근할 수 있는 정보원으로부터 정보를 받아들이는 '정보수령권'을 의미하기도 한다.[9] 이렇게 습득한 정보를 통해 국민은 자신의 의사와 의견을

---

8) 강동욱, "국민의 알 권리와 재판중계제도," 국민의 알 권리와 재판중계제도의 도입방안 심포지움 발제문 (한국비교형사법학회, 사법정책연구원, 2017.1.20), 16면.

형성하고 이를 자유로이 표현함으로써[10] 국민주권주의를 실현하는 동시에 사법부를 비롯한 정부의 관료주의와 비밀주의를 견제하는 역할을 담당할 수 있다.[11]

국민이 사법체제와 법에 대해 올바른 의사를 형성하기 위해 필요한 정보 중에 하나는 재판에 관한 정보들이다. 재판 진행과 판결 내용 등 재판 전 과정에 대한 객관적이고 공정한 정보가 필요한데 이것을 얻을 수 있는 방법 중에 재판의 중계가 있다. 즉, 재판의 중계는 시민의 재판에 대한 알 권리를 충족할 수 있는 수단 중에 하나가 될 수 있다.

2. 알 권리와 언론의 자유

알 권리의 실질적인 구현을 위해서는 언론의 자유가 전제되어야만 하는데, 국민에게 제공되는 정보가 객관적이고 공정해야 하며, 그러한 객관성과 공정성을 담보하기 위해서는 언론과 보도의 자유가 필수적이기 때문이다.[12] 재판의 중계를 통해서 방송사로서는 언론과 보도의 자유를 누리고, 동시에 방송사의 권리와 임무를 행사할 수 있다. TV나 라디오가 없던 시절에는 신문이나 잡지를 통해서 언론의 보도 임무를 담당하곤 했었지만, 이제는 TV, 라디오 매체나 인터넷 방송을 이용한 방송 기능이 가능해 진지 오래되었기 때문에 미디어의 기능과 영역이 훨씬 더 넓어졌다. 따라서 미디어의 보도 임무와 권한도 더 확장되었다. 활자를 이용한 보도 역할을 뛰어 넘어서 이제는 여러 가지 형태로 미디어의 역할을 담당할 수 있게 되었다. TV 중계는 신문, 라디오, 뉴스 같은 통상적인 미디어 매체가 담당할 수 없는 역할을 감당할 수 있으며, 미디어의 현대화, 첨단화와 보편화로 인한 시대적 요구에 부응하는 면이 있다.

---

9) 김유향, 정회철, 기본강의 헌법, 전정 제3판, WILLBIS, 2016, 546면; 강동욱, 상계발제문, 18면.

10) "알 권리는 표현의 자유와 표리일체의 관계에 있으므로" 헌법 제21조에서도 헌법적인 근거를 찾을 수 있다. 헌법재판소 1991. 5. 13. 선고 90헌마133; 강동욱, 상계발제문, 17면; 헌법 제21조 ① 모든 국민은 언론·출판의 자유와 집회·결사의 자유를 가진다.

11) 강동욱, 상계발제문, 16면.

12) 성낙인, 헌법학(제16판), 법문사, 2016, 1205면; 강동욱, 상계발제문, 18면.

재판에 대해서도 신문, 잡지를 통한 보도는 물론이고, 직접 중계방송뿐만 아니라 재판 과정을 녹음, 녹화, 편집하여 나중에 방송하는 등 여러 가지 보도 방법이 가능하다. 기술적인 면뿐만 아니라 시대적인 상황에서 시민의 알 권리를 재판중계 영역의 확장을 통해 충족시키는 것이 정당화 될 수 있다고 본다.

3. 재판공개 v. 재판중계

국민이 사법부와 재판에 대한 정보를 얻을 수 있는 수단들 중에 재판의 공개와 재판중계가 있다. 한국과 미국에서는 형사피고인이 자신의 재판을 공개적으로 받을 수 있는 권리가 헌법적으로 보장된다.[13] 이것은 피고인에 비해 매우 강력한 권력을 가지고 있는 사법부와 검찰에 대한 견제 장치가 될 수 있다. 재판이 비밀스럽게 밀실재판으로 진행된다면 약자의 입장에 있는 피고인은 불리한 재판을 감당해야 할 수 있지만 재판이 공개적으로 진행되면 이러한 폐해를 방지할 수 있기 때문이다. 즉, 시민의 '감시'를 통하여 사법의 투명성과 공정성을 추구하는 것이다.[14]

재판의 공개의 원칙이 헌법적으로 보장되어 있지만 재판중계에 대한 것은 헌법에 명시되어 있지는 않다. 하지만 재판의 중계는 재판공개의 연장선에 있다는 점에서 재판중계의 정당성을 찾을 수 있다고 본다. 재판의 공개란 모든 시민이 원하면 누구나 법정에 나가서 자유로이 재판을 방청할 수 있다는 것을 의미하는데, 재판이 중계방송 되면 시민이 법정에 직접 나갈 필요 없이 방송국에서 송출하는 방송을 TV, 라디오나 인터넷을 통해 시청하는 차이일 뿐이다.[15] 재판공개는 재판의 직접적인 공개이고, 재판중계

---

13) 미국 수정헌법 제6조(The Sixth Amendment to the U.S. Constitution): "형사피고인은 신속하고 공개적인 재판을 받을 권리가 있다." 헌법 제27조 제3항: "형사피고인은 상당한 이유가 없는 한 지체 없이 공개재판을 받을 권리를 가진다." 헌법 제109조: "재판의 심리와 판결은 공개한다."

14) 강동욱, 전게발제문, 20면.

15) 재판공개의 원칙에 의거하여 모든 일반 시민은 직접 법정에 가서 재판을 방청할 수 있는 권리가 있지만 일반 시민이 일과시간 중에 진행되는 재판에 자신이 직접적인 관계가 없음에도 불구하고 시간을 내서 법정에 가서 재판을 방청하기는 현실적으로 어렵다. 그래서 재판이 직접 중계가 된다면 집에서나 직장에서도 시청 할 수 있기 때문에 누구나 손쉽게

는 간접적인 공개의 수단으로 마치 방청석을 크게 확대하는 것과 같은 효과가 있다고 생각할 수 있다.[16]

그리고 재판중계는 재판을 공개했을 때 발생할 수 있는 문제점을 보완할 수 있는 장점이 있다. 예를 들어 법정이 일반인에게 자유로이 공개되기 때문에 재판 당사자를 비롯하여 재판 당사자와 관계가 있는 사람이나 방청객 중에서 초소형 카메라를 법정으로 반입할 가능성도 있다. 자신이 소지한 스마트폰이나 초소형 카메라를 이용하여 재판을 몰래 녹음, 녹화할 수도 있다는 것을 의미하며 이것을 방지하는 것이 현실적으로 쉽지 않다.[17] 문제는 이렇게 개인적으로 촬영된 재판에 대한 정보가 의도적으로 편집되거나 호도되어 유포되었을 경우에 대중은 사실과 다른 정보에 접할 수 있다는 것이다. 이러한 부정적인 영향은 재판중계가 초래할 수 있는 부정적인 영향보다 더 클 수 있다.[18] 오히려 재판의 전 과정을 가감 없이 정확하게 중계방송 하는 것이 이와 같은 문제를 방지할 수 있다.

4. 피고인의 프라이버시 권리

재판중계는 법정이 일반에게 공개되는 것과는 비교할 수 없는 파급효과가 있다. 일단 보통 일반인이 법정에 가서 직접 방청하는 것은 드문 일이고, 법정의 장소적 제약으로 방청자의 숫자도 제한될 수밖에 없다. 그러나 TV로 재판이 중계되면 수천 명에서 수백, 수천만 명이 시청할 수 있다. 아무리 재판의 사안이 공익적인 요소가 있다고 하더라도 형사피고인의 사생활에 대한 일이 공개적으로 알려질 것이며, 이것은 개인의 사생활과 인격권의 침해라고 주장할 수 있다.[19]

알 권리를 충족할 수 있다.

16) 김태형, "국민의 알 권리와 재판중계제도," 국민의 알 권리와 재판중계제도의 도입방안 심포지움 토론문 (한국비교형사법학회, 사법정책연구원, 2017.1.20) 59면.

17) 김태형, "재판에 대한 방송의 허용 여부에 관하여," 저스티스 통권 제130호, 한국법학원, 2012, 155면; 강동욱, 상계발제문, 24면.

18) 김소연, "재판 중계의 헌법적 의의와 비교법적 고찰," 성균관법학 제28권 제3호, 성균관대학교 법학연구소, 2016, 285~287면; 조규범, "재판방송에 대한 입법론적 소고," 입법학연구, 통권 제10집 제2호, 한국입법학회, 2013, 235면; 강동욱, 상계발제문, 25면.

19) 미국 수정헌법 제6조상의 공개로 재판을 받을 수 있는 권리는 밀실 재판을 피할 수 있는

또한 재판의 중계방송은 모든 피고인에게 헌법상 보장된 무죄추정의 원칙에 위배된다고 주장할 수 있다.[20] 예를 들어 재판이 생방송으로 중계되면 이를 시청하는 시민들은 그 사건에 대한 사전 정보도 없이 재판에 처음으로 접하게 되는데, 법정에 죄수복을 입고 출두한 형사피고인에 대해 부정적인 선입견을 가질 수 있다. 즉, 상급심에서 판결이 달라질 가능성도 있는데, 1심 판결이 생중계되면 그 내용이 일반 대중에게는 확정된 판결처럼 각인될 우려가 있는 것으로써,[21] 형사피고인이 가지고 있는 무죄추정이라는 원칙론에 어긋난다는 것이다.

반면에 형사피고인은 공적 관심의 대상이 되기 때문에 공적 인물[22]로 간주할 수 있다는 점에서 사적인 이해관계를 가지고 있는 민사재판의 당사자들과는 차이점이 있다. 사생활 침해라는 이유만으로 재판중계를 금지하는 것은 정당하지 못하며, 재판중계로 얻을 수 있는 공공의 이익과 알 권리와 언론의 자유를 보호하는 장점과 비교하여 재판중계의 허용여부가 결정되어야 할 것이다.[23]

5. 미국의 재판중계에 대한 입장

미국에서 언론의 자유는 수정헌법 제1조에 의해서 보장되는 기본적인 권리이지만 TV를 통한 재판의 중계는 논란의 대상이었다. 미국 연방대법원의 초기적인 입장은 수정헌법 제1조상의 언론의 자유가 법정의 재판 과정을 TV를 통해 무제한적으로 보도하는 것까지 보장하지는 않는다는 것이었

동시에 자신의 프라이버시를 침해할 수 있어서, 마치 양날의 검같이 형사피고인에게 장단점이 될 수 있다.

20) 헌법 제27조 4항: "형사 피고인은 유죄의 판결이 확정될 때까지는 무죄로 추정된다." 무죄추정의 원칙은 형사절차와 관련하여 아직 공소가 제기되지 아니한 피의자는 물론 비록 공소가 제기된 피고인이라 할지라도 유죄의 판결이 확정될 때까지는 원칙적으로 죄가 없는 자로 다루어져야 하고, 그 불이익은 필요최소한에 그쳐야 한다는 원칙을 말한다. 헌법재판소 1997.5.29, 선고 96헌가17 결정.

21) "이재용 재판 선고 생중계...장고 들어간 법원," 국회뉴스 (2017.8.10) http://www.a-news.co.kr/news/articleView.html?idxno=116233 (최종방문 2017.9.12).

22) 김유향, 정회철, 전게서, 480면.

23) 김재윤, "독일과 한국의 공개주의와 그 제한에 관한 비교법적 고찰," 형사법연구, 제21호, 한국형사법학회, 2004, 328, 330면.

다. 연방대법원은 Estes v. Texas 케이스에서 "TV 방송국은 일반 시민과 같은 정도의 권리만 가진다. 즉, 법정에 나와서, 재판을 방청하고, 그 후 원한다면 그것을 보도할 수 있는 권리만을 가진다"라고 판시하였다.24) 이것으로 연방대법원은 재판공개의 원칙을 유지하는 선상에서 언론의 보도를 승인하였지만, 재판의 중계에 대해서는 매우 보수적인 입장을 보여주었다.25)

　　Estes 케이스에서 대법원이 재판중계에 대하여 부정적인 관점을 가지는 여러 가지 이유들 중에는 재판중계를 위하여 법정에 카메라와 장비들이 설치되고, 기자, 기술자와 방송국 관계자들로 인해서 물리적으로 복잡함과 혼란을 초래할 수 있다는 우려였다. 이로 인해 변호인단, 증인, 배심원단 등 재판에 직접적으로 참여하는 당사자들이 정신적으로 산만하고 혼란스럽게 되어, 실제 재판에 집중하기 어려워진다는 것이었다. 더 나아가서 재판중계는 피고인이 공정한 재판을 받을 권리를 감소시킨다는 이유다.26) 헌법적으로 편견이나 편향성이 없는 판사나 배심원단의 결정에 의해 피고인의 유무죄가 가려져야만 하는데 TV나 라디오에서 편향적인 방송으로 인해서 피고인에게 매우 부정적인 여론이 형성될 수 있어서, 헌법적으로 보장된 공정한 재판을 받을 권리가 본질적으로 크게 훼손될 가능성이 있다는 우려 때문이다.

---

24) Estes v. Texas, 381 U.S. 532 (1965).

25) 또한 이러한 입장은 TV와 다른 미디어 매체들과의 차이점에 기인할 수 있는데, 미국 수정헌법 제6조에 의거한 공개적인 재판을 받을 권리가 제정되었을 때에는 소수의 신문사만 존재했지 TV와 같은 보도 수단이 없었다는 점에서 TV 재판방송의 당위성이 없다는 견해이다. Paul J. Yesawich, Jr., "Televising and Broadcasting Trials," 37 Cornell L. Q. 701 (1951). 반면에 신문이나 잡지를 통하여 재판을 자유롭게 보도하는 것은 보장되면서, TV를 통한 재판 방송을 금지하는 것은 다른 미디어 매체에 대비해서 TV에 대한 차별적인 관점이라는 반론도 있었다. Judge Sharen Wilson, Cynthia S. Kent, "Handling Capital Cases Dealing with the Media," 16 Tex. Wesleyan L. Rev. 159, 162 (2010).

26) 재판의 사안이 매우 개인적인 문제일 뿐만 아니라 공익적으로 중요한 사안이 아닌 경우 미디어 보도가 완전히 금지될 수 있다. 예를 들어 미시시피 주는 현재 다음과 같은 재판에서 미디어 보도를 완전히 금지하고 있다: 이혼소송, 자녀 양육권, 입양, 가정 폭력, 증거 배제 신청, 상업 비밀에 대한 소송. Mississippi Supreme Court's Rules for Electronic and Photographic Coverage of Judicial Proceedings 1, available at http://www.mssc.state.ms.us/rules/msrulesofcourt/rules_electronicphotographic_coverage.pdf (최종방문 2017.9.2).

그러나 Estes 케이스의 대법원 판결은 그 후 Chandler v. Florida 케이스의 대법원 판결로 인해 비판을 받게 되었다. Chandler 케이스의 대법원은 형사재판이 TV로 방송된다는 그 자체가 피고인이 자동적으로 공정한 재판을 받지 못하게 만드는 것은 아니라고 판시하였다.[27] Chandler 케이스에서 대법원의 의견은 Estes 케이스가 모든 상황에서 사진 촬영, 라디오나 TV 방송을 금지하지는 않는다는 것이었다.[28] 그리고 카메라가 재판에 나쁜 영향을 준다는 Estes 케이스의 의견을 비판했는데, 이러한 의견이 실증적인 연구결과로 뒷받침되지 않았다는 이유였다.[29]

미국의 연방대법원은 현재까지 대법원에서의 변론에 대한 재판 방송을 금지하고 있다.[30] 연방대법원의 재판 방송에 대한 보수적인 입장은 사법부 안팎으로 비난을 받고 있다. 전통적으로 언론의 자유가 중요시되고 있는 미국의 이미지와 걸맞지 않다는 이유에서이다.[31] 미국 연방대법원의 입장은 대부분의 주에서는 TV 방송을 허용하고 있는 것과 대조적인 모습을 보이고 있다. 현재 미국에서는 44개 주에서 1심 재판과 항고심 재판의 TV 방송을 허용하고 있으며, 나머지 소수의 주에서는 TV 재판 방송을 항고심 재판에서만 허용하고 있다.[32]

미국에서 항고심에서는 대부분 복잡한 법적인 문제나 증거에 관한 것이 쟁점이기 때문에 새로운 증거를 제출하기 위해 피해자나 증인이 출두하는 일은 거의 없다. 항고심은 사실심이 아니라 법률심이기 때문에 피고가

---

27) Chandler v. Florida, 449 U.S. 560, 583 (1981).
28) *Id.* at 573.
29) *Id.* at 576 n. 11.
30) 우리나라 대법원은 법원이 승인할 경우에 재판 방송을 전면적으로 허용하고 있어서 대법원 변론의 중계에 대해 전향적인 입장을 보이고 있다는 점에서 대조를 이룬다. 「대법원에서의 변론에 관한 규칙」제7조의 2: ① 누구든지 대법원 변론에 대한 녹음, 녹화, 촬영 및 중계방송을 하고자 하는 때에는 재판장의 허가를 받아야 한다. ② 재판장은 필요하다고 인정하는 경우 대법원 변론을 인터넷, 텔레비전 등 방송통신매체를 통하여 방송하게 할 수 있다.
31) Kyu Ho Youm, "Cameras in the Courtroom in the Twenty−First Century: The U.S. Supreme Court Learning from Abroad?" 2012 B.Y.U. L. Rev. 1989, 1992 (2012).
32) Cameras in the Court: A State−By−State Guide, Radio Television Digital News Ass'n, http://www.rtdna.org/pages/media_items/cameras−in−the−court−a−state−by−state−guide55.php (last updated Aug. 2012). (최종방문 2017.9.2).

직접 출석하지 않아도 된다는 점에서 피고의 사생활 침해의 위험이 크지 않다는 점이 있다. 또한 법적으로 복잡한 쟁점들을 취급하기 때문에 판결 과정만 방송하는 것보다는 변호인들의 법적 주장을 방송하는 것이 일반인 들의 이해를 도울 수 있다는 장점이 있다.[33] [34]

Ⅲ. 재판중계가 재판 참여자에게 미치는 영향

1. 증인과 재판 당사자에게 미치는 영향

재판의 중계는 피해자를 포함한 증인들에게 여러 가지 형태로 영향을 줄 수 있다. 예를 들어 어떤 재판에서 한 증인의 진술이 방송되었는데 이로 인해서 비난의 대상이 되었거나 괴롭힘을 당한 경험이 있다면 그 증인은 앞으로 재판 과정에서 협조하거나 다시 증언하기를 꺼릴 수 있다. 결과적 으로 재판 방송은 증인들의 진술에 안 좋은 영향을 미칠 수도 있다.[35] 또한 자신의 프라이버시가 침해된다는 이유로 재판에 참여하는 것 자체를 주저 할 수 있다.[36] 물론 법원이 출두 명령(Subpoena)을 내려서 증인이 강제로 출 두하게 만들 수 있겠지만 증인의 자발적인 출두가 아니어서 진솔한 증언을 기대하기 어려울 수 있다. 법정에서 판사, 변호인들뿐만 아니라 방청인들

---

33) Ministry of Justice, Proposals to Allow the Broadcasting, Filming, and Recording of Selected Court Proceedings 8 (May 2012). 우리나라에서도 항고심의 재판중계로 얻을 수 있는 시민에 대한 법교육적 효과는 크다고 볼 수 있다.

34) 항고 재판이 중계방송 되면 판사와 변호인들은 변론 과정에서 재판중계를 의식하게 되고, 여론을 의식하는 등 이에 영향을 받을 수 있지만, 재판중계의 전체적인 영향은 1심 재판 보다는 제한적이다. 1심 재판에서는 판사, 변호인 뿐 만 아니라 당사자, 증인, 배심원들 모 두 다 재판중계로 인해 영향을 받을 수 있기 때문이다. Nancy S. Marder, "The Conundrum of Cameras in the Courtroom," 44 Arizona State Law Journal 1489, 1569~1570 (2012); Youm, *supra* note 29, p. 2025.

35) Youm, *supra* note 29, p. 2004; Hollingsworth v. Perry, 130 S. Ct. 705, 713 (2010) citing Estes v. Texas, 381 U.S. 532, 547 (Harlan, J., concurring). 자신의 증언 때문에 보복을 당 할 우려가 있는 피해자나 증인을 보호할 수 있는 조치를 강구할 필요가 있다. 법정 내에 차폐시설을 설치하는 방법도 생각 할 수 있다.

36) Beverley McLachlin, The Relationship Between the Courts and the News Media, in the Courts and the Media: Challenges in the Era of Digital and Social Media, Patrick Keyzer et al. eds., 2012, pp. 24, 32.

앞에서 공개적으로 증언하는 것 자체가 부담스러운 일인데, 자신의 증언이 중계방송 된다면 증인에게 훨씬 더 큰 스트레스를 줄 수 있고 진술하는데 지장을 받을 수 있다.[37]

반면에 재판중계의 긍정적인 면을 살펴보면, 어떤 증인은 만일 자신이 중계방송 되고 있는 상황에서 위증을 하면 진실을 알고 있는 사람이 나타날 수도 있다고 생각할 수 있다.[38] 이러한 우려 때문에 증인들이 법정 진술 중에 위증을 할 가능성을 줄일 수 있다는 장점이 있다. 또한 법정에 방송국 카메라가 있으면 증인이 긴장하게 될 수 있는데, 증인이 긴장하면 위증할 가능성을 줄여줄 수 있다고 볼 수 있다.

재판 방송은 '잠정적인' 증인들에게도 영향을 줄 수 있다. 만일 자신이 새로운 증거를 가지고 있어서 재판에 출두하게 되면 언론 보도로 인해 갑자기 세상에 널리 알려지는 것이 두려워서 재판에 도움이 되는 증거를 가지고 있음에도 불구하고 그 사실을 감출 수 있다.[39] 이렇게 되면 재판에서 실체적인 진실이 밝혀지는 것을 막고, 재판 당사자들이 공정한 재판을 받을 수 없게 된다. 재판의 결과는 진실한 사실관계와 증거에 의해서 결정되어야 하는데, 재판 진행상의 형식적인 이유로 인해서 재판에 결정적인 증거를 가지고 있는 잠정적인 증인이 재판에 참여하기 원하지 않는다면 재판 당사자들 뿐만 아니라 사법적 정의를 위해서도 바람직하지 않다.

2. 판사에게 미치는 영향

미국에서 판사가 선거로 선출되는 주에서는 재판중계가 판사에게 부정적인 영향을 줄 수 있다.[40] 재판이 방송되면 선거권을 가진 그 곳 유권자들

---

37) 반면에 법정에 카메라가 있다는 것과 법정에 자신이 모르는 사람들로 가득 차있다는 것이 재판 당사자나 증인들에게 주는 심리적인 영향에 큰 차이가 없다는 주장도 있다. Daniel M. Kolkey, "Point/Counterpoint: Should cameras be banned from California's courts?" California Bar Journal, Feb. 1996.

38) Marjorie Cohn & David Dow, Cameras in the Courtroom: Television and the Pursuit of Justice, McFarland & Co., Inc. 1998, p. 87.

39) Wilson, *supra* note 24, p. 161; Estes v. Texas, 381 U.S. at 547.

40) 현재 미국에서 38개 주에서는 주 대법관을 선거로 선출하고 있으며 12개 주에서만 주지사가 주 대법관을 임명하고 있다. Chris W. Bonneau and Melinda Gann Hall, Judicial

은 판사의 재판 진행과정과 선고 공판 등을 미디어를 통해 직접 보게 된다.[41] 그 점을 의식하고 판사는 재판의 사안, 특성이나 재판 당사자들의 이해관계보다는 자신의 커리어에 집중하는 결과에 이르게 할 수 있다.[42] 재선을 앞두고 있는 판사가 선거권을 가지고 있는 시민들이 '공감'하거나 '동의'할 수 있는 판결을 내리는데 신경을 쓰게 되면 정당한 판결보다는 정치적인 판결을 내릴 수 있다는 점에서 매우 부적절하다고 볼 수 있다. 이것은 여론에 의해서 사법부의 독립성을 해칠 수 있다는 점에서 지양되어야 한다.

반면에 판사가 소속되어 있는 사법부와 같은 정부기관이 일반 대중에게 더 열려있을수록 시민들의 신뢰도도 더 높아진다고 할 수 있으며, 법정에 TV 카메라를 통해 시민들이 재판을 시청함으로써 사법부에 대한 신비적인 요소를 제거하고 사법부의 역할이 원활하게 수행되고 있는 모습을 직접적으로 보여주는 효과가 있다.[43] 그러나 법정은 엄숙하고 위엄스러운 장소인데 재판이 중계방송 되면 언론 보도를 위한 많은 기자들과 미디어 장비와 관계자들로 인해서 마치 서커스 공연장같이 복잡하고 시끄러운 분위기로 만들어질 수 있으며, 그로 인해 법원의 고유적이고 전통적인 이미지를 훼손하지 않을까라는 우려를 낳는다.[44]

Ⅳ. 국민참여재판의 중계에 대한 논의

1. 정당성

미국의 배심재판이나 한국의 국민참여재판 모두 시민의 사법참여에 초점을 두고 있다. 시민이 재판에 직접적으로 참여하고 결정을 내림으로써

Election in the 21st Century, Routledge, 2017, p. 10.
41) Cohn & Dow, *supra* note 37, p. 71~72.
42) *Id*.
43) Senator Arlen Specter, "Significant Progress on Cameras in the Supreme Court," (2010.4.29), https://web.archive.org/web/20100505054317/http://specter.senate.gov/public/index.cfm?FuseAction=NewsRoom.NewsReleases&ContentRecord_id=4b092430-ad1f-ee34-2c77-25d791032a40 (최종방문 2017.9.15).
44) Marder, *supra* note 33, p. 1518.

사법 결정에 투명성을 높이고 시민의 사법부에 대한 신뢰도를 높임과 더불어 사법 결정에 정당성을 부여하는 효과를 얻을 수 있는 것이다. 국민참여재판의 방송도 시민의 사법 참여의 연장선상에서 볼 수 있을 것이다. 실제 국민참여재판이 미디어를 통해 방송됨으로써 일반 시민들이 손쉽게 시청할 수 있고, 간접적으로나마 사법 수행에 참여할 수 있는 것이다. 언론의 자유를 보장하여서 시민의 알 권리를 충족하듯이 국민참여재판의 중계를 허용하여서 일반 시민들의 알 권리를 더 광의적인 범위에서 충족시킬 수 있는 것이다.[45]

국민참여재판과 재판중계는 동일한 목적을 추구하고 있다. 사법의 투명성을 추구하는 동시에, 재판의 공정성을 지향하며, 결과적으로 국민의 신뢰를 얻을 수 있는 것이다.[46] 즉, 국민참여재판에서는 직접적인 방법으로 국민이 참여하고, 재판중계를 통하여서는 간접적인 방법으로 국민이 참여함으로써 동일한 목적을 성취할 수 있는 것이다. 아래에서는 재판중계가 배심원에게 미칠 수 있는 직간접적인 영향을 살펴본다. 이러한 영향들은 미국 배심재판에서 주로 벌어지고 있는 현상에 관한 논의이지만 앞으로 우리나라의 국민참여재판에서도 발생할 수 있는 현상이다.

2. 배심원에게 미치는 영향

(1) 집중도 문제

법정에서 재판 중계가 진행된다는 사실 자체가 배심원들에게 여러 가지 영향을 줄 수 있다. 배심원들은 배심원석 가까이 재판 중계를 위한 장비들과 전선이 설치되는 것에도 신경이 쓰이게 될 수 있다.[47] 일반인들과 마

---

45) 배심재판에 직접적으로 참여하는 배심원들과 더불어서 시민들은 재판중계를 통하여 간접적으로 알 권리를 충족할 수 있는 것이다.

46) 재판중계의 목적에 대한 더 구체적인 논의는 다음 논문 참조: 이상원, "사법신뢰형성구조와 재판의 공개," 서울대학교 법학 제53권 제3호, 서울대학교 법학연구소, 2012, 347면; 손태규, "국민의 알 권리와 법정 촬영 및 방송," 공법연구 제40집 제4호, 한국공법학회, 2012, 34면; 강동욱, 상계발제문, 26면.

47) Jacob Marvelley, "Lights, Camera, Mistrial: Conflicting Federal Court Local Rules and Conflicting Theories on the Aggregate Effect of Camera on Courtroom Proceedings," 16 Suffolk J. Trial & App. Advoc. 30, 46 (2011).

찬가지로 배심원들도 자신이 TV에 나온다는 사실 자체에 대해 매우 부자연스럽게 느껴지고 남의 시선을 의식하게 된다. 배심원의 시선이 TV 카메라로 향하기 쉽고, 카메라에 집중하다 보니까 정작 중요한 증인의 증언이나 판사, 변호인의 발언에 집중하지 않을 수도 있다.[48] 정확한 정보 수집에 방해를 받을 수 있어서 결과적으로 공정하지 못한 평결을 내릴 가능성도 배제할 수 없다.

반면에 기술적인 발전을 통해서 재판중계가 재판의 흐름을 방해하거나 재판 당사자들, 증인, 배심원들이 재판에 집중하는데 방해가 되는 요소가 많이 줄어들었다.[49] Estes 케이스에서 대법원이 우려한 재판방송이 배심원에게 미칠 수 있는 심리적인 영향은 기술적인 발전으로 인해 많이 해소되었다. 예전과는 달리 방송 기술과 장비의 발달로 이제는 법정에 설치될 장비와 기계의 숫자가 줄어들었고 장비와 기계가 소형화되었으며, 장비를 작동하는데 필요한 인력의 숫자도 줄어들었다.[50] 그런 점에서 배심원의 집중도 문제는 많이 해소되었다고 본다.

(2) 평결에 영향

미국 재판에서 배심원의 모습을 사진이나 동영상으로 촬영하거나 TV 방송하는 것을 금지하고 있다.[51] 단, 배심원의 모습이 다른 사진 촬영의 배경에 나오는 것은 예외적이다.[52] 비록 배심원에 대한 직접적인 촬영이 금지되어 있지만, 실수나 비밀스러운 방법으로 배심원 모습이 방송될 가능성도 있기 때문에 배심원들은 재판중계에 대한 우려를 가질 수 있다. 예를 들어 TV로 방송된 배심재판에서 유죄 평결을 받은 피고인의 동료나 친구가 TV에 나온 배심원의 신원을 확인하고[53] 보복당할 수 있다고 우려하는

---

48) Estes v. Texas, 381 U.S. at 546.

49) Edward Thompson, "Does the Open Justice Principle Require Cameras to be Permitted in the Courtroom and the Broadcasting of Legal Proceedings?" 3 J. Media L. 210, 232 (2011); Youm, *supra* note 30, p. 2023.

50) Chandler, 449 U.S. at 576.

51) OCGA § 15−1−10.1.40, Ga. Unif. R. of the Superior Ct. 22, available at http://www.georgiacourts.org/courts/superior/rules/rule_22.html (최종방문 2017.9.12).

52) 배심원대표의 평결 선고나 판사에 대한 발언이나 질문을 음성 녹음하는 것은 허용된다. *Id.*

것이다.54)

문제는 이러한 우려 때문에 TV로 방송되는 배심재판에 처음부터 배심원으로 복무하는 것을 주저하게 되거나, 배심원 선정 과정에서 최종 배심원에서 제외되기 위해 노력할 수도 있다는 것이다. 일단 배심원으로 최종 선정된 배심원이 협박과 위협을 받았다면, 형사피고인이 유죄 평결을 받는 것에 반대 의견을 낼 수 있을 것이다. 제출된 증언과 증거물의 중요성을 무시하고 무죄 의견을 끝까지 주장한다면, 만장일치가 필요한 배심재판에서 유죄 평결이 나오기 어렵거나 평결불성립(hung jury)에 이를 수 있다.

법원은 재판의 중계를 허용하기 전에 배심원이 자신의 안전에 위협을 느끼거나 불안감을 갖지 않고 심적 안정감을 갖도록 하여야 한다. 그래서 재판의 중계가 실행되더라도 배심원의 모습이 TV로 직접적으로 촬영, 방송되는 것을 예방하는 조치가 필요하다.

(3) 여론 재판의 가능성

배심재판이 중계방송 되면 여론 재판으로 전락할 위험도 배제할 수 없다. 미국에서는 법정에서 언론기관이 '제13번의 배심원'이 될 수 있다는 의견도 있다.55) 왜냐하면 만일 배심원단이 재판에 대한 여론에 접하게 된다면 여론에 영합하는 평결을 내릴 수 있다는 우려 때문이다.56) 재판은 법정 내에서의 변론과 판사에 의하여 증거능력이 인정된 진술과 증거물에 의해서만 결정되어야지, 재판 외적인 요인에 의해 결정되어서는 안 된다. 재판에 대한 여론이 설사 정당한 근거를 바탕으로 형성되었다고 하더라도 여론

53) 미국에서 배심원 명단은 공개적 기록물이고, 배심원의 이름을 배포하는 것을 금지하는 것은 언론의 자유에 위배된다. 그러므로 배심원 명단의 공개를 사전에 금지(차단)하는 것은 불법이다. Des Moines Register & Tribune Co. v. Osmundson, 248 N.W.2d 493, 501 (Iowa 1976); N.M. Press Ass'n v. Kaufman, 648 P.2d 300, 304 (N.M. 1982); Wilson, *supra* note 24, p. 173.

54) Christina Schmucker, Picture This: DuPage County Court Bans Camera Phones, DCBA Brief: The Journal of the DuPage County Bar Association, J. DuPage County B. Ass'n, Dec. 2004, at 16; Marvelley, *supra* note 46, p. 31.

55) Anton R. Valukas, William A. Von Hoene, Jr. & Liza M. Murphy, Cameras in the Courtroom: An Overview, 13 Comm. Law. 1 (Fall 1995); Marvelley, *supra* note 46, p. 48.

56) Schmucker, *supra* note 53, p. 20.

이 재판의 향방을 결정해서는 안 된다. 여론의 형성은 법정에서 벌어지고 있는 재판 중에서 형성되고 있는 심증과 합의와는 실체적으로나 절차적으로 다르다. 재판 중에 배심원단에게 주어지는 정보는 법원에 의해 증거능력이 인정된 정보이기 때문에 일반 대중이 알고 있거나 접하게 되는 정보와 다르다. 대중이 접하고 있지만 배심원단에게는 제공되어서는 안 되는 정보가 있을 수 있는데 재판중계를 통하여 이런 정보에 배심원들이 노출될 수 있다.[57] 결과적으로 대중이 접하는 정보와 배심원단이 접하는 정보의 차이가 있기 때문에 대중들의 여론과 배심원단의 평결에 간극이 생길 수 있다. 만일 배심원단이 대중의 여론에 접하게 되어서 그들의 평의와 평결에 영향을 받게 되면 올바른 재판 결과에 도달하는데 방해가 될 수 있다.[58]

(4) 심리무효 문제

재판중계가 야기할 수 있는 문제점 중에 하나는 만일 첫 번째 배심재판이 평결불성립(hung jury)이나 다른 이유로 인해서 심리무효(mistrial)가 선언되어서, 두 번째로 배심재판이 열리게 되면 발생할 수 있다. 첫 번째 재판의 내용을 미디어나 방송으로 접한 일반 시민이 두 번째 재판에 배심원후보자로 소환된다면, 그 배심원후보자는 첫 번째 재판방송의 내용이나 논평에 의해 이미 영향을 받은 상태일 수 있다.[59] 물론 그 배심원후보자가 명확한 편견을 가지고 있다면 배심원 선정 시 이유부기피(Challenge for Cause)를 사용하여 배제시킬 수 있겠지만, 사람마다 편견에 편차가 있고 편견을 가지고 있는 모든 사람을 배제하는 것은 현실적으로 어렵다. 그래서 두 번째 배심재판에서 편향성이 없는 배심원들로 배심원단을 구성하는 자체가 어려울 수 있다.[60] 만일 첫 번째 배심재판이 전 국민적인 관심사였고 대대적인 언론 보도가 있었다면 대부분의 국민들이 그 재판에 대한 지식이나 정보를 가지게 될 것이다. O.J. Simpson 배심재판은 재판 과정 전체가 TV로

---

57) Cohn & Dow, *supra* note 37, p. 87.
58) Paul Thaler, The Watchful Eye: American Justice in the Age of the Television Trial, Praeger Publishers, 1994, p. 5.
59) *Id*.
60) Courtroom photography and broadcasting, Wikipedia https://en.wikipedia.org/wiki/Courtroom photography_and_broadcasting (최종방문 2017.8. 26).

생중계되었고 많은 미국 시민들이 마치 인기 TV 연속극을 시청하듯이 재판을 시청하였는데, 만일 그 재판이 평결불성립 되어서 두 번째로 배심재판이 열린다면 편향성이 없거나 그 재판의 중계방송으로 인해 영향을 받지 않은 일반 시민들로 구성된 배심원단을 선발하는 작업은 매우 어려울 것을 쉽게 짐작할 수 있다. 따라서 두 번째 재판에서는 보통 때보다 훨씬 많은 배심원후보자들을 소환할 필요가 있을 것이며, 그에 따르는 비용도 증가하며 법원의 인력도 더 필요할 것이다.

하지만 재판에 대한 편향적인 방송으로 인해서 피고의 유무죄를 재판 외적인 요소에 영향 받지 않고 공정하게 결정할 배심원의 능력을 저해할 위험이 있다는 이유만으로 재판방송을 전면적으로 금지하는 것은 정당성이 결여된다.61) 그러한 위험요소는 재판부의 주의와 노력을 통해서 제거할 수 있는 문제이다.62) 단지 배심원의 편향성 가능성 때문에 언론 보도를 금지하는 것이 정당화될 수 없듯이, 그러한 가능성 때문에 모든 종류의 방송을 금지하는 것이 정당화 될 수는 없다.63)

V. 국민참여재판의 중계 허용 여부 및 실행에 대한 고려사항

1. 재판중계 허용 결정 시 고려사항

국민참여재판의 중계 허용 여부에 대한 결정권은 재판부가 가지게 된다. 재판부로서는 일반 재판과 마찬가지로 해당 국민참여재판의 사안과 특성을 먼저 파악하고, Part Ⅱ, Ⅲ, Ⅳ에서 논의된 쟁점들을 고려하여야 할 것이다. 재판의 중계 여부를 결정하기에 앞서 먼저 그 재판에 대한 국민적 관심도가 매우 높아서 시민의 알 권리를 보장할 필요가 있는지를 생각해야 한다. 즉, 그 재판을 중계하게 되면 얻을 수 있는 공공의 이익64)이 상당한

---

61) Chandler, 449 U.S. at 573-74.
62) 미국 법원들은 배심원단의 평의가 재판에 대한 퍼블리시티에 의해서 영향을 받지 않도록 예방적인 조치들을 개발해 왔다. Nebraska Press Assn. v. Stuart, 427 U.S. 539, 563-565, 96 S.Ct. 2791, 2804, 2805, 49 L.Ed.2d 683 (1976).
63) *Id.*

지를 먼저 고려하여야 한다.

재판의 중계에서 얻을 수 있는 공공의 이익과 비교해야 할 가장 기본적이고 중요한 요소는 피고인이 입게 될 불이익의 여부, 피고인의 방어권 보장 및 공정한 재판을 받을 권리이다. 재판중계를 통해 얻을 수 있는 공공의 이익이 충분하더라도 이로 인해 발생하는 피고인의 사생활 침해로 인한 불이익의 내용과 정도를 구체적으로 파악하고 고려할 필요가 있다. 일반 재판과는 다르게 국민참여재판에서 일반 시민들이 배심원으로 재판 결정에 참여하고 있는 상황에서 재판이 중계방송하게 되면 사생활 침해의 정도가 더 크다고 볼 수 있기 때문이다. 또한 형사피고인이 공정하고 신속한 재판을 받을 권리는 헌법으로도 보장되는 권리이기 때문에 재판중계로 인해서 특정 형사피고인이 공정한 재판을 받지 못하는 경우가 발생하지 않도록 제한적인 범위에서 사용되어야 할 것이다.

반면에 국민참여재판이 중계방송 되면 사법 절차의 투명성으로 인해서 공정성이 보장되면서 동시에 실체적 진실 발견에 기여할 수 있을 것인가를 고려할 필요가 있다. 혹은 재판중계 과정에서 재판부는 절차적인 실수를 범하지 않기 위해서 절차적 측면에 집중하게 되어서 오히려 사건의 실체진실발견에 방해가 되는 경우가 생기지 않도록 유의해야 한다.[65] 재판부에서 국민참여재판의 중계를 결정하였을 때에는 피고인과 증인에게 재판중계에 대한 적절한 고지가 선행되어야 할 것이다. 그리고 공정한 재판 진행과 실체진실발견을 위해서 아래와 같은 조치들을 취할 것을 제안한다.

---

64) 공익이란 전체 효용의 관점에서 보면 사회구성원 전체의 효용을 극대화하는 것이라고 한다. 또는 사회전체에 바람직하거나 올바르게 추론되는 가치를 실현하는 것이며, 사회 구성원 간에 보편적으로 공유되는 공동의 이익이며, 이익 집단 간의 타협내지 절차를 거친 결과를 의미하는 것이다. 즉, 공익이란 그 내용에 따라 다양한 의미를 지닌 것으로 이해되고 있다. 이계만, 안병철, "한국의 공익개념연구," 한국정책과학학회보, 제15권 제2호, 한국정책과학학회, 2011, 4~5면; 강동욱, 전게발제문, 28면.

65) 신동운, 신형사소송법 제5판, 법문사, 2014, 823-824면; 정선주, "민사소송절차에서 공개재판의 원칙과 비밀보호," 저스티스 제33권 제1호, 한국법학원, 2000, 55면; 강동욱, 전게발제문, 28면.

2. 재판중계의 공지

재판부에서 재판을 중계하기로 결정하였을 경우에는, 배심원 선정 절차가 시작되기 전에 당해 재판이 중계방송될 것이라는 사실을 배심원후보자들에게 공지하여야 한다. 물론 재판중계에 대한 사전 공지는 배심원후보자에게 심리적인 부담을 줄 수 있다. 그럼에도 불구하고 사전 공지가 필요한 이유는 재판중계 사실을 모르는 상태에서 배심원으로 최종 선정된 사람 중에 당혹감을 가질 수 있고, 이로 인해 배심원 임무를 수행하는 데 지장을 줄 수 있기 때문이다. 재판이 중계방송 되면 방송국 카메라 등 방송 장비와 기자, 기술자, 카메라맨 등 관계자들이 법정에서 활동하게 되는데 이런 혼란스러운 분위기에 어떤 배심원들은 심리적으로 압도당할 수 있다. 사회적으로 중요한 쟁점을 가지고 있는 재판일수록 이러한 심리적 압박과 부담감은 클 수밖에 없다. 결과적으로 이러한 심리적 부담감은 배심원 평의와 평결에 바람직하지 않은 영향을 줄 수 있다는 점을 유의할 필요가 있다.

그러나 어떤 배심원후보자가 당해 재판이 중계방송 되고 그것에 의해 배심원 복무에 부정적인 영향을 받을 것이라는 이유만으로 재판에서 배제되어서는 안 된다. 그 이유만으로 배심원 면제의 정당한 사유가 될 수 없으며, 그러한 면제 신청을 법원에서 받아들여서도 안 될 것이다. 배심원 복무의 면제를 위해서는 특정 배심원후보자가 과도한 편견이나 재판 당사자와의 직간접적인 이해관계로 인해서 배심원에 선정되는 것이 공정한 재판 진행에 지장이 될 수 있는 등 정당한 사유가 있어야 한다. 단지 재판의 중계로 인한 심리적 부담감을 이유로 재판에서 배제되는 것은 옳지 않다. 하지만 재판부는 최소한 배심원 선정 절차가 시작되기 전에 배심원후보자들에게 재판중계에 대한 공지를 하여서 나중에 심리적 동요가 발생하지 않도록 할 필요가 있다.

3. 언론 보도 접촉 가능성

국민참여재판에서 배심원단은 평결을 내리는 중요한 권한을 가지고 있기 때문에 배심원단이 재판중계로 인한 언론의 보도나 여론에 영향을 받지 않도록 재판부는 주의하여야 한다. 일단 배심원단이 최종 선정되고 재판이 시작되면 배심원들은 진행되고 있는 재판에 대한 중계방송에 직접적인 영향을 받을 수 있다. 재판이 시작되기 전에 발생하는 재판 전 퍼블리시티는 재판 전 상황에 대한 언론 보도이며 배심원이 아닌 '잠정적인' 배심원후보자들인 일반인들을 대상으로 한다. 하지만 일단 재판이 시작되면 재판중계는 현재 진행 중인 재판에 대한 보도이고 만일 배심원단이 이에 접촉하면 직간접적인 영향을 받을 수 있다는 점에서 심각성이 존재한다. 즉, 재판이 방송되면 현재 진행 중인 재판에 대한 논평이나 기사에 배심원들이 노출될 수 있다는 문제가 있다.

그래서 재판부는 배심원단이 재판중계로 인한 보도 내용에 영향 받지 않도록 주의할 필요가 있다. 보통 국민참여재판 중에 배심원들은 스마트폰이나 핸드폰 소지 가 허용되고 있다. 배심원 선정 과정이 종결되고 배심원으로 선정된 배심원은 재판 시작부터 평의, 평결과정이 끝날 때까지 스마트폰이나 핸드폰을 소지하고 있는데 재판 중이나, 점심시간, 휴정 시간동안에도 이를 이용하고 있다. 즉 배심원들은 재판 상황에 대한 언론 보도를 생중계나 녹화 방송을 통해 접할 수 있거나, 재판에 관한 뉴스 보도를 쉽게 접할 수 있고, 이에 영향을 받을 수 있다. 이렇게 되면 배심원의 평결이 재판 외적인 요소로 인해 영향을 받을 수 있다는 것을 뜻하며, 공정한 재판을 받을 수 있는 형사피고인의 헌법적인 권리에 위배되는 것으로써, 이는 허용되어서는 안 된다.

이러한 상황을 방지하기 위해서 재판부는 재판 초기에 적절한 배심원 설시를 통하여 배심원들이 스마트폰 등 모든 전자기기의 사용을 금지하도록 할 필요가 있다. 이것은 스마트폰으로 전화 통화나 문자메시지 사용을 포함하여 모든 종류의 전자기기 사용을 말하며, Twitting 등 소셜미디어 사용의 금지도 포함하여야 배심원이 언론 보도나 뉴스에 영향을 받는 것을 적절히 방지할 수 있다고 본다.[66]

---

66) 공영호, 『국민참여재판의 허와 실』, 박영사, 2017, 180~183면; 공영호, "Jurors' Online

4. 배심원의 신상 노출 문제

국민참여재판이 중계방송 되면 자신의 얼굴이 언론에 노출되기를 꺼려하는 배심원들이 대부분일 것이다. 특히 사회적으로 논란이 되는 사안을 내포하고 있어서 재판 결과에 따라 시민들의 상반된 반응이 나타날 수 있는 재판에서는 배심원의 심리적 부담이 클 수 있다. 이때 자신의 신상이 언론을 통해 노출되면 네티즌에서 인신공격을 받거나 신변의 위협을 느끼는 배심원도 있을 수 있다.

재판이 중계방송 되지 않는 국민참여재판에서도 신분 노출의 위험이 있다. 방청객 중에서 자신의 스마트폰을 이용하여 배심원의 사진이나 동영상을 촬영, 녹화하고 개인적 블로그나 소셜미디어에 올릴 가능성도 존재한다.[67] 또는 재판 당사자와 관련된 사람이 악의를 가지고 배심원의 얼굴이나 모습을 사진 촬영하거나, 방청객 중에서 기자나 언론사 직원이 배심원의 모습을 촬영할 수 있다. 재판부에서 언론사에게 배심원에 대한 사진이나 동영상 촬영을 금지하는 사전 명령을 내릴 수 있듯이 법정에서 일반 방청객들이 배심원 모습을 촬영하는 것을 금지하도록 공지할 필요가 있다.

5. 배심원 격리 (Sequestration)[68]

위에서도 살펴보았듯이 배심원 선정이 끝나고 재판이 시작된 후에는 재판 과정에 대한 미디어 보도와 논평에 배심원이 직접적으로 접하게 될 위험이 존재한다. 배심원단을 격리하면 배심원단이 미디어보도에 접할 기회를 차단할 수 있겠지만, 배심원을 격리하는 것은 법원으로 볼 때 행정적, 비용적인 부담이 매우 클 수밖에 없기 때문에 미국에서도 현실적으로 매우 소수의 재판에서만 사용되고 있다.[69]

Research and Communication in the U.S. Jury Trials and the Measures to Deter Such Jury Misconducts," 민사소송 제18권 1호, 한국민사소송법학회, 2014, 422~427면.

67) 김태형, 전게토론문, 60면.
68) 재판 휴정 중에 배심원들을 지정된 호텔이나 장소에 격리시킴으로써 배심원들이 미디어 보도나 외부에서 직간접적인 영향을 받는 것을 방지하는 방법이다. Black's Law Dictionary, p. 768.

배심원 격리는 국민참여재판에서 사용되지 않았지만, 앞으로 재판부에서 사안의 중대성에 따라 사용할 필요가 있다고 본다. 재판 사안의 중대성과 사회적 관심도가 매우 높으며, 배심원이 재판 외적인 요소에 영향을 받을 가능성이 매우 높다면 재판부는 배심원의 격리 명령을 심각하게 고려할 필요가 있다. 우리나라의 국민참여재판은 대부분 하루에 종결되기 때문에 배심원 격리가 필요 없다. 그 외 국민참여재판도 길어야 2~3일에 종료되기 때문에 미국에 비해서는 배심원 격리를 위한 식비나 숙박관계 비용이 그리 크지는 않을 것이다. 해당 사건의 사회적 파장과 당해 재판의 중요성이 매우 크며 배심원의 미디어 보도 접촉 가능성이 매우 높을 경우에는, 격리로 인한 비용을 감당하는 것이 적절할 수 있다.

배심원이 격리되어 있는 기간에 재판은 계속 중계방송 되며 이에 대한 언론 보도도 진행 되고 있기 때문에 배심원들의 보호를 위해서 스마트폰 사용 등 SNS 사용을 금지하는 것이 필요할 수 있다. 스마트폰이나 그 외 전자기기를 법원 측에서 수거하고 재판 종결 후에 반납하는 방법으로 하며, 가족과의 비상 시 연락은 법원 담당자를 통해 하게 하면 큰 무리 없이 진행할 수 있다.

VI. 결 론

재판중계의 허용을 위해서 재판부는 특정 재판의 중계로 얻을 수 있는 공공의 이익의 정도와 국민 관심도의 수준을 파악할 필요가 있다. 이것을 통해서 국민의 알 권리를 보장하는 것의 당위성이 있을 경우에는 동시에 재판중계로 발생할 수 있는 피고인의 사생활이나 인권 침해의 정도를 비교형량할 필요가 있다. 이러한 사항 들을 고려했을 때 재판중계가 허용될 수 있는 재판은 실질적으로 그리 많지는 않을 것이며, 재판중계로 발생되는

---

69) 사회적으로 큰 이슈를 포함하고 있는 재판에서 배심원들이 재판 전 퍼블리시티나 재판 외적인 요소에 의해 영향을 받는 것을 방지하기 위해 재판장이 격리를 명령할 수 있는 재량권이 있지만 배심원 격리 명령은 흔하지 않다. 공영호, 전게서, 172~173면; 공영호, 전게논문, 413~414면.

사법적 비용은 그리 높지는 않을 것으로 예상된다. 재판중계가 허용된다면, 이와 관련된 기술적이나 절차적인 문제점들은 재판부의 적절한 조정과 진행방법을 통하여 보완해나가면 될 것이다.

피고인이 국민참여재판을 신청하여 동료 시민들에게 유무죄를 결정해 달라고 요청하는 이유 중에 하나는 상대적 약자인 피고인이 상대적 강자인 검찰로 부터 '보호'받기 위한 것이다. 또한 재판의 결정권을 쥐고 있는 사법부도 정부의 한 축을 이루고 있기 때문에 피고인의 입장에 더 공감할 수 있는 시민들의 의견을 얻고자하는 것이다. 동일 선상에서 보면 재판중계도 재판공개의 원칙을 더 확장함으로써 사법부와 검찰의 권력 남용 가능성에 대한 견제를 강화함과 동시에 피고인에 대한 '보호막'을 보강하는 의미로 해석할 수 있으며, 사법의 공정성을 달성하는데 기여하는 면도 있다. 그러한 맥락에서 국민참여재판의 중계 허용에 대한 정당성을 찾을 수 있다고 본다.

제16장

국민참여재판의 현황과 감소 추세에 대한 논의[*]

I. 서 론

2008년 국민참여재판법이 제정되고 형사재판에서 국민참여재판제도가 도입된 후 벌써 13년 가까이 지났다. 국민참여재판은 형사재판에서 일반 시민들이 판사와 함께 재판 결정에 참여할 수 있다는 점에서 민주적인 제도로 자리 잡아 나가고 있다. 하지만 우리나라에서 국민참여재판에 대한 사회적 관심과 형사피고인들의 수요가 점차 감소하고 있다는 우려가 대두되고 있다.[1] 2017년에 19,615건의 형사재판 중에서 국민참여재판 신청은 712건(3.6%)이 있었고, 그 중에 295건의 재판(37.2%)이 국민참여재판으로 진행되었다. 이 수치는 2011년과 비교해서 크게 감소된 것인데, 5,924건의 형사재판 중에서 국민참여재판 신청은 489건(8.3%)이 있었고, 그 중에 253건

---

* 이 장은 "Are the Jury Trials 'Vanishing' in Korea? — With a Discussion on Comparative Perspectives of the American Jury Trials,"라는 제목으로 법학연구, 제31권 제1호, 충북대학교 법학연구소, 2020.6, 125면에 게재되었던 논문을 수정, 보완하였음.

1) Jae—Hyup Lee, Current Legal Challenges in Korea and the United States, The 3rd SNU—Berkeley Joint Workshop 124 (May 30, 2019).

의 재판(51.2%)이 국민참여재판으로 진행되었다.[2] 이 통계는 우리나라에서 형사피고인들의 국민참여재판 신청률과 국민참여재판이 실제로 열린 실시율이 크게 감소한 것을 보여준 반면 법원이 국민참여재판 신청을 거부한 배제율도 크게 증가한 것을 보여준다.[3] 국민참여재판 신청률이나 국민참여재판 실시율의 감소 추세에는 여러 가지 요소들이 있다. 첫 번째는 배심원의 능력이나 감정적 중립성에 대한 불신감인데, 배심원들이 재판에서 제시되고 증거능력이 인정된 증거물과 증언에 따라 올바른 결정을 내릴 수 있는 능력이 있는가에 대한 우려에서 나온다. 그리고 감정적 중립성에 대한 우려는 배심원들이 편향성을 가지기 쉬워서 정당하고 공정한 평결을 내리기 어렵다는 견해에서 나온다. 두 번째 요인은 국민참여재판을 준비하는 것이 법원, 검찰과 변호인단에게 많은 시간적, 경제적 부담을 야기한다는 것이다. 세 번째 요인은 많은 형사피고인들이 국민참여재판에 대한 정보의 부족과 잘못된 인식으로 인해 국민참여재판 신청률이 저조한 것이며, 국민참여재판을 배제할 수 있는 재판부의 재량권이 너무 많다는 것이다. 네 번째는 시간적 제약 때문에 국민참여재판을 제대로 운영하지 못하고 있어서 국민참여재판에 대한 신뢰도가 떨어진다는 문제점이다. 이러한 요인들로 인해서 국민참여재판에 대한 관심과 수요가 감소하고 있고, 국민참여재판이 잘못된 방향으로 나가고 있는 것은 아닌가라는 의문이 제기되게

---

2) 국민참여재판 실시율은 2011년의 4.2%에서 2017년에는 1.5%로 크게 감소하였다. 법원의 국민참여재판 배제비율은 약 12.8%(2011년)에서 약 24.6%(2017년)으로 증가하였다. Jae-Hyup Lee, *supra* note 1, p. 124. 배심재판 감소 추세는 미국에서도 있는데, 형사재판 총 건수가 증가했음에도 불구하고 실제 배심재판 실시율은 감소했다. 2003년 연방지방법원은 92,000여건의 형사사건을 처리하였는데, 그 중에 2,146건(2.3%)을 배심재판으로 실시하였다. 1960년 총 31,984건의 형사사건 중 2,591건(8.1%)을 배심재판으로 실시한 것에 비해 큰 감소율을 보인다. Sourcebook of Criminal Justice Statistics Online, University at Albany, School of Criminal Justice, Hindelang Criminal Justice Research Center, http://albany.edu/sourcebook (최종방문 2020.5.15.), Administrative Office of the United States Courts, Annual Reports of the Director (Washington, DC: Government Printing Office).

3) 2008년부터 2018년까지 10년 동안 전체 대상사건 163,524건 중 6,366건(3.9%)이 국민참여재판으로 접수되었고, 그 중 2,447건(39.2%)이 실제 국민참여재판으로 실시되었다. 전체 대상사건 중 국민참여재판 실시율은 1.49%임, 법원행정처 사법지원실, 『2008-2018 국민참여재판 성과분석』, 2019, 2-19면.

되었다.

마지막 장에서는 이러한 의문에 대한 해답을 찾기 위해서 위에 제기된 요인들의 원인과 논거를 논리적으로 분석하고자 한다.

Ⅱ. 국민참여재판에 대한 관심도 하락의 원인

1. 배심원 능력과 중립성에 대한 불신감

우리나라에서는 일반인들로 구성된 배심원들은 법적 교육이나 지식, 배경이 없어서 재판에 참여하고 올바른 결정을 내릴 수 있는 능력이 부족하다는 견해가 아직도 팽배해 보인다. 특히 재판의 사안이 복잡하거나 어려울 때 배심원들은 사안을 잘 이해하지 못하거나 올바른 판단과 결정을 할 수 없다고 생각한다. 재판의 사안이 복잡하고 장시간에 걸쳐 진행된 재판에서 제시된 방대한 양의 증거물과 증언 내용을 기억하고 유지할 수 있는 능력이 있을까라는 의문이 제기 되곤 한다. 재판의 사안이 더 복잡할수록, 그리고 전문가 증인의 기술적인 증언들이 배심원들을 혼란스럽게 할 수 있어서, 배심원들이 올바른 결정을 내릴 수 있는 능력이 있을까라는 의구심이 더 가중되는데, 이러한 우려는 미국보다 한국에서 더 심하다. 국민참여재판에 대한 또 다른 비판은 배심원의 감정적 중립성에 대한 선입견이다. 법적 교육을 받았고 전문적으로 법적 판단을 내릴 수 있도록 훈련받은 법관에 비해서, 일반인들로 구성된 배심원들은 검사나 피고 변호인의 주장에 의해 감정적으로 영향 받거나 쉽게 동요되기 쉽다고 생각되어 왔다.[4] 예를 들어 "세기의 재판"으로 불리는 오제이 심슨 재판에서 대부분 흑인으로 선정된 배심원단이 흑인 피고인에게 매우 동정적인 반면, 로스앤젤레스 경찰 당국에 매우 적대적이고 그 정책에 대해서는 매우 비판적이었다.[5] 이 재판에서 심슨 변호인단이 고용한 배심원 전문가(Jury Consultants)는 흑인 여

---

4) 배심원의 감정적 중립성에 대한 우려는 한국과 미국에서 공통적으로 가지고 있다.

5) 공영호, "The Impact of Heuristic Thinking on Jury Nullification," 법학논총 제39권 제4호, 단국대학교 부설 법학연구소, 2015. 12., 225면.

성들을 배심원으로 선정하면 피고에게 가장 유리하며 검찰에게는 불리하게 작용할 것이라는 자문을 따라서 무이유부 기피 신청권 12번을 모두 사용하여 최대한 많은 흑인 여성들이 배심원단에 포함되도록 하였다.6) 이 재판에서 심슨에 대하여 불리한 증거가 많았음에도 불구하고 배심원단은 피고의 무죄를 평결하였기 때문에 매우 잘못된 재판으로 오명을 남기게 되었다. 로스앤젤레스 경찰은 편법적이고 불법적인 방법으로 증거 수집을 하였고, 강력 범죄에 대한 인종적 프로파일링 수사기법으로 비난받았지만, 불법적으로 수집된 증거물은 재판에서 인정되지 않았고, 피고의 유죄를 평결하기에 충분한 증거물과 증언이 있었음에도 불구하고 피고의 무죄 평결이 나온 결정적 이유는 피고 변호인단이 흑인 피고인에 대하여 매우 우호적인 배심원들을 선정한 반면, 인종 차별적 성향을 보인 로스앤젤레스 경찰에 대해서는 매우 비판적인 편향성을 가지고 있는 배심원들을 선정하는데 성공했기 때문이라는 견해가 많았다. 불행하게도 심슨 배심재판은 세상에 널리 보도 되었고, 배심재판과 배심원에 대하여 대체적으로 대중의 인식을 부정적으로 변화시킨 것으로 보인다.

배심제도에 대해 대중적 논란을 야기한 또 하나의 재판은 뜨거운 커피를 무릎에 흘려서 상해를 입은 79세 고령의 여성에게 손해배상으로 3백만 달러를 평결한 맥도날드 배심 재판(맥도날드 '뜨거운 커피' 재판)이다(3백만 달러 손해배상중 대부분(2.7백만 달러)은 징벌적 손해배상액이고, 약 30만 달러만 보상적 손해배상액이었다).7) 이 재판을 통해서 배심원단은 거대 기업에 대하여 비우호적 성향을 가지고 있어서 매우 높은 징벌적 손해배상을 부과하는 경향이 있는 것을 보여준 사례로 알려져 있다.8) 우리나라에서는 국민참여재판의 역사가

---

6) Lorraine Adams and Serge F. Kovaleski, "The Dream Team's Dream Resources," in Postmorten: The O.J. Simpson Case, ed. Jeffrey Abramson 126–7 (Basic Books 1996); Jeffrey Toobin, The Run of His Life: The People v. O.J. Simpson 184–207 (Touchstone, 1997).

7) McDonald 재판은 민사사건으로서 원고의 입증책임이 형사사건에서 검사의 입증책임보다 낮다. 이 재판은 민사사건에서도 배심원이 평결을 내리는데 있어서 많은 권한과 재량권을 가지고 있음을 보여주는 사례이다.

8) 예를 들어 DuPont사의 책임으로 암에 걸린 원고에게 배심원은 천오십만불의 징벌적 손해배상을 평결하였는데, 이는 다른 기업들에도 경고 메시지를 보내는 것과 같다. Earl

상대적으로 짧은 이유로 심슨 재판이나 맥도날드 재판같이 배심원단의 감정적 중립성을 의심하게 할 만한 재판은 아직 없었다. 하지만 성폭력에 관한 형사재판이나 정치적 사안에 대하여 배심원단의 중립성에 대한 논란이 일어났었다. 우리나라에서는 배심원 평결과 판사의 판결 사이에 불일치는 다른 형사 사건에 비해 성적 범죄 사건에서 더 많이 발생하고 있다.9) 즉, 성적 범죄에 관한 재판 중에서 배심원단이 형사피고인의 무죄를 평결한 반면, 판사는 배심원의 평결을 받아들이지 않고 피고인의 유죄를 판결한 재판들이 많이 발생하였다. 피고인의 변호인은 사실관계보다 배심원들의 감정에 호소하며, 배심원들은 변호사의 근거 없는 주장에 쉽게 동요되어서 결과적으로 잘못된 판단을 내리는 것은 아닌가라는 의문을 낳게 하였다. 또한 특정한 지역사회에서 발생한 선거법 위반 사례 같은 정치적 사안에 관한 형사 재판에서 특정 정당을 지지하는 정치적 견해를 (보수적이든 진보적이든) 가지고 있는 배심원이 증거와 상관없이 피고의 무죄를 평결할 수 있다는 가능성에 대한 문제가 제기되어 왔다.

2. 국민참여재판 준비가 법원과 변호인에 주는 업무부담

한국에서 배심재판을 준비하고 진행하는 것은 판사가 주관하는 재판보다 더 많은 시간을 필요로 해서 배심재판제도는 법원, 피고 변호인단에 부담을 주기 때문에 법원과 변호인들이 국민참여재판에 대해 소극적이거나 부정적인 태도를 가지게 돼서 배심재판의 실시율이 감소하는 결과로 이어졌다고 생각한다. 배심재판은 미리 계획된 공판기일에만 진행될 수 있기 때문에 판사, 검사와 변호인 모두 집중적으로 재판을 준비하기 위해 노력

Rinehart, "Jury awards $10.5 million in punitive damages in DuPont cancer case," The Columbus Dispatch (Jan. 5, 2017), https://www.dispatch.com/article/20170105/news/301059943 (최종방문 2019.10.14). Texaco-Pennzoil 합병 재판에서 배심원은 원고 Pennzoil사에게 백오억불(백억불은 징벌적 손해배상)의 손해배상액을 평결하였다. 이 재판에서 한 배심원은 "배심원단은 가장 경멸스러운 Texaco 측 증인 한 명당 10억불을 결정하였다,"라고 하였다. Dennis Hale, The Jury in America, Triumph and Decline 293 (University Press of Kansas, 2016).

9) 정제윤, "국민참여재판 도입 8년...두 사건으로 본 실태문제점," 중앙일보(2015.08.27.), https://news.joins.com/article/18533757 (최종방문 2020.02.20.).

해야 한다. 배심재판을 효율적으로 운영하기 위해서, 모든 증거물을 재판 전에 제출, 교환하여야 하며, 배심재판 중에는 배심원들이 고려해야 하고 평결을 내리는데 필요한 모든 정보, 서류, 증거물이 배심원단에게 제공되어야 한다. 재판이 정해진 날짜에 진행되기 위해서 증인 신청, 증거물 교환 등 공판 전 준비절차가 공판기일 이전에 진행되며 종결되어야 한다.[10) 공판준비와 절차가 실제적으로 배심재판을 용이하게 하겠지만, 검사와 피고 변호인은 이를 위해서 많은 시간과 노력을 들여야만 하며, 법원, 검찰, 변호인 모두가 공판준비절차를 이용하여 배심재판이 원활하게 진행되기 위하여 완벽하게 준비해야 하기 때문에 많은 부담이 따르는 것이 사실이다.

현재 대다수의 국민참여재판에서 피고인은 자신의 돈으로 변호인을 선임하기에 재정적 여유가 없기 때문에 국선 변호인이 피고인을 대변하고 있다.[11) 많은 형사 피고인의 소득이 빈곤층에 속하기 때문에 국선 변호인이 많이 사용되는 있는 현실인데, 문제는 대부분의 국선 변호인은 적은 수입에 비해 많은 사건을 담당하고 있다는 점이다. 특히 맡은 사건이 복잡하여서 많은 시간과 집중도를 요구하는 사건에서 국선 변호인은 제한된 자원과 인력으로 인해 적절한 수준의 변호를 제공하지 못하고 있으며, 국민참여재판에 대하여 전반적으로 소극적인 자세로 대처하고 있다.

3. 피고인의 국민참여재판에 대한 정보 부족 및 국민참여재판 배제 결정에 대한 재판부의 재량권

국선 변호인이나 일반 변호인들은 국민참여재판의 불편함과 부담으로 인해서 피고에게 국민참여재판 신청을 추천하기 꺼리거나 소극적으로 대

---

10) 미국에서 민사재판에서는 배심재판이나 일반재판에서 광범위한 증거개시(Discovery)절차 이후에 이미 정해진 기일에 집중적인 공판이 진행되는데, 한국에서 민사재판은 미국과 같은 증거개시가 없는 대신에 오랜 기간에 걸쳐 여러 번의 심문기일을 가진다. 한국에서도 한국형 디스커버리 절차의 필요성과 도입에 대한 논의가 활발하게 이어지고 있다.

11) 국민참여재판 중 78.9%는 국선변호인이 담당하고 있다. Jae-Hyup Lee, *supra* note 1, p. 123. 미국 연방법원에서는 1998년 중범죄 사건 중 66%는 국선변호인이 담당하고 있으며, 1996년 주 카운티 75곳에서 82%는 국선변호인이 담당하였다. Caroline Wolf Harlow, Special Report, Defense Counsel in Criminal Cases, U.S. Department of Justice, Office of Justice Programs, https://www.bjs.gov/content/pub/pdf/dccc.pdf (최종방문 2020.02.20.).

처하거나, 국민참여재판 신청에 대하여 충분하고 필요한 정보를 제공하지 않는다는 것이다. 결과적으로 국민참여재판에 대한 정보나 지식이 부족한 피고인은 국민참여재판의 신청 여부에 대하여 적절하고 올바른 결정을 할 수 없다는 것이며, 결과적으로 국민참여재판 신청을 포기하는 경우가 많이 발생하고 있다.

현재 국민참여재판법상 담당판사가 특정 재판을 국민참여재판으로 진행하는 것이 "적절하지 아니하다고" 판단하면 국민참여재판 신청을 거부할 권한이 있다.[12] 그러나 현행법은 "적절성"에 대한 정의를 내리지 않으며, 특정 사안이 국민참여재판을 하기에 적절한지를 결정하기 위한 가이드라인을 제공하지 않는다. 이러한 불명확성은 담당판사에게 국민참여재판을 배제할 수 있는 재량권을 너무 많이 주는 것이며, 판사가 국민참여재판을 배제한 이유 중 국민참여재판 진행이 적절하지 않다는 이유가 매우 높다.[13] 즉, 담당판사는 형사 피고의 국민참여재판 신청에 대하여 정당한 이유를 주지 않거나, 불충분하거나 자의적인 이유를 제시하면서 국민참여재판을 불허할 수 있다.[14] 최근 몇 년 동안 국민참여재판 신청에 대한 법원의 배제 비율이 두 배까지 증가하였는데, 법령상의 불명확성과 판사에게 주어진 과도한 재량권으로 인해서 국민참여재판을 자의적으로 배제하고 있는 것으로 보인다. 미국은 헌법상 배심재판을 받을 권리가 주어지는[15] 반면 한국

---

12) 국민참여재판법 제9조 제1항: 법원은 다음 각 호의 어느 하나에 해당하는 경우 국민참여재판을 하지 아니하기로 하는 결정을 할 수 있다. 1. 배심원, 예비배심원, 배심원후보자 또는 그 친족의 생명 신체 재산에 대한 침해의 우려가 있어서 출석의 어려움이 있거나 이 법에 따른 직무를 공정하게 수행하지 못할 염려가 있다고 인정되는 경우; 2. 공범 관계에 있는 피고인들 중 일부가 국민참여재판을 원하지 아니하여 국민참여재판의 진행에 어려움이 있다고 인정되는 경우; 4. 그 밖에 국민참여재판으로 진행하는 것이 적절하지 아니하다고 인정되는 경우.
13) 2008년부터 2018년 사이 전체 국민참여재판 배제 결정 1,258건 중 국민참여재판 진행이 적절하지 않다는 이유로 배제된 사건은 932건(74.1%)이다. 법원행정처 사법지원실, 전게 연구, 12면.
14) 국민참여재판 신청과 배제 통계 상 담당판사의 신청 배제율이 매우 높음을 보여준다. 2008년부터 2017년까지 5,701건의 국민참여재판 신청이 있었는데, 그 중 2,267건(40.3%)이 국민참여재판으로 실시되었고 1,075건(19.1%)은 법원이 배제하였고, 2,277건(40.5%)은 피고인이 신청을 철회하였다. 법원이 배제한 1075건 가운데 779건(72.5%)은 국민참여재판이 적절하지 않다는 이유였다. Jae-Hyup Lee, *supra* note 1, p. 124.

에서는 국민참여재판을 받을 권리가 헌법상 보장되지는 않는다. 그러나 사법부는 현행 국민참여재판법상 국민참여재판을 신청할 권리가 형사피고인에게 있다는 점을 인정해야 하며, 국민참여재판 신청을 임의적으로나 정당한 이유 없이 거부하지 말고 국민참여재판 신청을 신중하게 심사할 필요가 있다.

4. 국민참여재판 진행에 대한 시간적 제약

현재 우리나라에서 국민참여재판은 시간적 제약으로 인해서 최적의 환경과 조건 안에서 진행되지 않고 있다. 한국에서 대부분의 국민참여재판은 하루 안에 종결되고 있다.[16] 단 하루 안에 마무리 되는 재판에서는 배심원단이 철저하게 사실관계를 파악하고, 올바른 평결을 내리기에 충분하지 않다. 하루 안에 재판을 종결해야 한다는 시간적, 정신적 압박은 재판부, 검사와 피고변호인에게 큰 부담이며 재판들이 자주 자정을 넘어서까지 진행되게 되었다. 장시간의 재판으로 배심원들의 집중력이 떨어질 수 있는데, 그렇게 늦은 시간까지 법원에서 주의를 집중해서 논리적으로 사고하는 것은 매우 어려울 수 있다. 사안이 복잡한 재판에서는 많은 양의 증거물과 많은 증인들의 진술을 들어야 하기 때문에 하루 안에 재판을 종결하는 것이 무리일 수 있다.

이러한 시간적 제약과 압박(특히 하루 안에 재판을 종료해야 된다는)의 주요 원인은 일반인으로 구성된 배심원들이 자신의 직업과 그 외 다른 업무 때문에 이틀에 걸쳐서 법원으로 소환하는 것이 바람직하지 않다는 견해 때문

---

15) 미국 연방수정헌법 제6조는 형사 피고인에게 배심재판을 받을 수 있는 권리를 보장한다. 하지만 이러한 권리는 중범죄사건(형사처벌이 6개월 이상의 징역형)에만 해당하며 경범죄에는 적용되지 않는다. Baldwin v. New York, 399 U.S. 66 (1970). 또한 배심재판은 청소년 범죄에는 사용되지 않는다. McKeiver v. Pennsylvania, 403 U.S. 528 (1971).

16) 2008년부터 2017년까지 총 2,267건의 국민참여재판 중에 2,045건(90.2%)은 당일에 재판이 완료되었고, 222건(9.8%)만 재판이 이틀이상 소요되었다. 법원행정처 사법지원실, 『2008-2018 국민참여재판 성과분석』, 2019, 31면. 반면에 미국에서 통상적으로 배심재판은 최소한 3일이 소요되고 여러 달까지 소요되곤 한다. 평균 소요 기간은 4일에서 5일사이이다. Schwebel Goetz & Sieben, https://www.schwebel.com/faq/trial/ (최종방문 2020. 02.20.).

이다. 동시에 이러한 시간적 제약은 판사, 검사와 변호인들이 배심원 후보자에 대한 심문 절차에 드는 시간을 최소화하게 만들었는데, 배심원 선정의 전 과정이 보통 한 두 시간 안에 끝나곤 한다.[17) 배심원 선정 과정 중에 이해충돌 관계나 당사자나 사안에 대한 편견이나 편향성을 가지고 있는 배심원 후보자를 선별하여서, 이유부 기피나 무이유부 기피 신청을 하여야 하는데, 한 두 시간 내에 배심원 후보자들에 대한 질의·응답 및 배심원 선정을 진행하고 마무리하게 되면 배심원 후보자들에게 상세한 질문을 던지고 충실한 응답을 듣고, 특정한 편향성이나 이해충돌 관계를 가지고 있는 배심원 후보자를 가려내기에 충분하지 않다. 또한 특정 재판은 재판전 언론 보도 때문에 배심원 질의응답 시간을 연장할 필요가 있다.[18) 사안에 대하여 언론 보도가 광범위하게 있었다면 그러한 언론 보도에 접하지 않았거나, 접하였어도 편향성을 형성하지 않은 배심원 후보자를 선별하기 위해서는 더 많은 시간을 배심원 후보들에 대한 질의·응답에 할애할 필요가 있기 때문이다. 30~40명의 배심원 후보자들 가운데 5~9명의 배심원을 최종적으로 선정하기 위해서 "정해진" 시간 안에 배심원 후보자 질의·응답과 모든 배심원 선정 절차를 마쳐야 한다는 부담을 가진 판사, 검사와 변호인에게 상세하고 깊이 있는 질문을 제기하거나 심층적으로 배심원 선정을 진행하는 것은 어려운 일이다. 결과적으로 국민참여재판이 모든 당사자들에게 공정하게 운영되고 있는가에 대한 의문이 발생해서 국민참여재판에 대한 신

---

17) 2008년과 2012년 사이에 국민참여재판에서 배심원 선정절차에 걸리는 시간은 평균 80분밖에 소요되지 않았다. 박민제, "배심원 선정에 평균 80분 … 편향 가려낼 시간 없다," 중앙일부 (2013.11.8.), https://news.joins.com/article/13080385 (최종방문, 2020.02.20.). 반면 미국 배심재판에서 배심원 선정에 훨씬 더 시간이 걸린다. 사형 관련 중범죄 배심재판에서 평균 배심원 선정 시간은 7시간이다. The State-of-the-States Survey of Jury Improvement Efforts, Center for Jury Studies, http://www.ncsc-jurystudies.org/~/media/Microsites/Files/CJS/SOS/sos_exec_sum.ashx(최종방문, 2020.02.15.). 자신의 아내를 살해한 혐의로 기소된 Scott Peterson 대한 배심재판에서 배심원 선정은 2달이 소요되었다. Michael Taylor, "Peterson Trial" SFGate (Feb. 29, 2004)
https://www.sfgate.com/bayarea/article/PETERSON-TRIAL-Inside-look-at-how-jury-is-2788963.php (최종방문 2020.02.15.).

18) 공영호, "재판 전 퍼블리시티가 국민참여재판에 미치는 영향," 홍익법학, 제16권 제3호, 홍익대학교 법학연구소, 2015.9., 483면.

뢰도가 저하된다는 문제점이 있다.

Ⅲ. 국민참여재판 제도와 배심원에 대해 제기된 문제점에 대한 논의

1. 배심원 능력과 중립성

(1) 배심원 능력

우리나라에서 국민참여재판을 감당하기에 배심원의 능력이 부족하다는 지적은 배심원의 능력에 대한 오해와 배심원의 역할에 대한 잘못된 생각에 기인한다. 먼저 한국이나 미국의 1심 재판에서 통상적인 비배심재판은 한 명의 전문법관인 판사가 단독심(또는 한국에서 3인의 판사로 이루어진 합의부)재판을 진행하고 판결을 내리는 반면, 배심재판에서 배심원단은 다양한 분야의 직종에 종사하고 다양한 교육적 배경과 인생 경험을 가진 여러 명의 일반인들로 구성되어 있다. 그들은 자신의 지식과 개인적 인생 경험으로부터 배운 지혜를 가지고 재판에 참여하게 된다. 배심원들은 개별적으로 보면 평균적 시민들로 구성되어 있지만, 모든 배심원들의 개별적 인지능력, 지식과 지혜가 합쳐지면, 그들의 총체적 지력(collective intelligence)과 지식은 7명 내지 9명의 지력이나 지식을 합친 것보다 훨씬 더 높고 강력한 것이 될 수 있다.[19]

12명의 배심원들이 주어진 사안과 쟁점에 대해서 토론하고 논쟁하며, 형사피고인의 운명 — 살인사건 재판에서는 피고인의 삶과 죽음까지도 — 을 결정해야 될 때, 그들은 자신의 모든 지식과 정보를 공유하고 모아서, 공정하고 정당한 결론에 이르기 위해 최선을 다할 것이다.[20] 대부분의 배

---

[19] 예를 들어 9명 배심원들의 총체적 지력은 9가 아니라, 30, 60, 100이 될 수도 있다. 그래서 배심원들의 조합을 '총체적 천재'라고 부른다. 이러한 '총체적 천재성'은 다양한 재능, 배경과 견해를 가진 사람들이 한데 모여서 상충되는 의견들을 교환하며 협동적으로 문제를 해결하는 과정에서 얻을 수 있다. Leveraging Your Collective Genius, The European Business Review (2014) https://www.europeanbusinessreview.com/leveraging−your−collective−genius/ (최종방문 2020.02.15.); In re U.S. Financial Securities Litigation, 609 F.2d 411, 249−430 (1979).

[20] 배심원들은 증거물의 90%와 배심원설시의 80%를 기억한다는 연구 결과가 있다. Valerie

심원 후보자들은 국민참여재판에 소환되면 자신의 직장이나 사업장에 갈 수 없으며, 국민참여재판에서 요구되는 책임감으로 인한 부담감 때문에 거부감이나 꺼리는 마음을 가지고 법원에 출석하게 된다. 하지만 일단 배심원으로 최종 선정되면 그들의 책임감과 열정은 매우 높아진다. 자신의 유무죄 평결을 통해 피고인의 운명까지 결정될 수 있기 때문에 그들의 권한이 매우 크며 그러한 의무를 매우 중요하게 생각한다. 배심원들은 평의과정에서 쟁점을 해결하기 위해서 매우 높은 사명감을 가지고 자신이 가지고 있는 최대한의 지식과 지혜를 총동원하고 공유하며 실질적으로 적용하게 된다.[21] 그러한 총체적 지혜는 공정하고 정당한 결정을 내리기 위한 강력한 수단이 될 수 있음에도 불구하고 그들의 능력이 과소평가되거나 무시되는 경향이 있다. 그들의 능력이 더 잘 이해될 수 있을 때 배심원단의 능력에 대한 오해가 풀릴 수 있다.

어떤 재판에서는 쟁점의 성격을 정확히 이해하기 위해서, 또는 사안의 복잡성 때문에 매우 기술적이거나 과학적 지식이 필요한 경우도 있다. 하지만 이러한 재판은 소수이며, 대부분의 재판에서는 이러한 전문성과 사전 지식이 필요하지는 않다.[22] 특별한 전문 지식이나 기술성이 필요한 재판은 담당판사가 국민참여재판이 아닌 일반재판을 명령하면 된다. 대다수의 재판에서 일반인으로 구성된 배심원들은 사안의 복잡한 상황을 이해하고 제출된 증거물을 해석할 수 있으며 검사와 변호인의 적절한 설명과 판사의

P. Hans and Neil Vidmar, Judging the Jury 120 (Perseus Publishing, 1986).

21) 배심원 중 소수가 중요한 증거를 실수로 간과하였거나 증인의 증언 내용을 잘 이해하지 못했어도, 나머지 배심원들이 이러한 실수를 정정해주고 평의시 동료 배심원들을 도울 수 있다. Richard Lempert, "Civil Juries and Complex Cases: Taking Stock after Twelve Years," in Robert E. Litan, et al., Verdict: Assessing the Civil Jury System 192, 204 (Brookings Institution, 1993).

22) 배심원후보자를 무작위로 추출할 것이 아니라 전문성을 가진 국민들을 제한적으로 참여하도록 하여 배심원의 전문성을 확보하자는 견해도 있다. 전윤경, "국민참여재판 배심원 선정절차의 개선방안," 법학연구 제31권 제3호, 연세대학교 법학연구원, 2021.9., 73면. 하지만 배심원의 역할은 사실관계 판단을 요구하는 것이지 법률전문가나 특정 지식인층의 전문성을 요구하는 것이 아니다. 그리고 배심원이 법률전문가가 아니어서 비합리적인 결론을 도출할 가능성이 있다는 우려는 비논리적이다. 또한 전문성이 있는 배심원이 평의와 평결을 과도하게 주도할 위험성도 배제할 수 없다.

배심원설시와 지시를 통해서 사실 관계를 파악할 수 있다.[23]

판사는 배심원들이 이해할 수 있는 평이한 언어를 통해 배심원설시를 하면 배심원들이 설시를 이해하지 못하거나 오도할 위험을 줄일 수 있다.[24] 배심원설시를 잘 이해하지 못하는 원인은 배심원설시를 효과적으로 준비하고 제공하지 못한 판사와 검사, 변호인에게도 책임이 있다고 볼 수 있다. 또한 배심원들이 배심원설시를 이해하지 못하는 경우에는 자유롭게 질문할 수 있도록 허용해서 배심원설시를 오해할 가능성을 최소화하여야 한다.

배심원이 평결을 내릴 때 다른 무엇보다도 증거물에 의존한다고 알려져 있다.[25] 증거가 적법한 절차 안에서 제출된다면 배심원들은 고려하면 안 될 부수적인(collateral) 정황들에 좌우되지 않고 증거능력이 있는 증거물과 증언 범위 내에서 평결을 내릴 수 있다. 미국에서 오랜 배심재판의 역사에서도 나타났듯이 배심원들이 상당히 어렵고 복잡한 여러 재판들에서 정의롭고 공정한 평결을 내려온 것으로 알려져 있다.[26]

두 번째로 배심원의 역할은 법적 결정을 하는 것이 아니라 사실관계를 파악하고 결정하는 것에 국한된다는 점을 강조할 필요가 있다. 미국에서는 판사와 배심원에게 주어진 임무가 뚜렷하게 구별되어 있다는 점에 대한 이해가 정립되어 있다.[27] 반면 우리나라에서는 배심원의 임무와 역할에 대해

---

23) 2018년에 배심원 애로사항에 대한 설문조사에서 '법률용어에 대한 어려움'이 25.8%, '증거 이해의 어려움'이 12%를 차지하였다. 법원행정처 사법지원실, 전게연구, 56면. 이러한 문제점은 법원과 검사, 변호인들이 국민참여재판 도입전의 공판 진행 방법과 관행을 답습하는 것에 기인하는 것으로 생각된다.

24) 배심원이 배심원설시를 잘 이해하지 못한다는 비판은 옳지 않다. 재판부, 검사, 변호인이 배심원설시를 잘 준비하고 효과적으로 제시하여 배심원의 이해를 돕도록 하는 것이 더 중요하다. Robert MacCoun, "Inside the Black Box: What Empirical Research Tells Us about Decisionmaking by Civil Juries," In Verdict: Assessing the Civil Jury System, ed. Robert Litan, 137−180, 152 (Brookings Institution, 1993).

25) Randolph N. Jonakait, The American Jury System 249 (2003).

26) 2008년부터 2017년까지 국민참여재판에서 배심원 평결과 판사 판결의 일치율은 93%였다 (미국 배심재판에서 평결과 판결 일치율은 73%). Harry Kalven, Jr. and Hans Zeisel, The American Jury (1966) xiv−xv. 많은 배심원 연구 결과와 데이터와 배심원 테스트 결과를 보면 배심원의 실제 무능력은 예외적인 경우이다. Hans, *supra* note 23, p. 129.

27) Sparf and Hansen v. United States, 156 U.S. 51, 97−98 (1895) ("미국 형사재판에서 배심원의 임무는 법원으로부터 어떤 법이 적용되는지를 지시받고, 증거능력이 인정된 사실관계에 관련법을 적용시키는 것이다. 담당판사의 의무는 적용될 법을 정하는 것이고, 배심

많은 오해가 있고, 결과적으로 혼동을 불러 일으켰는데 배심원들이 사실관계 파악과 더불어서 법적 결정을 내릴 경우도 있다는 오해가 발생하였다.[28) 배심재판에서 판사는 법적 쟁점에 대한 결정을 내리며, 반면에 배심원의 역할은 사실관계의 파악이다.[29) 배심원들은 재판 중 제시된 증거와 증언들을 기반으로 검사나 피고인의 주장과 의견 중에서 어느 쪽이 더 신빙성 있고 믿을 수 있는지를 결정해야 한다. 우리나라에서 대중, 언론과 변호사 협회조차도 배심원들은 정의롭고 공정한 평결을 내릴 수 있는 능력이 부족하다는 잘못된 믿음을 가지고 있다. 배심원들은 국민참여재판에서 사실관계를 파악할 수 있는 일반적 상식, 기본적 능력과 정의 관념만 가지고 국민참여재판에 참여하면 되는 것이다.[30)

원의 의무는 자신의 양심에 따라 진실이라고 인정되는 사실관계에 관련법을 적용하는 것이다").

28) 배심원의 무능력에 대한 우려와 비판은 잘못된 것이다. 배심제도는 시민에 대한 믿음과 자신감, 공정하고 공평한 평결을 내릴 수 있다는 믿음에 기초한 것이다. 또한 배심원 능력과 감정적 중립성에 대한 우려는 배심원 선정 절차를 더 엄격하게 실행함으로써 무능하거나 감정적 편향성을 가진 배심원후보자를 배제함으로써 해결할 수 있다. 만일 우리나라 민사재판에서 국민참여재판을 도입하게 되면 법원이 배심원에게 설명해야할 내용이 너무 많아질 것을 우려하는 견해도 있다. 예를 들어 해당사건에서 적용되는 구체적인 법률, 법리와 이를 적용하여 판단한 구체적인 사례 등 민법 및 민사소송법에 관한 지식 및 해당사건과 유사한 실무사례를 법원이 설명할 필요가 있다는 것이다. 현낙희, "법무부의 '집단소송법 제정안'에 대한 검토," 한국민사소송법학회 정기학술대회 발표문(2021.11.27.). 법원은 배심원에게 적용할 법률을 설시하고, 배심원은 판단한 사실관계에 관련법을 적용하면 되는 것이지 앞에서 우려한 모든 사항을 설명할 필요는 없다. 또한 배심원이 사실관계를 정립하기 위하여 민사법적 개념을 잘 알고 있어야 할 필요는 없다.

29) 한국에서 배심원이 올바른 평결에 도달하기 위해서는 어느 정도 법적 지식이 있어야 한다는 오해가 있다. 배심원의 역할에 대한 오해는 일반 대중, 언론뿐만 아니라 법조계에서조차 가지고 있다.

30) 배심원 평의 과정은 논쟁이 아니라 토론이라는 점이 중요하다. 평의는 배심원 각자의 의견과 주장을 관철해야 하는 논쟁이 아니라, 실체적 진실을 발견해나가는 토의 과정이다. 토의 중에는 자신의 주장을 상대방에게 끝까지 설득시키기 위해 노력하기 보다는 다른 배심원들의 의견을 경청하고 객관적인 판단을 해야 한다. 만일 상대방의 의견이 옳다고 생각되면 자신의 주장을 접을 필요가 있다. 우리나라 국민참여재판에서 평의과정을 단지 서로의 의견을 확인하고 만일 만장일치가 아니면 다수결로 결정하는 과정으로 생각하는 것은 잘못되었다. 만장일치가 아니면 양측의 의견을 자세히 경청하고 다시 한 번 심도 있게 논의해야 하며 필요하면 상대방을 설득해서 객관적이고 합리적인 결론을 도출하도록 노력해야 한다. 그래서 평의과정에서 재판부의 역할이 중요하다. 만일 평결초기단계에 배심원 전원의 의견이 일치하지 아니하여 판사가 의견을 제시할 때 배심원 각자의 의견에 매몰되지 않고 널린 마음으로 상대방의 의견을 경청하고 필요하면 상대방을 설득시키도록

(2) 감정적 중립성

언론과 비판론자들은 배심원들이 너무 감정적으로 치우칠 수 있고 예측하기 어려운 집단으로 비추려는 경향이 있다. 하지만 이러한 비판은 잘못되었거나 배심원의 중립성에 대한 오해에서 발생한다. 미국에서 오제이 심슨재판은 오랜 배심재판의 역사에서 나온 수많은 배심 평결 중에 매우 드문 비정상적인 재판으로 간주되고 있다. 대부분의 배심원 평결은 재판중 제시된 증거물과 배심원설시에 근거해서 도출된 공정하고 정의로운 절차의 결과물이었다.

맥도날드 '뜨거운 커피' 재판은 전체적인 상황과 정황을 이해할 필요가 있다. 고령의 여성 피해자는 하체의 넓은 부위에 매우 심한 2도 이상의 화상을 입었고 여러 차례의 피부 이식 수술을 받아야만 했다. 그보다 더 중요한 사실은 맥도날드사는 이 사건이 발생하기 전 10여 년 동안 70차례 이상에 걸쳐서 뜨거운 커피로 인한 화상 사고로 불만 신고(Complaint)를 접수했었음에도 불구하고 뜨거운 커피를 계속 판매하였다는 점이다.[31] 많은 불만 신고를 접수하여서 심각한 정도의 화상 위험이 존재하였음을 충분히 인지했음에도 불구하고 뜨거운 커피를 계속 판매한 이유는 커피 판매 수익이 불만 신고를 해결하는 데 드는 합의금 총액보다 훨씬 더 높았기 때문이다. 커피가 뜨거울 때 커피 맛과 향이 더 오래 유지되기 때문에 소비자들은 덜 뜨겁거나 미지근한 온도의 커피보다는 뜨거운 커피를 더 많이 선호하는 것으로 알려져 있으며, 맥도날드로서는 커피를 뜨거운 온도로 판매하는 것이 더 높은 수익을 보장하기 때문에 소비자들이 불필요하게 상해사고를 당하는 것에도 불구하고 기업의 이해관계 면에서 더 '유리'하다는 이유로 뜨거운 온도의 커피를 계속 판매하였는데, 이러한 맥도날드사의 정책과 행위는 비도덕성을 뛰어넘어서 매우 악의적으로 보인다. 맥도날드가 미국 전국적

노력해야 한다고 강조할 필요가 있다. 배심원단은 실체적 진실에 도달하기 위해 최선을 다해야 한다.

31) 맥도날드사는 다른 회사보다 커피의 온도를 5~10도정도 더 높은 82~88도의 온도에서 판매하고 있었다. Liebeck v. McDonald's Restaurants, PTS Inc. No. D−202 CV−93−02419, 1995 WL 360309 (Bernalillo County, N.M. Dist. Ct. August 18, 1994).

으로 커피 판매 연 매출액이 약 4억9천2백만 불에 도달하는 점을 감안할 때 맥도날드와 다른 거대 프랜차이즈 기업의 잘못된 기업 행위에 대한 경고를 보내기 위해서 배심원단이 2.7백만 불의 징벌적 손해배상액을 평결한 것은 너무 과도하지 않으며, 이 재판에서 배심원 평결은 정당하다는 주장도 설득력이 있다.[32]

미국에서 언론은 몇몇 재판에서 매우 높은 배심원 평결 액수와 거대 기업에 대한 징벌적 손해배상을 예로 들며 배심재판은 신뢰하기 어려운 재판 결정 방법으로 보도하곤 한다. 그러나 단순히 거대 기업에 대한 부정적 감정이나 부당한 적대감에 기인한 평결이나 징벌적 손해배상은 매우 예외적인 것이며 대부분의 배심 평결은 사실관계와 증거에 근거를 두고 결정되었다.[33] 미국 재판에서 배심 평결과 판사 판결의 일치율이 75%를 초과하며 한국 재판에서는 90%를 초과한다. 배심원들의 감정적 중립성에 대한 우려는 실질적인 근거나 증거가 불충분하다고 생각한다.[34]

2. 법원과 피고인 변호인에 주는 업무부담에 대한 논의

배심재판을 준비하기 위해 많은 노력과 준비 시간이 필요하기 때문에

---

32) 징벌적 손해배상제도는 피고 기업의 불법행위를 처벌하고 피고 기업을 포함한 동종 기업들의 유사한 불법행위를 방지하고자하는 취지로 만들어졌다. 징벌적 손해배상의 처벌·불법행위방지 이론에 따라서 징벌적 손해배상액수도 피고 기업의 재정 상태(총 매출액과 순수익)에 비례해야 한다고 주장하는 학자들도 있다. 그래야만 특정 기업들이 잘못된 정책을 수정할 것이기 때문이다. Joan T. Schmit, S. Travis Pritchett and Paige Fields, "Punitive Damages: Punishment or Further Compensation?" The Journal of Risk and Insurance, Vol. 55, No. 3, 453, 459 (1988).

33) MacCoun, *supra* note 27, pp. 148−150 ("손해배상액의 중앙값(median)은 보통 손해배상액의 평균값(mean)보다 훨씬 낮다. 때때로 매우 높은 손해배상액이 평균 손해배상액을 높이기 때문이다. 언론보도가 암시하는 것보다 징벌적 손해배상은 드문 현상이다. 배심원은 감정적으로 동요되기 쉽고 과도한 손해배상을 결정하는 경향이 있다는 주장은 옳지 않다. 엄청난 액수의 손해배상 평결은 매우 드문 경우이고 몇 몇 소수의 재판에서 나온 과대한 손해배상 평결이 손해배상액의 평균값을 올리는 결과로 나타났다.").

34) 국민참여재판의 장점은 배심원의 평결이 배심원들 간의 심사숙고와 논의, 토론의 결과물이라는 것이다. 주관적이고 감정적인 편견을 가지고 있는 소수 배심원의 주장은 객관적 중립성을 유지하고 있는 나머지 대다수의 배심원에 의해서 상쇄될 수 있다. 공영호, "판사와 배심원의 결정에 있어서 휴리스틱 사고방식의 배제방안," 홍익법학, 제17권 제3호, 홍익대학교 법학연구소, 2016.9., 451면.

법원과 검사, 변호인단에 너무 큰 부담을 초래한다는 우려는 너무 과장되어 있다. 실질적으로 모든 국민참여재판이 비배심재판(판사재판)보다 항상 더 오랜 시간과 더 많은 노력이 요구되는 것은 아니다. 배심재판은 광범위한 증거개시 후에 계획된 재판 기일에 집중적으로 재판을 하는 반면에 판사재판은 오랜 기간에 걸쳐서 여러 번의 심문기일을 통해 진행되기 때문에 두 가지 재판 방법의 시간적 차이점은 예상만큼 크지는 않다. 오히려 국민참여재판은 접수일 부터 첫 공판기일까지 평균 처리기간이 합의부 사건의 평균 처리기간보다 더 짧은 것으로 나타났다.[35] 2008년부터 2017년 사이 모든 국민참여재판의 90% 이상은 배심원 선정부터 평결까지 단 하루 만에 종결되었다는 점도 중요하다. 재판부로서 1건의 국민참여재판을 위하여 다른 통상적 사건을 처리하지 못하고 하루의 기일을 전부 소모해야 한다는 부담이 있지만, 여러 번의 심문기일을 거쳐야만 하는 통상적 재판에 비해서 하루 안에 재판을 진행하고 종료할 수 있다는 장점이 있다.

국민참여재판의 준비와 진행에 대한 불편함, 시간적 압박감과 업무부담 때문에 법원과 피고인 측 변호인이 국민참여재판을 꺼리는 것은 옳지 않으며, 국민참여재판을 회피하여서는 안 된다. 사법 경제를 추구하는 것이 모든 당사자에게 정당하고 공정한 재판을 제공해야 하는 사법적 목적보다 더 중요시 되어서는 안 된다. 법원과 변호인단이 시간과 예산을 절약하는 것은 피고 당사자에게 동료 시민들 앞에서 자신의 주장을 제시하고 그들로부터 공정한 평결을 받을 기회를 보장하는 것만큼 중요하지 않다.

3. 형사피고인의 국민참여재판 신청 결정

(1) 변호인의 역할

형사피고인이 자신의 변호사로부터 국민참여재판 신청 권리에 대한 충분한 정보를 얻지 못하는 것은 우려할 만한 일이다. 의뢰인에게 국민참여재판을 신청할 수 있는 권리가 있다는 것을 공지하지 않고, 국민참여재판

---

35) 2008년부터 2018년까지 국민참여재판의 접수일 부터 첫 공판기일까지 평균 처리기간은 107.4일로 합의부 사건의 평균 처리기간인 136.8일보다 신속하게 진행되었다. 법원행정처 사법지원실, 전게연구, 2면.

에 대한 충분한 정보를 주지 않는 것은 변호인이 의뢰인에게 가지고 있는 신의의무를 위반한 것으로 간주할 수 있다. 의뢰인의 이익을 최대한 고려할 의무가 변호인의 편리함이나 국민참여재판을 포기해서 얻는 시간과 비용 절약과 같은 혜택보다 더 중요하다는 것을 잊지 말아야 한다.[36]

형사피고인들은 판사재판을 선택할지 국민참여재판을 선택할지를 결정할 때 변호인의 의견에 전적으로 의지할 가능성이 매우 높기 때문에 변호인은 형사피고인에게 충분한 정보를 제공하는 것이 매우 중요하다.[37] 만일 국민참여재판을 선택하는 것이 특정 피고인의 이해관계 면에서 가장 유리하다면, 변호인은 국민참여재판을 적극적으로 추천해야 한다. 만일 변호인이 의뢰인에게 국민참여재판의 장·단점에 대해 충분히 설명하지 않는다면, 의뢰인은 올바른 결정을 내릴 수 없게 된다. 피고인이 개인적으로 국민참여재판을 받고 싶다거나, 피고인의 이해관계 면에서 판사재판대신 국민참여재판을 선택하면 더 유리할 수 있다면 피고인이 국민참여재판을 신청하는 것을 변호인이 포기하도록 유도해서는 안 된다. 변호인은 자신의 의뢰인에게 국민참여재판에 대한 기본적 정보를 제공하여서 피고인이 올바른 결정을 내릴 수 있도록 도와야 한다.[38] 국민참여재판에 반대 입장을 가지고 있는 비판론자들이 국민참여재판의 신청률이 감소하고 있는 것에 대해 문제 제기를 하기 전에[39] 우리나라에서 국민참여재판의 신청률이 낮아지고 있는 이유로 피고 측 변호인들이 피고인들에게 국민참여재판에 대한

---

36) 2008년부터 2018년까지 국민참여재판의 무죄율은 평균 10.9%이고, 형사합의사건 1심 무죄율인 4.3%보다 두 배 이상 높았다. 법원행정처 사법지원실, 상계연구, 138면. 국민참여재판의 무죄율이 더 높은 이유는 피고의 유죄를 입증하기 위해 배심원은 판사보다 더 강한 증거를 요구하는 경향이 있기 때문이다. 최준호·고성표·박민제, "무죄율, 배심원 참여재판이 두 배 높아," 중앙일보 (2012.9.6), https://news.joins.com/article/9248575 (최종방문, 2020.02.15.).

37) 변호사윤리장전 제16조(성실의무)제2항: 사건의 상담 또는 감정을 함에 있어서는 공정한 입장에서 가능한 한 조속히 의뢰인이 결정을 내릴 수 있도록 필요한 설명을 하여야 한다.

38) 미국 모범변호사업무규칙은 변호사가 의뢰인에게 배심재판을 받을 수 있는 권리에 대해 공지할 의무가 있음을 명시하고 있다. 제1.2(a)조: 형사재판에서 변호인은 의뢰인이 변호사와 상의 후, 항변 내용이나, 배심재판을 포기할지에 대한 의뢰인의 결정을 존중해야할 의무가 있다.

39) 국민참여재판의 신청률이 2011년 8.3%에서 2017년 3.6%로 감소하였다.

필요한 정보와 지식을 제공하는데 있어서 실패하고 있다는 점을 기억할 필요가 있다. 실질적으로 국민참여재판에 대해 제대로 된 정보가 많은 피고인들에게 주어지지 않아서 국민참여재판을 신청하지 않은 것으로 보인다.

또한 형사피고인들이 국민참여재판을 신청했다가 나중에 신청을 철회한 경우도 많았는데,[40] 그 이유 중 하나는 피고인들이 국민참여재판의 장점과 단점에 대해서 잘 인지하지 못했다는 보도가 있었다.[41] 국민참여재판 신청을 철회 결정한 것이 국민참여재판에 대한 정보가 불충분하다는 것과 동료 시민들로부터 사법적 판단을 받는 것의 혜택에 대해 불충분한 정보가 주어졌기 때문인 것으로 보인다. 피고 측 변호인들은 자신의 의뢰인이 국민참여재판에 대한 정보 부족으로 인해 국민참여재판 신청을 포기하지 않도록 할 필요가 있다.

(2) 법원의 역할

최근에 서울지방법원의 형사합의부에서는 특정 재판의 피고인이 국민참여재판을 신청하기 원하는지 확인하지 않고 판결을 내린 재판이 있었다. 서울고등법원은 판결을 번복했고 지방법원으로 반송했는데, 서울지방법원이 피고인의 의도를 확인하지 않았기 때문이었다.[42] 이것은 한 번의 단발적인 사건일 수 있다. 하지만 이 사건은 사법부가 형사피고인이 국민참여재판을 받을 수 있는 권리를 보장하기 위한 사명감이 부족한 것을 단면적으로 보여주는 것이었다. 국민참여재판법은 피고인이 국민참여재판을 원하는지 여부에 관한 의사를 서면으로 제출하지 않으면 국민참여재판을 원하지 않는 것으로 간주한다고 규정하였는데,[43] 피고인이 정보부족이나 다른

---

40) 2008년부터 2017년까지 국민참여재판을 신청했던 피고인 중 40.5%는 신청을 철회하였다. Jae-Hyup Lee, *supra* note 1, p. 124.

41) 피고인이 국민참여재판 신청을 철회한 가장 큰 이유는 국민참여재판에 대한 정보의 부족과 실수로 국민참여재판 신청을 한 경우였다. Jae-Hyup Lee, *supra* note 1, p. 124.

42) 결과적으로 지방법원은 피고인에 대한 재판을 다시하게 되었다. 황재하, '국민참여재판' 확인 안 한 법원...1심 두 번 받게 된 피고인," 연합뉴스 (2017.9.22), https://www.yna.co.kr/view/AKR20170921200000004 (최종방문 2020.02.15.).

43) 국민참여재판법 제8조 제1항: "법원은 대상사건의 피고인에 대하여 국민참여재판을 원하는지 여부에 관한 의사를 서면 등의 방법으로 확인하여야 한다 … 피고인의 국민참여재판을 받을 권리가 최대한 보장 되어야 한다." 제3항: "피고인이 … 서면을 제출하지 아니한

사유로 서면을 제출하지 않을 수도 있기 때문에 이 조항은 개정될 필요가 있다고 본다. 따라서 피고인이 제출한 서면만으로 피고인의 의사를 확인할 수 없거나 또는 피고인이 서면을 제출하지 않았을 경우에도 심문기일을 통하여 피고인의 의사를 확인할 필요가 있다.[44] 담당판사는 심문기일에서 피고인은 국민참여재판을 신청할 수 있는 권리가 있다는 것과, 국민참여재판이 판사재판에 비해 가지고 있는 장·단점을 설명할 필요가 있다. 만일 피고인이 국민참여재판을 원하지 않는다면 그러한 선택이 자발적이고 충분한 정보를 제공 받은 후에 내린 결정인지를 확인하는 것이 중요하다.[45]

(3) 국민참여재판 신청 결정에 있어서 법원의 기준

담당판사는 피고인의 국민참여재판 신청을 거부할 때 정당한 사유를 제공하지 않거나 불충분하거나 자의적 이유를 제시해서는 안 된다. 판사의 재량권을 오남용하는 것을 방지하기 위해서 사법부는 국민참여재판 신청의 승인 및 배재에 대한 가이드라인과 기준을 정립할 필요가 있다. 즉, 특정한 사안의 범위와 성격상 통상적으로 국민참여재판의 범위 안에 있다면 국민참여재판 신청을 거부해서는 안 된다. 특정 재판에서 다투게 될 사안, 증거와 증언의 성격이 배심원들이 이해하고 결정을 내리는데 있어서 너무 복잡하지 않다면, 국민참여재판 진행에 무리가 없다고 본다. 또한 국민참여재판이 적당한 시간 내에 진행되고 종료될 수 있다면, 국민참여재판은 법원 시스템과 일반 배심원들에게 과도한 부담을 부과하지 않을 것이다. 반면에 특정 사안의 성격이 일반 배심원이 이해하고 평결을 내리는데 너무 복잡하거나, 특정 재판이 예외적으로 너무 장시간의 재판 시간을 요구하기 때문에 법원과 배심원에게 과도한 부담을 준다면, 담당판사는 국민참여재

때에는 국민참여재판을 원하지 아니하는 것으로 본다."

[44] 국민참여재판 규칙 제4조: "피고인이 제출한 서면만으로는 피고인의 의사를 확인할 수 없는 경우 법원은 심문기일을 정하여 피고인을 심문하거나 서면 기타 상당한 방법으로 피고인의 의사를 확인하여야 한다."

[45] 언론은 국민참여재판에 대하여 부정적인 면에 중점적으로 보도하는 경향이 있다. 이러한 언론보도는 근거가 부족한 경우가 많다. 하지만 부정적 언론보도는 대중에게 결과적으로 부정적 영향을 주며, 피고인이 국민참여재판 신청 여부를 결정할 때에도 언론보도에 의존할 수 있다. Jae-Hyup Lee, *supra* note 1, p. 124.

판 신청을 거부하는 것이 정당할 수 있다. 그러나 담당판사는 국민참여재판을 "적절하지 않다"는 이유로 배제한다는 최종 결정을 하기 전에 검사, 피고인 또는 변호인의 서면이나 구술 의견을 들어야 하며, 국민참여재판 배제 결정시 그에 대한 정당한 이유를 제공해야할 의무가 주어져야 한다.

4. 배심원 선정 절차와 재판 시간의 배당

사법적 경제를 실현하고 사법부, 법원 직원, 검사, 변호인들의 시간과 예산을 절약하는 것이 국민참여재판을 서둘러 진행해야 할 핑계로 사용되어서는 안 된다. 배심원 선정 절차를 급하게 진행하면 이해충돌 관계, 편향성이나 그 외 다른 부당한 감정적 짐(baggages)을 가지고 있지 않고 공정할 수 있는 일반 시민들로 배심원단을 구성하는 게 어려울 수 있다. 또한 국민참여재판을 급하게 서둘러서 진행하게 되면 배심원들이 재판 중에 제시된 증거물들과 증언들에 대해서 충분히 집중해서 심사하기 어려울 수 있다. 특히 재판을 당일 날 종료해야 한다는 심리적, 암묵적 압박으로 인해서 배심원단은 평결에 도달하기 전에 충분한 시간을 가지고 평의 할 수 없다.[46] 그러므로 배심원 선정 절차에 충분한 시간을 부여해야 하며, 필요한 경우에는 담당판사는 재판을 당일 날 종료하지 말고 다음 날로 연장해서 배심원들이 다음 날 법원에 출두하도록 해야 한다.

배심원 선정 단계에 판사는 이러한 재판 기일 연장 가능성에 대해서 공지할 필요가 있다.[47] 배심원 선정 절차와 재판 시간이 연장되면 재판 시간이 더 오래 소요되지만, 재판 절차를 공정하게 진행하고 정당한 판결에

---

46) 평의시간에 긴 시간동안 토의하는 것이 올바른 결론을 도출한다는 보장은 없다. 하지만 최소한 배심원들이 충분한 시간적 여유를 가지고 토의할 수 있는 공간과 분위기를 마련해 주는 것이 필요하다.

47) 2008년부터 2017년까지 배심원후보자의 출석률은 27.1%에 그쳤다(송달불가능자, 출석 취소 통지를 한 자를 제외한 실질적 출석률은 51.6%). 법원행정처, 2008년–2017년 국민참여재판 성과분석, 법원행정처 (2018.6), 51면. 사법부는 충분한 배심원 풀을 확보하기 위해 배심원 소환 후 배심원 직무 수행을 면제받지 않고 무단으로 출석하지 않도록 하여서 출석률을 높일 수 있도록 노력하여야 한다. 또한 배심원후보자군의 사회전반적인 대표성과 다양성이 부족하다는 문제를 해소하기 위해서 배심원 출석률을 높일 필요가 있으며, 무단 불출석에 대한 과태료 부과를 국민참여재판법에 따라 실행해야 한다고 본다.

도달하는 것이 법원과 피고 변호인의 불편함과 부담을 회피하는 것보다 훨씬 더 중요하다.[48)]

IV. 결 론

국민참여재판법이 2007년 제정되고, 2008년부터 국민참여재판이 형사재판에서 실시되었을 때 일반 대중이 사법 결정에 참여할 수 있다는 민주적 방식에 대해 많은 기대와 열정을 가지고 시작되었다. 그러나 국민참여재판이 실제적으로 도입된 이후 사법부는 그 방향과 초심을 잊어버린 듯하다. 이제는 국민참여재판제도가 형해화되지 않고 다시 원래 올바른 궤도에 올려놓기 위해 새로운 계획과 비전을 가지고 앞으로 나아갈 시간이다. 이 저서의 초판이 나온 후 5년여가 지난 시점에서 보면 국민참여재판의 사법적 비경제성, 비효율성에 관한 비판과 국민참여재판으로 인해 늘어난 업무부담, 공판절차와 시간에 대한 불만이 많이 제기되고 있다. 하지만 국민참여재판의 목적과 취지는 시민의 사법참여로 인해 얻을 수 있는 사법의 민주화, 투명성과 공정성의 증진을 위한 것임을 기억할 필요가 있다. 국민참여재판 제도를 처음 시작했을 때부터 어느 정도의 불편함과 사회적 비용과 부담은 예상했던 문제였고, 이 제도의 성공적이고 계속적인 발전을 위해서는 감당해야 할 문제라고 생각한다.

국민참여재판에서 배심원들의 평결과 일반재판에서 판사의 판결 간에 불일치 비율이 낮기 때문에 굳이 판사재판대신에 국민참여재판을 위해 시간과 재정적 부담을 감수할 필요가 있는지 의문시할 수 있다. 하지만 국민참여재판을 도입한 가장 큰 이유 중 하나는 형사피고인이 전문적 법조인인 법관이 아닌 사회의 동료 시민들로부터 사법 결정을 받을 수 있는 기회를 주기 위함이다. 국민참여재판제도는 우리나라 사법제도의 형식적 상징으로 남아서는 안 되며, 국민참여재판을 통해서 일반 시민들이 법관과 함께 사

---

48) Covid−19로 인해서 세계적으로 많은 나라에서 재판을 온라인상 줌으로 실시하고 있는데, 포스트코로나 시대에도 온라인 줌을 통해 배심원 선정 절차와 실제 배심재판을 진행할 수 있다고 본다. 이에 대한 후속연구가 필요하다.

법 결정에 동참함으로써 절차적인 면에서 뿐만 아니라 결과적인 공정성과 정당성을 확보해줄 수 있는 중요한 역할을 담당해야 한다.[49]

---

49) 대법원에서 살인 등 중대 범죄에 대하여 국민참여재판을 의무적으로 실시하는 것에 대한 논의가 있었지만 실행되지 않았다. 이제 다시 이에 대한 구체적인 논의를 시작할 필요가 있다고 생각한다.

참고문헌

국내문헌

강동욱, "국민의 알 권리와 재판중계제도," 국민의 알 권리와 재판중계제도의 도입방안 심포지움 발제문(한국비교형사법학회, 사법정책연구원, 2017. 1. 20).

공영호, "미국 배심재판에서 배심원 후보자의 위장 침입의 문제점과 배심원 선정방법의 개선방안에 대한 연구," 민사소송 제17권 1호, 한국민사소송법학회, 2013, 389면.

_____, "복잡한 재판을 처리할 수 있는 배심원의 능력에 대한 연구," 홍익법학 제15권 제3호, 홍익대학교 법학연구소, 2014. 9, 49면.

_____, "재판 전 퍼블리시티가 국민참여재판에 미치는 영향," 홍익법학 제16권 제3호, 홍익대학교 법학연구소, 2015. 9, 483면.

_____, "판사와 배심원의 결정에 있어서 휴리스틱 사고방식의 배제방안," 홍익법학 제17권 제3호, 홍익대학교 법학연구소, 2016. 9, 451면.

_____, "Jurors' Online Research and Communication in the U.S. Jury Trials and the Measures to Deter Such Jury Misconducts," 민사소송 제18권 1호, 한국민사소송법학회, 2014, 397면.

_____, "The Impact of Heuristic Thinking on Jury Nullification," 법학논총 제39권 제4호, 단국대학교 부설 법학연구소, 2015, 225면.

David Ball, 구본진 외 3인 역, 「Theater Tips & Strategies for Jury Trials, 배심재판을 위한 연극 기법과 전략」, 박영사, 2007, 343면.

국민의 형사재판 참여에 관한 법률

김상준, 「미국 배심재판 제도의 연구」, 이화여자대학교출판부, 2003.

김성근, "'나꼼수' 주진우 - 김어준, '국민참여재판' 받는다," 한국정책신문(2013. 7. 15).

김소연, "재판 중계의 헌법적 의의와 비교법적 고찰," 성균관법학 제28권 제3호, 성균관대학교 법학연구소, 2016, 285면

김유향, 정회철, 기본강의 헌법, 전정 제3판, WILLBIS, 2016

김재윤, "독일과 한국의 공개주의와 그 제한에 관한 비교법적 고찰," 형사법연구 제21호, 한국형사법학회, 2004, 328면.

김태형, "국민의 알 권리와 재판중계제도," 국민의 알 권리와 재판중계제도의 도입방안 심포지움 토론문(한국비교형사법학회, 사법정책연구원, 2017. 1. 20).

김태형, "재판에 대한 방송의 허용 여부에 관하여," 저스티스 통권 제130호, 한국법학원, 2012.

대법원 국민사법참여위원회, 「국민참여재판 제도의 최종 형태 결정을 위한 공청회 자료집」, 2013. 2.

대법원에서의 변론에 관한 규칙 제7조의 2

류인하, 국선변호인 73% "국민참여재판에 부담," Legal Insight(2009. 6. 23).

미국연방수정헌법 제6조, 제7조

"美 대법원, 전원일치로 삼성－애플 특허소송서 삼성 손 들어줘," 증권일보(2016. 12. 7)

"미 법원, 삼성－애플 1차 소송 배상액 절반으로 삭감," Chosun.com 인터넷 뉴스(2013. 3. 2).

박재현, 배심제와 법심리학, 오래, 2010.

박정현, 윤예나, "미 법원, 삼성애플 1차 소송 배상액 절반으로 삭감" Chosun.com 인터넷 뉴스 (2013. 3. 2)

배석준, '박근혜 재판' 생중계 되나…20일 대법관회의 논의, dongA.com(2017. 7. 19).

배심원 선정에 평균 80분…편형 가려낼 시간 없다, 중앙일보(2013. 11. 8).

백강녕 "미 자국기업 편드는 '애국 재판' 지나친 배상액도 논란," 조선일보(2013. 11. 23), A12.

법원행정처, 「국민의 형사재판 참여에 관한 법률 해설」, 2007.

법정 방청 및 촬영 등에 관한 규칙 제4조 제2항

"삼성, 애플 미법원 소송 '배심원대표' 삼성 우호사와 다툰 전력," Chosun.com 인터넷뉴스(2012. 9. 26).

"삼성, 배심원 불법행위 문제 제기 … 새 재판 요청," 동아일보, 동아닷컴, 2012. 09. 25.

성낙인, 헌법학(제16판), 법문사, 2016

손용근·공영호·김상수·김세진·김용진·김희균·이규호·정영수·조관행·박지원,「민사재판에 있어서 국민의 사법참여방안에 관한 연구」, 법원행정처, 한양대학교 산학협력단, 2013.

안준영, "'국민재판' 진행…조희연 측 "작은 승리" 안도 속 촉각," News1Korea (2015. 2. 7)

양천수·우세나, "민사배심제도의 도입가능성에 대한 비판적 고찰," 민사소송 제20권제1호, 한국민사소송법학회, 2016. 5, 163면

연합뉴스, "법원, 살인 등 일부 재판에 국민참여재판 의무 실시 검토," (2016. 08. 24)

오경묵, "대법원, 주요 재판 선고 생중계 허용…박근혜·이재용 재판도 가능," chosun.com(2017. 7. 25).

이계만, 안병철, "한국의 공익개념연구," 한국정책과학학회보 제15권 제2호, 한국정책과학학회, 2011

이상엽, "활용률 1%대 '뚝' … 국민참여재판의 예견된 실패," 한국경제(2018. 7. 11).

이상원, "사법신뢰형성구조와 재판의 공개," 서울대학교 법학 제53권 제3호, 서울대학교 법학연구소, 2012, 347면.

이장호, "국민참여 재판, 피고인들 부정적 인식에 신청 급감," 법률신문(2016. 7. 18).

"이재용 재판 선고 생중계…장고 들어간 법원," 국회뉴스(2017. 8. 10).

이지은, "이재용 선고공판 생중계 불허, 박근혜 선고 때는?" 코리아뉴스타임즈(2017. 8. 24).

임순현, "법원, 살인 등 일부 재판에 국민참여재판 의무 실시 검토," 연합뉴스(2016. 8. 24.)

손태규, "국민의 알 권리와 법정 촬영 및 방송," 공법연구 제40집 제4호, 한국공법학회, 2012, 34면.

신동운, 신형사소송법 제5판, 법문사, 2014.

정선주, "민사소송절차에서 공개재판의 원칙과 비밀보호," 저스티스 제33권 제1호, 한국법학원, 2000, 55면

정제윤, "국민참여재판 도입 8년 … 두 사건으로 본 실태·문제점," 중앙일보.

제프리 T. 프레드릭/이은로 역, 「배심원 선정, 배심단 구성의 이론과 실제」, 한울아카데미, 2008.

조규범, "재판방송에 대한 입법론적 소고," 입법학연구, 통권 제10집 제2호, 한국입법학회, 2013, 235면.

최창호, "배심제와 재판을 받을 권리에 관한 소고," 형사법과 헌법이념 1권, 박영사, 2006.

탁상훈 기자, "삼성·애플 美 재판 '배심원리더' 부적격 논란," 조선경제(기업과 비즈니스) (2012. 9. 27. 목 50판, B5)

한기홍, "방콕족, 나홀로족에 귀차니스트까지," 주간경향(2007. 5. 8).

한상훈, 「국민 참여재판의 발전방향 발표자료」, 제7회 형사사법포럼 – 신뢰의 프리즘으로 본 형사사법, 2016. 6. 15.

한상훈, "국민참여재판제도 시행과 인권옹호," 저스티스 통권 제102호(2008).

한성훈, "국민참여재판제도의 구조적 문제에 관한 연구," 법학논총 제29집 제2호(2012. 6)

한인섭·한상훈(대표편집), (김현석, "국민참여재판제도의 시행을 준비하며") (이동희, "배심제·공판중심주의에 따른 경찰활동의 변화방향") (정진경, "「국민의 형사재판 참여에 관한 법률」에 따른 배심원재판의 유의점") (한상훈, "사개추위의 「국민의 형사재판 참여에 관한 법률」 성안 시 쟁점과 결론") (황운하, "국민의 사법참여와 경찰수사환경의 변화") 「국민의 사법참여」, 국민의 사법참여연구회 편, 경인문화사, 2010.

황재하, "'국민참여재판' 확인 안 한 법원…1심 두 번 받게된 피고인," 연합뉴스.

Jae—Hyup Lee, Current Legal Challenges in Korea and the United States, The 3rd
SNU—Berkeley Joint Workshop 121 (May 30, 2019).

외국문헌

2 Louisiana Practice Personal Injury Chapter 10. Preparing for Trial; Pretrial, § 10:106

24 Am. Jur. Proof of Facts 2d 633, § 2, Showing of Prejudice Required to Warrant New
Trial.

Aaronson, David E. et al., "Modernizing Jury Instructions in the Age of Social Media,"
27—WTR Criminal Justice 26 (2013).

Anderson, Carol B., Inside Jurors' Minds: the Hierarchy of Juror Decision—Making: a
Primer on the Psychology of Persuasion: a Trial Lawyer's Guide to Understanding How
Jurors Think, (National Institute for Trial Advocacy, 2012).

Ariely, Dan, Predictably Irrational, 29—30 (Harper Perennial, 2010).

Aveni, Carl A. & James B. Hood, "Explaining Complex Commercial and Business
Concepts to a Jury Without Peers," 84 Defense Counsel Journal 1, 2 (2017).

Babcock, Barbara Allen, Voir Dire: Preserving "Its Wonderful Power," 27 Stan. L. Rev.
545, 558—59 (1975).

Bailey, F. L. & H. B. Rothblatt, Successful Techniques for Criminal Trials, (New York:
Lawyers Cooperative, 1971).

Bales, R. F., et al., "Channels of communication in small groups," 16 American
Sociological Review 461 (1951).

Beiser, E. & R. Varrin, "Six—member juries in the federal courts," 58 Judicature 425
(1975).

Belli, M. M., My Life on Trial (Toronto: Popular Library 1976).

Bennett, Mark W., "Unraveling the Gordian Knot of Implicit Bias in Jury Selection: The
Problems of Judge—Dominated Voir Dire, the Failed Promise of Batson and Proposed
Solutions," 4 Harvard L. & Pol'y Rev. 149, 160 (2010).

Bermant, Conduct of the Voir Dire Examination: Practices and Opinions of Federal Judges
(1977)(available at Federal Judicial Center, Washington, DC).

Black, B., C. Silver, D.A. Hyman, & W.M. Sage, "Stability, not Crisis: Medical Malpractice
Claim Outcomes in Texas, 1988—2001," 2 Journal of Empirical Legal Studies 207

(2005).

Black's Law Dictionary (5th ed.).

Boatright, Robert G., Improving Citizen Response to Jury Summonses: A Report with Recommendations ix−x (American Judicature Society, 1998).

Bodaken, EM & GR Speckart, "To down a stealth jury, strike first," National Law Journal 137 (1996).

Boedeker, Hal, Sentinel Television Critic, October 5, 1995, Simpson's Verdict Drew Best Ratings in TV History.

Bonneau, Chris W. & Melinda Gann Hall, Judicial Election in the 21st Century, Routledge, 2017.

Bornstein, Brian H. et al., Civil Juries and Civil Justice, Psychological & Legal Perspectives (Springer, 2008).

Bourgeois, M. J. I. A. Fosterlee and J. Graphe, "Nominal and Interactive Groups: Effects of Preinstruction and Deliberations on Decisions and Evidence Recall in Complex Trials," 80 Journal of Applied Psychology 58−67 (1995).

Bregant, Jessica L., Note, "Let's Give Them Something to Talk About: An Empirical Evaluation of Predeliberation Discussions," 2009 U. Ill. L. Rev. 1213, 1215 (2009).

Brekke, N., E. Borgida & D. Mensing, Expert Scientific Testimony in Rape Trials, Paper Presented at Midwestern Psychological Association, Chicago (1983).

Brickman, Ellen, et al., "How Juror Internet Use Has Changed the American Jury Trial," 1 J. Ct. Innovation 287 (2008).

Brody, David C. & Craig Rivera, Examining the Dougherty 'All−Knowing Assumption': Do Jurors Know About their Nullification Power?, 33 Crim. L. Bull. 151 (1997).

Burnett, Ed, "The verdict is in: Samsung vs. Apple," zdnet.com (August 25, 2012).

Butler, Gregory B. et al., "Objectives−Using Jury Research to obtain feedback at trial; the shadow jury," 4 Successful Partnering Between Inside and Outside Counsel, Chapter 64, § 64.21.

Call, John, "Psychology in Litigation," 21 Trial 48 (1985).

Cameras in the Court: A State−By−State Guide, Radio Television Digital News Ass'n.

Caplan, Scott E., "Preference for Online Social Interaction: A Theory of Problematic Internet Use and Psychosocial Well−Being," 30 Comm. Res. 625, 631 (2003).

Cappello, Barry A. & James G. Strenio, Juror Questioning: The Verdict Is In, Trial, June 2000, at 44, 48.

Carlson, Kurt A. & J. Edward Russo, "Biased Interpretation of Evidence by Mock Jurors," 7 Journal of Experimental Psychology 91 (2001).

Carroll, Harry P. et al., 43A Mass. Prac., Trial Practice § 10:6. Juror consultants (3d ed.) (2017).

Center for Jury Studies Newsletter (1979) Issue No. 4.

Christie, R., Probability v. Precedence: The Social Psychology of the Jury Selection (1976).

Cohn, Marjorie & David Dow, Cameras in the Courtroom: Television and the Pursuit of Justice, McFarland & Co., Inc., 1998.

Conrad, Clay S., Jury Nullification, the Evolution of a Doctrine (Carolina Academic Press, 1998).

Constantini, Edmond & Joel King, "The Partial Juror: Correlates and Causes of Prejudgment," 15 Law and Society Review 36 (1980−81).

Damaska, Mirjan, Evidence Law Adrift (Yale University Press, 1997).

Dann, B. Michael, ""Learning Lessons" and "Speaking Rights": Creating Educated and Democratic Juries," 68 Indiana Law Journal 1229 (1993).

Dann, B. Michael, The Constitutional and Ethical Implications of "Must−Find−the− Defendant−Guilty" Jury Instructions, in Jury Ethics: Juror Conduct and Jury Dynamics 93 (John Kleinig & James P. Levine eds., 2006).

Darrow, C., Attorney for the defense, Esquire (1936).

Davis, J. H., R. Bray & R.W. Holt, The Empirical study of decision processes in juries: A Critical Review. In J. L. Tapp and F. J. Levine (1977).

Davis, R. W., "Pretrial Publicity, the Timing of the Trial, and Mock Jurors' Decision Process," 16 Journal of Applied Social Psychology 590−607 (1986).

Dawes, Robyn M. et al., "Clinical versus Actuarial Judgment," 243 Science 1668−74 (1989).

Delaney, Patrick M., "Sorry Linus, I Need Your Security Blanket," 24 St. Thomas Law Review 473, 493 (2012).

Dillehay, R. C. & M. T. Nietzel, "Juror experience and jury verdicts," 9 Law and Human Behavior 179 (1985).

Downey, Tom, "Who Was On The O.J. Simpson Trial Jury? Meet The 12 People Who Found Him Not Guilty," Chatsports.com (2017. 7. 21.).

Droeder, Dale W., "Voir Dire Examinations: An Empirical Study," 38 Southern California Law Review 503 (1965).

Dyke, Van, Jury Selection Procedures (Ballinger, Cambridge, MA, 1977).

Dyke, Van, "Voir Dire: How Should It Be Conducted to Ensure that Our Juries are Representative and Impartial?" 3 Hastings Const. L. Q., 65 (1976).

Eagly, Alice H. et al., "Cognitive and Affective Bases of Attitudes Toward Social Groups and Social Policies," 30 J. Experimental Soc. Psychol. 113, 133 (1994).

Federal Rules of Civil Procedure, 47(a) & 47(b), 50.

Federal Rule of Criminal Procedure, 24(a) & 24(b).

Federal Rules of Criminal Procedure Rule 23.

Federal Rules of Evidence 706.

Findley, Jessica D. & Bruce D. Sales, The Science of Attorney Advocacy, How Courtroom Behavior Affects Jury Decision Making, 81 (American Psychological Association, 2012).

Frank, Jerome, Courts on Trial: Myth and Reality in American Justice, 14−36 (New York: Athenium, 1967).

Frederick, The Psychology of the American Jury (1987).

Fuller, Lon, "The Forms and Limits of Adjudication," 92 Harvard Law Review 391 (1978).

Galanter, Marc, "The Vanishing Trial: An Examination of Trials and Related Matters in Federal and State Courts," Journal of Empirical Studies 1, 3 (November 2004): 462, table 1.

Georgia Law of Torts Preparation For Trial Chapter 11. Jury Psychology, § 11.5 (2017 ed.).

Ghent, Jeffrey F. Annotation, "Right of Defense in Criminal Prosecution to Disclosure of Prosecution Information Regarding Prospective Jurors," 86 A.L.R.3d 571, 574 (1978).

Gigerenzer, Gerd, Peter M. Todd and the ABC Research Group, Simple Heuristics That Make US Smart (Oxford University Press, 1999).

Giles, Linda, "Does Justice Go Off Track When Jurors Go Online?," 55 Boston B.J. 7, 9 (Spring 2011).

Gilovich, Thomas et al., "Commission, Omission, and Dissonance Reduction: Coping with Regret in the "Monty Hall" Problem," 21 Personality & Social Psychology Bulletin 182−90 (1995).

Gladwell, Malcolm, Blink: The Power of Thinking Without Thinking, 13 (Back Bay Books, 2007).

Gobert, James J. et al., Jury Selection: The Law, Art, and Science of Selecting a Jury § 5:1 (3d ed. 2010).

Grisham, John, The Runaway Jury (A Dell Book, 1996).

Gross, Jordan, "If Skilling Can't Get a Change of Venue, Who Can? Salvaging Common Law Implied Bias Principles from the Wreckage of the Constitutional Pretrial Publicity Standard," 85 Temp. L. Rev. 575, 604 (2013).

Guinther, John, "The Jury in America," in American Civil Jury (Washington, DC: Roscoe Pound—American Trial Lawyers Association, 1996).

Hale, Dennis, The Jury in America, Triumph and Decline 293 (University Press of Kansas (2016).

Haney, Craig, "The Biasing Effect of the Death—Qualification Process," 8 Law and Human Behavior 121 (1984).

Hannaford—Agor, Paula L., Valerie P. Hans, Nullification at Work: A Glimpse from the National Center for State Courts Study of Hung Juries, 78 Chicago—Kent Law Review 1249 (2003).

Hans, Valerie P., Business on Trial: The Civil Jury and Corporate Responsibility (Yale University Press, 2000).

Hans, Valerie P. & Neil Vidmar, Judging the Jury (1986).

Hans, V. P., Gentlewomen of the Jury. Paper presented at the meeting of the Law and Society Association, Toronto (1982).

Hastie, Reid et al., Inside the Jury 32 (Harvard University Press, 1983).

Hastorf, Albert H. & Hadley Cantril, "They Saw a Game: A Case Study," 49 J. Abnormal & Soc. Psychology 129 (1954).

Heuer, Larry & Steven Penrod, A field experiment on improving jury communication. Draft final report to the Wisconsin Judicial Council's Committee on Improving Jury Instructions (1985).

Higginbotham, Patrick E., "So Why Do We Call Them Trial Courts?" 55 SMU L. Rev. 1405, 1405 (2002).

Hoffmeister, Thaddeus, "Google, Gadgets, and Guilt: Juror Misconduct in the Digital Age," 83 U. Colo. L. Rev. 409, 411 (2012).

_____, Thaddeus, "Investigating Jurors in the Digital Age: One Click at a Time," 60 University of Kansas Law Review 611, 623 (2012).

Horowitz, Irwin A., Jury Nullification: The Impact of Judicial Instructions, Arguments, and Challenges on Jury Decision Making, 12 L. & Hum. Behav. 439 (1988).

_____, Irwin A., The Effect of Jury Nullification Instructions on Verdicts and Jury Functioning in Criminal Trial, 9 L. & Hum. Behav. 25 (1985).

Hunt, M., Putting Jurors on the Couch, The New York Times Magazine, (1982, November 28).

Institute for Judicial Administration. A Comparison of six— and twelve—member juries in New Jersey superior and county courts. New York: IJA, 1972.

Johnson & Haney, "Felony Voir Dire: An Exploratory Study of its Content and Effect," 18 Law & Human Behavior 309 (1994).

Johnson, M. K., S. Hashtroudi & D. Lindsay, "Source Monitoring," 114 Psychological Bulletin, 3—28 (1993).

Jonakait, Randolph N., The American Jury System (Yale University, 2003).

Jones, "Judge—Versus Attorney—Conducted Voir Dire: An Empirical Investigation of Juror Candor," 11 Law & Human Behavior 2 (1987).

Jury Committee, American College of Trial Lawyers, Jury Instructions Cautioning Against Use of the Internet and Social Networking 2—3 (Sept. 2010).

Jury Selection and Service Act of 1968, 28 U.S. Code, pp. 1861—1869. Washington, D.C.: U.S. Government Printing Office.

Jury Selection in a criminal case, The Texas Observer (1973).

Jury Power Information Kit, 12 (Fully Informed Jury Association, 1991).

Kahan, Dan M., "Laws of Cognition and The Cognition of Law," 135 Cognition 56, 57 (2015).

Kahneman, Daniel, Thinking, Fast and Slow (Penguin Books, 2012).

Kahneman, Daniel, Thinking, Fast and Slow 98 (Penguin Books, 2011).

Kairys D. & S. Harring, The Jury System: New Methods for Reducing Prejudice. Cambridge, Mass: National Jury Project and National Lawyers Guild (1975).

Kairys, David, et al., "Jury Representativeness: A Mandate for Multiple Source Lists," 65 Cal. L. Rev. 776 (1977).

Kalven, Harry Jr. & Hans Zeisel, The American Jury (1966).

Kaplan, Martin & Lynn Miller, "Reducing the Effects of Juror Bias," 36 Journal of Personality and Social Psychology 1443 (1978).

Kassin & Wrightsman, "On the Requirements of Proof: The Timing of Judicial Instruction and Mock Jury Verdicts," 37 Journal of Personality and Social Psychology 1877 (1979).

Kassin, Saul M. & Lawrence S. Wrightman, The American Jury on Trial, Psychological Perspectives (Taylor & Francis, 1988).

King, Nancy J., Essay, "Nameless Justice: The Case for the Routine Use of Anonymous

Juries in Criminal Trials," 49 Vand. L. Rev. 123, 130 (1996).

King, Nancy J., "Juror Delinquency in Criminal Trials in America," 94 Mich. L. Rev. 2673 (1996).

Kolkey, Daniel M., "Point/Counterpoint: Should cameras be banned from California's courts?" California Bar Journal, Feb. 1996.

Kool, Wouter et al., "Decision Making and the Avoidance of Cognitive Demand," 139 Journal of Experimental Psychology 665－82 (2010).

Koski, Douglas D., "Sex Crime Jury Selection: A Social Scientific Analysis," 35 Criminal Law Bulletin 51 (1999).

Lacey, Frederick B., The Judge's Role in the Settlement of Civil Suits, Education and Training Series (Federal Judicial Center, 1977).

LaFave, Wayne R., Jerold Israel & Nancy J. King, Criminal Procedure (St. Paul, Minn: West Group, 2000).

Langbein, John, "Disappearance of Civil Trial," 122 Yale L. Journal 522, 526 (2012).

Law on the Public Participation in Criminal Trials, Article 46(5) (2007).

Lempert, Richard, "Civil Juries and Complex Cases: Taking Stock after Twelve Years," in Robert E. Litan, et al., Verdict: Assessing the Civil Jury System (Brookings Institution, 1993).

Lerner, Melvin, Belief in a Just World: A Fundamental Delusion (1990).

Leveraging Your Collective Genius, The European Business Review (2014).

Levine, James, "Jury Toughness: The Impact of Conservatism on Criminal Court Verdicts," 29 Crime and Delinquency 78 (1983).

Levine, James, Juries and Politics, 48 (Brooks/Cole Publishing Co., 1992).

Litan, Robert E., Verdict, Assessing the Civil Jury System (The Brookings Institution, 1993).

Loewenstein, George F., Elke U. Weber, Christopher K. Hsee, & Ned Welch, "Risk as Feelings," 127 Psychological Bulletin 267－86 (2001).

Lowensohn, Josh, "Jury awards Apple more than $1B, finds Samsung infringed," CNET. CBS Interactive (August 24, 2012).

Marder, Nancy S., "Answering Jurors' Questions: Next Steps in Illinois," 41 Loyola University Chi. L.J. 727, 747 (2010).

Marder, Nancy S., "The Conundrum of Cameras in the Courtroom," 44 Arizona State Law Journal 1489, 1569－1570 (2012).

Marder, Nancy S., The Jury Process (Foundation Press, 2005).

Marder, Nancy S., The Myths of the Nullifying Jury, 93 Northwestern University Law Review 877 (1999).

Marvelley, Jacob, "Lights, Camera, Mistrial: Conflicting Federal Court Local Rules and Conflicting Theories on the Aggregate Effect of Camera on Courtroom Proceedings," 16 Suffolk J. Trial & App. Advoc. 30, 46 (2011).

Massachusetts Continuing Legal Education, Inc. 2013 Massachusetts District Court Criminal Defense ManualChapter 14 TRIAL ADVOCACY.

McDonough, Molly, Rogue Jurors, American Bar Association Journal, Oct. 2006.

McLachlin, Beverley, The Relationship Between the Courts and the News Media, in the Courts and the Media: Challenges in the Era of Digital and Social Media, Patrick Keyzer et al. eds., 2012.

Meffert, M. F., S. Chung & A. J. Joiner, "The Effects of Negativity and Motivated Information Processing During a Political Campaign," 56 Journal of Communication 27–51 (2006).

Ministry of Justice, Proposals to Allow the Broadcasting, Filming, and Recording of Selected Court Proceedings, May 2012.

Minow, Martha, "Stripped Down Like a Runner or Enriched by Experience: Bias and Impartiality of Judges and Jurors," 33 William and Mary Law Review 1205 (1992).

Mississippi Supreme Court's Rules for Electronic and Photographic Coverage of Judicial Proceedings 1.

Mize, Gregory E., Paula Hannaford–Agor & Nicole L. Waters, The State–of–the States Survey of Jury Improvement Efforts: A Compendium Report 10 tbl.5, 13 (2007).

Moran, Gary, Brian L. Cutler & Anthony De Lisa, "Attitudes Toward Tort Reform, Scientific Jury Selection, and Juror Bias: Verdict Inclination in Criminal and Civil Trials," 18 Law & Psychology Review, 309, 327 (1994).

Morrison, Caren Myers, "Can the Jury Trial Survive Google?," 25 Crim. Just. 4, 12 (Winter 2011).

_____, Caren Myers, "Jury 2.0," 62 Hastings Law Journal 1579 (2011).

Mossman, K., "Jury Selection: An Expert's View," Psychology Today (1973).

Munsterman, G. Thomas et al., Jury Trial Innovations (1997).

Murrin, John M., "Magistrate, Sinners, and a Precarious Liberty: Trial by Jury in Seventeenth–Century New England," in Saints and Revolutionaries: Essays in Early American History, ed. David Hall, John M. Murrin, and Thad W. Tate 157 (1984).

Nagao, D. H. & J. H. Davis, "The effects of prior experience on mock juror case judgments," 43 Social Psychology Quarterly 190 (1980).

Nizer, L. My Life in Court, 359 (Jove, 1978).

Noah, Lars, Civil Jury Nullification, 86 Iowa Law Review 1601 (2001).

OCGA § 15−1−10.1.40, Ga. Unif. R. of the Superior Ct. 22.

Oldham, James, Trial by Jury, The Seventh Amendment and Anglo−American Special Juries, 20 (New York University Press, 2006).

Ostrom, Brian J., Shauna M. Strickland & Paula L. Hannaford−Agor, "Examining Trial Trends in State Courts: 1976−2002" 1 Journal of Empirical Legal Studies 755, 761 (November 2004).

Pepitone, A. & M. DeNubile, "Contrast effects and judgments of crime severity and the punishment of criminal violators," 33 Journal of Personality and Social Psychology 448 (1976).

Petty, Richard E., et al., "Implicit Ambivalence from Attitude Change: An Exploration of the PAST Model," 90 J. Personality & Soc. Psychol. 21−41 (2006).

Polya, George, How to Solve It (Princeton University Press, 1945).

Pound, Roscoe, Law in Books and Law in Action, 44 Am. L. Rev. 12 (1910).

Reed, J. P., "Jury Deliberations, voting and verdict trends," 45 Southwestern Social Science Quarterly 361 (1965).

Rinehart, Earl, "Jury awards $10.5 million in punitive damages in DuPont cancer case," The Columbus Dispatch (Jan. 5, 2017).

Robinson, Eric P., Jury Instructions for the Modern Age: A 50−State Survey of Jury Instructions on Internet and Social Media, 1 Reynolds Cts. & Media L.J. 307, 311 (2011).

Rottman, David B. et al., State Court Organization 1998, Bureau of Justice Statistics (U.S. Department of Justice June 2000).

Rowland, C.K. Pete, "Psychological Perspectives on Juror Reactions to the September 11 Events," 69 Defense Counsel Journal 180 (2002).

Rozin, P. & E. B. Royzman, "Negativity Bias, Negativity Dominance, and Contagion," 5 Personality and Social Psychology Review, 296−320 (2001).

Rubenstein, Arie M., Note: Verdicts of Conscience: Nullification and the Modern Jury Trial, 106 Columbia Law Review 959 (2006).

Ruva, Christine & C. McEvoy, "Negative and Positive Pretrial Publicity Affect Juror Memory and Decision Making," 14 Journal of Experimental Psychology: Applied

226−235 (2008).

Ruva, Christine L, Law and Legislation: How Pretrial Publicity Affects Juror Decision Making and Memory (Nova Science Publishers, Inc., Hauppauge, NY, 2010).

Sak, M. J. & M. W. Marti, "A meta−analysis of the effects of jury size," 21 Law and Human Behavior 451 (1997).

Sales, Bruce D. & Daniel A. Krauss, The Psychology of Law, Sales, 57 (American Psychological Association, 2015).

Sanders, Joseph, "Scientifically Complex Cases, Trial by Jury, and the Erosion of Adversarial Process," 48 DePaul Law Review 361 (1998).

Sauer, Kristen K., "Informed Conviction: Instructing the Jury About Mandatory Sentencing Consequences," 95 Colum. L. Rev. 1232 (1995).

Schmit, Joan T., S. Travis Pritchett & Paige Fields, "Punitive Damages: Punishment or Further Compensation?" The Journal of Risk and Insurance, Vol. 55, No. 3, 453 (1988).

Schmucker, Christina, Picture This: DuPage County Court Bans Camera Phones, DCBA Brief: The Journal of the DuPage County Bar Association, J. DuPage County B. Ass'n, Dec. 2004.

Sheppard, Jennifer, "Once Upon a Time, Happily Ever After and in a Galaxy Far, Far Away: Using Narrative to Fill the Cognitive Gap Left by Overreliance on Pure Logic in Appellate Briefs and Motion Memoranda," 46 Willamette L. Rev. 255 (2009).

Sherwin, Richard K., "The Narrative Construction of Legal Reality," 18 Vt. L. Rev. 681, 700 (1994).

Shiv, Baba & Alexander Fedorikhin, "Heart and Mind in Conflict: The Interplay of Affect and Cognition in Consumer Decision Making," 26 Journal of Consumer Research 278−92 (1999).

Shuman, Daniel W., Anthony Champagne & Elisabeth Whitaker, "Juror Assessments of the Believability of Expert Witnesses: A Literature Review," 36 Jurimetrics 379−80 (1996).

Simpler, Miland F. III., "The Unjust "Web" We Weave: The Evolution of Social Media and Its Psychological Impact on Juror Impartiality and Fair Trials," 36 Law & Psychol. Rev. 275 (2012).

Slovic, Paul, B. Fischhoff & S. Lichtenstein, "Response Mode, Framing, and Information−Processing Effects in Risk Assessment," 21−36 New Directions for Methodology of Social and Behavioral Science: Question Framing and Response Consistency (Jossey−Bass 1982).

Smith, Bruce P., "Plea Bargaining and the Eclipse of the Jury," 1 Annual Review Law and Social Science 131 (2005).

St. Eve, Amy J., et al., "Ensuring an Impartial Jury in the Age of Social Media," 11 Duke Law & Technology Review 1, 21 (2012).

Stern, Stephanie, "Cognitive Consistency: Theory Maintenance and Administrative Rulemaking," 63 U. Pitt. L. Rev. 589 (2002).

Strahilevitz, Lior Jacob, "Reputation Nation: Law in an Era of Ubiquitous Personal Information," 102 Nw. U. L. Rev. 1667, 1688—94 (2008).

Strauss, Marcy, "Juror Journalism," 12 Yale L. & Pol'y Rev. 389, 408 (1994).

Strier, Franklin, "The Educated Jury: A Proposal for Complex Litigation," 47 DePaul Law Review 72 (1997).

Strodtbeck, F. L. et al., "Social Status in jury deliberations," 22 American Sociological Review 713 (1957).

Suler, John, "The Online Disinhibition Effect," 7 CyberPsychology & Behavior 321 (2004).

Sunstein, Cass R., "Probability Neglect: Emotions, Worst Cases, and Law," 112 Yale Law Journal 61—107 (2002).

Sutherland, E. & Donald Cressey, Principles of Criminology, 7th ed. (Philadelphia: Lippincott, 1966), p. 442.

Tavris, C. & E. Aronson, Mistakes Were Made: Why We Justify Foolish Beliefs, Bad Decisions, and Hurtful Acts, 57 (Harcourt, 2007).

Thaler, Paul, The Watchful Eye: American Justice in the Age of the Television Trial, Praeger Publishers, 1994.

The Fifth, Sixth & Seventh Amendment to the U.S. Constitution.

Thomas, Cheryl, Review of Judicial Training and Education in Other Jurisdictions, Report prepared for the Judicial Studies Board (May 2006).

Thomas, E. J. & C. F. Fink, "Effects of group size," 60 Psychological Bulletin 371 (1963).

Thompson, Edward, "Does the Open Justice Principle Require Cameras to be Permitted in the Courtroom and the Broadcasting of Legal Proceedings?" 3 J. Media L. 210, 232 (2011).

Thornton, Hazel, Hung Juror: The Diary of a Menendez Juror (Philadelphia, PA: Temple University Press, 1995).

Tocqueville, Alexis de, Democracy in America. Translated by Henry Reeve, revised by Francis Bowers, edited by Phillips Bradley (New York: A. A. Knopf, 1946), Vol. I.

Toronto, Ellen, "Time Out of Mind: Dissociation in the Virtual World," 26 Psychoanalytic Psychology 117 (2009).

Tuerkheimer, Alan, "A Study in Juror Psychology, Making Up Minds Early and Not Keeping Them Open," 54 No. 3 DRI For Def. 12 (2012).

Tversky, Amos & Daniel Kahneman, "Judgment under Uncertainty: Heuristics and Biases," 185 Science 1124−1131 (1974).

Twiggs, Howard F. & Donald R. Strickland, "Focus Groups: How They Help and How to Conduct Them Inexpensively," 1 Ann.2002 Association of Trial Lawyers of America−CLE 141 (2002).

Valukas, Anton R. & William A. Von Hoene, Jr. & Liza M. Murphy, Cameras in the Courtroom: An Overview, 13 Comm. Law. 1 (Fall 1995).

Vidmar, Neil & Valerie P. Hans, American Juries, the Verdict, 84 (Prometheus Books, 2007).

_____, Neil, "Generic Prejudice and the Presumption of Guilt in Sex Abuse Trials," 21 Law and Human Behavior 18 (1997).

_____, Neil, Medical Malpractice and the American Jury: Confronting the Myths about Jury Incompetence, Deep Pockets, and Outrageous Damage Awards (University of Michigan Press, 1995).

_____, Neil, "The Performance of the American Civil Jury: An Empirical Perspective," 40 Arizona Law Review 865 (1998).

Villasenor, Victor, Jury: The People vs. Juan Corona (Boston: Little Brown, 1977).

Waites, Richard C., Courtroom Psychology and Trial Advocacy (NY, ALM Publishing, 2003).

Warshawsky, Steven M., "Opposing Jury Nullification: Law, Policy, and Prosecutorial Strategy," 85 Geo. L.J. 191, 208 (1996).

Wigmore, John H., A Program for the Trial of Jury Trial, 12 J. Am. Jud. Soc. 166 (1929).

Wilson, Sharen & Cynthia S. Kent, "Handling Capital Cases Dealing with the Media," 16 Tex. Wesleyan L. Rev. 159, 162 (2010).

Wood, Kimba M., "The 1995 Justice Lester W. Roth Lecture: Reexamining the Access Doctrine," 69 S. Cal. L. Rev. 1105, 1118−20 (1996).

Yesawich, Paul J. Jr., "Televising and Broadcasting Trials," 37 Cornell L. Q. 701 (1951).

Youm, Kyu Ho, "Cameras in the Courtroom in the Twenty−First Century: The U.S. Supreme Court Learning from Abroad?," 2012 B.Y.U. L. Rev. 1989, 1992 (2012).

Young, Rodger D. & Steven Susser, "Effective Use of Demonstrative Exhibits and Demonstrative Aids," 79 Michigan Bar Journal 1538 (2000).

Zora, Marcy, "The Real Social Network: How Jurors' Use of Social Media and Smart Phones Affects A Defendant's Sixth Amendment Rights," 2012 U. Ill. L. Rev. 577, 602 (2012).

사항색인

저자 약력

공영호

University of Maryland(B.A.)
American University School of Law(LL.M.)
Boston University School of Law(J.D.)
Visiting Scholar, University of California, Berkeley
Law Clerk, Maryland Circuit Court
Legislative Attorney, Maryland General Assembly
Staff Attorney, Maryland Bankruptcy Trustee's Office
Attorney, Ammerman & Goldberg
미국 Washington, D.C., Maryland, Virginia 주 변호사
現 충남대학교 법학전문대학원 교수

개정판
국민참여재판의 허와 실

초판발행	2017년 2월 10일
개정판발행	2022년 12월 20일
지은이	공영호
펴낸이	안종만·안상준
편 집	이승현
기획/마케팅	정연환
표지디자인	Benstory
제 작	고철민·조영환
펴낸곳	(주) 박영사
	서울특별시 금천구 가산디지털2로 53, 210호(가산동, 한라시그마밸리)
	등록 1959. 3. 11. 제300-1959-1호(倫)
전 화	02)733-6771
f a x	02)736-4818
e-mail	pys@pybook.co.kr
homepage	www.pybook.co.kr
ISBN	979-11-303-4349-5 93360

copyright©공영호, 2022, Printed in Korea

정 가   26,000원